STEPHAN BERNDT

PROPHEZEIUNGEN

ZUR ZUKUNFT

EUROPAS

UND

REALE EREIGNISSE

Homepage des Autors:

www.prophezeiungen-zur-zukunft-europas.de

© copyright 2025 Reichel Verlag
7. Auflage
93055 Regensburg, Germany
Internet: www.reichel-verlag.de
E-Mail: mail@reichel-verlag.de

Alle Rechte vorbehalten. Kein Teil dieses Buches darf ohne schriftliche Genehmigung nachgedruckt, in Datenverarbeitungsanlagen gespeichert oder durch Fernsehsendungen, auf elektronischem, mechanischem oder photomechanischem oder ähnlichem Wege sowie durch Tonbandaufzeichnungen wiedergegeben werden.

Umschlagsgestaltung: Stephan Berndt
Hintergrundphoto © Stephan Berndt

ISBN 978-3-926388-82-7

Danksagung

Hiermit bedanke ich mich herzlich bei den zahlreichen Lesern meiner Bücher und Besuchern meiner Homepage, die mich über all die Jahre hin mit vielen nützlichen Tipps und Informationen versorgt haben.

Mein ganz besonderer Dank gilt dabei dem *drei-nasigen Jack!*

„Wer Visionen hat, soll zum Arzt gehen!"

Helmut Schmidt
ehemaliger Bundeskanzler der Bundesrepublik Deutschland

Inhalt

Einführung

Die Mutter aller Prophetie 11
Prophezeiungen und gesellschaftliche Elite 16

Das Szenario

Die Ereignisabfolge 25
Wie komme ich zu dem Szenario? 31
Unklarheiten beim russischen Angriff 37

    Alles nur Kalter Krieg? 38
    Der Überraschungsangriff 42
    Warum sollte Russland uns angreifen? 47
    Wie die USA Russland in die Enge treiben ... 53
    Eine Glaubensfrage 63
    Die Medien und das „Reich des Bösen" 65
    Wer ist Putin? 77

Die Dreitägige Finsternis 89

    Krieg als Vorzeichen der Finsternis 102
    Der Monat der Dreitägigen Finsternis 106
    Die Dreitägige Finsternis bei Nostradamus ... 107
    Der 4.Tag – der Haken an der ganzen Sache .. 115

Das neue Europa

    Die Epoche nach den Katastrophen 119
    Die Dauer der Friedensphase 128
    Postapokalyptische Wallfahrten 132
    Die Vereinigung der Kirchen 135
    Das technologische Niveau danach 135
    Die Schatten des Antichristen 136

2012 139

Vorzeichen

Einleitung	144
Die wichtigsten Vorzeichen – ein Überblick	145
Der Klimawandel	147
Konkrete Wettervorzeichen	150
Milder Winter vor Kriegsausbruch	150
Der Kälteeinbruch im Sommer	152
Der große Orkan	154
Klimawandel und „offizielle Apokalypse"	157
Die Wirtschaftskrise	163
Inflation	166
Steuererhöhungen	168
Allgemeine soziale Situation	169
Der Crash selbst	170
Die Zeitspanne zwischen Crash und Aufstand	173
Sollbruchstellen	174
Die unnötige Tragödie	175
Bürgerkriege in Italien und Frankreich	177
Italien	178
Frankreich	179
Was weiß der Papst?	183
Ein neuer Balkankonflikt	197
Ein neuer Nahostkrieg	207
Syrien	211
Jerusalem	217
Das Öl	220
Die Eskalation im Nahen Osten	223
Friedensbemühungen im Vorfeld	227
New York, New York	231
Angriff zur Getreideernte	241
Ausgesuchte Vorzeichen	244

Wissenschaftliche Hintergründe
Das Unglück von Aberfan 245

Besondere Quellen
Alois Irlmaier 249
Anton Johansson 252
Die Feldpostbriefe 258

Der Krieg in Westeuropa
Einleitung 265
Der Krieg in Deutschland 265
Voraussagen zur Dauer des Krieges 266
Betroffene Gebiete in Deutschland 268

> Westgrenze Rhein 270
> Ruhrgebiet und Westfalen 273
> Südgrenze Donau 275

Anhang
Kennzeichnungen der Zitate 277
Literatur-Codes 278
Erläuterung zur Europakarte auf Seite 93 279
Kleines Lexikon der Quellen 280
Thema Vorsorge 296
Bibliographie 297
Bildnachweis, Grafiken und Tabellen 301

Die Mutter aller Prophetie
Einleitung

Die Quelle – die eigentliche Kraft des Lebens liegt im Unbekannten. Alle unsere wahren Helden dringen vor in das Unbekannte, wagen das Unmögliche und erweitern so unseren Horizont.

Ob die Entdecker vergangener Jahrhunderte, die in unbekannte Länder und Kontinente vorstießen, oder die Wissenschaftler und Techniker der Neuzeit, die uns durch ihre Forschungen und Erfindungen neue Dimensionen erschlossen. Kein Philosoph, kein Künstler von Bedeutung, der uns nicht neue Sphären des Geistes oder der Sinne erschlossen hätte. Jedes Interesse, jede Faszination und jede Inspiration wird erst möglich durch das Unbekannte. Das wahre Leben findet dort statt, wo wir vom Bekannten in das Unbekannte schreiten, springen, graben, wühlen, tauchen, fliegen, forschen, suchen.

Vom Unbekannten lebt jedes Glücksspiel und auch der Sport. Beim Fußball geht es in Wahrheit nicht darum, wer gewinnt, sondern der wirkliche Reiz liegt in der Ungewissheit über den Ausgang des Spieles. Wäre es möglich, an jedem Eingang eines Stadions einen Wahrsager zu postieren, der jedes Spiel in seinen Einzelheiten voraussagt – wer gewinnt, wie hoch, wer die Tore schießt und wann –, wie würden die Fans reagieren, wenn die Tore fallen – so wie vorhergesagt? Würde noch irgendjemand jubeln? Die Arme hochreißen? Ich denke nicht. Erst wären die Leute gelangweilt, dann wütend. Man würde sie erschlagen – die Wahrsager.

Was für den Sport gilt, gilt – wenn auch in anderer Form – für Kriege. Welcher Herrscher würde sich noch für Krieg entscheiden, wenn er wüsste, dass er verliert? Und da immer einer verliert, gäbe es keine Kriege mehr! Selbst der Ehre halber wird man wohl keinen Krieg mehr führen, wenn man sich 100%ig sicher glaubt, ihn zu verlieren.

Auch im Privaten – im Leben jedes Einzelnen – ist das Unbekannte der große Motor. Wie könnte es noch Herausforderungen geben, wenn wir stets wüssten, wo wir enden, wenn wir eine Herausforderung annehmen? Und wie viel Motivation, wie viel Anreiz bliebe noch, gäbe es keine Herausforderung? Wer bräuchte noch Mut, wenn stets klar wäre, wohin uns das Wagnis führt? Der Mut ist die Stimme, die uns in das Unbekannte ruft und im Unbekannten führt. Mut ist Leben. Feigheit ist Tod. Feigheit verdammt uns dazu, in der Welt des Bekannten zu verblassen und den Tag zu verfluchen, sobald wir morgens die Augen öffnen.

Für all jene nun, die sich nicht entscheiden wollen zwischen dem Bekannten und dem Unbekannten, hat eine mildtätige Macht für eine Art Zwischenlösung gesorgt: das Neue. Das Neue ist gegenüber dem Unbekannten zwar schon etwas abgegriffen, aber es ist noch immer genug Leben in ihm. Es ist die kleine Schwester des Unbekannten. Dieselbe Familie zwar, aber doch deutlich harmloser, noch niedlich gewissermaßen. Wenn es kritisch wird, kann man immer noch sagen: „Halt! Finger weg!"

Die westliche Kultur ist beseelt vom Neuen. Wir beten es an. Wenn Sie das deutsche Nachrichtenmagazin SPIEGEL lesen, so ist praktisch jede zweite Seite Reklame. Jede dieser Seiten sagt, ruft und kreischt: „Neu!"

Was das Unbekannte für den Geist ist, ist das Neue für den Körper, für die Ökonomie und für das Geld. Wenn man schnell und legal wirklich viel Geld verdienen will, so muss man dort hin, wo etwas Neues passiert. Nach diesem Prinzip wurde Microsoft Mitbegründer Bill Gates zum reichsten Mann der Welt. Deshalb ist China so interessant. New Economy, neuer Markt, New Science, New Technology ...

Wo nun ist der Hort des Unbekannten, seine Heimstätte – sein Reich?

In der Zukunft!

Alles was wir bisher kennen, entstammt der Vergangenheit, kommt von dort. Alles Unbekannte liegt stets in der Zukunft. Selbst, wenn wir etwas Neues über die Vergangenheit erfahren, so kommt dieses Wissen aus der Zukunft. Die Zukunft ist das Großreich des Unbekannten. Alles Unbekannte kommt von dort – nicht der kleinste Splitter des Unbekannten ist jenseits davon.

Die Zukunft ist gleich einem unendlich großen achten Kontinent mitten auf diesem Planeten, von dem wir alle wissen, den wir aber nie betreten – obwohl wir täglich sehen, wie von dort Schwärme von Vögeln zu uns herüberziehen und stündlich neue Gerüche zu uns hinüberwehen.

Natürlich! Hat man eine solch riesige fremde Landmasse tagtäglich direkt vor der Nasenspitze, wird man neugierig. Sehr neugierig. Darum haben alle Kulturen zu allen Zeiten, oft völlig unabhängig voneinander – wie aus der innersten menschlichen Natur hervorquellend – immer wieder auf alle möglichen Weisen herauszufinden versucht, was in der Zukunft auf sie wartet.

Hatte in früheren Zeiten jedes Volk, das etwas auf sich hielt, seine Wahrsager oder besser Seher, so basiert unsere moderne Form der Zukunftsschau auf Experten verschiedenster Art, die ihre Aussagen über die Zukunft ihres jeweiligen Spezialgebietes von riesigen Datenmengen ableiten, welche sie in der Vergangenheit gesammelt haben.

Jedoch – diese neue Form der Prophetie ist in ihrem innersten Kern kein bisschen besser als die archaische, mystische. Auch die moderne Prophetie kann sich irren. Und sie irrt sich! Oft!

Oder aber: Wenn es wirklich spannend wird, wenn es um wirklich wichtige Dinge geht, dann tauchen plötzlich andere Experten auf und sagen genau das Gegenteil voraus – oder sie stellen die Voraussagen ihrer Vorgänger ernsthaft in Frage. Kommt es dann zu einem Disput dieser Neuzeit-Propheten, so wird der Streit mit dem Hinweis vertagt, dass man noch nicht über genug Daten verfügt und erst noch weitere Daten sammeln muss. Derlei konnte man in den letzten Jahren bei der Klimaforschung oder der Erforschung der weltweiten Vorkommen fossiler Brennstoffe beobachten. Oder nehmen Sie die Wirtschaftswissenschaften, mit ihren Wirtschaftsfachleuten und Finanzanalysten.

Wenn die moderne Prophetie etwas nicht weiß, so kann sie zumindest prophezeien, *dass sie es irgendwann wissen wird*. Die eigentliche Stärke der modernen datengestützten Prophetie liegt gegenüber der archaischen nicht darin, dass sie die Zukunft wirklich voraussagen kann, sondern darin, dass sie uns glauben macht, dass sie es können wird: Sie prophezeit nicht, sondern *sie suggeriert bzw. prophezeit, dass sie es prophezeien wird!*

Aber ist es das, was wir wollen? Ist das befriedigend? „Ich verspreche, dass ich versprechen werde ..." (?)

Nehmen wir einmal an, wir hätten schon 100 Jahre früher über unsere heutigen Supercomputer verfügt – diese nachgebastelten Gehirne Gottes. Glauben Sie dann, dass etwa um das Jahr 1910 herum bei einem dieser Supercomputer eine rote Lampe hektisch angefangen hätte zu blinken und auf dem Bildschirm eine Meldung mit etwa folgendem Inhalt erschienen wäre:

12. April 1910

Achtung!

In den nächsten 10 Jahren besteht eine 95%ige Wahrscheinlichkeit für den Ausbruch eines neuartigen weltweiten industrialisierten Krieges.
Genauere Angaben zu möglichen Todesopfern in Millionen, klicken Sie bitte hier → □

... und selbst wenn – welches Nachrichtenmedium hätte diese Meldung schon veröffentlicht?

Natürlich, *man* – wer immer das sei – will niemanden beunruhigen!

Bitte keine Panik!

Bei aller vorherrschenden Genugtuung darüber, dass die Datenberge der Neuzeitpropheten, die althergebrachten Propheten, Seher, Orakel und Schamanen meterdick zugeschüttet haben, sollten wir nicht völlig aus den Augen verlieren, dass unsere Neuzeitpropheten, dann, wenn es wirklich interessant wird, wenn es um die Wurst und vielleicht um noch ein bisschen mehr geht, nämlich möglicherweise um das Leben von Millionen von Menschen, ganz einfach – schweigen.

Was soll man in einer solchen Situation tun? Die Vereinigten Staaten haben sich seit ein paar Jahren – seitdem der „Krieg gegen den Terror" läuft – angewöhnt, von einem bereits stattfindenden „Dritten Weltkrieg" zu sprechen. In Europa hält man das für ziemlich übertrieben, ist aber doch irgendwie beunruhigt. Seit in Russland Wladimir Putin das Zepter in der einen Hand und den Gashahn in der anderen hält, ist wieder die Rede von einem neuen Kalten Krieg. Gleichzeitig – so hört man – versuchen einige persische Finsterlinge in den Besitz von Atomwaffen zu gelangen und drohen Israel von der Landkarte zu tilgen. Und Israel – nutzt die bis dahin noch verbleibende Zeit, um einen zweiten Holocaust zu verhindern. Wofür wir Deutschen natürlich Verständnis haben – es sei denn, jemand zettelt dabei ganz aus Versehen einen Dritten Weltkrieg an! ... Oder läuft der etwa schon, so wie man aus den USA hört?

Somit ergibt sich eine Situation, die nicht ganz neu bzw. genaugenommen Jahrtausende alt ist:

Wir wissen nicht, was die Zukunft bringt.
Wir befragen das Orakel. Es bewegt seine Lippen.
Doch wir verstehen nichts. Leider!

Warum aber – wenn uns die neuzeitlichen Propheten wahrscheinlich im Regen stehen lassen – warum ziehen wir nicht einfach einmal wieder die alten Propheten und Seher zu Rate?

Dieses Buch wird Ihnen einen detaillierten Gesamtüberblick über jene europäischen Prophezeiungen verschaffen, von denen wir zumindest annehmen können, dass sie sich auf unsere Zukunft beziehen. Die Grundlage dieses Buches bildet eine Computer-Datenbank mit rund 5000 einzelnen Voraussagen von rund 250 seherischen Quellen aus Europa, beginnend etwa mit dem 11. Jahrhundert und bis zu Quellen der Gegenwart reichend. Die verwendeten Quellen stammen praktisch aus ganz Europa* und bilden weit mehr als nur einen repräsentativen Querschnitt.

---

* Sieht man einmal von dem Gebiet der ehemaligen UdSSR ab.

Jene 5000 Vorhersagen habe ich mit Computerhilfe im Hinblick auf Übereinstimmungen und Widersprüche untersucht. Eine ganze Reihe der entsprechenden detaillierten Untersuchungen finden Sie in meinem Buch *„Prophezeiungen, alte Nachricht in neuer Zeit"*, erschienen im G. Reichel Verlag, 2001. In dem Ihnen hier vorliegenden Buch werde ich auf entsprechende Darlegungen weitestgehend verzichten und mich mehr auf die Fragestellung konzentrieren, inwieweit ein Zusammenhang zwischen den Kernaussagen der europäischen Prophezeiungen und den aktuellen politischen Entwicklungen besteht.

Die Kernaussagen, die ich aus den europäischen Prophezeiungen herausgefiltert habe, sind zugegebenermaßen nicht neu. Andere Autoren vor mir sind im Wesentlichen zu denselben Ergebnissen gekommen, nur halten deren Arbeiten einer wissenschaftlichen Kritik etwas weniger Stand als meine Arbeit.

An dieser Stelle eine kleine Begriffsklärung: Grundlage jeder echten Prophezeiung ist die Fähigkeit eines Menschen, auf übersinnliche Weise in die Zukunft zu sehen. Die Wissenschaft kennt dieses Phänomen als *Präkognition* und bezweifelt nicht, dass es grundsätzlich existiert. Der Volksmund bezeichnet diese Fähigkeit auch als *Zweites Gesicht*, wobei jemand, der das Zweite Gesicht hat, neben der Zukunftsschau noch andere Fähigkeiten haben kann.

Bei einer *Prophezeiung* handelt es sich im Grunde um nichts anderes, als die Niederschrift oder anderweitige Dokumentation dessen, was ein tatsächlich oder vermeintlich seherisch begabter Mensch in der Zukunft sah – oder zu sehen meinte. Abhängig vom Charakter des Sehenden und der Art der Dokumentation kann es darin heißen *„Ich sah, dass dies passierte."* – oder *„Dies wird passieren."* Im ersten Fall ist der Begriff *Visionsbericht* eigentlich genauer, da wirklich nur beschrieben wird, was gesehen wurde, ohne jedoch zu behaupten oder zu suggerieren, dass dies auch die Zukunft sei.

In der Praxis aber verschwimmen hier die Grenzen, so dass ich meist von einer Prophezeiung spreche, auch wenn im Einzelfall Visionsbericht genauer wäre. Den eigentlichen Urheber einer Prophezeiung bezeichnet man am besten als *Seher* oder *Visionär* – wenn die Gabe des Sehens nur sporadisch oder vorübergehend auftrat. Ein echter Seher ist für mich einer, der praktisch permanent über diese Fähigkeit verfügt und dazu keiner Hilfsmittel bedarf.

Der Begriff *Prophet*, den wir vor allem aus der Bibel und dem Koran kennen, bezeichnet einen Menschen, der über eine seherische Gabe verfügt, jedoch zusätzlich seine Visionen oder Prophezeiungen dazu nutzt, andere Menschen zu beeinflussen. Ein Prophet ist eine politische Person.

In diesem Buch geht es im Hinblick auf die Prophezeiungen in erster Linie um das, was die Seher in ihren Visionen sahen und hörten.

Die Seher sind unsere Kameras und Mikrofone, ausgerichtet in die Zukunft. Mehr nicht! Pardon – natürlich sind eine ganze Reihe von Sehern mehr als nur das, aber das soll nicht Gegenstand dieses Buches sein.

In vielen Fällen enthalten die Prophezeiungen natürlich auch einen gewissen Anteil von Interpretationen des Gesehenen oder Gehörten – sei es vom Seher selbst oder demjenigen, der diese Dinge protokollierte. Dies führt aber nur in seltenen Fällen zu echten Problemen.

Prophezeiungen und gesellschaftliche Elite

Bevor ich mich den konkreten Inhalten der europäischen Prophezeiungen zuwende, möchte ich noch einen falschen Eindruck zurechtbiegen, den ich auf den Seiten zuvor bewusst erzeugt habe: Es stimmt keinesfalls, dass diejenigen, die das System der modernen, auf Datenbergen gestützten Prophetie fördern und propagieren, also im weitesten Sinne die führende Schicht oder Elite der Gesellschaft, klassische Prophezeiungen durchweg für Unsinn halten. Keineswegs. Wenn man so wie ich über Jahre hin in den Medien aufmerksam verfolgt, wer sich wie zu diesem Thema äußert, dem fällt nach und nach auf, dass gerade in dieser gehobeneren gesellschaftlichen Schicht der Anteil derjenigen erstaunlich groß sein muss, der an übersinnliche Zukunftsschau glaubt. Auf den folgenden Seiten werde ich diesen Aspekt ausführlicher behandeln.

Zunächst einmal wäre festzustellen, dass die individuelle Zuneigung oder Abneigung dem Thema gegenüber letztlich von der individuellen Prägung des Menschen abhängt und nicht von der Zugehörigkeit zu einer bestimmten gesellschaftlichen Schicht. Mir haben viele Leute berichtet – und das deckt sich mit meiner ganz persönlichen Erfahrung –, dass sich die Ansichten sogar oft, ja fast schon meistens selbst innerhalb von Familien krass unterscheiden.

Das Thema Prophezeiung bzw. paranormale Zukunftsschau kann man eingebettet sehen in den Glauben an das Übernatürliche insgesamt, dem man teilweise auch die Astrologie zurechnen kann. Bei entsprechenden Umfragen und Untersuchungen, die alle paar Jahre hier und dort veröffentlicht werden, zeigt sich immer wieder, dass der Glaube an diese Dinge umso größerer ist, je höher der Bildungsgrad ist! So veröffentlichte 1958 das Demoskopische Institut in Allensbach seine Ergebnisse zu der Frage, wer an das Zweite Gesicht glaubt:

Wer glaubt an das Zweite Gesicht? (1958)

mit Abitur / Studium .... 70 %
Mittlere Reife .... 63 %
Hauptschulabschluss .... 49 %

Quelle: Professor Hans Bender in „Verborgene Wirklichkeit"

Hier eine Umfrage von Emnid / Hörzu (2002):

> Wer glaubt an Außerirdische?
> mit Abitur / Studium .... 61 %
> mittl. Bildungsabschluss .... 48 %
> ohne Ausbildung .... 32 %
>
> Quelle: Emnid / Hörzu entnommen der WELT am 8. April 2002, Seite 1

Natürlich haben Außerirdische nur sehr wenig mit Prophezeiungen bzw. dem Zweiten Gesicht zu tun, doch es geht in beiden Fällen um vom Glauben geprägte, letztlich nicht beweisbare Bereiche, jenseits von Wissenschaft und Kirche! Es gibt zwar eine Reihe objektiver Fakten und Indizien, doch das Sinn gebende und alles verbindende Element liegt im Glauben.

Obige Daten lassen zwar zunächst offen, ob die Zunahme des entsprechenden Glaubens in höheren Bildungsschichten zunimmt, weil diese Leute intelligenter sind, sich besser informieren oder weil sie sich weniger leicht manipulieren lassen. Dümmer oder leichtgläubiger sind sie aber sicherlich nicht!
Die Voreingenommenheit, auf die man bei gewissen übersinnlichen Phänomenen bei den Menschen auf der Straße trifft, ist also keineswegs die Basis einer Pyramide des Unglaubens, die sich unverändert bis zur Spitze fortsetzt ...

Soweit ergibt sich schon einmal ein brauchbarer Anhaltspunkt dafür, dass der Glaube an das Übersinnliche und damit Prophezeiungen in den obersten Schichten unserer Gesellschaft relativ hoch ist. Und da für Wahrsager bzw. Seher das Gleiche gilt wie für jeden anderen Berufszweig – die Besten sind besonders teuer –, könnte man folgern, dass bei vielen dieser Leute der Glaube auf persönlicher Erfahrung beruht, weil sie es sich leisten können, die guten und damit sehr teuren Wahrsager zu konsultieren. Die bekannte deutsche Wahrsagerin *Gabriele Hoffmann* aus Berlin verlangte 1999 beispielsweise 500 DM für eine Stunde bzw. 50 Minuten. Dass entsprechende Honorare noch sehr viel höher ausfallen könnten, lässt folgende Geschichte vermuten:

In einem seiner zahlreichen Interviews erzählte der deutsche Modeschöpfer Karl Lagerfeld, dass er einmal auf dem Wege zu einer Vertragsunterzeichnung von seiner – nennen wir sie einmal so – Haushellseherin – einen Anruf bekam, wonach sich in dem zu unterzeichnenden Vertrag auf einer bestimmten Seite an einer ganz bestimmten Stelle ein Fehler befand, der auf einem einzigen Buchstaben basierte (*dem* statt *den* – etwas in der Art). Lagerfeld erzählte, dass er den Vertrag sofort entsprechend inspizierte und sich dort tatsächlich der vorausgesagte Fehler befand.

Wer sich mit Verträgen ein wenig auskennt, wird wissen, dass selbst ein solch kleiner Fehler unter Umständen große finanzielle Folgen haben kann. Frage also – wie hoch hätte der Schaden für den Multimillionär Lagerfeld sein können und wie hätte eine faire Entlohnung der Wahrsagerin – die Lagerfeld nicht nur in diesem Interview erwähnte – aussehen können?

Zugegeben – in diesem Beispiel ging es nur indirekt um die Zukunft – der Fehler war ja bereits im Vertrag – aber im Prinzip sind wir beim gleichen Thema.

Nehmen wir nun einmal an, nicht Karl Lagerfeld hätte diese Geschichte erlebt, sondern irgendein Spitzenpolitiker. Hätte er die Sache im Fernsehen zum Besten gegeben? Wohl kaum! Zum einen hätte er versucht, die Sache geheim zu halten, weil ihm eine solche Wissensquelle einen unschätzbaren Vorteil gegenüber seinen Gegnern oder gar Feinden verschafft hätte, und zum anderen hätte er sie geheimgehalten, um nicht als Spinner dazustehen.

Kurzum: Wenn man entsprechende Dinge von bekannten Persönlichkeiten erfährt, so handelt es sich entweder um Künstler – die haben dabei nichts zu verlieren, im Gegenteil, sie erscheinen dadurch interessanter – oder aber die Leute sind inzwischen tot. „Künstler oder tot" – auf diesen Nenner könnte man es bringen. Was Künstler anbelangt, so scheint die Modebranche diesbezüglich besonders ergiebig zu sein. Ein Kollege von Lagerfeld, Paco Rabanne beispielsweise hatte keinerlei Problem damit, zuzugeben, dass er selbst einmal Zukunftsvisionen hatte. Er machte daraus sogar ein Buch, bekam aber erhebliche Imageprobleme, als die russische Raumstation MIR 1999 nicht auf Paris abstürzte – so wie von ihm vermutet. Jahre danach las ich in einem Interview, dass er den Absturz der MIR gar nicht in einer eigenen Vision gesehen hatte, sondern dass er einen Vers von Nostradamus nur dahingehend interpretiert hatte. Die Visionen, die er vor vielen Jahren hatte, hatten damit überhaupt nichts zu tun – was dann natürlich niemanden mehr interessierte.

Hier ein paar Funde aus meinem Archiv:

Kunden der bekannten Berliner Wahrsagerin Gabriele Hoffmann: Hildegard Knef, Rudi Carrell, Udo Lindenberg, Howard Carpendale, Klausjürgen Wussow – insgesamt laut BILD: „Promis, Politiker, Millionäre und einfache Menschen."
(Quelle: BILD-Zeitung, 17., 18., 19. Oktober 2002)

In einer ARD-Talkshow am 5. März 2001 sagte Show-Dinosaurier Amanda Lear, dass Frankreichs Staatschef Chirac (seit 1995 im Amt) Kunde bei Frankreichs bestem Medium sei. Sie selbst hat das Medium nach dem Tod ihres Mannes besucht, und nach dem, was sie erzählte, werden entsprechende Kontakte in der High Society offenbar rege gehandelt.

Von Chiracs Vorgänger François Mitterand ist bekannt, dass er sich von der französischen Starastrologin Madame Teissier beraten ließ, und sie sogar *mehrfach in seinem Büro im Elysée-Palast empfing!* Madame Teissier veröffentlichte nach dem Tode Mitterands zudem ein Buch, welches die siebenjährige Zusammenarbeit mit Mitterand beschrieb: *„Sous le signe de Mitterand"* („Im Zeichen Mitterands"). Darin schreibt Madame Teissier, dass sie Mitterand sogar zum 1991er Golfkrieg beriet!

Es ist zwar einige Zeit her, aber auch in Deutschland wurde einmal eine enge Verbindung zwischen den Mächtigen und einer Seherin bekannt: Im Jahre 1953 war Bundestagswahl. Während der Wahlkampf noch lief, tauchte bei der niederrheinischen Seherin Buchela ein gewisser Herr Hallstein auf, ein Vertrauter des damaligen Kanzlers Adenauer und zu diesem Zeitpunkt Staatssekretär im Auswärtigen Amt. Er wollte wissen, wer die Wahl gewinnt. Meinungsforschungsinstitute sagten zu diesem Zeitpunkt der SPD einen klaren Sieg voraus. Buchela jedoch sagte Hallstein, dass die CDU haushoch gewinnen werde. Tags darauf erschienen Zeitungen in ganz Deutschland mit der Schlagzeile, dass die CDU die Wahlen gewinnen würde: *„Wahrsagerin von Stotzheim* prophezeit Überlegenheit der CDU."*
Als die CDU dann tatsächlich gewann, brach für Buchela die Hölle los. Sie wurde schlagartig berühmt und wurde von Ratsuchenden geradezu bedrängt. In ihren Memoiren mit dem Titel „*Ich aber sage euch*" (1983) schreibt sie, dass sie an diesem Tag ihre Freiheit verloren hat: *„Meine Gabe hat mich um meine Freiheit gebracht."* Aber auch:

Für mich, und damit auch für Stotzheim, begann die Zeit der schwarzen Limousinen. Sie fuhren meist bei Anbruch der Dunkelheit vor ... Hintereinander standen die teuren Kutschen, so dass mir bei dem Blick aus dem Fenster oft angst und bange wurde. ... Meist ging es um Politik: Ob sie den Herrn Müller als Kandidaten aufstellen sollten oder lieber den Lehmann ... Ich fühlte mich nicht gut dabei ... Aber die Großen kamen. Sie drängten sich vor, sie wollten etwas wissen. ... Ungeduldige und ganz hohe Tiere schickten auch ihre Sekretäre, immer mit Schlips und Kragen ... Denn diese Menschen bestimmten ja nicht nur ihre, sondern auch die Zukunft ihres Volkes. Es ist nicht vermessen zu sagen, vielleicht ganz Europas ... „Wir brauchen Ihre Voraussage schriftlich, vielleicht auch einen Durchschlag", sagte mir mal einer. Den habe ich doch glatt rausgeschmissen. Die wollten mich zu einer Beamtin machen.

Buchela erzählt weiter, dass sogar Kanzler Adenauer persönlich sie besuchte. Als sie ihm ein paar Details aus seinem Leben verriet, sagte dieser – so Buchela – *„Dat ham Se vom SPIEGEL. Aus dem Geheimarchiv!"*

---
* Stotzheim ist ein Ortsteil von Euskirchen, einer Kleinstadt ca. 20 km westlich von Bonn

Jahre später bekam Buchela eine Einladung von Bundeskanzler Brandt: Darauf stand – so Buchela – *„oder so ähnlich: Anlässlich der Ankunft des Senators Edward Kennedy und seiner Frau Joan bittet Sie der Bundeskanzler zu einem Empfang in die Beethovenhalle".* Buchela weiter:
Bevor es richtig losging, wurde ich noch der Frau von Edward Kennedy vorgestellt, der Joan. ... Herr Scheel war da [ehem. Bundespräsident], seine Frau, der Herr Lübke [ehem. Bundespräsident] ... und alle nickten mir irgendwie zu, wenn es die anderen Leute nicht sahen.

Abends zog man – samt Buchela – um in den Kanzlerbungalow und es wurde ein Treffen zwischen Buchela und Robert Kennedy arrangiert. Sie sagte ihm voraus, dass er irgendwann Präsident sein würde, und betonte diese Vorhersage nochmals ausdrücklich in ihren Memoiren. Robert Kennedy, Jahrgang 1932, ist gegenwärtig ein führender demokratischer Senator und gilt als schärfster Kritiker der Irak-Politik der Bush-Regierung.

Wohlgemerkt habe ich die Nähe der Reichen und Mächtigen zu den Sehern – ich schreibe ganz bewusst nicht von „Wahrsagern" – nie besonders recherchiert. Das waren alles Zufallsfunde. Wie auch dieser: In irgendeinem Bericht über die USA äußerte sich ein Mitglied der US-High Society, dass nicht die Millionäre zum Wahrsager gingen, sondern die Milliardäre! Das sagt wohl alles.

Sie kennen das: Alle Jahre wieder um die Jahreswende herum findet man in Boulevard-Blättern einen Vergleich zwischen den Aussagen irgendwelcher Wahrsager zum kommenden Jahr und den dann eingetretenen tatsächlichen Ereignissen. Das Ergebnis ist meist enttäuschend. Aber der Grund ist schlichtweg der, dass der Etat, den entsprechende zweit- oder drittklassige Journalisten zur Befragung von Hellsehern zur Verfügung haben, so knapp bemessen ist, dass es für wirklich gute Hellseher nicht reicht.

If you pay peanuts, you get monkeys! Könnte man eigentlich wissen.

Aus meiner persönlichen Erfahrung möchte ich noch Folgendes anfügen: Anfang der 90er Jahre lebte ich in Hannover und begann meine Prophezeiungs-Datenbank aufzubauen. Nebenbei arbeitete ich als Taxifahrer. Eines Abends stieg ein Mann in mein Taxi und ich nutze – wie so oft – die Gelegenheit, um den armen Menschen mit meinem Lieblingsthema gnadenlos zuzutexten. Der Mann ließ sich das gefallen, und als er ausstieg, offenbarte er sich als der Öffentlichkeitsbeauftragte des Wehrbereichskommandos II der Deutschen Bundeswehr. Er gab mir seine Visitenkarte und lud mich zu einem Gespräch in die Kaserne an der Hans-Böckler-Allee ein. Ich stellte ein paar Unterlagen zusammen und wir vereinbarten einen Termin.

Das Gespräch, das wir dann führten, dauerte etwa eine halbe Stunde und war für mich wenig ergiebig, wenn man einmal davon absieht, dass mein Gesprächspartner zugab, zu wissen, dass die Geheimdienste gewisser Staaten Forschungen in diesem Bereich tätigen.

In den ersten Ausgaben meines Buches *„Prophezeiungen zur Zukunft Europas"* (1997-1999) hatte ich den Hinweis eingefügt, dass man sich schriftlich an mich wenden könne, wenn man Fragen habe. Von den rund 100 Leserbriefen, die ich erhielt, kamen drei von Professoren. Eine Lesebriefschreiberin berichtete mir, sie habe in ihrem Bekanntenkreis *„wirklich sehr reiche"* Leute, die u. a. auch ganze Schlösser besäßen, über Prophezeiungen stets auf dem Laufenden und empört darüber seien, dass jetzt auch die normalen Leute von diesen Dingen erführen.

Als ich im Frühjahr 1999 von Hamburg nach München umzog, weil mir dies angesichts der Prophezeiungen für Norddeutschland sinnvoll erschien, entstand über eine Seherin der Kontakt zu einer Dame aus einer alteingesessenen deutschen Industriellenfamilie, die mir bei der Umsiedelung nach Bayern finanziell etwas unter die Arme griff.

Etwa zeitgleich ergab sich ein Kontakt zu einem schweizer Industriellen, den ich kurzzeitig hinsichtlich eines geeigneten Ortes für eine „Fluchtburg" beriet. Anfang 1999 herrschte ja eine gewisse Hysterie hinsichtlich des „Weltunterganges". Natürlich erwartete ich selbst keinen Weltuntergang, sondern „nur" eine Art „dritten Weltkrieg", aber dazu kommen wir noch später. Dieser Industrielle war übrigens auch Kunde von Frau Gabriele Hoffmann, so dass ich ein paar interessante Details über deren Arbeitsweise erfuhr: Frau Hoffmann fungiert u. a. als Medium. D. h. durch sie spricht eine Art Geist mit einem altberlinerischen Dialekt, der seinerseits in die Zukunft sieht.

Worauf ich hinauswill, ist Folgendes: Es gibt in der Öffentlichkeit eine ziemlich starke Tendenz, dieses Thema ins Lächerliche zu ziehen.
Es gibt eine Furcht, sich dazu zu bekennen, dass man sich für das Thema interessiert, oder gar an das Zweite Gesicht und Prophezeiungen glaubt.
Dieser Prozess einer Tabuisierung hat in Europa eine ziemlich lange Tradition. Er begann mit der Christianisierung. Frisch zum Christentum übergetretene Könige machten sich daran, *„heidnische Bräuche"* wie *„Wahrsagen und Weissagung" „auszurotten"*.

Die katholische Kirche begriff jedoch angesichts eigener Geistlicher, die prophetische Visionen hatten, relativ schnell, dass die übernatürliche Zukunftsschau nicht ganz so teuflisch sein kann, und akzeptierte das Phänomen grundsätzlich – bis zum heutigen Tage! Allerdings bemühte man sich um eine gewisse Monopolisierung in dem Sinne, dass nur die Kirche die „guten" Seher hat. Das war im

Grundsatz nichts Neues, denn schon im Römischen Reich gab es eine Phase, in der nur ein staatliches Orakel legal war.

Mit der Reformation und der Kirchenspaltung im 16. Jahrhundert tauchte dann eine neue Kirche auf, die diese Neuoffenbarungen komplett ablehnte – die evangelische Kirche. Wenn ein evangelischer Pastor Visionen hat, ist er also im Prinzip ein Fall für die Nervenheilanstalt.

Mit Beginn der Aufklärung im 17. Jahrhundert entstand eine weitere Schicht der Tabuisierung. Nun galt übersinnliche Zukunftsschau als kompletter Unfug bzw. sogar zwangsläufig Betrug, was die Grundlage für eine strafrechtliche Verfolgung seitens des Staates schuf.

Man muss allerdings festhalten, dass all diese Formen offener oder subtiler Repression nie wirklich effizient waren. Es hat immer große Bevölkerungsteile gegeben, die sich nicht groß darum geschert haben, was sie glauben sollen, ebenso wie es in vorchristlicher Zeit viele Menschen gegeben haben wird, die – ihrem persönlichen Empfinden nach – nicht glauben wollten, was ihr Dorfseher zum Besten gab.

Heute leben wir in gewisser Weise immer noch in dem Milieu, welches in der sogenannten Aufklärung entstand. „Wahrsagerei" bzw. die übernatürliche Schau in die Zukunft ist zwar legal – egal ob vorgetäuscht oder echt –, jedoch hat ein öffentliches Bekenntnis zu dem Thema insbesondere in denjenigen Schichten der Gesellschaft, in denen viele wichtige Entscheidungen getroffen werden, also dort wo die Macht sitzt, einen Effekt, der vergleichbar ist mit dem Bekenntnis zur Homosexualität, Masturbation oder zu Bordellbesuchen. Wehe dem, der in Wirtschaft oder Politik an den Hebeln der Macht sitzt, von dem bekannt wird, dass er vor wichtigen Entscheidungen seinen Hellseher oder Astrologen befragt – von höchst erstaunlichen Ausnahmen abgesehen, wie z. B. in Frankreich.

Das Phänomen wird veralbert und verlacht. Und das obwohl es schon seit mehreren Jahrzehnten hieb- und stichfeste wissenschaftliche Untersuchungen gibt, die belegen, dass es das Phänomen Präkognition tatsächlich gibt. Wären wir eine wirklich aufgeklärte Gesellschaft, so müsste es offizieller Konsens sein, dass dieses Phänomen existiert, wenn auch die Fälle sehr guter und zuverlässiger Seher selten sind und diesen eine lärmende Masse schlechter Seher oder gar Betrüger gegenübersteht.

Wären wir eine aufgeklärte Gesellschaft, so würde man nicht immer noch – gähn – darüber diskutieren, ob es das Phänomen gibt, sondern wir würden unsere Energie auf die Frage konzentrieren, wie wir die wenigen guten Seher von den vielen schlechten Sehern und Betrügern unterscheiden können, und was die wirklich guten Seher sagen. Genau das ist Gegenstand meiner Arbeit!

Wie Sie sich denken können, keimt die scheinbare Lächerlichkeit des Phänomens Präkognition nicht an stillen Sommerabenden leise aus dem Innersten der Volksseele empor, sondern wird irgendwo von Individuen mit zweifelhafter Motivation produziert, gedruckt und gefilmt, um dann auf der Mitte des Marktplatzes ausgekippt zu werden.

Im Rahmen der Weltuntergangs-Hysterie 1999/2000, und auch weil ich der Einzige war, der die europäischen Prophezeiungen mit dem Computer durchforstet hatte, wurde ich kurzzeitig für die Medien interessant und hatte eine Reihe von Interviews mit dem Fernsehen und anderen Medien.

Aber in 90 % der Fälle ging es überhaupt nicht um konkrete (!) Prophezeiungen zur Jahrtausendwende, sondern darum, mich als Spinner, Kauz oder irgendwie nicht ganz dicht darzustellen. Freakshow! Selbstverständlich hatte ich damit gerechnet und war darauf vorbereitet. Trotzdem hat mich dann die konkrete Form doch etwas verblüfft. Ein Beispiel: Ende 1998 meldete sich das deutsche *Focus-Magazin* und wollte ein Interview mit mir zum Thema „Weltuntergang" machen. Ich fuhr von Hamburg nach München und gab das Interview. Am 28. Dezember 1998 erschien dann der neue Focus, und auf dem Titelblatt las man: *„Geht die Welt unter? Countdown zum neuen Jahrtausend."*

... Die Titelgeschichte im Blatt selbst begann mit folgenden Worten:

„Wie verabredet, treffen wir den deutschen Apokalyptiker Stephan Berndt im Drehrestaurant des Münchner Fernsehturmes, hoch über der Stadt. Er ist ein magerer Riese mit Pferdeschwanz und schwarzer Lederjacke. Sein Gardemaß und das düstere, unbewegte Gesicht erinnern ein wenig an Frankenstein ..."

Also wenn Sie mich fragen, dann habe ich eher Ähnlichkeit mit Kylie Minogue als mit – hoppla – ja richtig – es hätte *Frankensteins Monster* heißen müssen.

... Puh! Das ist ja noch mal gut gegangen!

Ähnlich unterhaltsam wurde es, als mich ein paar Wochen später ein Team von Focus-TV in meiner Hamburger Wohnung besuchte. Nachdem sie das Interview im Kasten hatten, fiel ihnen auf, dass sie noch bewegte Bilder brauchten. Motto: Herr Berndt zappelt über den Bildschirm. Das Team beriet sich: „Können wir das in der City drehen?" – „Nein, zu spät. Da bekommen wir keine Drehgenehmigung mehr." – „Aber wir könnten ja zum Flughafen fahren." – „Genau! Das können wir machen." – „Herr Berndt, haben Sie Lust, ein bisschen auf dem Flughafen durch die Menge zu gehen?" ... Eine halbe Stunde später waren wir alle am Flughafen Hamburg-Fuhlsbüttel und Herr Berndt schritt etwas auf und ab. Später im ausgestrahlten Beitrag – ich Trottel hätte es mir denken sollen – hieß es sinngemäß: Herr Berndt flüchtet aus Hamburg vor dem Weltuntergang, und – wortwörtlich – *„die Flüge sind schon gebucht."*

Weder hatte ich einen Flug gebucht, noch hatte ich es vor. ... Ein Großteil meiner Interviews lief nach diesem Muster. Das Focus-TV-Team übrigens hatte seinen Beitrag dann gleich zu Beginn selbst verpatzt, indem es mich als Herrn Berndt aus *Hamburg-Barenbüttel* vorstellte. Als wir das hörten, brüllten wir los und kringelten uns vor lachen am Boden. Jeder Hamburger weiß: Diesen Stadtteil gibt es nicht! Das hörte sich an wie Potemkinsches Dorf oder Dutch Mountain. Herrlich!

Dass die völlige Verzerrung der Thematik keinesfalls vom Publikumsgeschmack diktiert wird, zeigte sich nach meinem Auftritt in der ARD-Talkshow „Fliege", Thema „Das Zweite Gesicht", die alles in allem fair verlief. Infolge dieser Sendung konnte mein Verleger rund 1000 zusätzliche Bücher verkaufen. Alle anderen TV-, Rundfunk- und Zeitungsinterviews zusammen – etwa 10 Interviews – ergaben aus unserer Sicht keine messbaren Zusatzverkäufe. Die Reaktion auf die Fliege-Sendung ist, so folgere ich, ein klares Indiz dafür, dass sich diese Thematik jenseits der Freakshow sehr wohl positiv und informativ darstellen lässt, und so auf ein großes Interesse stößt.

Aber natürlich – wie Sie später sehen werden, enthalten die europäischen Prophezeiungen einen ganzen Batzen von Voraussagen, die sich auf ziemlich negative Ereignisse beziehen. Und damit sind wir wieder bei: Bitte keine Panik!

Frage: Können Sie sich an irgendeinen Kriegsfilm erinnern, in dem ein General oder Unteroffizier seinen Soldaten – am besten im Schützengraben oder im vietnamesischen Dschungel – zuruft: *„Bitte keine Panik!"*?

Ganz einfach: *„Bitte keine Panik!"* passt nur zu Filmen, in denen alleinstehende Frauen, zu dicke Männer und kleine Kinder durch die Szene rennen. *„Bitte keine Panik!"* heißt in Wahrheit:

„Sorry – wir haben eigentlich immer gewusst, dass es einmal dicke kommt. Aber anstatt uns darauf vorzubereiten, haben wir es vorgezogen, Sahnetörtchen zu spachteln und Bingo zu spielen. Mist! Jetzt haben wir den Salat.

Tut uns echt leid!

Verdammt!"

Das Szenario

Im Frühsommer eines Jahres X befindet sich Europa in der schlimmsten Wirtschaftskrise seit der großen Depression Anfang der 30er Jahre des 20. Jahrhunderts. Die wirtschaftlichen Opfer, die man großen Bevölkerungsteilen in den Jahren zuvor mit dem Hinweis auf eine bessere Zukunft in einer globalisierten Wirtschaft abverlangt hat, erweisen sich als umsonst. Die Wirklichkeit straft die Versprechen der Politiker Lügen. Politiker, die man bisher nur als unehrlich und egoistisch empfunden hat, gelten jetzt als Betrüger und Verräter. Aus der Wirtschaftskrise erwächst die bisher tiefste Krise der demokratischen Gesellschaften in Europa.

In diese ziemlich miese Grundstimmung hinein fällt der Ausbruch eines neuen Nahostkrieges. Allen politischen Beobachtern, ja der ganzen Welt ist umgehend klar, dass dieser neue Nahostkrieg das Potential hat, den gesamten Nahen Osten in Brand zu setzen. Für den Westen stellt sich wieder einmal die Frage, ob oder wie er in diesen Krieg eingreifen soll. Dies hat zur Folge, dass es weltweit zu einer lautstarken Friedensbewegung kommt – und zeitgleich auf höchster politischer Ebene zu Verhandlungen. Die Welt ringt um Frieden.
Das zieht sich dann ein paar wenige Wochen hin. Während dieser Zeit steigert sich die Unzufriedenheit in einigen Staaten Westeuropas zum offenen Aufruhr. Infolge steigender Arbeitslosenzahlen sind die Sozialkassen hoffnungslos überlastet, und den Regierungen bleibt nichts anderes übrig, als einige Steuern drastisch zu erhöhen.

Als man aus Italien von den ersten bürgerkriegsähnlichen Ausschreitungen hört, brechen zudem neue Kämpfe auf dem Balkan aus. Unmittelbar darauf stoßen russische Truppen nach Serbien vor – und fallen urplötzlich über Nacht in Deutschland ein! Schock schwere Not! Der „dritte Weltkrieg" beginnt – für die breite Öffentlichkeit so überraschend und unerwartet, dass man es anfangs gar nicht glauben will! ...

Den Begriff *dritter Weltkrieg* setze ich in diesem Buch meistens in Anführungszeichen, um den Leser daran zu erinnern, dass dieser prophezeite Krieg im Wesentlichen nicht dem entspricht, was man unweigerlich mit *dem* Dritten Weltkrieg assoziiert – einem Atomkrieg. Die Beschreibung zahlloser Atombombenexplosionen in Deutschland und Westeuropa findet man in den Prophezeiungen *definitiv nicht!* Ebenso findet man keine Quellen, die infolge dieses „dritten Weltkrieges" einen nuklearen Winter voraussagen, also eine Reihe nachfolgender Jahre, in denen die Durchschnittstemperaturen spürbar fallen, sich die Wachstumsperiode der Pflanzen verkürzt, es zu Missernten und in deren Folge zu Hungersnöten kommt. Ganz im Gegenteil – den Quellen nach ist zu erwarten, dass es (noch) wärmer wird.

In meinem Buch „*Prophezeiungen, alte Nachricht in neuer Zeit*" widme ich der Frage „Atomkrieg – Ja oder Nein" ganze 25 Seiten. Wenn Sie sich mehr für diesen Aspekt – oder andere hier nur kurz angeschnittene Aspekte – interessieren, kann ich Ihnen dieses Buch nur wärmstens empfehlen. Unter anderem enthält es auch umfangreiches Kartenmaterial.

Auf die Frage, ob die Seher vielleicht nur ein mögliches Szenario aus der Zeit des alten Ost-West-Konfliktes gesehen haben, das heute nicht mehr denkbar ist, werde ich weiter unten noch genauer eingehen – ebenso wie auf Fragen nach der heutigen Stärke der Roten Armee, der Durchführbarkeit eines Überraschungsangriffes angesichts modernster Frühwarnsysteme und nicht zuletzt möglicher Drohungen der USA, atomar zurückzuschlagen. Folgen wir aber zunächst dem Ablauf, der sich aus den Prophezeiungen ergibt:

Die Rote Armee bricht also völlig überraschend in deutsches Staatsgebiet ein und dringt sehr schnell nach Westen vor. Die deutsche Bundeswehr ist völlig überrumpelt, in keiner Weise vorbereitet und zudem durch ihre zahlreichen Auslandseinsätze zusätzlich geschwächt. An eine effektive Gegenwehr ist nicht zu denken. Im Gegenteil, man verlegt sogar hastig Truppenteile nach Westen. Da die deutsche Regierung nach der Jahrtausendwende sogar Sprengvorrichtungen an wichtigen Brücken aus Kostengründen abgebaut hat, ergibt sich das teilweise absurde Bild, dass man russische Panzer sieht, die huckepack auf Transport-LKWs mit über 100 km/h ungehindert nach Westen rasen ...

Da die deutschen Kräfte für eine Verteidigung innerhalb des Landes viel zu schwach sind, konzentrieren sie sich auf eine Verteidigungslinie am Rhein, einer natürlichen Barriere. Dort treffen die Russen innerhalb kürzester Zeit ein. Und tatsächlich kommt die östliche Angriffswalze hier erst einmal zum Stehen. Zu diesem Zeitpunkt ist praktisch schon das gesamte Gebiet östlich des Rheins und nördlich der Donau unter russischer Kontrolle. Das nördliche Alpenvorland ist zum größten Teil noch nicht besetzt, da die eigentliche Stoßrichtung Westen ist, und das Alpenvorland in dieser Phase von zweitrangiger strategischer Bedeutung ist.

Die Rote Armee kommt also am Ostufer des Rheins zum Stehen, verfügt aber noch immer über erhebliche Schlagkraft, so dass sich der Westen zur Sicherung dieser Linie für eine besondere Maßnahme entscheidet. Man weiß: Überschreiten die Russen den Rhein auf breiter Front, dann wird es schwierig, Frankreich zu verteidigen. Deshalb schickt man eine Staffel von Flugzeugen los, die an der Ostseeküste beginnend, bis nach Prag reichend und von dort weiter Richtung Südosten einen Streifen durchgehend chemisch verseucht, so dass in diesem

Gebiet keinerlei Bodentransporte mehr möglich sind. Das Vorhaben gelingt. Der gesamte über Boden laufende Nachschub an Waffen, Mannschaften, Munition und Ersatzteilen aus Osten reißt ab.

Allmählich gelingt es dem Westen, die östlichen Truppen vom Rhein zurückzudrängen. Da der Roten Armee der Rückweg nach Osten versperrt ist und sie nun auch von Süden aus dem Alpenvorland bedrängt wird, kommt es in Norddeutschland am Nordostrand des Ruhrgebietes zu einer massiven Zusammenballung östlicher Truppen, die aus Westen und Süden attackiert werden. Zu keinem Gebiet in ganz Europa findet man so viele Schlachtenvorhersagen, wie für dieses. Und es sind nicht nur Quellen aus dieser Region, die dort eine gigantische Schlacht voraussahen, sondern auch Quellen aus weiter entfernten Regionen, wie Bayern und Österreich.

Allmählich wird den Russen klar, dass ihnen eine vernichtende Niederlage droht. Und zwar nicht nur die Niederlage in einer bedeutenden Schlacht, sondern die Vernichtung praktisch ihrer gesamten europäischen Streitmacht.

Bis zu diesem Zeitpunkt haben beide Parteien auf den Einsatz von Atomwaffen verzichtet. Jede Seite fürchtet den Gegenschlag des Feindes. Doch diese Furcht verliert begreiflicherweise ihre Wirkung, wenn eine der Kriegsparteien so sehr in die Defensive gerät, dass sie ihre militärische Vernichtung auf konventionelle Art befürchtet. Genau das droht jetzt den Russen.

Jedoch – selbst wenn sich Militärs irgendwann für den Einsatz von Atomwaffen entscheiden, so tun sie auch dies noch fein dosiert. Jeder denkt bei seinem Schlag unweigerlich an die Vergeltung des Gegners und achtet deshalb darauf, den Gegner so lange wie möglich nicht zu einem unbeschränkten Atomkrieg zu provozieren. Wer meint, sein Ziel mit einer einzigen Atombombe erreichen zu können, der wird nicht 10 oder 100 einsetzen.

Eine aus militärischer Sicht angemessene und auch naheliegende Antwort auf den strategischen Chemie-Angriff des Westens auf die Versorgungsstränge der Roten Armee wäre ein atomarer Angriff auf die Versorgungsstränge des Westens. Dies könnte wie folgt funktionieren: Da die Versorgungsstränge des Westens im Wesentlichen über Wasser laufen – nämlich von den USA nach Europa und von der britischen Insel auf den Kontinent –, käme eine Atom- bzw. Wasserstoffbombe mit maximaler Sprengkraft zum Einsatz. Und zwar dort, wo das Meer sehr tief ist. Nähme man eine Wasserstoffbombe mit der rund 3000-fachen Sprengkraft der Hiroshima-Bombe – Russland hat solche Bomben nachweislich getestet* –, so kann man eine Flutwelle erzeugen, die alles, was schwimmt, auf den Meeresgrund reißt und die zudem sämtliche Hafenanlagen zerstört oder zumindest schwer beschädigt.

---

* May, J., Das Greenpeace-Handbuch des Atomzeitalters, 1989

Die USA beispielsweise haben schon bald nach Ende des Zweiten Weltkrieges begriffen, dass man mit Atombomben auch gigantische Flutwellen erzeugen kann. So testeten sie am 25. Juli 1946 – die Atombombenabwürfe auf Hiroshima und Nagasaki lagen *noch nicht einmal 12 Monate zurück!* – in der Nähe des Bikini-Atolls eine Atombombe, die sich in 30 Meter Meerestiefe befand und in unmittelbarer Nähe des Explosionsortes eine Flutwelle von 300 (!) Meter Höhe erzeugte. Natürlich verlor diese Welle rasch an Höhe. Diese Bombe hatte jedoch mit 23.000 Tonnen TNT-Äquivalent nur etwas weniger als das Doppelte von der Hiroshima-Bombe – obige russische Megabombe hingegen wäre immer noch *rund 1700 mal so stark!*

Dass diese Einsatzmöglichkeit von Atombomben recht unbekannt ist – das ganze fällt unter den Begriff *Geophysikalische Kriegsführung* –, hat einen einfachen Grund: Man kann diese gigantischen Flutwellen in der Praxis nur sehr begrenzt testen, da man sonst die zivile Schifffahrt gefährden würde. Schließlich kann man nicht halbe Ozeane zu militärischem Sperrgebiet erklären.

Den betreffenden Quellen nach lässt sich der Explosionsort jener russischen Megabombe im „dritten Weltkrieg" auf ein Gebiet etwa in der Mitte zwischen Island, Norwegen und Schottland eingrenzen – dort, wo die Nordsee in den Nordatlantik übergeht und sehr tief wird. Das hieße: Obwohl die Bombe extrem stark wäre, würde keine Millionenstadt zerstört, sondern „lediglich" sämtliche Schiffe in der Nordsee und im östlichen Nordatlantik.

Natürlich könnten sich die Russen nicht drauf verlassen, dass die Amerikaner oder Engländer nicht doch massiv atomar zurückschlagen. Doch den Prophezeiungen nach stellt sich diese Frage auch gar nicht mehr ...

Sollten Sie – lieber Leser – bis zu diesem Punkt bereits Mühe gehabt haben, das Geschriebene noch irgendwie für glaubwürdig oder plausibel zu halten, so dürfte Ihnen jetzt endgültig der Geduldsfaden reißen. Denn was jetzt kommt, bzw. kommen soll, fällt in dieselbe Kategorie wie die biblische Teilung des Roten Meeres bei der Flucht der Juden vor der Armee des Pharao. Gott oder – wenn es Ihnen lieber ist – die Natur greift in das Geschehen ein. Höhere Mächte ziehen die Notbremse. Krack!

Über dem umkämpften Europa erscheint ein hell leuchtender Himmelsköper, der kurzzeitig sogar die Sonne überstrahlt. Kaum ist er wieder verschwunden, senkt sich eine dunkle Wolke über die Erde, es wird Nacht, Trümmerstücke fallen aus der Wolke herab, die Luft ist angefüllt mit Staub, und wer ihn einatmet, stirbt nach wenigen Atemzügen. Flüchtet man sich in geschlossene Räume, hat man jedoch gute Überlebenschancen. Nicht die Luft selbst ist tödlich, sondern nur der in ihr enthaltene Staub.

Die Finsternis dauert drei Tage an. Nicht nur Europa ist davon betroffen, sondern auch andere Weltteile. Innerhalb dieser Zeit soll rund ein Drittel der Weltbevölkerung sterben.

Nun mag man von Prophezeiungen dieser Art halten, was man will. Tatsache ist, dass es innerhalb der europäischen Prophezeiungen kein Einzelereignis gibt, das so häufig, so detailliert, mit so hohem Übereinstimmungsgrad bei den Details und insbesondere von so vielen glaubwürdigen Quellen vorausgesagt wird wie diese dreitägige Finsternis. Hinzu kommt, dass die europäischen Quellen zusätzlich durch ältere außereuropäische Quellen gestützt werden, so beispielsweise aus der Mongolei und aus Arabien.

Während dieser drei Tage soll es noch zu weiteren Katastrophen kommen: Extreme Erdbeben, bei denen große Landmassen versinken und sogar neu aus den Meeren aufsteigen. Es werden gigantische Flutwellen und Stürme vorausgesagt. Gerade das Beispiel mit den aus dem Meere auftauchenden Landmassen zeigt, dass hier weit größere Kräfte wirken müssten, als wir sie selbst von den stärksten Erdbeben her kennen. Eine Reihe von Quellen bietet dafür eine Erklärung an: Durch den dicht an der Erde vorbeiziehenden Himmelskörper – oder wodurch auch immer – zeigt das Erdmagnetfeld eine Störung, die zur Folge hat, dass der gesamte Globus eine plötzliche Drehbewegung in Nordsüdrichtung vollzieht. Die Energie dieser Drehung überträgt sich auf die Kontinentalschollen, Wasser- und Luftmassen, und schon haben wir eine Erklärung für die plötzliche Häufung von zeitgleichen Naturkatastrophen. Nach Ablauf der drei Tage soll sich die Erde dergestalt wieder einpendeln, dass sie kopfüber steht – und die Sonne im Westen aufgeht.

Damit fänden die großen Katastrophen dann ihr Ende.

Leser, die all das für ausgemachten Unsinn halten, mögen sich bitte nicht bei mir beklagen, sondern bei ihren europäischen Vorfahren. ...

Ist die Dreitägige Finsternis vorüber, soll zunächst Chaos und Verwirrung herrschen. In Mitteleuropa sollen aber noch genug staatliche Strukturen existieren, so dass die schlimmste Phase in den ersten Gebieten schon nach wenigen Monaten vorüber ist. Durch die Katastrophen soll es zweifellos einen technologischen Rückschlag geben, aber der wird nicht als wirklich schmerzhaft beschrieben. Vielmehr soll sich eine Gesellschaft entwickeln, die in vielerlei Hinsicht bessere Bedingungen vorfindet als wir heute.

Durch all die dramatischen Ereignisse findet sich Europa in einer völlig neuen geostrategischen Lage wieder. Die kriegstreiberischen Elemente in Russland sind ausgeschaltet und Russland später ein Partner, der wirklich Vertrauen verdient. Auf der anderen Seite des Atlantiks sind die USA infolge der

Naturkatastrophen so weit geschwächt, dass sie vollauf mit sich selbst beschäftigt sind und keinerlei Einfluss mehr in Europa haben. US-Dollar, New York Stock Exchange – all das ist jetzt Vergangenheit. Europa tritt infolge der Abwesenheit der USA im Nahen Osten als Friedensmacht auf und es gibt erstmals seit langer Zeit einen echten Frieden in dieser Region.

Wichtiger noch als die Änderungen in der großen Politik sind für den europäischen Bürger jedoch jene Änderungen, die er täglich spürt. So hat das wirtschaftliche und soziale Chaos unmittelbar vor Ausbruch des Krieges zur Folge, dass es zu einer Modifikation des Kapitalismus kommt. Er wird zwar nicht abgeschafft, jedoch erlässt man ein Paket von Gesetzen, die verhindern, dass bestimmte wirtschaftliche Kräfte sich so auswirken, dass der Staat zerstört werden kann.

Zudem ist im Zuge des wirtschaftlichen Desasters und der nachfolgenden Katastrophen auch die Götze Geld vom Sockel gestürzt, so dass sich die Gesellschaft insgesamt an einem neuen Wertesystem orientiert. Deutlichster Ausdruck davon wäre eine neue Religiosität und Spiritualität, die zu einer grundlegenden Erneuerung und Stärkung der traditionellen Religionen führt. Zudem sprechen sehr viele Quellen – insbesondere auch jüngere – davon, dass es zu einer Wiedereinführung der Monarchie kommt. Man mag davon halten, was man will, aber welche Alternativen böten sich, wenn die demokratischen Systeme in der Zeit davor restlos versagt hätten? Statt einer möglichen und effizienten Reform der Demokratie könnte ein Zusammenspiel von politisch lethargischen Massen und Seilschaften in bestimmten Bereichen der Elite in der Monarchie münden. Was nicht zwangsläufig zu beweinen wäre, wenn der – von wem auch immer *gewählte* (!) – Monarch sich als Glücksgriff entpuppt. Ein großer europäischer Monarch würde den Prophezeiungen nach zwar relativ lange und auch glücklich regieren, aber danach käme dann das endgültig dicke Ende, so dass man sich nicht den Kopf darüber zerbrechen bräuchte, ob etwaige spätere Nachkommen dieses Monarchen komplette Versager wären ...

Kurzum: Nach der Dreitägigen Finsternis soll eine Epoche auf uns warten, die oft wirklich in den höchsten Tönen gelobt wird. Und dass dieses keine Spinnerei sein muss, sondern vielmehr eine absolut reale Option ist, ist die eigentliche *message* dieser meiner Arbeit.

Wie komme ich zu diesem Szenario?

Bevor ich mich einigen grundsätzlichen Fragen zuwende, die obiges Szenario aufwirft, lassen Sie mich zunächst erzählen, wie ich zu obigem Szenario und der Ereignisabfolge gekommen bin.

Mitte der 80er las ich das erste Mal ein Buch über Prophezeiungen. Es war diese übliche Aneinanderreihung unterschiedlicher Prophezeiungstexte von unterschiedlichen Quellen mit jeweils anschließenden Kommentaren – ohne tiefergehende Gesamtanalyse des vorliegenden Materials. Dennoch war leicht zu erkennen, ja offensichtlich, dass bestimmte Motive und Themen bei einer ganzen Reihe von Quellen immer wieder auftauchen.

Das Thema fing an mich zu interessieren und ich ging hin und wieder in einige Buchläden, um mir entsprechende Literatur zu besorgen. Als ich den Markt der lieferbaren Bücher praktisch abgegrast hatte, fing ich an, in Bibliotheken zu recherchieren. Bald war klar, dass ich irgendwie Ordnung in den Berg von Quellen, Prophezeiungen und einzelnen Vorhersagen bringen musste. Also fing ich an, eine Computerdatenbank mit einzelnen Vorhersagen aufzubauen. Dabei ordnete ich jeder einzelnen Vorhersage eine Reihe von Parametern zu, die mir die spätere Untersuchung erleichtern sollte bzw. eigentlich erst ermöglichte.

So verknüpfte ich beispielsweise die Vorhersage *„Paris wird von den eigenen Bewohnern angezündet."* mit der Kennung *„Frankreich"*, *„Bürgerkrieg"* und *„Brand"*. Hinzu kam dann noch eine Kennung für den übergeordneten zeitlichen Zusammenhang, in dem die jeweilige Quelle das Ereignis sah – zum Beispiel *„während des dritten Weltkrieges"* oder *„zu Beginn des dritten Weltkrieges"*. Ließ eine Quelle offen, wer der eigentliche Angreifer ist – was bei älteren Quellen häufiger vorkommt –, so wurde auch das berücksichtigt.

Anfang der 90er Jahre hatte ich eine Datenbank mit 5000 einzelnen Vorhersagen von rund 250 unterschiedlichen Quellen – Voraussagen von Sehern, Berichte von Visionen, Prophezeiungstexte etc. Dieser Datenpool dürfte damals etwa 70 % des in Deutschland in Buchform veröffentlichten Materials umfasst haben. Ich kann zwar nicht behaupten, dass diese Datenbank alles enthielt, aber es war bzw. ist doch weit mehr als nur ein repräsentativer Querschnitt.

Natürlich nahm ich nur solche Quellen auf, bei denen entweder klar war oder mir wahrscheinlich schien, dass sie sich auf unsere Zukunft beziehen. Auch bezog ich meine Prophezeiungen fast ausnahmslos aus gedruckten Quellen. Der Hintergedanke dabei war, dass jemand, der sich nur wichtig tun will und über keinerlei seherische Fähigkeiten verfügt, nur in den seltensten Fällen die Motivation aufbringen wird, um seine Phantastereien in Buchform gedruckt zu sehen.

Trotzdem war mir klar, dass sich unter diesen rund 250 Quellen immer noch einige schwarze Schafe befinden mussten. Einerseits wusste ich, dass es tatsächlich Menschen mit echten seherischen Fähigkeiten gibt, andererseits musste ich davon ausgehen, dass da auch Quellen waren, die sich irrten, überschätzten, die rumrieten, schlichtweg phantasierten oder gar faustdick logen.

Meine Strategie, mit dem Problem fertig zu werden, sah folgendermaßen aus:

Ich ignorierte es zunächst komplett!

Ich setzte mich einfach an meinen Computer und fing mit ganz simplen statistischen Auswertung an. Ein Beispiel: Angenommen wir interessieren uns für die Vorhersagen zu einem „dritten Weltkrieg", dann kommen zunächst einmal sämtliche Kriegsprophezeiungen bzw. Vorhersagen zu Kriegsereignissen in Betracht.

Tatsächlich beziehen sich weit über die Hälfte der Quellen meines Datenpools auf irgendwelche potentielle zukünftige Kriege. Das sollte man jedoch nicht überbewerten, da Zukunftsvisionen oft in Verbindung mit dem Tode auftreten. Außerdem werden Kriegsereignisse auch im Normalfall intensiver wahrgenommen als Ereignisse in Friedenszeiten. Man denke nur daran, welchen Raum jene 6 Kriegsjahre von 1939–1945 in den Massenmedien selbst heute noch einnehmen – über 60 Jahre nach Kriegsende! ...

Im nächsten Schritt habe ich nachgeschaut, wer da im Einzelnen gegen wen kämpfen soll – was ja der grundlegendste Aspekt eines jeden Krieges ist:

Wer gegen wen? – Das Ergebnis sah folgendermaßen aus:

Angreifer	Prozentsatz aller erwähnten Aggressoren
unklar	37,6 %
Russland	22,7 %
aus dem Osten	16,5 %
islamisch-arabisch	10,3 %
sonstige	12,9 %

Damit befindet sich Russland schon einmal auf Platz 2 der gesamten Statistik – und auf Platz 1, wenn es um die eindeutige Identifizierung geht. All jene, die jetzt vermuten, Prophezeiungen zu Russlands Angriff seien dem Kalten Krieg nachempfunden und man habe es sich nachträglich, nach 1945 aus den Fingern gesogen, werden umgehend staunen: Denn rund 36 % der Quellen, die einen Angriff Russlands auf Westeuropa vorhersagen, taten das vor dem 7. November 1917, also noch vor jenem Tag, als in St. Petersburg die kommunistische Revolution begann. Rund 43 % der Quellen sagten es vor 1941 voraus.

Doch – wenn Sie so wollen – es kommt noch schlimmer. Studiert man nämlich die Vorhersagen zum russischen Angriff genauer, so ergibt sich bei allen grundlegenden Parametern des Krieges ein Übereinstimmungsgrad, der so hoch ist, dass man zwangsläufig sehr hellhörig wird. Dies betrifft folgende Aspekte:

Aspekt	Ergebnis	Seite
1. Sieger	Westeuropa	–
2. Art des Ausbruchs	völlig überraschend	42
3. Zeitpunkt des Ausbruches	Ende Juli / Anfang August	241
4. Dauer des Konfliktes	ca. 3 Monate	266
5. Verlauf der Kämpfe	siehe	265
6. betroffene Gebiete	siehe	268
7. Art des Kriegsendes	Dreitägige Finsternis	89
8. allg. Situation vor Kriegsausbruch	Wirtschaftskrise, Unruhen	163
9. Zeit danach	letztendlich sehr positiv	119

Bei Punkt Nr. 1 (Sieger) ist der Übereinstimmungsgrad der Quellen so hoch, dass ich nicht gesondert darauf eingehen muss. Punkt Nr. 2 (Art des Ausbruches) wird ein paar Seiten später erläutert. An diesem Beispiel werde ich verdeutlichen, wie gut die Quellen zusammenpassen.

Im hinteren Teil des Buches erfolgt dann noch eine ebenso detaillierte Zusammenstellung der Vorhersagen zur Jahreszeit bei Kriegsausbruch (Punkt Nr. 3) und zur Dauer des Krieges (Punkt Nr. 4).

Darüber hinausgehende Informationen finden Sie in meinem Buch „*Prophezeiungen, alte Nachricht in neuer Zeit*".

Jetzt weiter zur Untersuchung der Kriegsvorhersagen:

Nimmt man obige Erkennungsmerkmale des russischen Angriffs auf Westeuropa und untersucht damit jene Quellen genauer, in denen der Angreifer zwar aus dem Osten kommen soll, aber nicht genauer benannt oder beschrieben wird, so zeigt sich, dass man in sehr vielen Fällen wieder auf obige Charakteristiken stößt.

Daraus ergibt sich, dass rund 40 % (!) aller europäischen Prophezeiungen einen zukünftigen Angriff Russlands auf Westeuropa entweder konkret voraussagen oder stark darauf hindeuten.

Was nun die verbleibenden 60 % anbelangt, so lässt sich ein Teil davon einem „vierten Weltkrieg" zuordnen – ist also für die nächste Zukunft irrelevant – und die eine oder andere Quelle von den „unklaren" dürfte sich auf Teilausschnitte des russischen Angriffes beziehen.

Dieses Ergebnis kann jeder nachvollziehen, der bereit ist, ein paar Monate Arbeit zu investieren. Gut möglich, dass sich dabei – abhängig von der jeweiligen Quellenbasis und bestimmten Nuancen bei der Interpretation – gewisse Abweichungen bei den Prozentsätzen ergeben. Aber das wird nichts an der grundsätzlichen Tatsache ändern, dass der russische Angriff praktisch an allen Ecken und aus allen Ritzen der europäischen Prophezeiungen hervorquillt.

Auch wenn ich mich wiederhole: Hier geht es in erster Linie nicht um die Frage, ob sich die Zukunft in dieser Form entfaltet oder nicht, sondern es geht darum, dass sich in dem Datenmaterial signifikante Übereinstimmungen finden, die in jedem anderen Wissenschaftsbereich, der nicht von wirtschaftlichen, allgemeinpolitischen oder wissenschaftspolitischen Interessen überschattet wird, für ein allgemeines Aufhorchen sorgen müsste.

Die Schwierigkeiten, mit denen diese Thematik zu kämpfen hat, sind zum Teil natürlich noch nicht einmal themenspezifisch, sondern fast schon obligatorisch, wenn es um Standpunkte geht, die vorherrschenden Meinungen zuwiderlaufen.

Von daher erwarte ich auch nicht, dass meine Arbeit noch vor dem – von mir und anderen vermuteten – Kriegsausbruch irgendeinen spürbaren Einfluss auf das öffentliche Bewusstsein haben wird. Andererseits empfinde ich es als geradezu bizarr, dass ein Volk wie das deutsche, dessen Bewusstsein immer noch geprägt ist von den Ereignissen des letzten großen Krieges und welches wie wohl kaum ein anderes Volk die Formel *„nie wieder Krieg"* verinnerlicht hat, sich derartig willenlos und nichtsahnend an den Rand eines drohenden Krieges drängen lässt. Ich bin schon jetzt gespannt, welchen Reim man sich später auf die völlige Vertrotteltheit meiner Landsmänner und –frauen machen wird ...

Am Rande die Warnung! Lassen Sie sich nicht suggerieren, ich würde die Zukunft kennen.

Die Gewichtung spezieller Details

Wie Sie sich denken können, nimmt die Anzahl der ein bestimmtes Ereignis voraussagenden Quellen um so mehr ab, je konkreter ein Detail ist. Wenn sich z. B. im konkreten Fall der Dreitägigen Finsternis 56 Quellen sicher oder mit hoher Wahrscheinlichkeit auf dieses Ereignis beziehen, so enthalten nur 29 dieser Quellen genauere Angaben zur Dauer. 28 der Quellen sprechen von 3 Tagen, 72 Stunden oder 70 Stunden.

28 von 56 Quellen – das ist schon recht ordentlich. Geht es aber um den genauen Zeitpunkt der Finsternis bezogen auf den Monat oder die Jahreszeit, so sind es gerade noch 7 Quellen, die sich dazu äußern. 6 dieser Quellen bilden einen Schwerpunkt zwischen Oktober und Dezember. Eine Quelle meint, es sei der August. Sieht man sich deren Glaubwürdigkeit genauer an, so zeigt sich, dass die Gruppe mit dem Schwerpunkt Herbstende / Winteranfang klar überwiegt (hier 85 %).

Wenn ich in solchen Fällen Formulierungen benutze wie:

„Den Prophezeiungen nach kommt die große Finsternis zum Herbstende."

... dann bezieht sich dies nur auf diejenigen Quellen, die sich auch konkret zu diesem Aspekt äußern!

In etlichen Fällen gibt es aber noch Möglichkeiten einer Gegenprüfung. Wie auch in diesem Falle: Die Sache mit Herbstende / Winteranfang als Zeitpunkt der Dreitägigen Finsternis deckt sich nämlich mit zwei anderen Gruppen von Quellen, die Angaben zum Monat des Kriegsausbruches machen (Ende Juli / Anfang August) – und die Angaben zur Dauer des Krieges machen (Schwerpunkt bei rund 3 Monaten). Addiert man auf Ende Juli / Anfang August die 3 Monate, so landet man wieder bei Ende Oktober / Anfang November.

Wenn ich bestimmte Details hervorhebe, die nur von einer schmalen Quellenbasis herrühren, habe ich natürlich darauf geachtet, dass es keine zweite, ebenso starke und glaubwürdige Gruppe von Quellen gibt, die etwas anderes oder gar Gegensätzliches voraussagt. In *„Prophezeiungen, alte Nachricht in neuer Zeit"* habe ich z. B. auch jene kleine Gruppe von Quellen untersucht, die keinen „dritten Weltkrieg" voraussagen bzw. seine Möglichkeit verneinen!
In der überwiegenden Zahl der Fälle, besonders bei den grundlegenden Aspekten, ist es so, dass sich die Quellen leicht auf einen gemeinsamen Nenner bringen lassen und man keinesfalls ratlos zwischen Variante A, B und C hin und her schwanken muss.

Die zeitliche Streuung meiner Quellen

Die ersten wichtigen Quellen meines Datenpools stammen aus dem 7. Jahrhundert nach Christus. Ab dann steigt die Anzahl der Quellen proportional zum damaligen Bevölkerungswachstum in Europa an, so dass die meisten Quellen aus dem 18., 19. und 20. Jahrhundert stammen. Quellen aus dem ganz späten 20. Jahrhundert – in der Regel New-Age-Quellen – sind etwas unterrepräsentiert. Das hat damit zu tun, dass in dieser Spätphase die Qualität der Quellen doch oft zu wünschen übrig lässt. Außerdem befinden wir uns inzwischen so dicht vor den Ereignissen, dass entsprechende Voraussagen naturbedingt eine völlig andere Qualität haben, als wenn sie vor 50 Jahren oder noch früher gemacht wurden.

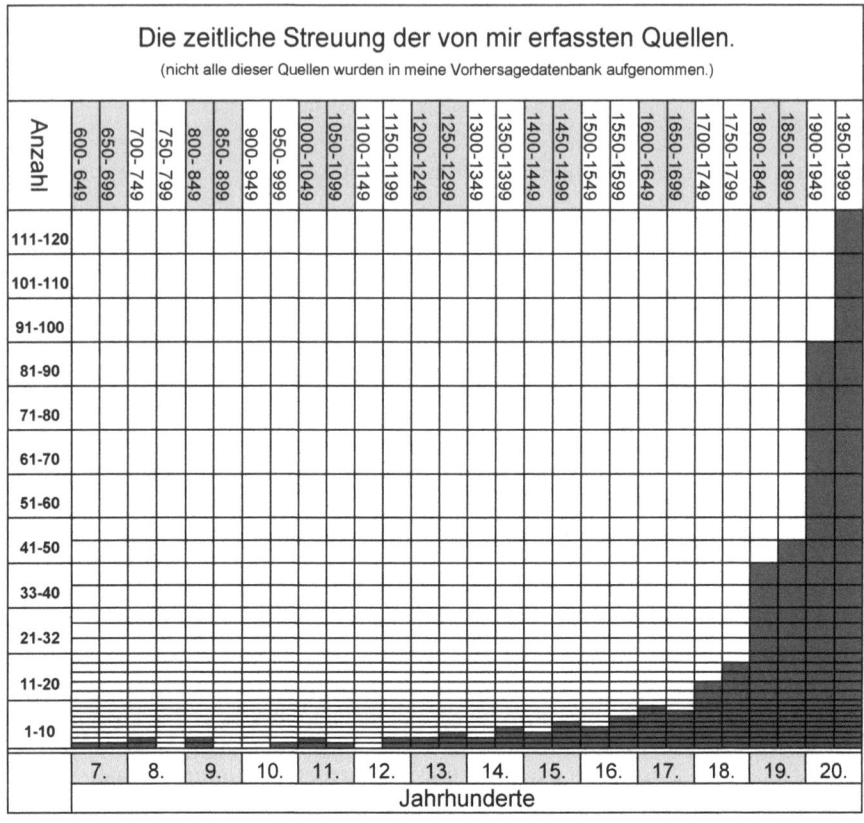

Hinweis zu Quellen nach ca. 1995:

Nach der Fertigstellung meines ersten Buches „*Zukunftsvisionen der Europäer*" im Jahre 1993 habe ich zwar weiterhin neue Quellen gesammelt, aber nicht mehr in die Datenbank eingegeben. Als Beispiel dafür, dass sich durch neue Quellen der bereits herausgearbeitete Trend bestätigte, folgende zwei Fälle:

Fall #1: In London stieß ich im Buchhandel auf ein kleines Buch einer britischen Seherin, die gegen Ende des Buches – 1995 herausgegeben, glaube ich – andeutet, es könne auch noch einmal ernste Probleme mit Russland geben.
Fall #2: In den letzten Jahren wurde der südafrikanische Seher *van Rensburg* (1926 gestorben) bekannt, der ebenfalls einen Angriff Russlands auf Westeuropa vorhergesehen hat und in Südafrika ein sehr hohes Ansehen genießt!

Unklarheiten beim russischen Angriff

Nachfolgend werden wir uns intensiver mit einigen Fragen zum russischen Angriff befassen.

- Ist nicht alles nur ein überholtes Szenario aus dem Kalten Krieg?
- Ist die Rote Armee nicht schon viel zu schwach?
- Vereiteln hochmoderne Frühwarnsysteme Überraschungsangriffe?
- Warum sollte Russland uns überhaupt angreifen?

Sinn dieser Abhandlung ist es, Ihre Aufmerksamkeit auf einen Problembereich zu lenken, auf den Sie normalerweise die Regierung und die Medien aufmerksam machen müssten. Denn unabhängig von den Prophezeiungen sind bestimmte Risiken dabei, einen Umfang anzunehmen, der sich jenseits der Grenze zu schieben beginnt, innerhalb derer unsere europäischen Regierungen noch frei entscheiden können.

Wie schon gesagt kenne ich nicht die Zukunft, doch in Kenntnis der Prophezeiungen und bei genauer Beobachtung der realen Ereignisse scheint mir, dass wir mehr und mehr auf eine Situation zusteuern, wie es sie schon zu oft in der Geschichte gab: Die Völker wiegen sich in trügerischer Sicherheit, während einige der Mächtigen aktiv in Richtung Krieg steuern. Andere Mächtige sehen die drohende Gefahr, hoffen aber, dass es nicht dazu kommt – und schweigen. Wieder andere sind geistig so begrenzt und naiv, dass sie einfach nicht glauben wollen, es gäbe Risiken dieser Dimension.

Dabei darf man sich fragen, ob die drohenden Gefahren das eigentliche Problem sind oder ob die wahre Bedrohung nicht vielmehr die allgemeine Unfähigkeit ist, diese Gefahren rechtzeitig zu erkennen und zu benennen.

Gefahr erkannt, Gefahr gebannt – so sagt der Volksmund. In diesem Sinne hat ein Großteil dieses Buches die Funktion, den suggestiven Schleim aus dem Gehirn einiger Leser zu entfernen, der sie glauben lassen will, letztlich seien die Dinge doch in Ordnung und unter Kontrolle – und selbst wenn nicht – es möge doch bitteschön nachfolgende Jahrgänge erwischen.

Die Entfernung dieses suggestiven Schleimes ist nur möglich, wenn man sich intensiver mit dem einen oder anderen Aspekt befasst. Ein bisschen Staubwedeln hilft da nichts. Da muss dann schon der Hochdruckreiniger her. Sollte Ihnen das zu anstrengend werden, so lesen Sie erstens gerade das falsche Buch, und befinden sich zweitens – aller Wahrscheinlichkeit nach – auf dem falschen Planeten.

Alles nur Kalter Krieg?

Als die UdSSR zerfiel und sich der Warschauer Pakt auflöste, sah es wirklich danach aus, als verlören die Prophezeiungen zum russischen Angriff ihre Grundlage in Form einer feindseligen und stets kriegsbereiten UdSSR.

Inzwischen ist nicht nur der Warschauer Pakt zerfallen, sondern die Staaten Polen, Estland, Litauen, Lettland, Tschechien, Ungarn, Bulgarien und Rumänien sind Mitglied der NATO geworden. Sie kaufen westliche Waffen und es befinden sich westliche Militärberater im Lande. Trafen NATO und Warschauer Pakt im Kalten Krieg noch an der deutsch-deutschen Grenze aufeinander, so stehen sich NATO und Russland heute an der polnisch-weißrussischen Grenze gegenüber – rund 900 Kilometer weiter östlich! Nimmt man die russische Enklave Kaliningrad hinzu, so hat sich die „Front" immer noch um rund 500 Kilometer nach Osten verlagert. Und gerade diese 500 bis 900 Kilometer dürften Russland jeden Überraschungsangriff vereiteln. Denkt man.

Dieser gedankliche Ansatz ist so naheliegend wie zunächst überzeugend. Es wäre aber reichlich naiv, anzunehmen, dass man als Durchschnittsbürger in wenigen Minuten Dinge durchschaut, die auszutüfteln und zu tarnen Tausende von russischen Militärstrategen Dutzende Jahre lang Zeit hatten. Meinen Sie nicht?

Ein grundlegendes Problem im Kalten Krieg bestand für den Ostblock darin, dass der Westen genug Zeit hatte, in Westeuropa ein tiefgestaffeltes Verteidigungssystem aufzubauen. Diese Situation war grundsätzlich vergleichbar mit der Situation an der Westfront im Ersten Weltkrieg: Zwei etwa gleich starke Parteien standen sich gegenüber und jede Partei verfügte in etwa über gleichstarke Verteidigungsstrukturen. Das Ergebnis: Es gab kein Vor und Zurück, und die eigentliche Entscheidung fiel nicht an der Front, sondern im Hinterland, dort, wo Waffen und Munition produziert wurden und wo neue Soldaten ausgebildet wurden.

Es war klar: Sieger würde derjenige sein, der auf die größeren Ressourcen zurückgreifen konnte. Und da Deutschland und Österreich von den Alliierten quasi umzingelt waren, mussten sie zwangsläufig irgendwann aufgeben.

Russische Geostrategen dürften relativ bald nach Beginn des Kalten Krieges begriffen haben, dass sie ein ähnliches Problem haben. Natürlich war der Warschauer Pakt von der Größe des Territoriums, dem industriellen Potential und den Menschenmassen her weit mächtiger als Deutschland und Österreich im Ersten Weltkrieg. Aber das änderte nichts an der grundsätzlichen Situation.

Auch wenn russische Geostrategen dieses Problem anfangs nicht allzu ernst genommen haben mögen, so wird man doch relativ früh damit begonnen haben, Konzepte zu entwickeln, die geeignet erschienen, aus dieser strategischen Sackgasse bzw. Falle hinauszuführen. Dabei wird der eigentliche Kerngedanke recht simpel gewesen sein: Wenn man den Gegner nicht aus seinen Stellungen vertreiben kann, so muss man ihn eben hervorlocken. Das aber funktioniert nur, wenn dieser sich nicht mehr bedroht fühlt!

Übertragen auf die Praxis des Kalten Kriegs hätte es jedoch nicht genügt, wenn Russland sich – sagen wir einmal – 100 Kilometer von der deutsch-deutschen Grenze zurückgezogen hätte. Ein rein taktischer Rückzug hätte nicht den gewünschten Effekt gehabt. Im Westen hätte man die Falle sofort erkannt. Nein – zur Täuschung des Gegners wäre eine vorgetäuschte komplette strategische Neuausrichtung erforderlich gewesen. *Die Aufgabe der Feindschaft!*

Eine solche Strategie einer vorgetäuschten Kapitulation würde natürlich nur dann Sinn haben, wenn man über die entsprechenden Mittel verfügt, den Köder – Osteuropa – schnell genug wieder einzusacken, wenn es an der Zeit ist.

Bitte beachten Sie: Der entscheidende Punkt ist nicht so sehr die letztendliche Erfolgsaussicht einer solchen Strategie, sondern die Tatsache, dass der Kalte Krieg von seiner grundlegenden Struktur her auf eine Ausblutung des Warschauer Paktes hinauslaufen musste. Und eben deshalb wird man in Moskau schon frühzeitig einen Ausweg gesucht haben.

Im Jahre 1961 lief in Helsinki ein KGB-Major namens *Anatoliy Golitsyn* zum Westen über. Er hatte ein sehr spezielles Insiderwissen über geheime Strategien des KGB, und durch ihn wurden erstmalig entsprechende Pläne im Westen bekannt. 1984 veröffentlichte Golitsyn in den USA das Buch *„New Lies for Old – The Communist Strategy of Deception and Desinformation"* – übersetzt etwa: *Neue Lügen anstelle alter – die kommunistische Strategie der Täuschung und Desinformation.* Dieses Buch sagte voraus, dass Russland zur Täuschung des Westens eine scheinbare Öffnungs- und Liberalisierungspolitik starten werde, und beschrieb die angestrebten einzelnen Etappen der Strategie, einschließlich der „Demokratisierung" Russlands, der Auflösung des Warschauer Paktes und der deutschen Wiedervereinigung.

Der Autor Leo H. DeGard, der sich mit diesem gigantischen Täuschungsmanöver in seinem Buch *„Wer plant den 3. Weltkrieg?"* eingehender befasst, schreibt, dass entsprechende Informationen auch von dem tschechischen General *Jan Sejna* – einem ehemaligen Stabschef im Verteidigungsministerium der CSSR – bestätigt wurden. General Jan Sejna flüchtete 1968 in den Westen und war bis dahin der ranghöchste Überläufer des Warschauer Paktes. Zeitweise soll er Kontakt selbst zu Chruschtschow und Breschnew gehabt haben.

Aus den beiden Zeitpunkten 1961 und 1968, als die Überläufer ihr Wissen in den Westen brachten, kann man gut erkennen, dass die Planungen zu dieser Strategie in Russland bereits wenige Jahre nach Ende des Zweiten Weltkrieges begannen, als die neuen Frontverläufe klar waren.

...

Natürlich wäre in Betracht zu ziehen, dass ein solcher Täuschungsplan statt von Kommunisten auch von russischen Nationalisten oder gar Faschisten ausgeführt werden könnte. Darüber hinaus fragt sich, was die eigentliche Motivation dahinter wäre? Wäre es pure Aggression oder wäre es eher eine Art Verteidigungsstrategie, um den eigenen Untergang abzuwenden?

Machen wir die Verwirrung komplett, indem wir uns fragen, ob entsprechende Pläne Moskaus nicht in Wahrheit die Erfindung Washingtons sind, um ewiges Misstrauen zu säen und eine Begründung dafür zu haben, Moskau endgültig auf die Knie zu zwingen?

Merken Sie es? Wenn man ein paar Schritte im Voraus denkt, werden die Dinge plötzlich höllisch kompliziert! Man weiß nicht mehr, was zuerst da war – Ei oder Henne?

Wenden wir uns deshalb wieder der praktischen Frage zu, ob die zusätzlichen 400 km (von Kaliningrad) bis 600 km (von Weißrussland) Anmarschweg, die Russland heutzutage zu überwinden hätte, um Deutschland zu erreichen, einen erfolgreichen Angriff unmöglich machen würden?

Das wäre sicherlich der Fall, wenn die polnische Armee stark genug wäre. Doch davon ist wohl niemandem etwas bekannt. Die Frage wäre also nicht, *ob* es die Russen durch Polen hindurch schaffen, sondern *ob schnell* genug?

Was wäre schnell genug? Schnell genug hieße, so schnell, dass die Deutschen keine Zeit mehr haben, um eine wirkungsvolle Verteidigung an der deutsch-polnischen Grenze aufzubauen. Da die deutsche Bundeswehr aber nur noch ein kläglicher Abglanz einstiger Stärke ist, kann sie gar keine wirkungsvolle Verteidigung mehr aufbauen! Zumindest nicht mehr an der deutschen Ostgrenze. Das hieße, die erste ernstzunehmende Verteidigungslinie, auf die die Russen stoßen würden, befände sich

am Rhein!

Der Rhein bildet eine natürliche Barriere für Bodentruppen und außerdem wären hier auch starke französische Verbände.

Von Alois Irlmaier (1959 gestorben), einem waschechten Seher und der bedeutendsten deutschen Quelle des 20. Jahrhunderts, gibt es zwei Aussagen, die sich auf das Angriffstempo der Russen beziehen:

„Nach Hamburg kommt der Russ' in einer halben Stunde." (78/57)*

Das Stadtzentrum von Hamburg lag etwa 40 Kilometer von der alten deutsch-deutschen Grenze entfernt. Das deutet so weit erst einmal auf die Situation im Kalten Krieg.

>*„An einem Tag ... würden die Russen bis in das Ruhrgebiet vorstoßen."*< **
(41/186)

Hinweis: Damit Sie Irlmaiers Voraussagen entsprechend „würdigen" können, finden Sie genauere Angaben zu diesem Ausnahmeseher auf Seite 249.

Von der deutsch-deutschen Grenze bis ins Ruhrgebiet waren es etwa 180 Kilometer. Das schafft man locker an einem Tag – vorausgesetzt, man trifft auf keine feindlichen Truppen! Und genau hier steckt der Fehler!

1941, beim Überraschungsangriff auf Russland stieß die deutsche Wehrmacht in der Anfangsphase ca. 30 Kilometer pro Tag vor. Minsk war nach 6 Tagen erobert (200 km von der damaligen Reichsgrenze entfernt), Smolensk war nach 2 Wochen erobert (450 km Entfernung). Ein entscheidender Grund, warum man dieses Tempo von 30 km pro Tag schaffte, war die simple Tatsache, dass Stalin nicht im Traum dran dachte, Hitler werde ihn angreifen ...

Die NATO jedoch tat während des Kalten Krieges im Prinzip nichts anderes, als tagein tagaus darauf zu warten, dass die Russen angreifen – und sich zu überlegen, wie die Russen es versuchen könnten, die NATO auszutricksen und zu überraschen. Wenn aber die Russen gewissermaßen seelenruhig durch Deutschland hindurchspazieren, müsste man sich schon fragen, wo denn eigentlich die NATO steckt ...? Nicht wahr?

Diese Frage stellt sich prinzipiell bei jener Vielzahl von Quellen, die von einem völlig überraschenden Angriff aus dem Osten sprechen. In der nachfolgenden Tabelle habe ich einmal aufgelistet, welche Quellen einen urplötzlichen Angriff voraussagen, und wie. Die überwiegende Mehrheit der Quellen spricht von einem urplötzlichen und völlig unerwarteten Angriff!

---

*   Diese Kennung ist ein Hinweis auf die Literaturquelle, siehe Seite 278
** Mit > und < kennzeichne ich die indirekte Rede bei Zitaten, siehe Seite 277

Voraussagen zum urplötzlichen Angriff Russlands

Zeit	Quelle	L.	Q	Zitat / Formulierung (teilweise gekürzt)	Liter.
1790	Walraff	D	III	Die Umwälzungen werden **sehr schnell** hereinbrechen.	24/66
1794	Knopp	D	III	Dann wird es Krieg geben, **wenn es keiner glaubt**.	7/305
1819	Faudaise	F	III	Die Krise wird **für alle plötzlich** kommen.	10/154
1825	Mühlhiasl	D	II	In Zwiesel Männer im Wirtshaus sitzen, wenn die Roten jäh in die Stadt ...	5/46
1872	Eilert	D	III	Abends wird man sagen: **Friede, Friede**, morgens stehen sie vor Türe.	8/73
1916	Curique	F?	III	Abends werden sie noch „**Friede, Friede**" rufen, am nächsten Morgen ...	8/91
1916	Kossuthány	Ug	III	**plötzlich und völlig unerwartet**	47/407
1917	Fatima	Po	II	**Wenn kein Kaiser, König, Kardinal und Bischof es erwartet!**	8/199
1922	Kugelbeer	Ös	III	Wie **Blitz a.heiterem Himmel** kommt Umsturz von Russl. zuerst in Deutschl.	41/261
1940	Böhm. Seher	Tz	III	Russen durch die Gasthausfenster schauen, wenn ... beim Bier sitzen.	8/45
1951	K.a.d.Ötztal	Ös	III	Anfangen tut es langsam ... Dann **plötzlich** bricht es	8/88
1959	Irlmaier	D	I	Die Bauern säßen im Gasthaus, da blickten die feindlichen Soldaten ...	41/179
1968	Fr.a.Valdres	Nw	II	Beginnt auf Weise, die **niemand erwartet hat**, v. völlig unerwarteter Seite.	PaB
1970	Dixon	US	IV	**plötzliche** Vernichtung und Krieg (1999)	6/289
1975	Stieglitz	D	III	stoßen ... **blitzartig** gegen Westeuropa vor.	12/235
1981	Korkowski	D	III	Ihre Uneinigkeit wird wirksame Verteidigung beim **Überraschungsangriff** ...	32/159
1982	Eisenberg	D	III	Die große Übermacht d. gottlosen Weltkommunismus wird **unerwartet** ...	8/262
1988	Anonymus	D	III	**Blitzschnell** schlägt d. Roten Heer, Deutsches Land v. Schreck ohn´ Wehr.	8/264

L. = Land = Herkunft der Quelle / Nw = Norwegen / Tz = Tschechien / Ug = Ungarn
Q = Qualität der Quelle, siehe Seite 277 und Seite 280
Liter. = Literatur, siehe Seite 278

Ein plötzlicher Angriff spricht also prinzipiell gegen ein Angriffsszenario während des Kalten Krieges! Dass wir hier überhaupt herumrätseln müssen – das am Rande –, liegt unter anderem daran, dass es – sieht man einmal ab von einer Stelle bei Nostradamus – keine einzige Quelle gibt, die den Fall der Mauer *und* einen nachfolgenden russischen Angriff vorausgesehen hat, bzw. wurden diese Fälle nicht frühzeitig dokumentiert. Hier die entsprechende Stelle aus dem Brief von Nostradamus an Frankreichs König Heinrich II., verfasst am 27. Juni 1558:

*Das **Reich des Tollwütigen**, der den Weisen spielen wollte, wird geeinigt werden. Und die Landstriche, Dörfer, Städte, Gegenden und Provinzen, die die ersten Wege verlassen hatten, um sich zu befreien, sich dabei aber nur noch schlimmer gefangensetzten, werden sich insgeheim in noch tiefere Knechtschaft begeben. Nach dem völligen Verlust der Religion werden sie anfangen, sich loszuschlagen von der **linken Partei**, um zur **rechten** zurückzukehren. ... Wenn **nach dem großen Hund der noch größere Bluthund** auftauchen wird, der alles in Schutt und Asche legt, selbst das, was vorher schon zerstört wurde, werden sie die Kirchen wieder so aufbauen, wie sie früher waren.* (1/379)

Der Tollwütige, der den Weisen spielen wollte – das passt hervorragend zu Adolf Hitler. Sein Reich, das (später wieder) geeint wird, ist also Deutschland. Damit wären wir im Jahre 1990. Die Gebiete, die von der linken Partei zur rechten zurückkehren, stehen für Osteuropa, das sich vom Kommunismus abwendet. Nostradamus spricht die Tragödie des Sozialismus oder Kommunismus an, der die Menschen eigentlich befreien sollte, jedoch in noch größere Unfreiheit führte.

Wenn man die Zeilen zu Osteuropa genau liest, klingt es übrigens so, als würden die Staaten Osteuropas, kaum dass sie der Fuchtel Russlands entkommen sind, in das nächste Übel geraten – *sich insgeheim in noch tiefere Knechtschaft begeben*. Globalisierungsgegner werden das vielleicht als *Zinsknechtschaft* interpretieren.

Der entscheidende Schlüssel zur zeitlichen Einordnung des Textes liegt in der *Wiedererrichtung der Kirchen*, nachdem alles in Schutt und Asche gelegt wurde. Dieses Motiv findet man in vielen anderen europäischen Prophezeiungen, und es ist ein klarer Indikator für den „dritten Weltkrieg".
Diese religiöse Erneuerung unterscheidet sich geradezu dramatisch von einer gewissen religiösen Renaissance in Osteuropa nach dem Zerfall der UdSSR – 1991 jedoch lag nichts in Schutt und Asche! Entsprechend wäre der *größere Bluthund* der russische Staatschef im „dritten Weltkrieg", und der *große Hund*, der zuvor auftaucht, Stalin, eventuell auch Hitler. ...

Zurück zu unserem alten Problem mit den 400 bis 600 Kilometern, die Russland zu überwinden hätte, wollte es urplötzlich in Deutschland auftauchen, so wie oft genug vorhergesagt.

Glaubt man den Quellen, und der deutsche Durchschnittsbürger würde davon völlig überrascht, so würde dies keinesfalls zwingend bedeuten, dass auch *staatliche Stellen* davon völlig überrascht wären. Geheimdienste und höchste Regierungsorgane dürften sehr früh Bescheid wissen. Möglicherweise gibt es ganz zuletzt sogar Überlegungen, eine Warnung der Bevölkerung ein paar Stunden zurückzuhalten, um beispielsweise die Straßen noch für einige Stunden für strategisch wichtige Transporte frei zuhalten. Wenn man die Bevölkerung warnt, dürfte schließlich innerhalb kürzester Zeit Panik ausbrechen und die Straßen verstopft sein – und zwar bundesweit!

Angenommen, der Angriff würde für die Nacht von Samstag auf Sonntag geplant, dann wäre denkbar, dass die Nachricht eines Angriffes auf privaten Kommunikationskanälen gegen 6 Uhr früh – sagen wir – erst 2 % der Bevölkerung erreicht hat. Die Russen ihrerseits würden natürlich versuchen, alle möglichen Kommunikationssysteme lahm zu legen und zu stören. ... So langsam kommen wir in eine Region, in der die Dinge doch vorstellbar werden.

Was den ungestörten Vorstoß innerhalb Polens anbelangt, so könnten die Russen potentielle Gegenwehr einerseits mit militärischen Mitteln unterdrücken, oder aber die polnische Regierung und Armeeführung mit der Drohung brutalster Gewalt – bis hin zum Einsatz taktischer Nuklearwaffen auf polnischem Gebiet – so sehr einschüchtern, dass das polnische Militär schlichtweg in den Kasernen bleibt. Ein entscheidendes Druckmittel, das Moskau einsetzen könnte, wäre auch das Argument, dass – egal wie der Krieg ausgeht – Polen länger als jedes andere besetzte Land die russische Faust zu spüren bekäme.

Hielten die Polen still und gäben die Russen Vollgas, könnten sie nach ca. 5 Stunden in Deutschland sein. Von Luftlandeeinheiten einmal abgesehen. Die schaffen das innerhalb einer Stunde.

Schlügen die USA nicht umgehend atomar zurück?

Nehmen wir an, die abschließenden Angriffsvorbereitungen überschreiten 10 Tage vor der Stunde X einen Punkt, ab dem westliche Spionagesatelliten erkennen, was sich östlich der polnischen Grenze zusammenbraut.

Wie reagieren dann die Amerikaner?

Zunächst wäre auch den USA klar, das die deutsche Bundeswehr ohnmächtig dastünde. Auch wären innerhalb der verbleibenden Zeit keine nennenswerten Truppenverlagerungen mehr von den USA nach Europa durchführbar. Laut *Focus* vom 15. Januar 2007 befinden sich gegenwärtig zwar noch 73.500 US-Soldaten in Deutschland, aber wenn der Teufel will, muss George W. Bush davon einen Großteil in den Nahen Osten verlegen, weil man ihm zuhause das Geld für zusätzliche Truppen streicht. ...

Ruft dann der amerikanische Präsident in Moskau an und droht ultimativ mit einem Atomschlag gegen Russland? Und würde es die Russen einschüchtern?

Würde Russland den Angriff noch zu der Zeit planen, wenn das *National Missile Defense System (NMD)*, also der Raketenabwehrschirm der USA gegen russische Interkontinental noch nicht einsatzbereit ist, müssten die USA sich überlegen, ob sie bereit wären, für die Europäer zu sterben. Und zwar nicht zu Tausenden oder Hunderttausenden – sondern zu Millionen!

Insofern entscheidet die Treue der USA über das Schicksal Europas!

Für die Entscheidung zum Angriff wäre zudem nicht entscheidend, wie die USA reagieren, sondern *welche Reaktion die Russen von den Amerikanern erwarten!* Es ist ein Pokerspiel! Genauer gesagt würde die russische Entscheidung innerhalb eines sehr kleinen Personenkreises gefällt. Wer will wissen, was da passiert?

Und nicht zuletzt: Die gesamte konventionelle Rüstung im Kalten Krieg beweist, dass damals beide Seiten von der Möglichkeit eines dritten Weltkrieges ausgegangen sind, der sich *nicht* zu einem weltweiten Atomkrieg ausweitet. Oder aber NATO und Warschauer Pakt sind zumindest davon ausgegangen, dass der dritte Weltkrieg konventionell beginnt, und sich erst später entscheidet, ob er auch zu einem Atomkrieg wird. Kurzum: Russland könnte sich gewisse Chancen ausrechnen, dass sein Angriff nicht in einem Hagel amerikanischer Atombomben begraben wird – was ja auch gewisse Vorteile für die polnische und deutsche Zivilbevölkerung mit sich brächte ...

Ist die Rote Armee heute nicht viel zu schwach?

Seit dem Zerfall der UdSSR haben unsere Medien das Bild von einem militärisch schwachen Russland gezeichnet. Im Fernsehen konnte man hin und wieder ganze U-Boot-Flottenverbände sehen, die in russischen Häfen vor sich hinrosten. Immer wieder gab es Berichte darüber, dass es russischen Soldaten in Tschetschenien an simpelsten Ausrüstungsgegenständen mangelt – sogar Stiefeln, wenn ich mich recht erinnere. Der russische Staat war Mitte der 90er Jahre nicht einmal in der Lage, genügend Wohnungen nur für die Offiziere der heimkehrenden Truppen aus Ostdeutschland zu errichten. Als es darum ging, alte Atomwaffen zu verschrotten, musste man im Westen um finanzielle Unterstützung bitten. Und so weiter und so fort.

Kleiner Test: Meinen Sie, Sie wären in der Lage, zu sagen, welchen Baujahrs jene U-Boote waren, die Sie da im Fernsehen in irgendwelchen Nordmeerhäfen vor sich hinrosten sahen? Waren es wirklich U-Boote, die modernen westlichen Paroli bieten könnten, oder waren sie sowieso veraltet und Russland sparte sich lediglich das Geld zum Abwracken? Könnte es nicht sein, dass die hiesigen Medien lediglich das von den westlichen Regierungen vorgebetete Bild eines militärisch schwachen Russlands nachplappern?

Und überhaupt: Wenn Sie die Berichterstattung über die deutsche Bundeswehr in den letzten Jahren verfolgt haben oder den einen oder anderen Soldaten oder Offizier kennen, so werden Sie vermutlich wissen, dass die deutsche Bundeswehr heutzutage nicht einmal in Ansätzen fähig wäre, die deutsche Ostgrenze zu verteidigen. Die Mannschaftsstärke der Bundeswehr wurde nach Ende des Kalten Krieges deutlich verringert. Aber was weit schwerer wiegt, ist die Tatsache, dass man sich im Grunde von dem Konzept der Landesverteidigung verabschiedet hat. Russland gilt nach dem Kalten Kriege nicht mehr als Feind!

Zudem hat der allgemeine Sparzwang der Bundesregierung dramatische Auswirkungen auf das noch vorhandene Gerät.

Es ist veraltet, oft nicht einsatzfähig, da reparaturbedürftig, manchmal fehlt es komplett. Das noch vorhandene Material wird in weltweiten Out-of-Area-Einsätzen verstreut. ... Und wo wir oben von fehlenden russischen Stiefeln sprachen – im Dezember 2006 tauchten in der deutschen Presse Berichte darüber auf, dass Art und Zustand der Ausrüstung der 3000 deutschen Soldaten in Afghanistan deren Todes- und Verletzungsrisiko unnötig erhöht und es auch sonst an allen Ecken mangelt. Das krasseste Beispiel, das zu lesen war, war ein *Mangel an Sonnenschutzöl mit ausreichendem Lichtschutzfaktor!*

Russland braucht also gar nicht über die Stärke aus der Hochzeit des Kalten Krieges verfügen, sondern es müsste einfach nur stark genug sein, um die dramatisch geschwächte Bundeswehr zu überrumpeln. Und dazu bedarf es wahrlich nicht viel.

Dabei hat sich das Ende des Kalten Krieges nicht nur dramatisch negativ auf die Verteidigungsbereitschaft der Bundeswehr ausgewirkt, sondern – eine kaum beachtete Tatsache – auch auf den Zustand der französischen Armee.

Überraschungsangriff trotz moderner Frühwarnsysteme?

Diese Frage wird schon durch obige Anmerkungen beantwortet. Selbst hochmodernste Frühwarnsysteme bringen nichts, wenn ein Land schlichtweg nicht mehr über eine Armee verfügt, die es rechtzeitig in Stellung bringen könnte. Ist eine solche Armee nicht mehr vorhanden, dauert es Monate, wenn nicht Jahre, bis man wieder über so etwas wie ein (konventionelles) Abschreckungspotential verfügt.

Die Situation lässt sich mit einem alten verrotteten Kahn vergleichen, der – leckgeschlagen – zwar über eine hochmoderne Pumpe verfügt, jedoch weder über Strom noch Sprit.

Abschließender Kommentar

Trotz all dieser Überlegungen bleibt für mich ein Fragezeichen. Glaubt man den Prophezeiungen, sind die Russen irgendwie doch etwas zu schnell im Lande. Die Frage, die sich daraus ergibt, lautet: Deutet das eher darauf hin, dass die Quellen grundsätzlich falsch liegen? Oder aber ist dieses Unverständnis und der sich daraus ergebende Unglaube nicht schon Teil der russischen Strategie? Wäre es nicht denkbar, dass eine tragende Säule der russischen Strategie gerade darin besteht, dass man es im Westen nicht glauben kann – oder will?

Täuschung war schon immer Teil der Kriegsführung. Und nicht zuletzt ist Russland ja bekannt für seine weltbesten Schachspieler.

Warum sollte Russland uns angreifen?

Viele Menschen, die das erste Mal von europäischen Prophezeiungen erfahren, wenn ich ihnen davon erzähle, hören sich die Sache ein paar Minuten lang höflich an, bis dann die Frage aus ihnen herausplatzt: „Warum sollte Russland uns denn angreifen?"

Diese Frage kann ich natürlich verstehen. Aber sie verblüfft mich auch. Verständlich ist sie, weil in der öffentlichen Meinung diesbezüglich die Idee vorherrscht, aus Russland drohe keine wirkliche Gefahr mehr – verblüffend, weil gerade die Deutschen eigentlich wissen sollten, dass in bestimmten Zeiten in den Zentren der Macht eher der Wahnsinn als die Vernunft regiert. Ja es kommt mir vor wie das größte Mysterium im Seelenleben der Deutschen seit Ende des Zweiten Weltkrieges, dass sie immer noch – oder schon wieder – an die immerwährende Vernunft der Mächtigen glauben – insbesondere an die Vernunft der Amerikaner, die Vernunft Israels und die Vernunft Russlands. Irgendwie scheinen es die Deutschen geschafft zu haben, sich durch jahrzehntelange Selbstkasteiung und ausgiebiges Wälzen in Schuldgefühlen zu suggerieren, es endlich verdient zu haben, von einem zweiten Hitler verschont zu werden.

In den meisten Fällen wird obige Frage natürlich nicht ernsthaft gestellt, sondern sie ist lediglich ein gedanklicher Reflex, eine Art mentale Zuckung vor dem Hintergrund des felsenfesten Glaubens an die Unvergänglichkeit mitteleuropäischer Normalität. Andererseits: Natürlich hat diese Frage ihre Berechtigung – völlig unabhängig vom Fragenden.

Warum also?

Warum sollte Russland uns angreifen?

In gewisser Weise liegt die Antwort auf diese Frage in der Frage selbst. Die eigentliche Frage – so sehe ich es, und so werden Sie es vielleicht ein paar Seiten später auch sehen – lautet nämlich nicht, warum uns Russland angreifen sollte, sondern: *Wie kommt es, dass hierzulande nirgends, an keiner Stelle, diese potentielle Gefahr thematisiert wird?*
Ist diese Gefahr wirklich so weit weg, von dem, was denkbar und möglich ist? Oder ist es eher so, dass diese Frage deshalb tabuisiert wird und im wahrsten Sinne des Wortes „undenkbar" geworden ist, weil sie einen ganzen Berg unangenehmer Fragen aufwerfen würde, der sich dahinter verbirgt?

Machen wir uns also an die Lösung dieses Rätsels:

Der Angriff Russlands auf Westeuropa wäre – so er denn stattfände – letztlich nur Teil eines übergeordneten Prozesses. Dieser Prozess – so sehe ich es – besteht vereinfacht ausgedrückt in dem drohenden Untergang der „weißen Reiche" – also Russlands, Europas und allen voran der USA – ja, auch der USA – bei gleichzeitigem Aufstieg Chinas. In Wahrheit geht es um den Niedergang der Europäer bzw. der Weißen, welche jahrhundertelang die Welt beherrschten. Es geht um den Niedergang und den Versuch, diesen aufzuhalten bzw. zu verhindern.

Der große Zaubertrick – die alles beherrschende Magie – besteht hierbei darin, die eigene Bevölkerung nicht einmal auf die Idee kommen zu lassen, dass der Untergang droht. Das funktioniert in der Praxis recht einfach, denn wer will schon etwas vom drohenden eigenen Untergang wissen?

Russland hat mit dem Zusammenbruch der UdSSR gewissermaßen die Vorreiterrolle beim Niedergang der weißen Reiche übernommen. In der russischen Gesellschaft wird mit eigentlich erstaunlicher Offenheit über die Möglichkeit des eigenen Untergangs diskutiert und gesprochen! Die russische Angst vor dem Untergang ist im Westen zwar grundsätzlich bekannt, jedoch nimmt man sie entweder nicht ernst, oder aber man bemüht sich darum, dass sie niemand ernst nimmt. Der russische Bär ist gewissermaßen angeschossen. Doch obwohl jeder die Gefährlichkeit eines verwundeten Tieres kennt, sagt man im Westen: „Alles halb so schlimm." Mehr dazu weiter unten – auch zu der Frage, warum Gas und Öl alleine Russland nicht retten kann bzw. können wird.

Man mag von Karl Marx halten, was man will, aber was wesentliche Teile seiner Kapitalismus-Analyse anbelangt, so hatte er Recht. Vereinfacht ausgedrückt: Wenn jeder seinen Kühlschrank und sein Auto hat, ist es aus mit dem Wachstum: Die Märkte sind gesättigt, die Einkommen sinken, Armut macht sich breit und schlimmstenfalls endet alles in einem Krieg, so dass das Spiel wieder von neuem beginnen kann – vorausgesetzt die Menschheit überlebt diesen Krieg.

Zwar wird gerne argumentiert, dass man, wenn traditionelle Märkte gesättigt sind, einfach nur neue Märkte erzeugen muss, indem man neue innovative Produkte entwickelt – doch es stellt sich sogleich die simple Frage, warum man das dann nicht tut? Fakt ist doch, dass heutzutage Wirtschaftswachstum letztlich nicht durch neue innovative Produkte erzeugt wird, die in Europa und den USA verkauft werden, sondern Wachstum wird vor allem dadurch erzeugt, dass Europa letztendlich und hauptsächlich alte und eben *nicht* innovative Produkte nach Ostasien exportiert – z. B. nämlich Autos. Und die Amerikaner – nun ja – sie exportieren einfach US-Dollars nach China.

In Europa lässt sich die zwangsläufige Verarmung der Bevölkerung in der Endphase des Kapitalismus eingehend studieren, insbesondere in Deutschland und Frankreich. Großbritannien, welches lange als leuchtendes Beispiel für den Kapitalismus angelsächsischer Prägung galt, beginnt sich in die gleiche Richtung zu bewegen, wobei bisher dessen Wirtschaftsdaten zumindest teilweise bewusst schöngefärbt wurden – auch von kontinentaleuropäischen Medien. So müsste die Arbeitslosenquote in Großbritannien (2006 laut OECD bei 5,2 %) etwa 50 % höher liegen, gäbe es auf der Insel nicht ein sehr laxes Frühverrentungssystem, mit dem aus Arbeitslosen einfach Frührentner gemacht werden. In britischen Zeitungen kann man hin und wieder etwas über diese Trickserei lesen, in Deutschland nur ganz selten.

Und die USA? Die USA sind eine Nation, die praktisch völlig auf Pump lebt und die eigene Wirtschaft mehr oder weniger nur mit Tricks am Leben hält. Was Ende des letzten Jahrtausends der Aktienmarkt war, ist dort heute der Immobilienmarkt. Infolge des Immobilienbooms bzw. der Immobilienblase in den USA, stiegen die Werte von US-Immobilien ins Astronomische. US-Bürger nutzen dieses neue „Vermögen", um sich Kredite zu besorgen, und pumpen dieses Geld in den Konsum. Die Sparquote liegt bei null Prozent. Alleine im Jahre 2005 nahmen die US-Bürger für unglaubliche 850 Milliarden* Dollar Hypothekenkredite auf und pumpten davon 60 % in den Konsum. Das macht bei rund 300 Millionen US-Bürgern monatlich (!) pro Kopf (!) eine Summe von rund 142 Dollar, die quasi aus dem Nichts hervorgezaubert in die Wirtschaft gepumpt wird. Stellen Sie sich einmal vor, welche frischen, rosig-optimistischen Bäckchen Frau Merkel in die Kameras halten könnte, wenn jeder Bewohner Deutschlands – vom Baby bis zum Greis – Monat für Monat rund 109 Euro (bei 1 € = 1.30 $) zusätzlich in die Wirtschaft pumpen würde?

Auch in Großbritannien hält man so die Wirtschaft am Laufen. Auch dort gab bzw. gibt es immer noch (Anfang 2007) einen beispiellosen Immobilienboom**. So stiegen in Wales nur innerhalb eines Jahres – 2004 war es glaube ich – die durchschnittlichen Immobilienpreise um über 30 %! Die Besitzer von Immobilien werden „reicher" und können sich höher verschulden. Das Geld geht dann in den Konsum.

Nächster Trick: Ab Mitte 2004 erlaubte die britische Regierung Arbeitssuchenden aus den neuen EU-Mitgliedsstaaten Mittel- und Osteuropas den Zuzug nach Großbritannien. Offiziell rechnete man mit 20.000 Arbeitssuchenden. Tatsächlich gekommen sind 600.000! Mir kann keiner erzählen, dass es britischen Spezialisten nicht möglich gewesen sein soll, die Zahl der Arbeitsimmigranten vor Ort in Osteuropa nicht genauer abzuschätzen.

---

* Die WELT vom 10. Juni 2006, Seite 19
** Die WELT vom 27. Januar 2007: Immobilienpreise in Londoner City 2006 um 29 % gestiegen!

600.000 – das macht rund ein Prozent der britischen Bevölkerung aus! Jeder von denen braucht eine Wohnung, Lebensmittel und Kleidung. So hält man die Wirtschaft am Laufen. In der Statistik macht sich das prächtig, denn es addiert sich zu einem höheren Wirtschaftswachstum. Aber das Pro-Kopf-Einkommen in den ärmeren Schichten fällt, da viele der Osteuropäer für Dumpinglöhne arbeiten.

Dieses Beispiel ist auch insofern interessant, weil jedem unweigerlich klar ist, dass dieser Trick nur einmal funktionieren wird. Eine Konjunkturspritze in Form dieses Bevölkerungs-Dopings lässt sich nur einmal ansetzen. Jetzt ist der britische Bürger gewarnt, und schon wird die britische Regierung sehr zurückhaltend, was die Arbeitserlaubnis für Bürger weiterer Staaten aus Osteuropa anbelangt. Die Frage ist, wie man diese Konjunkturspritze mit 600.000 Neubürgern interpretiert? Ist es einfach nur ein raffinierter und dreister Trick oder ist es ein Anzeichen für Panik?

Wer es sehen will, der kann die Zeichen des wirtschaftlichen Niedergangs an zahllosen Stellen erkennen. Die Gretchenfrage lautet, was passiert, wenn die Weltwirtschaft in eine dramatische Krise schlittert, die nicht einmal mehr von den begabtesten Spin-Doktoren schöngeredet werden kann?

Die kommenden Jahre werden zeigen, dass sowohl der Kommunismus als auch der Kapitalismus eine Art Ersatzreligion sind bzw. waren, und das eigentliche Problem nicht einmal der Kapitalismus selbst ist, sondern der Glaube daran! Alles, was es dazu braucht, ist eine wirtschaftliche Krise, die soziale Spannungen in einem solchen Ausmaß hervorruft, dass man nicht mehr bereit ist, die „Kollateralschäden" des bestehenden Wirtschaftssystems „mitzufinanzieren". Vermutlich läuft es dann darauf hinaus, dass man die Wirtschaft überall dort reglementiert, wo sie Gefahr läuft, die Grundlagen des Staates zu zerstören. Wie sollte es auch anders laufen?

Wenn Sie mich fragen, sind die derzeit angeblich depressiven Deutschen sehr viel dichter an der Wahrheit als jene am Rande des Irrsinns wandelnden „Optimisten" in den USA oder Großbritannien. Briten und Amerikaner haben schlichtweg ein dickeres Fell und es stört sie deutlich weniger, wenn ein Teil der Gesellschaft vor sich hin vegetiert. Der entscheidende Nachteil: Dieses dicke Fell ist – wenn es dann erst zu jucken anfängt – derartig verwanzt, dass nur noch eine Komplettrasur hilft.

Wohlstand und Waffen

Stimmt es, dass die Wirtschaft der USA in höchstem Maße marode ist, so folgt daraus, dass über kurz oder lang auch ihre militärische Dominanz bedroht ist. Sollte die Welt beispielsweise den Glauben an den US-Dollar verlieren und seine Rolle als Weltleitwährung der Vergangenheit angehören, bräche die tragende

Säulen aus dem amerikanischen Imperium und die USA könnten nie mehr das sein, was sie einst waren. Der Hauptexportschlager der USA – bedrucktes Papier bzw. der US-Dollar – wäre passé.

Letztlich ist militärisches Potential ein Produkt wirtschaftlicher Stärke. Das gilt für Russland ebenso wie für die USA als auch China. Und sollte Karl Marx mit seiner Kapitalismus-Analyse Recht behalten, so käme für die USA irgendwann der Punkt der Entscheidung. Entweder sie akzeptieren ihren Niedergang, oder sie nutzen ihre derzeit noch bestehende Stärke, um rechtzeitig potentielle Feinde auszuschalten – und hier ginge es vor allem um China! Rein theoretisch könnte China nämlich eines Tages genau das mit den USA machen, was die USA mit Russland gemacht haben. Es totrüsten! 300 Mio. Amerikaner gegen 1.200 Mio. Chinesen. Wie geht das wohl aus?

Ein entsprechender strategischer Plan zur frühzeitigen Neutralisierung Chinas – über den die USA mit Sicherheit verfügen, ob sie ihn letztlich nutzen werden oder nicht – wird natürlich nicht in einem einzigen großen Krieg bestehen, sondern in einer ganzen Palette von Maßnahmen und Schritten, die sich vermutlich über mehrere Jahrzehnte erstrecken. Mag sein, dass man für irgendwann auch den großen Schlag einkalkuliert. Aber im Vorfeld wird man auch jeden kleineren Schachzug nutzen.

Dabei gibt es allerdings ein Problem – und dieses Problem ist *Russland*. Solange Russland über eine intakte, effiziente und stets modernisierte Atomstreitmacht verfügt, werden die USA sich niemals auf einen militärischen Konflikt mit China einlassen können. Warum auch immer, aber den USA ist es nach dem Zerfall der UdSSR nicht gelungen, ein Bündnis mit Russland zu schmieden. Und inzwischen bilden Russland und China sogar den Kern eines anti-amerikanischen asiatischen Blocks.

Die USA müssten also die Zeit, die ihnen bleibt, bis China ein echtes Problem wird, nutzen, um Russland bzw. seine Atomstreitmacht auszuschalten. Und was läge da näher, als mit denjenigen Methoden fortzufahren, die sich schon beim Zerfall der UdSSR als äußerst erfolgreich erwiesen haben? Statt eines direkten Angriffes wählt man solche Mittel, die auf einen inneren Zerfall Russlands abzielen. Das wäre zum einen die Wirtschaft, indem man den Zufluss von internationalem Kapital und strategischen Schlüsseltechnologien behindert, und zum anderen ließe sich das politische System untergraben, indem man innenpolitische Gegner Moskaus unterstützt und stärkt, womöglich mit der Konsequenz, dass es neben Tschetschenien noch in anderen Regionen innerhalb Russlands zu starken separatistischen Tendenzen kommt.

Zurzeit wird die strategische Rivalität zwischen China und den USA in den Medien kaum thematisiert. Kurz bevor George W. Bush jedoch im Jahre 2000 das erste Mal zum Präsidenten gewählt wurde – und kurz danach –, gab es im Zusammenhang mit dem geplanten Raketenabwehrprogramm der USA in den Medien durchaus Kommentare von Militärstrategen, die meinten, dieser Raketenschutzschild, richte sich nicht – so wie von Washington behauptet – gegen irgendwelche „Schurkenstaaten", sondern gegen Russland und China. Auch der US-Regierung wurde irgendwann klar, dass die Sache zu sehr Richtung Russland und China deutete, und man benannte das *Strategic-Missile-Defense*-Projekt um in *National-Missile-Defense*.

Die Schwächung Russlands bis über den Punkt des Kollabierens hinaus bzw. die Unterordnung eines schwachen Russlands in einen US-dominierten westlichen Dachverband wäre sozusagen Plan A. Auf diese mögliche Strategie werde ich weiter unten noch ausführlicher eingehen. Sollte Plan A jedoch nicht funktionieren, gäbe es noch Plan B, dessen Grundkonzept vereinfacht gesagt darin besteht, dass Russland sich ins eigene Bein hackt! Eine solche vitale Selbstschädigung Russlands ließe sich erreichen, indem man Russland dazu verleitet, einen Krieg vom Zaune zu brechen, den es niemals gewinnen kann ... natürlich nicht gegen die USA, sondern gegen einen Dritten.

Wie schon angedeutet, ist es zum Verständnis all dessen wenig hilfreich, wenn man sich auf die Suche nach dem eigentlichen Bösewicht macht. Verstehbar und in gewissem Sinne sogar verständlich wird das Ganze, wenn man die Vorstellung zumindest akzeptiert, dass sowohl die USA als auch Russland vom Untergang bedroht sind, bzw. genauer – die Machteliten dieser Staaten von der Notwendigkeit eines bevorstehenden Überlebenskampfes mit allen Mitteln überzeugt sind. In Russland wird darüber teilweise offen diskutiert und hin und wieder dringt davon sogar etwas bis in die hiesigen Medien durch. Bei den USA ist es nicht ganz so offensichtlich. Was die USA anbelangt, so reibt man sich eher verwundert die Augen und fragt sich, wozu sie einen so exorbitant hohen Verteidigungshaushalt (439 Mrd. $*) brauchen und warum sie überall Kriege anzetteln, die irgendwie keinen rechten Sinn ergeben? Man fragt sich: Könnte es sein, dass der „Krieg gegen den Terror" – den selbst Altkanzler Helmut Schmidt in seinem Buch *„Die Mächte der Zukunft"* in Anführungszeichen setzt und den USA offensichtlich nicht so richtig abkauft – nicht doch vielleicht das Lügengebäude ist, unter dessen Schutz man sich gegen die wahren Rivalen rüstet?

---

* für 2007 geplant – vergleiche mit dem Jahre 2000: 294 Mrd. $

Wie die USA Russland in die Enge treiben

In bisher nie gekannter Deutlichkeit thematisierte Deutschlands bekanntester und renommiertester Außenpolitik-Journalist Peter Scholl-Latour Russlands missliche Lage in seinem November 2006 erschienenen Buch *„Russland im Zangengriff"*. Darin geht es darum, dass Russland – isoliert vom Westen und mit dem zweifelhaften Verbündeten China im Osten – einer ziemlich bedrohlichen Zukunft entgegensieht. Im nachfolgenden Kapitel werden wir uns das noch genauer ansehen.

Alexander Solschenizyn, Literatur-Nobelpreisträger und bedeutendster Schriftsteller Russlands der Gegenwart, sieht das nicht viel anders. In der WELT vom 2. Mai 2006 wird er zitiert:

„All das [die Politik der USA und NATO, Anm. B.] lässt keinen Zweifel daran, dass eine völlige Umzingelung Russlands vorbereitet wird – mit dem anschließenden Verlust der Souveränität Russlands."

Die Bedeutung der Ukraine für Russland

Das geostrategische Dilemma Russlands lässt sich am besten am Beispiel der Ukraine verdeutlichen. Russland kann sich ohne die Ukraine jegliche Großmachtambitionen abschminken – da sind sich geostrategische Analysten sowohl in den USA als auch in Russland völlig einig.

Vielleicht wenden Sie – lieber Leser – jetzt ein, dass Russland sich eben mit seinem Machtverlust abfinden muss, ebenso wie es Deutschland nach dem Zweiten Weltkrieg musste oder Großbritannien nach dem Zerfall des Empire. Ein zunächst durchaus naheliegender Gedanke. Die entscheidende Frage lautet nur, *ob Russland als kleine Macht überhaupt eine Überlebenschance hätte?*

Wenn sich die USA mit ihren 300 Millionen Einwohnern bereits in die Startlöcher begeben für eine große Konfrontation mit China, was soll dann Russland tun mit seinen rund 140 Millionen Einwohnern und seiner sehr viel schwächeren Wirtschaft?

Ganz klar: Russland müsste sich an Westeuropa anbinden. Die politischen Entwicklungen seit dem Zerfall der UdSSR und insbesondere seitdem Putin an der Macht ist, haben diese Option jedoch zunichte gemacht. Eine Schlüsselrolle hierbei spielten jene Staaten Osteuropas, die nach dem Zerfall der UdSSR unabhängig wurden, und deren berechtigte Angst vor Russlands Übermacht von den USA dazu genutzt wurde, einen Keil zwischen Russland und Europa zu treiben. Ein entscheidender Schachzug war hierbei die NATO-Osterwei-terung, die entgegen der Zusagen der USA an Russland im Rahmen der Verhandlungen zur

Wiedervereinigung Deutschlands konsequent umgesetzt wurde. Am 12. März 1999 zitierte die WELT einen Artikel vom Michail Gorbatschow, den dieser in der Los Angeles Times veröffentlich hatte:

Der Westen hat uns belogen

Der ehemalige General Alexander Lebed hat gesagt, dass die Nato-Erweiterung für Rußland in jeder Hinsicht so demütigend ist wie es der Versailler Vertrag nach dem Ersten Weltkrieg für Deutschland war. Ich stimme dem voll und ganz zu. ... scheint der Westen einen geheimen Plan zu verfolgen, den Leute wie etwa (der ehemalige US-Sicherheitsberater, d. Red.) Zbigniew Brzezinski andeuten: geopolitischen Vorsprung zu gewinnen auf Kosten Russlands. ... Das könnte eines Tages unangemessene Reaktionen Rußlands zur Folge haben. Ich fühle mich vom Westen betrogen. ...

Dann läuft seit einigen Jahren in der angelsächsischen Welt eine Kampagne gegen Russland, deren Ziel es ist, Misstrauen zu säen und somit den Zufluss ausländischen Kapitals nach Russland zu behindern. Russlands Infrastruktur soll derartig marode sein, dass selbst seine sprudelnden Öleinnahmen nicht reichen, um die nötige Modernisierung schnell genug voranzutreiben.

Fairerweise muss man feststellen, dass insbesondere Putin einiges getan hat, um dieses Misstrauen zu bestätigen. Allerdings fragt sich, ob es sich dabei um russische Reaktionen auf amerikanische Provokationen handelt, oder umgekehrt?

Aber lassen wir das. Uns als Mitteleuropäer kann egal sein, wer der größere Buhmann ist. Wir sollten vielmehr erkennen, dass sich zwischen den USA und Russland eine Rivalität aufgebaut hat, die das Potential zu kriegerischen Auseinandersetzungen beinhaltet. Dazu ist es erforderlich, dass wir wissen, wie sehr sich Russland in einer strategischen Defensive befindet, wie groß seine Not ist und wie sich das auf die Entscheidungen seiner Elite auswirken könnte.

Rannten in grauer Vorzeit die Häuptlinge und Könige zu ihren Orakeln und Sehern, wenn es knifflig wurde, so erledigen heutzutage „geostrategische Analysten" diese Aufgabe. Der in der gesamten westlichen Welt renommierteste geostrategische Analyst ist *Zbigniew Brzezinski*. Zbigniew Brzezinski war von 1977 bis 1981 Sicherheitsberater von US-Präsident Jimmy Carter. Später arbeitete er als Professor für amerikanische Außenpolitik an der John Hopkins Universität in Baltimore / USA und als Berater am „Zentrum für Strategische und Internationale Studien" – CSIS – in Washington D. C.

Noch heute wird er gerne von den internationalen Medien interviewt. 1997 veröffentlichte er in den USA ein geostrategisches Standardwerk mit dem Titel *„The Grand Chessboard, American Primary and Its Geostrategic Imperatives",* auf Deutsch: *Das große Schachbrett, Amerikas Vorherrschaft und seine geostrategische Erfordernisse.*

In Deutschland erschien das Werk unter dem Titel *„Die einzige Weltmacht – Amerikas Strategie der Vorherrschaft".* Ich habe das Buch 2001 als Taschenbuch in der 4. Auflage erworben. Eigentlich erstaunlich, dass ein solches Werk veröffentlicht wurde ...

Wie der Titel schon sagt, geht es in dem Buch darum, wie die USA ihre globale Vorherrschaft auch in Zukunft sichern können, wer ihnen dabei in die Quere kommen könnte und wie sie darauf reagieren sollten. Dabei geht Brzezinski über weite Strecken sehr klar und analytisch vor. Es geht in dem Buch also in erster Linie nicht um seine Meinung, sondern um die objektive Physik der Macht, um strategische Grundregeln, die sowohl Freund als auch Feind beachten müssen. Das macht dieses Buch so wertvoll.

Regel Nummer 1 lautet: Wer die Welt beherrschen will, muss die eurasische Landmasse kontrollieren.

Da haben die USA natürlich ein Problem, denn sie sind von Eurasien durch Ozeane getrennt. Also brauchen sie Brückenköpfe. Diese Funktion übernimmt Europa im Westen und Japan (plus Südkorea) im Osten. Russland – bisher die einzige echte eurasische Macht – hat man im Kalten Krieg erfolgreich eingedämmt. Ob das irgendwann auch mit China klappt, ist fraglich.

Brzezinski schaut in seinem Buch etwa 20 bis 50 Jahre in die Zukunft. Kapitel 4 befasst sich mit Russland. Es trägt die Überschrift *„**Das Schwarze Loch**"* und es endet mit folgender Bemerkung:

Je rascher sich Russland auf Europa zubewegt, desto schneller wird sich das Schwarze Loch im Herzen Eurasiens mit einer Gesellschaft füllen, die immer modernere und demokratischere Züge annimmt. ***Tatsächlich besteht das Dilemma für Russland nicht mehr darin, eine geopolitische Wahl zu treffen, denn im Grunde geht es ums Überleben.*** (Seite 179)

Heute – 10 Jahre nachdem Brzezinski diese Zeilen schrieb, ist Russlands Weg Richtung Europa verbaut! Folgt man Brzezinskis Logik, <u>so hätten sich die dafür Verantwortlichen für Russlands Untergang entschieden</u>! Wer auch immer das gewesen sein mag. Säßen diese Leute außerhalb Russlands, so wäre dies für Russland der Casus Belli – ein Kriegsgrund!

Halten wir für einen Moment inne, um uns der Tragweite bewusst zu werden: Die Politik der USA hat gegenüber Russland eine Richtung eingeschlagen, die der weltweit bekannteste Geostratege – noch dazu ein Amerikaner – mit dem Weg Russlands in den Untergang gleichsetzt!

Angenommen der „dritte Weltkrieg" fände statt und er fände aus den hier erörterten möglichen Gründen statt – was will man dann nachfolgenden Generationen erzählen? Etwa: *„Mir fehlten gerade die 9,90 € für Brzezinskis Buch."?*

Am beunruhigendsten war der Verlust der Ukraine. *Das Auftreten eines unabhängigen ukrainischen Staates zwang nicht nur alle Russen, das Wesen ihrer eigenen politischen und ethnischen Identität neu zu überdenken, sondern stellte auch für den russischen Staat* **ein schwerwiegendes geopolitisches Hindernis** *dar. Da mehr als dreihundert Jahre russischer Reichsgeschichte plötzlich gegenstandslos wurden, bedeutete das den Verlust einer potentiell reichen industriellen und agrarischen Wirtschaft sowie von 52 Millionen Menschen, die den Russen ethnisch und religiös nahe genug standen, um Rußland zu einem wirklich großen und selbstsicheren imperialen Staat zu machen ...* (Seite 136 / 137)

Selbst ohne die baltischen Staaten und Polen könnte ein Rußland, das die Kontrolle über die Ukraine behielte, noch immer die Führung eines selbstbewußten eurasischen Reiches anstreben. (Seite 152)

In der seit spätestens 1994 zunehmenden Tendenz der USA, der amerikanisch-ukrainischen Beziehung höchste Priorität beizumessen und der Ukraine ihre neue nationale Freiheit bewahren zu helfen, erblickten viele in Moskau – sogar die sogenannten Westler – eine gegen das vitale russische Interesse gerichtete Politik; die Ukraine schließlich wieder in den Schoß der Gemeinschaft zurückzuholen. Daß sich die Ukraine eines Tages irgendwie reintegrieren lasse, gehört nach wie vor zum Credo vieler Mitglieder der russischen Politelite.

... So wurde z. B. sogar Jelzins Spitzenberater, Dmitrij Rjurikow, von Interfax (20. November 1996) dergestalt zitiert, daß er die Ukraine, für „ein vorübergehendes Phänomen" halte, während Moskaus Obschtschaja Gazeta (10. Dezember 1996) berichtete, daß „in absehbarer Zeit Ereignisse in der östlichen Ukraine Moskau mit einem sehr schwierigen Problem konfrontieren könnten. Massenproteste aus Unzufriedenheit werden mit Appellen oder sogar Bitten an Rußland die Region zu übernehmen, einhergehen." (Seite 153)

Wie bereits erwähnt, ist ohne die Ukraine eine imperiale Restauration ... keine eurasische Option. (Seite 166)

Als es Ende 2004 in der Ukraine zu der „orangenen" Revolution kam, wurde zwar ausgiebig darüber berichtet, jedoch wurde es fast durchgehend vermieden, deutlich zu machen, worum es dabei für Russland eigentlich ging, nämlich den möglicherweise endgültigen Schlussstrich unter das Kapitel der russischen Großmacht – vor dem Hintergrund des in Ostasien unaufhaltsam aufsteigenden Chinas. Dabei darf man nicht vergessen, dass die Russen einschließlich der Stadt Moskau lange Zeit unter ostasiatischer bzw. mongolischer Herrschaft standen.

Und wer bitte könnte Russland die Garantie dafür geben, dass es in ein paar Jahrzehnten nicht wieder ähnlich kommt, wenn es zu schwach ist?

Wie bereits angedeutet, steht Brzezinski mit seiner Einschätzung nicht alleine da. Die WELT vom 23. November 2004 schrieb:

In Russland hingegen sehen viele, auch Putin, die Ukraine als Einflussbereich. Lenin hatte einst gesagt: **"Wenn wir die Ukraine verlieren, verlieren wir alles."** *... Ein russischer Duma-Abgeordneter sagte am Wochenende in Kiew:* **"Wenn wir nicht aufpassen, wird Russland in 20 Jahren vom Erdboden verschwinden. Wir müssen alles riskieren."**

Am 15. Juni 2006 schrieb der Journalist Michael Stürmer in der WELT im Zusammenhang mit Flottenmanövern vor der Küste der Krim, an denen auch Einheiten der USA (!) teilnahmen, und wo es zeitgleich auf der Krim zu Ausschreitungen pro-russischer Ukrainer gegen dortiges unbewaffnetes Militärpersonal der USA kam:

Flottenmanöver vor fremden Küsten sollen Flagge zeigen und den Uferbewohnern Absichten kundtun. Das galt vor einem dreiviertel Jahr für die gemeinsamen Manöver, die Chinesen und Russen nördlich der Taiwan-Straße veranstalteten ... Und es gilt dieser Tage für das „Sea-Breeze 2006"-Manöver der Ukraine und der US-Navy im Schwarzen Meer, unweit Sewastopols. Dort hatte die russische Schwarzmeerflotte von jeher ihre Basis ... Mit der Ukraine kann sich die NATO übernehmen, in ihrem Sicherheitsversprechen unglaubhaft werden und sich mittleren russischen Erpressungen ausgesetzt sehen. Die Ukraine ist aus Sicht der Russen spirituelle Wiege ihrer Kultur. Mehr als 20 Millionen, die sich als Russen sehen, leben westlich der Grenze, für Putin allesamt Mütterchen Russlands verlorene Kinder. **Mit der Ukraine als strategischem Vorland wäre Russland, gestützt auf Energiemacht und Waffenexporte an Gerechte und Ungerechte, bald wieder Imperium.** *Das kann nicht aufgeklärtes westliches Interesse sein. Ohne die Ukraine, oder wenn sie gar zur Randprovinz des Westens würde, wäre Russland auf Asien verwiesen, marginalisiert bei der Gestaltung der atlantischen Welt und ihrer Sicherheit. ... Die Ukraine als Friedensprojekt zwischen Ost und West ist, wenn beide Seiten Weisheit walten lassen, denkbar. Die Ukraine als Reibeisen dagegen hat das Potential für einen völlig überflüssigen neuen kalten Krieg.*

Am Rande: Was könnte uns hoffen lassen, dass auch ein neuer Kalter Krieg so endet wie der letzte – nämlich friedlich? Die Umsichtigkeit und Vorsicht der US-Administration?

Ganz oben hatte ich die Möglichkeit angedeutet, dass ein Russland, das keine Großmacht mehr – bzw. zu schwach ist, komplett zerfällt. Im Grunde sagt

Brzezinski das Gleiche, wenn er vom drohenden Untergang Russlands spricht. Diese Einschätzung trifft man auch im politischen Berlin an. So fand sich am 13. November 2004 in der WELT ein Interview mit Gesine Schwan, der Ex-SPD-Bundespräsidentenamts-Kandidatin. Sie sagte:

Schröder fürchtet das Auseinanderbrechen Russlands und sieht, dass eine internationale Privatisierung der Rohstoffindustrie dort nicht möglich ist.

Offenbar teilte sie Schröders Befürchtung. Das wirft die Frage auf, wie viele der deutschen Politiker und Journalisten das auch noch so sehen, es aber nicht thematisieren wollen?

Zurück zur Ukraine: Auf dem Höhepunkt der „orangenen" Revolution gab es aus Russland Vorwürfe, die Demokratiebewegung sei von anti-russischen Kräften finanziert und gesteuert. Das schienen zunächst die üblichen Verleumdungen antidemokratischer Regime zu sein. Im Sommer 2006 gab es dann Berichte im deutschen TV, die diese Behauptung bestätigten. In einem Fall war es Peter Scholl-Latour, und in einem anderen Fall war es eine BBC-Produktion die auf VOX lief und sich volle zwei Stunden (!) mit Putins Kampf gegen die russischen Oligarchen befasste. Die eine Hälfte der Sendung war Michail Chodorkowskij gewidmet, die andere Hälfte Beresowski. Beresowski war pikanterweise ausgerechnet derjenige, der Jelzin Wladimir Putin als Nachfolger empfahl. In der Jelzin-Zeit galt Beresowski als graue Eminenz im Kreml und eigentlicher Strippenzieher. Kaum war Putin im Amt, wehrte er sich gegen Beresowskis Einfluss auf die russische Politik und Beresowski musste nach London flüchten, von wo aus er nun Putin bekämpft und hofft, später wieder ganz oben in der russischen Politik mitmischen zu können. Vor laufender Kamera der BBC gab Beresowski zu, die ukrainische Demokratie-Bewegung massiv finanziell unterstützt zu haben.

Jetzt meinen Sie vielleicht, das Ziel der Demokratie heilige alle Mittel. Doch überlegen Sie einen Moment: Was würden Sie denken, wenn herauskäme, dass die USA die CDU/CSU in einem Bundestagswahlkampf mit hohen Millionenbeträgen unterstützt hätte, zudem in einer Situation, in der die Umfragen CDU/CSU und SPD Kopf an Kopf sahen? Genau das aber entsprach der Situation in der Ukraine!

Warum Öl und Gas Russland nicht wirklich helfen können

Seit der Ölpreis so stark gestiegen ist, fängt man in Europa an neidisch nach Russland zu blicken. Die Westeuropäer häufen immer höhere Schulden an. Gleichzeitig ist Russland dabei, seine Auslandschulden vorzeitig zurückzuzahlen und beachtliche Devisenreserven anzulegen. Russland schwimmt in Petrodollars – doch es sind offenbar leider nicht genug.

Im April 2006 e-mailte mir jemand den „PB-Newsletter*" von *Deutsche Bank Research*, verfasst von *Prof. Dr. Norbert Walter*, dem Chefvolkswirt der Deutschen Bank:

Warum ich mich um Russland sorge

... Dieses Land erfreut sich derzeit großen Wirtschaftswachstums. Der Wohlstand stieg in den letzten fünf Jahren um mehr als ein Drittel. Der Reichtum an Öl und Gas und vielen anderen Rohstoffen sorgt für Einnahmen für Private und Staat. Schulden werden zurückgezahlt, Modernisierung mit importierten Maschinen findet statt. Infrastruktur kann ausgebaut werden. Also ein aufstrebendes Schwellenland?
Nein. ... Russland ist kein aufstrebendes Land. **Es ist ein Land, das von seiner Substanz lebt.** *Es macht in großem Stil „Asset-Stripping".* **Es gräbt seine Reichtümer aus, verkauft sie und lebt davon – manche sehr gut. Was nicht genügend geschieht ist Investition. Was nicht gefördert wird ist Innovation.** *Geschäftemachen in Russland bleibt häufig eine Angelegenheit, die keine Werte schafft, sondern nur (einige) reich macht. ... Die wirtschaftlichen Strukturen entwickeln sich somit nicht ausreichend ... und* **damit unterbleibt die Vorbereitung von Land und Leuten für die Zeit nach dem Rohstoffboom.** *... Aber die eigentliche Katastrophe reflektiert sich in der russischen Vitalstatistik. Russland scheint kein Interesse an seiner mittel- und langfristigen Zukunft zu haben, ja manches deutet sogar auf Mangel an Interesse am „Morgen" hin. Russen heiraten immer weniger, Russen bekommen kaum noch Kinder** [aktuell 1,1 Kinder pro Frau, Anm. B.]. Die mangelhafte Aufklärung führt zu ungewollten Schwangerschaften, „schmutzige" Abtreibungen führen zu Unfruchtbarkeit, nicht selten zum Tod. Zudem ist die Kindersterblichkeit fast doppelt so hoch wie in Europa, mehr als dreimal so hoch wie in Deutschland. Zu allem Überfluss sorgt die sorglose Lebensweise (Aids, Alkohol) dafür, dass Russland – anders als der Rest der Welt – früher stirbt [die durchschnittliche Lebenserwatung liegt in Russland aktuell bei 65 Jahren, in Deutschland sind es fast 80 Jahre, Anm. B.] ...* **Russland wird – falls nicht bald eine tief greifende, revolutionäre Mentalitätsänderung zustande kommt – bis zur Jahrhundertmitte das am raschesten unbedeutend gewordene Land der Alten Welt sein.**

In einem zivilisierten Umfeld *unbedeutend* zu werden, ließe sich noch irgendwie ertragen. Im Urwald könnte es bedeuten, dass man aufgefressen wird.

---

*   Hier auszugsweise wiedergegeben mit freundlicher Genehmigung von Prof. Dr. Norbert Walter.
** Der Demograph Herwig Birg schreibt in *„Die ausgefallene Generation"*: Die Bevölkerung Russlands wird nach Vorausberechnung ... der Vereinten Nationen infolge der ... Abnahme der Geburtenrate ... von 142 Mio. im Jahre 2005 auf 101 Mio. im Jahre 2050 zurückgehen, und zwar selbst dann, wenn die Geburtenrate, die bis 2005 auf 1,1 Geburten pro Frau gefallen war, sich wieder erholt und bis 2050 auf 1,9 ansteigt.

Erinnern Sie sich noch an den Duma-Abgeordneten weiter oben, der meinte, Russland würde bis *2025 „vom Erdboden verschwunden"* sein, und man müsse *„alles riskieren"*, um das zu verhindern? Hätten Sie gedacht, dass Ihnen der Chefvolkswirt der Deutschen Bank ein paar Seiten weiter im Grunde dasselbe sagt? Jener Norbert Walter, der hin und wieder im heute-journal und den ARD-Tagesthemen um seine Meinung gebeten wird? ... Norbert Walter meint also, Russlands Rettung läge einzig und alleine in einer *tief greifenden, revolutionären Mentalitätsänderung ...*

Wo bitte soll die herkommen? Ich meine diese Frage nicht rhetorisch. Ich stelle sie wirklich! Woher sollte diese Mentalitätsänderung kommen?

Ich glaube, das Problem ist nicht die russische Mentalität. Mentalitäten gehen zu tief, als dass man sie schnell genug ändern könnte. Und das ist auch nicht nötig. Die Mentalität eines Volkes ist wie eine Palette, wie ein Spektrum bestimmter Einstellungen, aus der ein Volk eine bestimmte Einstellung wählen kann. Die Deutschen können sich – historisch gesehen – vielleicht irgendwo zwischen Konrad Adenauer und Frau Merkel entscheiden, die Russen irgendwo zwischen Stalin und Jelzin. Aber die Russen werden sich nie für jemanden wie Frau Merkel entscheiden und die Deutschen nie für einen Trinker wie Jelzin. Es kommt also darauf an, welche der ihm möglichen Einstellung ein Volk im Rahmen seiner individuellen Mentalität wählt.

Diese Herangehensweise legt es nahe, in der russischen Geschichte nachzuforschen, wie sich die Russen in vergleichbaren Situationen verhalten haben. Um es kurz zu machen: Wie lange noch können wir darauf vertrauen, dass die schleichende kollektive Depression Russlands nicht umschlägt in eine massenpsychologische Eruption, einem verzweifelten Hoffnungsrausch, der dann von einer gewissen Machtelite missbraucht wird? Wie lange können die Deutschen diese Möglichkeit noch aus ihrem Bewusstsein verdrängen?

Erpressungen mit Öl als böses Omen?

Dass Russland sich wahrscheinlich nicht dem Willen und den Absichten der USA beugt, lässt sich bereits erahnen, wenn man sieht, wie Russland sein Gas als Druckmittel einsetzt.

Die Ukraine, Georgien, Litauen und Weißrussland haben diesen Druck bereits in unfreundlicher Weise zu spüren bekommen. Spätestens seitdem Russland der Ukraine Anfang 2006 das Gas abdrehte, ist der Westen und insbesondere Europa gewarnt. Es gibt darüber eine öffentliche Diskussion, zu der sich auch Spitzenpolitiker äußern. Die Katze ist aus dem Sack, könnte man meinen.

Doch das ist falsch. Bildlich gesprochen guckt nur eine Pfote, ein Ohr und die Hälfte des Kopfes raus. Zur Verdeutlichung ein Beispiel: In der Frankfurter

Rundschau vom 20. Dezember 2006 findet sich ein Artikel einer Energieexpertin des deutschen Instituts für Wirtschaftsforschung:

„... Wie kann sie [Kanzlerin Merkel] dem gegen Kritik allergischen Russland schonend beibringen, dass Europa stark an den wichtigen Energielieferungen aus Russland interessiert ist, sich aber Sorgen wegen der Verlässlichkeit der Lieferungen macht. ... Wenn Europa der „Gashahn zugedreht" wird, wäre dies eine Katastrophe. Das wäre aber auch, wenn die OPEC „den Ölhahn zudrehen" würde."

Das erstaunliche an der bisherigen Diskussion ist, dass zwar einerseits befürchtet wird, Russland könne den Gas- oder Ölhahn zudrehen, andererseits aber nicht weiter erörtert wird, *warum* Russland das überhaupt tun sollte? Also machen wir das jetzt an dieser Stelle:

Warum sollte Russland uns das Gas oder das Öl abdrehen?

Wenn es Russland schlichtweg ums Geld ginge, dann wären Erpressungsversuche äußerst dumm. Vielleicht würde es kurzfristig höhere Einnahmen verzeichnen, aber mittel- und langfristig hätte es das Nachsehen. Europa würde alles tun, um sich von russischer Energie unabhängiger zu machen. Sehr wahrscheinlich würde sogar gerade erst eine allgemeine Furcht der Bevölkerung vor der Unberechenbarkeit Russlands unpopuläre Maßnahmen seitens der Regierungen ermöglichen.

Außerdem: Wie sollte es danach politisch weitergehen zwischen Europa und Russland? Und wie stünden plötzlich westliche Firmen da, die mit z. B. mit Gasprom gute Geschäfte machen? Machen wir uns nichts vor. Das eigentliche Thema, um das es hier geht, ist die Furcht vor einem europäisch-russischen Wirtschaftskrieg.

Russland wird den Gas- oder Ölhahn nicht zudrehen, weil es einfach mehr Geld braucht. Genauso gut könnte ein Gemüsehändler einem Kunden eine Pistole unter die Nase halten und 10 Euro für eine einzige Gurke fordern. Das ist kompletter Schwachsinn.

Wären es keine wirtschaftlichen Gründe, müssten es politische Gründe sein. Das lenkt die Aufmerksamkeit automatisch auf bereits bestehende Konflikte mit der EU und den USA. Sieht man sich diese genauer an, so zeigt sich, dass der eigentliche Konflikt zwischen den USA und Russland besteht.

Man kann also davon ausgehen, dass ein bedeutender Anteil der politischen Klasse hierzulande sich sehr wohl bewusst ist, dass ein ernsthafter Konflikt zwischen den USA und Russland droht bzw. drohen könnte.

Man darf gespannt sein, ob es jemals hierzulande eine breite Diskussion darüber geben wird, *warum* Russland uns die Hähne zudrehen könnte? Sollte diese Diskussion stattfinden, so kämen auch sehr schnell unsere amerikanischen „Freunde" auf den Prüfstand. Davor aber befindet sich eine massive Verteidigungslinie, denn mit dem USA-Bild käme ein ganzer Berg weiterer Faktoren ins Rutschen. In Wahrheit ist es ein Kampf um den Glauben an die USA.

Gäbe es „gute" Gründe für einen Angriff auf Westeuropa?

Dem russischen Angriff auf Westeuropa könnte somit ein strategisches Konzept zugrunde liegen, das darauf abzielt, einen gesamteuropäischen Block zu formen, der ein echtes Gegengewicht zu den USA und China bildet. Ein zentraler Aspekt dabei wäre die Vernichtung pro-amerikanischer und anti-russischer Kräfte innerhalb Westeuropas.

Wodka und Immobilienkredite

Norbert Walter skizzierte oben das Bild eines sich im Grunde selbst aufgebenden russischen Volkes. Sehr grob vereinfacht gesagt: Die Russen leben von der Substanz, verscherbeln das Familiensilber, bekommen keine Kinder mehr und saufen sich zu Tode.

Aber ist das, was zeitgleich in den USA passiert, bei genauer Betrachtung wirklich so diametral entgegengesetzt? Die Sparquote liegt bei null Prozent und das Volk – auch hier verallgemeinere ich grob – lebt nur noch auf Pump. Zeigt sich in der Verschuldung der US-Bürger nicht auch – so wie Norbert Walter zu Russland schrieb – ein *„Mangel an Interesse am Morgen"*? Vergleichbares gilt für Großbritannien, wo der Immobilienmarkt ähnlich boomte bzw. boomt wie in den USA. Ich erinnere noch, wie ich bei einem Aufenthalt 2004 in London am Freitagabend so zwischen 19.00 Uhr und 21.00 Uhr – also praktisch zur besten Sendezeit – auf einem privaten Fernsehkanal hintereinander zwei Sendungen sah, in denen es ausschließlich darum ging, wie John Normalverbraucher noch ein schnelles Pfund auf dem britischen Immobilienmarkt machen kann. Motto: Haus kaufen, Badezimmer tapezieren, zwei neue Blumenkübel nach Fengshui-Regeln vor dem Eingang platziert, und dann den ganzen Kram mit 20.000 Pfund Gewinn weiterverscherbeln. Und dann: Mit dem frischen Geld irgendwo – beispielsweise in Kroatien – ein Schnäppchen ergattern. „Depressiven" Deutschen käme da vielleicht der Gedanke: „Hm, Kroatien, Jugoslawien? Verflixt! Da war doch was?" ...

Und zwischen den beiden Sendungen – Sie ahnten es bereits – schalteten Kreditinstitute Werbespots für Immobilienkredite. Verblüfft fragte ich mich, ob die wirklich alle so blöde sein können?

Ich gebe zu, der Kontrast zwischen dem britischen Optimismus und der deutschen Depression war 2004 in London deutlich zu spüren. Damit war es allerdings auch schon wieder vorbei, wenn man aus der City of London 5 Kilometer in den Süden Londons fuhr und in Brixton landete, wo die ganzen Schwarzen leben.

Ich darf Sie immer wieder warnen: Lassen Sie sich nicht suggerieren, dass die Dinge so kommen oder gar kommen müssen. In diesem Kapitel ging es mir darum, aufzuzeigen, dass ein Angriff Russlands auf Westeuropa unter bestimmten Bedingungen durchaus denkbar, durchführbar und aus bestimmter Perspektive auch „sinnvoll" wäre. Es ging mir um die Zertrümmerung der einschläfernden Suggestion, solcherlei könne nie geschehen.

Eine Glaubensfrage

Es heißt immer, wir würden in einer Zeit leben, in der die Menschen nicht mehr glauben. Meiner Ansicht nach beruht diese weitverbreitete Klage über einen Glaubensverfall jedoch auf einem kolossalen Irrtum: Das Problem ist nicht, dass die Leute nicht mehr glauben, sondern das eigentliche Problem besteht darin, dass die Leute sich nicht bewusst sind, *dass* sie glauben und *woran* sie glauben. Sie halten Glauben für Wissen.

In den kommenden Monaten und Jahren werden wir sehen, was passiert. Mag sein, dass die Prophezeiungen Recht behalten, mag sein, dass sie sich irren. Sollten die Prophezeiungen jedoch Recht behalten, so wird man sich irgendwann nach den Katastrophen daranmachen, nach den Ursachen zu forschen. Dann wird sich zeigen, dass ein ganz wesentliches Glied in der Kette der Unglücke der Glaube der Europäer an die USA war – an die USA im Allgemeinen und an die Mächtigen in Washington und anderswo in den USA.

Die Sache mit dem Glauben meine ich wohlgemerkt nicht irgendwie abstrakt, sondern ganz real und praktisch. Dabei übernehmen die Deutschen natürlich wieder einmal eine Sonderrolle, denn in gewisser Weise haben sie nach Ende des Zweiten Weltkrieges – psychisch und vom Selbstwertgefühl her völlig desorientiert – nach einem neuen Übervater Ausschau gehalten und ihn in den USA gefunden. Und seitdem sind sie nie wieder wirklich aus dessen Schatten herausgetreten. Inzwischen scheint der Krebs des deutschen Minderwertigkeitsgefühls – welches zu tief sitzt, um mit Mercedes-Limousinen und gewonnenen Fußballweltmeisterschaften geheilt zu werden – in anderen Regionen Europas Tochtergeschwüre hervorzurufen.

Seit allen klar ist, dass in Europa zu wenig Kinder gezeugt werden, die europäische Gesellschaft in naher Zukunft dramatisch vergreisen wird und sich im Fernen Osten der Riese China erhebt, beginnt auch Europa den Glauben an sich zu verlieren.

In den USA zeigt sich (scheinbar) ein völlig anderes Bild. Dort wächst die Bevölkerung, und das wird – bzw. soll – noch Jahrzehnte so weitergehen. In einem Artikel, den ich kürzlich las, verknüpfte ein amerikanischer Autor den Aspekt der wachsenden US-Bevölkerung mit der größeren Bereitschaft der USA Kriege zu führen (!) – und kam zu dem Schluss, dass dies ein Beweis dafür sei, dass die amerikanische Gesellschaft der europäischen überlegen ist. Der ganze Artikel dieses Autors entwickelte sich zu einem Abgesang auf die europäische Kultur und Europa überhaupt.

Ich formuliere überspitzt: Die amerikanische Neigung, Kultur zu zerschlagen, hat einen Punkt erreicht, wo Kultur an sich nicht mehr als Wert erkannt wird, sondern nur noch die Kulturzerschlagung selbst als Kulturbeweis gilt.
Nun – was will man davon halten? Sieht da wirklich ein Amerikaner in die Zukunft Europas? Kennt er die Zukunft Europas? Oder geht es einfach nur darum, den Glauben an Europa zu untergraben – in der bewussten oder unbewussten Absicht, Europa zu schwächen und die USA etwas besser aussehen zu lassen?

Die Tatsache, dass sich die meisten Menschen nicht bewusst sind, woran sie glauben – dass sie Glauben nicht von Wissen und Realität trennen können –, hat zur Folge, dass sie leicht manipulierbar sind. Wer den Glauben eines Menschen kontrolliert, der hat Zugriff auf dessen zentrale Kraftquelle – auf gut Deutsch: *Er hat ihn bei den Eiern!* In dem Moment aber, wo der Glaube auch *Glaube* genannt wird – wo er offenbar wird, erweisen sich Fakten und Argumente letztlich als Heuchelei.

Die europäischen Prophezeiungen weisen den USA für eine gar nicht mehr so entfernte Zukunft eine Rolle zu, die vielleicht der des heutigen Australiens vergleichbar ist. Weit, weit entfernte Verwandte. ... Stellen Sie sich vor, Sie sind Amerikaner und lesen den letzten Satz. Ich vermute, es dauert keine 3 Hundertstelsekunden, und in dem amerikanischen Herzen gibt es eine ziemliche Wallung. Diese Wallung kommt aus dem Glauben. Erst danach – sagen wir ab der 6. Hundertstelsekunde setzt dann der Sturm der Fakten, Argumente und Meinungen ein ...

Verstehen Sie mich nicht falsch. Sollen die Amerikaner glauben, woran sie wollen. Mögen sie an ihr Land glauben. Gut! Bestens! ... Nur wo bitte – steckt die amerikanische Intelligenz, die Glauben von Irrglauben unterscheidet?

Die Medien und das „Reich des Bösen"

Wenn es um die Frage geht, warum es in der Öffentlichkeit bisher nicht einmal im Ansatz eine Diskussion über das eigentliche Gefahrenpotential der russisch-amerikanischen Beziehungen gibt, muss man sich natürlich auch ansehen, welche Rolle die Medien hierbei spielen.

Im Herbst 2006 veröffentlichte Deutschlands bekanntester, kompetentester und dienstältester Auslands-Journalist Peter Scholl-Latour sein Buch *„Russland im Zangengriff"*.

Liest man den Titel, so fragt man sich unweigerlich, wer denn da Russland in die Zange nehmen soll? Und warum? Man fragt sich weiter, wie Russland sich aus diesem Griff befreien könnte? Und man ahnt: Russland *wird* dies tun – irgendwann und irgendwie. Wer den Sieg über Adolf Hitler mit 20 Millionen Toten erkämpft hat, wird sich wohl kaum so ohne weiteres in die Zange nehmen lassen.

Oder vielleicht doch?

Auf dem Innenumschlag von *„Russland im Zangengriff"* liest man:

Mit dem ihm eigenen Gespür für kommende Krisenherde hat Peter Scholl-Latour die unruhigen Grenzregionen Russlands bereist: im Westen Weißrussland und die Ukraine, die die Ausdehnung der NATO und der EU nach Osten und den damit einhergehenden Reformdruck zu spüren bekommen, im Süden die zentralasiatischen GUS-Staaten, in denen der Islamismus brodelt und die USA militärisch Fuß zu fassen versuchen, in Fernost das chinesisch-russische Grenzgebiet, wo die dünnbesiedelten sibirischen Weiten dem Bevölkerungsdruck und Wirtschaftsboom Chinas ausgesetzt sind. Dieser Zangengriff, dem sich Russland an seiner West-, Süd- und Ostgrenze gegenübersieht, wird unvermeidlich extrem nationalistische Reaktionen hervorrufen. **Zwischen Minsk und Wladiwostok steuert alles auf eine weltpolitische Krise zu** ...

Am 28. Juni 2006, einige Wochen vor Erscheinen des Buches, sendete das ZDF eine von Scholl-Latour produzierte TV-Reportage mit selbem Titel. Darin skizzierte der Autor gleich zu Anfang denjenigen Teil der Einkreisung im Westen und auch im Süden, der vor allem von den USA vorangetrieben wird. Scholl-Latour fragte dabei, ob *„die Europäer eigentlich wissen, was sie da tun?"*, wenn sie eine Politik der USA unterstützen, die auf eine vitale Schwächung Russlands abzielt. Das tat er in einem Tonfall und mit einem Gesichtsausdruck, als sei er sich nicht mehr ganz sicher, ob es überhaupt noch Sinn habe, die Öffentlichkeit auf dieses Problem hinzuweisen ...

Kurz nach der Neuerscheinung seines Buches widmete der SPIEGEL obigem Buch einen ganzseitigen Artikel. Genauer gesagt: Der Journalist des SPIEGELs brachte es fertig, einen ganzseitigen Bericht über die Buchpräsentation im Berliner Nobelhotel Adlon zu verfassen, der praktisch nichts – ich wiederhole – *praktisch nichts* – zum Inhalt des Buches aussagte, sondern Scholl-Latour als eine Art Greis darstellte – er ist inzwischen 82 –, der sich quasi selbst überlebt und eigentlich nichts mehr zu sagen hat.

Das erkennbare Bemühen des Journalisten, ihn der Bedeutungslosigkeit zuzuschreiben und sozusagen auf das Altenteil zu schieben, wird in seiner ganzen Perversion erkennbar, wenn man sich verdeutlicht, in welchem Kontrast sich Scholl-Latour zur überwiegenden Mehrheit seiner Kollegen befindet. Während die Medien infolge des New-Economy-Crashs in wirtschaftliche Schwierigkeiten gerieten und insbesondere ihr Auslandskorrespondenten-Netz zusammenstrichen oder gar auf null kürzten, kann Scholl-Latour es sich als erfolgreicher Autor leisten, ausgiebig vor Ort zu recherchieren. Dabei kann er auf in Jahrzehnten gewachsene Kontakte überall auf der Welt zurückgreifen. Gerade seine finanzielle Unabhängigkeit und die reiche Erfahrung seines langen Journalistenlebens – so begleitete er schon 1966 Frankreichs damaligen Staatschef Charles de Gaulle auf einer Russlandreise – macht ihn gegenwärtig zu einem der wertvollsten Beobachter des Zeitgeschehens. Wer war es denn, der 2003 den USA noch vor Beginn des Irak nach anfänglichen Erfolgen eine Niederlage „prophezeite"? Peter Scholl-Latour!

Schiebt man den Innenumschlag von *„Russland im Zangengriff"* beiseite, so legt man eine Karte von Eurasien frei, welche sich von der Innenseite des Buchdeckels bis auf die gegenüberliegende Seite erstreckt – das Gleiche sieht man am Ende des Buches. Diese Karten veranschaulichen die Einkreisung Russlands. Zum einen sieht man eine Zusammenballung rot gekennzeichneter Staaten im Westen Russlands – das sind die NATO-Staaten, und im Süden bis hin zum Pazifik findet sich eine Kette gelber Staaten – das sind die Staaten mit US-Militärpräsenz.

Das war's. Weder China noch irgendwelche islamische Unruheregionen werden hervorgehoben. Entsprechendes findet man im Buch: Die muslimischen Minderheiten in Russland sind zwar ein Problem, jedoch noch kein akutes. Und China? Nun ja, gegenwärtig verbindet Russland und China eine strategische Partnerschaft, die gegen die globale Vormacht der USA gerichtet ist. Scholl-Latour schreibt:

Die relativ liberale Rundfunkstation Echo Moskau stellte ... bei einer ... Befragung fest, dass 74 Prozent ihrer Zuhörer sich eindeutig für eine Allianz mit

China gegen die USA aussprachen. „Zusammen – Russland und China – werden wir stärker sein, als Amerika", hieß es in zahlreichen Zuschriften. (S. 297)

Den eigentlichen Schwerpunkt des Buches bildet aus meiner Sicht die gegen Russland gerichtete Strategie der USA, die in letzter Konsequenz auch eine Bedrohung für Europa werden könnte:

Wie hat die Europäische Union einer überstürzten Ausweitung nach Osten zustimmen können, die jeden Einigungsprozess durch die Fremdsteuerung neuer, dubioser Partner und die Einschleusung „Trojanischer Pferde" [Polen, Anm. B.] zu Ohnmacht und Entschlusslosigkeit verurteilt? Was hat die „Alt-Europäer", zumal Deutschland – das ist ein zentrales Thema des vorliegenden Buches – dazu bewogen, die NATO, entgegen aller Zusagen, bis an die Grenze Russlands auszudehnen, als gelte es, einen neuen kalten Krieg zu entfachen oder den ominösen „Drang nach Osten" wieder aufzunehmen? (Seite 18)

Die NATO hatte sich auf die zerbrechende Sowjetunion wie auf ein waidwundes Tier gestürzt, als der letzte Generalsekretär der KPdSU seine Bereitschaft zur Kapitulation zu erkennen gab. Die sowjetische, dann die russische Führung wurde systematisch über den Tisch gezogen. Sämtliche Zusagen wurden widerrufen. Wie eine Art „Juggernaut*" – der Vergleich stammt von einem britischen Diplomaten, der lange in Indien gedient hatte – bewegte sich der erdrückende militärische Apparat der NATO gen Osten. (Seite 182)

Dennoch verweigert Scholl-Latour eine konkrete Zukunftsvision für Russland:

Bei der Auslotung der postsowjetischen Verhältnisse habe ich ... eine ganze Serie von Institutsleitern aufgesucht, deren Arbeitskreis man in den USA als „think tank" oder „brain trust" bezeichnen würde. Nirgendwo hatte ich das Gefühl, dass die akuten Probleme, mit denen sich Moskau aus allen möglichen Himmelsrichtungen bedrängt sieht, heruntergespielt oder beschönigt werden. ... Ich habe bei diesen Begegnungen viel gelernt, aber zu schlüssigen Ergebnissen bin ich nicht gelangt. Große Verwirrung herrscht vor. Deshalb würde ich jedem Analysten ... mit äußerstem Misstrauen begegnen, der vorgäbe, die politische Realität des heutigen Russlands ergründet zu haben. Die „Dämonen" Dostojewskis sind noch nicht zur Ruhe gekommen. ... (Seite 167)

An anderer Stelle verneint er die Möglichkeit einer militärischen Bedrohung Europas durch Russland. Dabei habe ich mich gefragt, ob er dies wirklich so meint oder ob sein Buch nicht vielmehr genug Details für jene enthält, die zwischen den Zeilen lesen?

---

* Juggernaut: Das Wort stammt aus dem Englischen und ist abgeleitet vom Sanskrit *Jagannath*. Im Englischen wird das Wort Juggernaut verwendet für *Schwerlaster* und *Moloch*. Unter einem Moloch versteht man eine überwältigende, unbesiegbare, zerstörerische Macht.

Würde Peter Scholl-Latour es tatsächlich wagen, die Möglichkeit eines militärischen Aktes der Verzweiflung seitens Russlands gegen Europa zu thematisieren, wenn er sie sähe? Oder weiß er, dass er sich mit entsprechenden Äußerungen schlagartig von der medialen Bildfläche verabschieden würde?

Da sich „Russland im Zangengriff" einige Wochen in den oberen Rängen der Bestseller-Listen bewegte, kann man nur hoffen, dass genug Menschen mit Scholl-Latours Sichtweise vertraut sind – selbst wenn sie diese nicht teilen –, so dass wenigstens ein Großteil der politisch Interessierten und sich eingehend informierenden Menschen weiß: Es knackt bedrohlich zwischen Russland und den USA!

Was kommt als Nächstes?

Folgt man Peter Scholl-Latours Einschätzung, dass es ein strategisches Ziel der USA ist, Russland in die Enge zu treiben – eine Einschätzung die hierzulande in den Medien ganz allmählich einen gewissen Widerhall zu finden scheint –, so fragt sich, wie die nächsten Schritte der USA aussehen könnten?

Wenn Sie mich fragen, so kommt es aber gar nicht so sehr auf die Art der einzelnen Schritte an, sondern die eigentliche Frage lautet, auf welcher Art von Bühne sie nun ausgeführt werden?

Trotz aller Interessensgegensätze, Rempeleien, Gemeinheiten und Fußtritte, bemühten sich die Regierungen in Washington und Moskau bisher (Anfang 2007), ihre Beziehungen als freundschaftlich darzustellen. Trafen sich Putin und George W. Bush auf irgendwelchen internationalen Konferenzen, so sah man sie stets einträchtig in die Kamera lächeln und hin und wieder lobende Worte füreinander finden.

Schreiten die USA aber fort in dem Bemühen, Russland zu isolieren und einzukreisen, wird diese geheuchelte Freundschaft irgendwann zu unglaubwürdig und somit zu einer Gefahr für den Heuchler selbst. Die Strategie der USA bedingt also zwangsläufig, dass irgendwann der Punkt erreicht wird, an dem Russland nicht mehr als Freund und Partner gelten kann. Und zwar nicht deshalb, weil Russland tatsächlich ein Feind ist oder wäre – was wir nicht ausschließen wollen –, sondern weil diese Strategie sich nur umsetzen lässt, wenn Russland als Feind *gilt*. Platt ausgedrückt: Man kann nicht ewig auf seinen Kumpel eindreschen, ohne nicht irgendwann selbst als Bösewicht zu gelten.

Zur Verdeutlichung folgende Überlegungen: Angenommen, die USA bräuchten Russland dringend als Verbündeten, um den erwachenden chinesischen Drachen in Schach zu halten – glauben Sie nicht, dass die USA dann zu fast grenzenloser Toleranz fähig wären, was gewisse Dinge innerhalb Russlands und an seinen Grenzen anginge?

Oder andersherum: Im Westen herrscht die Überzeugung vor, der Iran wolle in den Besitz von Atomwaffen gelangen und würde diese irgendwann als Druckmittel gegen Israel einsetzen. Seit inzwischen schon über zwei Jahren wird in den Medien die Frage behandelt, ob, wann und wie die USA und Israel dem ein militärisches Ende setzen könnten. Die ganze Zeit über jedoch half und hilft Russland dem Iran beim Bau eines zivilen Atomreaktors und liefert sogar Flugabwehrsysteme an den Iran, mit denen dieser anfliegende israelisch-amerikanische Kampfjets und Marschflugkörper abschießen könnte.

Bereits vor dem 11. September 2001 gab es aus den USA scharfe Kritik an Russland wegen dessen Waffenlieferungen an Staaten wie den Iran. Wenn es den USA in den Kram gepasst hätte, so hätten sie schon vor langer Zeit die Daumenschrauben für Russland anziehen können, und wohl kein Problem dabei gehabt, der Öffentlichkeit klarzumachen, dass dies unbedingt sein müsse. Dass sie *jetzt* damit beginnen, zeigt für mich schlichtweg – sie machen es nicht aus Not, sondern weil es sich inzwischen in ihre Strategie fügt.

Damit die Welt nicht „Autsch!" schreit, wenn die USA die Daumenschrauben für Russland weiter anziehen, muss vorher klargestellt werden, dass Russland wieder ein „Reich des Bösen" ist. Und das muss gar nicht offiziell erklärt und verkündet werden. Nein – es reicht, wenn allerorten davon gesprochen wird.

Und je mehr Russland in den Medien unter dem Vorzeichen des „Reichs des Bösen" präsentiert wird, je mehr dies auch der politisch Uninteressierteste mitbekommt, desto mehr wächst die Wahrscheinlichkeit dafür, dass in den USA – und leider auch in der EU – Entscheidungen gegen Russland getroffen werden, die normalerweise das Zeug zu einem öffentlichen Aufschrei gehabt hätten.

Aber es wird keinen Aufschrei geben. Denn der kleine Mann auf der Straße wird sich sagen: „Russland ...? Nun ja, man weiß ja nie ...?"

Bevor ich Ihnen ein Paradebeispiel für die mediale Wiederauferstehung des „Reichs des Bösen" in der Form Russlands präsentiere, vorsichtshalber der Hinweis, dass auch ich Russland nicht für das „Reich des Guten" halte. Mir ist letztlich auch egal, wer von beiden schlimmer ist. Was mich eigentlich treibt – ähnlich wie Peter Scholl-Latour –, ist der Umstand, dass die Europäer die eigentlichen Verlierer sein würden – wobei ich glaube, das sie aus dieser Katastrophe bestens lernen werden. Insofern sind Moskau und Washington für mich nur ein Teil von jener Kraft, die stets das Böse will und stets das Gute schafft.

Fragen wir uns also: Könnten die Medien ein Teil der „Zange" sein?

Es war nur logisch, dass sich die zumeist verdeckten bzw. von den hiesigen Medien kaum zur Kenntnis genommenen Schienbeintritte der USA Richtung Russland plus dessen Reaktion irgendwann zu einem Umfang summieren, der auch von einer breiteren Öffentlichkeit wahrgenommen werden muss. Natürlich machen es die Ereignisse in Russland einem leicht, ein negatives und unterschwellig furchterregendes Bild von diesem Land zu zeichnen – nur könnte der Westen exakt das Gleiche beispielsweise mit China machen – wenn er denn wollte. Die Welt ist voller Bösewichter – aber nur ganz bestimmte geraten zu ganz bestimmter Zeit an den Pranger.

Am 1. November 2006 wurde in London ein Giftanschlag mit einer radioaktiven Substanz (Polonium) auf den in England lebenden Ex-KGB-Mann Litwinenko verübt. Es hieß, er sei mit Recherchen beschäftigt gewesen, die Wladimir Putin sehr gefährlich hätten werden können, und machte Putin – auf dem Sterbebett liegend – persönlich für den Mordanschlag auf ihn verantwortlich. Litwinenko verstarb am 23. November. Die internationalen Medien stürzten sich auf den Fall und es wurde von Russland ausgiebig das Bild eines unheimlichen Landes gemalt, das im Grunde immer noch vom Geist des Kalten Krieges beherrscht wird. Der SPIEGEL vom 4. Dezember 2006 machte die Mordserie an Kreml-Kritikern zum Titelthema und begann den Artikel mit der Überschrift „Todesurteil aus Moskau".

Genau darüber sah man ein großes, etwa drittelseitiges Foto mit Wladimir Putin, der in schwarzem Anzug, mit dunkelgrauer Krawatte und vor schwarzem Hintergrund ziemlich zerknirscht dreinschaute – finsterer ging es kaum. Im Artikel las man dann, dass selbst viele Putin-Kritiker nicht davon ausgehen, dass Putin den Mordauftrag erteilte, sondern dass es wohl wahrscheinlicher sei, dass Teile des russischen Geheimdienstes außer Kontrolle geraten sind.

Es wurde gemutmaßt, dass bereits ein Kampf um die Putin-Nachfolge 2008 läuft und die Morde an den Oppositionellen auf das Konto von Geheimdienstkräften gehen, die eine noch viel anti-westlichere Haltung als Putin haben und diesen schwächen wollen.

Die Financial Times Deutschland schrieb am 1. Dezember 2006:

Moskau rätselt über mysteriöse Morde

Leonid Gosman, der ... zur Führung der Partei „Union der rechten Kräfte" gehört, erklärte gegenüber „Kommersant", die Fälle Politkowskaja [erschossen], Litwinenko [vergiftet] und Gaidar [Giftanschlag ohne Todesfolge, Anm. B.] nützen „den Leuten, die Russland von der Außenwelt isolieren wollen" und die unter den Bedingungen der Isolation „Unordnung" im Lande schaffen wollten. „Ein Teil dieser Leute" wohne in Russland.

Und wo wohnt der *andere Teil?* In London? Oder den USA?

Hier zur Auflockerung ein bisher eher seltenes Beispiel dafür, wie die Führung Russlands die Rolle der USA einschätzt. Anlässlich eines Besuches Putins zur Einweihung der neuen Hauptverwaltung des Geheimdienstes GRU (russische Militärspionage) schrieb die WELT vom 14. November 2006 auf Seite 6:

*Der Kremlchef ist höchst zufrieden mit dem Ergebnis der dreijährigen Bautätigkeit. „Das ist ohne Übertreibung der beste, modernste und am großzügigsten ausgerüstete Komplex", so etwas besitze kein anderer Staat, freut er sich. Das sei auch gut so. Denn **das Konfliktpotential in der Welt wachse**, dozierte Putin ... vor dem Militärpersonal. Der internationalen Gemeinschaft würden „Gewaltfaktoren in den internationalen Beziehungen aufgedrängt". Die Stabilität werde durch illegitime Handlungen einzelner Staaten untergraben, wobei sie sich auf **ökonomische** und **politisch-diplomatische Mittel** sowie auf das **Monopol in der Weltpresse** stützten. In seiner blumigen Rede ließ er keinen Zweifel aufkommen, dass die Gefahr aus dem Westen kommt.*

Interessant, wie Putin einen Gegner umschreibt, der politische und wirtschaftliche Mittel als auch *globale Medienmacht* einsetzen kann. Wenn die WELT schreibt, für Putin käme die Gefahr aus dem „Westen", ist das meiner Ansicht nach der Versuch, dem Leser Sand in die Augen zu streuen. Hier geht es vor allem um die USA! Die Zukunft wird zeigen, ob Deutschland wirklich Teil des „Westens" ist. Der eigentliche Test kommt, wenn die Spannungen zwischen den USA und Russland offen ausbrechen und Deutschland zwischen die Fronten gerät – zwischen die „Freunde" aus den USA und den russischen Öl- und Gaslieferungen!

Zurück zu dem Attentat in London: Tatsächlich sprach einiges für die Variante mit den außer Kontrolle geratenen FSB-Agenten. Denn die Spuren waren zu zahlreich, zu auffällig und zeigten zu deutlich Richtung Moskau. Andererseits wäre es aber auch denkbar, dass der FSB – der frühere KGB – ganz bewusst den Eindruck erwecken wollte, Teile seiner selbst seien außer Kontrolle geraten. Eine solche Strategie könnte zweckmäßig sein, wenn Moskau eh der Auffassung ist, alles steuere auf eine Konfrontation mit dem Westen zu. Man könnte dann eine Todesliste abarbeiten und die sowieso Richtung Russland deutenden Verdächtigungen ablenken. Einmal im Ernst: Wer will wirklich wissen, was im FSB vor sich geht? Ist das nicht geradezu ein Witz?

Egal nun, wie man es dreht und wendet, egal, wer tatsächlich dahintersteht, die Sache mit dem Giftanschlag auf den Ex-KGB-Spion Litwinenko kennzeichnet einen weiteren Schritt auf dem Wege einer Entfremdung zwischen Russland und dem Westen. Die Litwinenko-Affäre war in Teilen schon der Versuch einer Rufmordkampagne am russischen Staatschef Putin!

Am 8. Dezember 2006 – die Berichterstattung zur Litwinenko-Affäre ebbte gerade ein wenig ab – gab es in der WELT einen interessanten Gastkommentar von Richard Holbrooke. Holbrooke wurde vor einigen Jahren bekannt als Verhandlungsführer bei der Beilegung des Bosnienkrieges. Auch war er einige Zeit Botschafter der USA in Deutschland.
In diesem Kommentar fordert Holbrooke, die USA und die EU sollten Georgien gegenüber Russland in Schutz nehmen und langsam mal *echten Druck auf Moskau* ausüben. Der Artikel enthält eine Fülle interessanter Details:

Georgien braucht unsere Hilfe

Während die Vereinigten Staaten anderweitig beschäftigt sind, ist die kleine ehemalige Sowjetrepublik Georgien zur Bühne eines himmelschreienden Versuchs geworden, einen Regimewechsel herbeizuführen, und zwar auf russische Art. Wladimir Putin setzt alles daran, Georgiens jungen, proamerikanischen Präsidenten Michail Saakaschwilli loszuwerden. Putin geht davon aus, dass die USA, im Irak überwältigt und in Nordkorea und dem Iran auf russische Unterstützung angewiesen, Georgien nicht zu einer Frage des Bis-hier-her-und-nicht-weiter erklärt werden und dass die EU, ängstlich um die Energiezufuhr aus Russland besorgt, den Fall gleichermaßen herunterspielen wird.

Putins langfristige Strategie ist es, im riesigen Gebiet, das Sowjets und Zaren einst beherrschten, eine Sphäre russischer Dominanz und Hegemonie zu schaffen. Seine Methoden sind brutal. Seit Oktober hat er wenigstens 1700 Georgier ausgewiesen, bei Unternehmen in georgischem Besitz hart durchgegriffen ... und die Georgier als kriminelle Klasse dämonisiert. Er hat die Gaspreise verdoppelt und alle direkten Zug-, Flug-, Straßen-, Schiffs- und Postverbindungen nach Georgien gekappt. ... In Tiflis hat man für all das ein hässliches Wort, das aus den Tiefen des russischen 19. Jahrhunderts aufsteigt: Pogrom.

Tatsächlich steht ... Saakaschwilli für beinahe alles, was die Unterstützung der USA und der EU wert sein sollte. ... All das war zwar nicht perfekt ... Georgien aber hat im jährlichen Reformbericht der Weltbank mehr Platz gutgemacht als jedes andere Land.

Zwischenbemerkung: Als dieser Artikel erscheint, ist ein gewisser *Paul Wolfowitz* Chef der Weltbank. Bevor er zur Weltbank wechselte, war er Mitglied des innersten Kreises der US-Regierung unter George W. Bush, und allgemein bekannt, als ein – wenn nicht *der* – Chefplaner des 2003 begonnenen Irak-Krieges. Die Vermutung sei somit erlaubt, dass die Weltbank Georgien lobt, weil die USA ein strategisches Interesse dran haben, als Schutzmacht Georgiens aufzutreten. Richard Holbrooke weiter:

Warum die zahme Reaktion auf Putins ungeheuerliches Verhalten? Hauptgrund ist Washingtons Schwäche, Folge der Ereignisse im Irak, im Iran, in Afghanistan und Nordkorea. ... Heute droht Russland mit einem Veto gegen eine Resolution des Sicherheitsrates, die dem Kosovo Unabhängigkeit gäbe, und hat den Status des Kosovo fälschlicherweise mit dem Abchasiens und Südossetiens verknüpft.

... November 2006 fand in Südossetien eine Volksabstimmung statt, bei der sich offiziellen Angaben nach 99 % der Wähler für eine Loslösung von Georgien ausgesprochen haben sollen.

*Die EU und die USA müssen die Freiheit und Unabhängigkeit Georgiens zum Testfall ihrer Beziehungen zu Russland machen. Putin muss begreifen, dass wir die Interessen eines kleinen Landes, das auf die Werte des Westens setzt, nicht für Energieversorgung und UN-Stimmen opfern werden. Sollte Bushs Freiheitsrhetorik irgendeine Bedeutung haben, dann sollte er das in Georgien beweisen – **mit echtem Druck auf Moskau** ...*

Einige Tage nach obigem Kommentar schrieb die WELT in einem Leitartikel:

Europa muss ein Verhältnis zu Russland <u>dringend</u> neu justieren. Wenn es stimmt, dass Russland uns noch immer mehr braucht als umgekehrt, dürfen wir uns nicht länger geduldig wegducken. Russland muss deutlich gemacht werden, dass der <u>Ausbau wirtschaftlicher und politischer Beziehungen</u> von der Achtung minimaler rechtsstaatlicher und völkerrechtlicher Normen abhängt

Also gut – dann spielen wir die Sache einmal durch:

Die USA fangen damit an, echten Druck auf Moskau auszuüben. Was ist unter „echtem Druck" zu verstehen? Reisebeschränkungen für russische Politiker oder die Einschränkung des kulturellen Austausches? Blödsinn! Echter Druck beginnt mit wirtschaftlichen Zwangsmaßnahmen, beispielsweise damit, den Fluss westlichen Kapitals und westlicher Hochtechnologie nach Russland zu drosseln. Klartext: Handelskrieg!

Angesichts des Desasters im Irak und in Afghanistan, ist es aber wohl langsam an der Zeit – auch für die Dümmeren und Dümmsten –, den Fall einzukalkulieren, dass die USA nicht mehr so ganz wissen, was sie da eigentlich tun: Nach allen Erfahrungen, die die Welt inzwischen mit Wladimir Putin machen konnte, ist ja wohl eines klar: Er wird nicht leise in sich hineinheulen, sondern mit gleicher Münze zurückzahlen – ob nun heute, morgen oder übermorgen.

Das bedeutet: Schon kurze Zeit nachdem die USA damit beginnen, *echten Druck* auf Moskau auszuüben, könnte ein Punkt überschritten werden, ab dem es die Möglichkeit zur Umkehr im freundschaftlichen Sinne nicht mehr gibt.

Anstatt also einen Weg Richtung „mehr Demokratie und westliche Werte" zu beschreiben, könnte ein Automatismus ausgelöst werden, auf den weder Europa und schon gar nicht die Bürger Europas einen Einfluss haben. Bewegen sich die Geschicke Richtung Krieg, so wird zwangsläufig ein Terrain betreten, auf dem das Volk keinerlei Rolle mehr spielt. Holbrooke sagt zwar im übertragenen Sinn *„Für das Volk!"*, aber gleichzeitig empfiehlt er einen Weg, an dessen erstem Kilometerstein steht: *„Ohne das Volk!"* Wenn Sie mich fragen, dann nennt man so etwas eine Falle!

Dass Richard Holbrooke mit seiner Geisteshaltung nicht alleine ist, zeigte sich auch in einem Artikel der Financial Times Deutschland vom 20. November 2006, in dem der amerikanischen Milliardär George Soros zu Wort kommt:

„Russland ist nun ein autoritäres Regime, das auf der Ausbeutung und der Kontrolle natürlicher Ressourcen aufbaut", sagte Soros. *„Aber jede Kritik von außen stärkt Präsident Wladimir Putin vor der eigenen Bevölkerung".*
Eine „Rückkehr zum Kalten Krieg", wie einige Hardliner in den USA sie befürworten, sei die falsche Strategie.

Begann nicht auch der Krieg gegen den Irak damit, dass sich einige Hardliner in den USA durchsetzten? Sind es vielleicht dieselben? Und überhaupt – wie viel braucht man von denen? 5, 10, 50? ... Und angenommen, es gibt dieses Bemühen, den Kalten Krieg wieder aufleben zu lassen – wird man der Bevölkerung jemals sagen, dass man das will? Wäre nicht vielmehr zu erwarten, dass man das Wort „Kalter Krieg" meidet, wie der Teufel das Weihwasser? Oder wie im Irak das Wort „Bürgerkrieg" – oder wie im 2006er Libanonkrieg, als die Medien in den ersten 1–2 Wochen sogar das Wort „Krieg" mieden? Ich erinnere mich, dass noch ca. drei Wochen nach Ausbruch des Krieges in einem Kommentar des bayerischen Nachrichtenradios B5-Aktuell von einer *„Kampagne"* Israels gesprochen wurde, obwohl schon Hunderte Libanesen zu Tode gekommen waren.
Kurzum: Wie lange würde es wohl dauern, bis die hiesigen Medien eine offene und nachhaltige öffentliche Diskussion darüber anschieben, ob die USA Richtung Kalter Krieg steuern oder nicht?
Käme es dann in einer Phase eines sehr angespannten amerikanisch-russischen Verhältnisses zu einem Angriff der USA & Israel auf die iranischen Atomanlagen, möchte ich mir nicht ausmalen, wie die ganze Sache endet. Wie schon erwähnt, liefert Russland Flugabwehrsysteme an den Iran, mit denen die Iraner ihre Atomanlagen verteidigen wollen.

Was für den Iran gilt, gilt auch für Syrien, Moldawien, das Kosovo und natürlich Georgien. Es gibt eine ganze Reihe von Regionen, in denen die USA und Russland komplett gegensätzliche Interessen haben.

Drängt in diesen Regionen die Entwicklung auf eine Entscheidung zu – so z. B. im Kosovo (völlige Unabhängigkeit von Serbien voraussichtlich 2007) und im Iran (ab 2008-2010 im Besitz von Atomwaffen, je nach Quelle, siehe Seite 209) –, kommt es zwangsläufig zumindest zu einer diplomatischen Konfrontation zwischen den USA und Russland – wenn nicht gar zu einem Wirtschaftskrieg oder noch Schlimmerem.

Was die stufenweise Eskalation des Druckes anbelangt, so ist zudem recht wahrscheinlich, dass Russland die EU für ihre Schützenhilfe für die USA abstraft. Dabei wäre das Naheliegendste eine stufenweise Erhöhung der Öl- und Gaspreise. Russland könnte die eigene Produktion drosseln oder aber durch ein leichtes Anheizen des USA-Israel-Iran-Konfliktes die Ölpreisspekulation anfeuern, so dass der Öl- und damit auch der Gaspreis drastisch steigt. Kurzum: Im Zuge einer sich zuspitzenden Konfrontation zwischen den USA und Russland wäre Europa mit großer Wahrscheinlichkeit das erste Opfer.

Vermutlich zieht Russland dabei zunächst die Daumenschrauben für jene Staaten in der EU an, die im Kalten Krieg noch unter der Kontrolle Moskaus standen, insbesondere das Baltikum und Polen. Bereits jetzt verweigert Russland den Import polnischen Fleisches und Polen blockiert im Gegenzug ein strategisches Energieabkommen der EU mit Russland. Insbesondere Polen kann als Trojanisches Pferd der USA innerhalb der EU gelten, und Moskau könnte zumindest zeitweise versuchen, durch verstärkten Druck auf Polen eine Spaltung innerhalb der EU hervorzurufen bzw. zumindest eine Änderung der US-Politik Europas. Vermutlich setzt Russland zunächst nicht ganz Europa unter Druck, sondern erst einmal Staaten wie Polen, das Baltikum und Großbritannien.

Natürlich gibt es für Europa den moralischen Spagat zwischen wirtschaftlichen Interessen und westlichen Werten. Aber wenn wir hier schon von westlichen Werten sprechen – wie Demokratie –, muss auch erwähnt werden, dass es in Südossetien eine Volksabstimmung über die Unabhängigkeit von Georgien gab. Und 99 % sprachen sich (angeblich) für eine Unabhängigkeit aus. Und man muss sich fragen – auch wenn es allmählich langweilt – welche Werte die USA im Irak und Afghanistan wirklich vertreten? Haben sie überhaupt noch die moralische Legitimation, diese Werte zu beanspruchen? Hä?

Man darf gespannt sein, was mit dem Ansehen der USA in Europa weiter passiert, wenn die Russland-Politik der USA zu einem Bumerang für Europa wird. Die Formulierung *„Interessen eines kleinen Landes, das auf die Werte des Westens setzt, nicht für Energieversorgung ... opfern"* – muss man sich geradezu auf der Zunge zergehen lassen:

Praktisch das gesamte Bemühen der hiesigen politischen Klasse zielt darauf ab, die Wirtschaft zu stärken – und da kommen plötzlich Leute aus den USA, die meinen, man könne die europäische Energieversorgung höheren Werten opfern und die Wirtschaft der Gefahr einer dramatischen Rezession aussetzen. Wohlgemerkt steht Richard Holbrooke mit seiner Einschätzung nicht alleine, aber noch (Anfang 2007) scheint diese Fraktion in der US-Administration nicht das Übergewicht zu haben.

Mit anderen Worten: Gäbe es tatsächlich eine US-Strategie, die darauf abzielt, Russland auf den Status einer schwachen Regionalmacht zu reduzieren, so müssten die Verbindungen zwischen Europa und Russland gekappt werden, um Russland zu isolieren und zu schwächen. Ein aus Sicht der USA sehr verführerisches Instrument dürften dabei unterschwellige Provokationen gegenüber Russland sein, derer man sich in der Hoffnung bedient, dass Russland schon zu einem sehr frühen Zeitpunkt seine Öl- und Gas-Waffe gegen Europa einsetzt. Erkennt die europäische Öffentlichkeit nicht den Zusammenhang mit der Strategie der USA, hätten die USA erreicht, was sie wollen.

Der eigentliche Schlüssel für diese gesamte mögliche unheilvolle Entwicklung liegt – wie bereits erwähnt – aus europäischer Sicht in dem Glauben Europas an Amerika. All das kann oder könnte funktionieren, weil die USA wissen, dass entscheidende Teile Europas an die USA *glauben wollen!*

Wer ist Putin?

Praktisch alle Prophezeiungen, die einen Angriff Russlands auf Westeuropa vorhersagen, stimmen darin überein, dass dieser Angriff urplötzlich und völlig überraschend erfolgt (siehe Seite 42). Das müsste bedeuten, dass Russland die Welt im Vorfeld des Krieges täuscht.
Da es in der Geschichte der Menschheit wohl kaum jemals einen bedeutenden Krieg gab ohne einen herausragenden Herrscher oder Heerführer, so ist zu vermuten, dass auch Russland in dieser prophezeiten Zeit einen solchen Führer hat. Und eben jener Führer müsste sich zwangsläufig an der Täuschungspolitik im Vorfeld des Krieges beteiligen – wenn er nicht sogar in dessen Zentrum steht und im Rückblick zur Personifizierung der Täuschung selbst wird.

Bevor wir uns Wladimir Putin zuwenden, kurz noch eine Überlegung zu dem Phänomen der Täuschung *an sich*: Ich kenne zwei Grundformen der Täuschungen: Bei der ersten Form hält der Getäuschte die Täuschung für Realität. Ihm kommt noch nicht einmal der Gedanke, dass er getäuscht werden könnte. Das kann man eine *perfekte Täuschung* nennen.
Beim zweiten Grundtyp ahnt der Getäuschte zwar, dass er hinters Licht geführt wird, er ist aber nicht in der Lage zu erkennen, was Realität ist und was Täuschung. Er ist verwirrt. Er sitzt da, hat ein mulmiges Gefühl, fragt sich: „Was geht da vor? Was wollen die eigentlich?" Fragt er andere um Rat, so trifft er auf gegensätzliche Ansichten. Die einen sehen es so, die anderen genau andersherum. Im Unterschied zur perfekten Täuschung spielt bei dieser zweiten Art der Täuschung die Zeit eine entscheidende Rolle: Nämlich die Zeit, die der Getäuschte braucht, um sich Klarheit zu verschaffen. Da oft die entsprechende Zeit fehlt, ist diese Form der Täuschung überaus beliebt. Nennen wir sie die *zeitbedingte Täuschung*.

Bis zu dem Zeitpunkt, da Boris Jelzin im Sommer 1999 Wladimir Putin als seinen Wunschnachfolger aus dem Hut zauberte, war Putin im Westen völlig unbekannt. Das deutsche Nachrichtenmagazin SPIEGEL machte diesen Umstand am 10. Januar 2000 zum Titelthema und fragte: *Wer ist Putin?*

Genau diese Frage „*Wer ist Putin?*" begegnet einem von da ab immer wieder in den westlichen Medien. Und zwar über Jahre hinweg! Zwar war schnell bekannt, dass Putin vor der Wende in Ostdeutschland KGB-Agent in Dresden war – und einige Dinge mehr –, doch blieb die Frage, wer er ist bzw. *was er eigentlich will*, auf mysteriöse Weise jahrelang unbeantwortet. Ein absolutes Phänomen – wenn man die Bedeutung Russlands bedenkt und die Häufigkeit, mit der Putin in den Medien auftaucht.

Sollte Putin also tatsächlich eines Tages den Angriffsbefehl auf Westeuropa erteilen, so werden sich nachfolgende Generationen sicherlich fragen, warum wir – ihre tumben Väter und Mütter – die Lunte nicht gerochen haben?

Putin wurde zwar im August 1999 russischer Ministerpräsident, doch zum russischen Präsidenten, mit sehr viel weitreichenderer Machtfülle, wurde er erst durch die Wahl im Frühjahr 2000. Während des Wahlkampfes brachte das bayerische Nachrichtenradio B5-Aktuell ein kurzes Interview mit einem Mitarbeiter aus Putins Wahlkampftruppe. Dieser sagte laut B5-Aktuell wortwörtlich: *„Wir haben das Problem, dass keiner weiß, was Putin will, aber jeder spürt, dass er etwas vorhat."*

Ho! Ho! – Großmutter, warum hast Du so große Ohren?

Im Jahre 2003 – rund 4 Jahre nachdem Putin die Weltbühne betrat – wurde in den USA von *David Frum* und *Richard Perle* das Buch „*An End To Evil – How To Win The War On Terror*" (etwa: *„Das Böse ausmerzen – Wie man den Krieg gegen den Terror gewinnt"*) veröffentlicht, das sich mit den strategischen Optionen der USA im dritten Jahrtausend befasst. David Frum – kanadischer Staatsbürger – arbeitete kurze Zeit als Redenschreiber für Präsident George W. Bush im Weißen Haus. Richard Perle war unter US-Präsident Ronald Reagan Sicherheitsberater im Verteidigungsministerium und unter George W. Bush Vorsitzender des Verteidigungsausschusses. Perle gilt neben *Paul Wolfowitz* (seinerzeit stellvertretender Verteidigungsminister) als einer der Hauptplaner des „Anti-Terror-Krieges" und des Angriffes auf den Irak im Jahre 2003. Im engeren Kreise um George W. Bush bekam Perle den Spitznamen „Prince of Darkness" – eine Anspielung auf eine Figur aus dem Film „Krieg der Sterne" namens *Darth Vader*, Anhänger der „dunklen Seite der Macht" und rechte Hand des „Imperators". Inzwischen ist Perle aus der US-Administration ausgeschieden, vertritt aber weiterhin seine Ansichten in den Medien und ist auch hin und wieder als Interviewpartner im deutschen Fernsehen zu sehen.

Auf Seite 265 in obigem politischen Ratgeber zum „Endsieg über das Böse" – dem Titel nach eigentlich eine Pflichtlektüre für Papst und Dalai Lama – finden sich folgende Anmerkungen zu Russland:

Die USA sollten sich um möglichst freundschaftliche Beziehungen zu Russland bemühen. Aber Russland ist nicht Deutschland im Jahre 1945 – ein geschlagener Feind, den wir nach unseren Vorstellungen gestalten können. Es ist vielmehr wie Deutschland im Jahre 1918 – ein geschlagener Feind, der demokratische Strukturen angenommen hat, wo aber viele der äußerst unheimlichen Figuren* des alten Regimes immer noch beträchtliche Macht haben.

---

* Im Original: „*many of the most sinister figures from the old regime*". sinister = *unheimlich, unheilvoll, drohend, dunkel* (Pons-Wörterbuch, 2001)

Die russische Armee ist die Sowjet Armee, nur kleiner. Der FSB ist der KGB, nur mit neuem Namen. **Und Wladimir Putin ... nun ja, wir wissen immer noch nicht so ganz, wer er ist.**

Will man das glauben? Kann es wirklich sein, dass die US-Regierung bzw. das politische Establishment der USA ganze 4 Jahre brauchte, um mit all ihren Geheimdienstinformationen, offiziellen und inoffiziellen Regierungskontakten nichts weiter über Putin herauszubekommen, als *dass man immer noch nicht so recht weiß, wer er ist?* Für mich schwer zu glauben! Eine Vermutung schwirrt durch den Raum: Nicht nur Moskau belügt uns, sondern auch Washington!

Ebenfalls im September 2003 fand ich im Internet bei Amazon.com eine Rezension zu dem Putin-Buch „*Putin und das neue Russland*" (von *Viktor Timtschenko*, 2003). Der Rezensent interessierte sich sehr für Putin und hatte nach eigenen Angaben so gut wie alle bisherigen Erscheinungen über ihn gelesen. Er schrieb:

Wer ist Putin? Wie Wolfgang Leonhardt in seinem Buch: „Was haben wir von Putin zu erwarten?" korrekt schreibt, bleibt Putin ein **Rätsel**. *Die Politologin Irina Scherbakowa sprach es aus: „Und Putin ist ... ein* **großes Fragezeichen**.*"*

Der Autor Viktor Timtschenko, aufgewachsen und ausgebildet in der Sowjetunion (Ukraine), heute im Westen lebend, beendete sein 2003er Buch „*Putin und das neue Russland*" – vom sechsseitigen Nachwort einmal abgesehen – mit folgenden Zeilen:

Als von bitteren außenpolitischen Niederlagen Russlands die Rede war, nahm ich an, Putin selbst und seiner Mannschaft fehle es ein wenig an Flexibilität und Plastizität, an List und Schlauheit, an Heimtücke und Gerissenheit. Zu direkt schienen mir die Entscheidungen zu sein, zu durchschaubar. Aber inzwischen habe ich mehr Respekt: Starke Nerven zu behalten ist ebenfalls eine große Kunst. Ein Spiel auf Zeit ist auch ein Spiel und kann Gewinn versprechen. Ich vermute, **wir kennen Putin noch gar nicht**. *Seine ersten Amtsjahre lassen aber auf ein großes politisches Potential schließen.*

Die Hannoversche Neue Presse vom 22. Dezember 2004 – Putin ist inzwischen über 5 Jahre am Ruder – schrieb auf Seite 1 zur Freundschaft von Wladimir Putin und Kanzler Gerhard Schröder:

Putin & Schröder

Freundschaft mit vielen Fragen
... Noch dürfen **wir rätseln über Putins wahres Gesicht**.

Mal ehrlich: Das erinnert doch irgendwie alles an den deutschen Komiker Hape Kerkeling: „*Das ganze Leben ist ein Quiz – und wir sind nur die Kandidaten – das ganze Leben ist ein Quiz – und wir raten, raten, raten ...*"

Zurück zum Thema: Am 8. September 2005 – inzwischen ist Putin 6 Jahre am Ruder – fand sich in der WELT anlässlich von Putins Besuch in Deutschland ein groß aufgemachter Text von *Viktor Jerofejew*, einem der führenden Schriftsteller Russlands. Man las:

Ein Vogel namens Putin

Was ist das für ein großer russischer Vogel, der am Vorabend ihrer Wahlen so eilig zu den Deutschen zu Besuch fliegt: Ein Vogel-Freund? Ein Vogel-Werwolf? Ein Vogel-Vampir? Ein Vogel-Feind?
*Braucht Deutschland ihn in seiner Krise, **oder wird der Vogel das Land in eine Katastrophe ziehen?** Ist er stark, dieser Vogel mit seiner diktatorischen Zukunft, oder ist er ein sterbender Schwan?*
Niemand weiß es.
*Die deutsche Presse ist bereit, den Vogel zu dämonisieren. Die Politiker des vom Kommunismus befreiten östlichen Teils Europas dämonisieren ihn auch. Mehr noch, sie fürchten ihn! Aber Gerhard Schröder ist mit ihm befreundet. Jedenfalls tut er so. Chirac ist auch mit ihm befreundet. Und dieser Italiener mit zweifelhafter Reputation [Berlusconi, Anm. B.] – nun, er ist einfach ein Freund des Vogels! Und Bush? Der liebt unseren russischen Vogel auch. Sie treffen sich oft, gurren miteinander. Worüber gurren sie? Nun, das ist geradezu ein **Kreuzworträtsel** ...*

Fragezeichen, Rätsel, Kreuzworträtsel ...

Das Wort *Kreuzworträtsel* meint: Hier geht es nicht um ein Mysterium, nicht um ein wirkliches Rätsel. Nein. Es wird ein Rätsel inszeniert. Kreuzworträtsel sind Rätsel für die Massen, ohne jede Aussicht auf einen Erkenntnisgewinn – ein Zeitvertreib, mehr nicht.

... Jedenfalls mag Putin es wohl nicht, dass man ihn durchschaut. Doch ich denke es wäre naiv, anzunehmen, dass die westlichen Regierungen – nach inzwischen über 8 Jahren mit Putin – noch immer über ihn rätseln, immer noch nicht wissen, was er will und plant bzw. planen könnte oder wahrscheinlich plant! Man kann wohl inzwischen davon ausgehen, dass Putins Gefahrenpotential durchaus erkannt wurde und man lediglich das dumme Volk glauben lassen will, es sei alles unter Kontrolle. Wobei es hier noch gewisse Nuancen geben mag, also nicht überall in gleicher Intensität gelogen werden dürfte.

Spätestens seit der „orangenen" Revolution in der Ukraine, Russlands feindselige Reaktionen darauf und der offenen Erpressungen über die Gaslieferungen im Winter 2005/2006, hat sich im Westen insofern gewisse Klarheit eingestellt, als dass man Putin nicht mehr als Freund, sondern als Konkurrenten einstuft – wohlgemerkt und ausdrücklich noch nicht als *Feind!* Das jedoch ist kein Grund zur Entwarnung, denn aus der Geschichte könnte man wissen, dass im Falle gleichwertiger Rivalen oft erst dann offiziell von „Feinden" gesprochen wird, wenn Kampfhandlungen unmittelbar bevorstehen oder ausgebrochen sind. Solange auch nur der kleinste Hoffnungsfunken glimmt, wird das Wort *Feind* tunlichst vermieden.

Auch gegenüber der eigenen Bevölkerung wird vermieden, den Teufel an die Wand zu malen. Rückblick in die Geschichte: Am 10. November 1938, rund 9 Monate vor Ausbruch des Zweiten Weltkrieges, hielt Adolf Hitler vor etwa 400 Journalisten und Verlegern eine Geheimrede zur Vorbereitung der Deutschen auf den kommenden Krieg. Der Autor Christoph Studt schreibt in *„Das Dritte Reich in Daten"*:

Bislang habe er [Hitler] gezwungenermaßen „fast nur vom Frieden" reden müssen. Jetzt gehe es darum, „das deutsche Volk psychologisch <u>allmählich</u> umzustellen und ihm <u>langsam</u> klar zu machen, dass es Dinge gibt, die, wenn sie nicht mit friedlichen Mitteln durchgesetzt werden können, mit Mitteln der Gewalt durchgesetzt werden müssen." (Seite 90)

Am 19. Mai 1939 – ein halbes Jahr später und 3 ½ Monate vor Kriegsausbruch – verkündete Propaganda-Minister Goebbels auf einer Kundgebung in Köln:

„Die deutsche Nation will keinen Krieg ... Der Führer ist ein Friedensfreund. Er will wirklich den Frieden." (Seite 104)

Und obwohl die Medien die Bevölkerung damals schon *allmählich* und *langsam* auf den Krieg vorbereiteten, wurde die Illusion eines möglichen Friedens bis zuletzt aufrechterhalten: So wurde von der NSDAP für den 2. bis 11. September 1939 ein *„Reichsparteitag des Friedens"* angesetzt, der jedoch am 26. August – 6 Tage vor Kriegsausbruch – abgesagt wurde.

Ich erwähne diese Dinge, weil sie keinesfalls spezifisch für die Nazis sind, sondern weil hier die Standard-Trickkiste sichtbar wird, in die jeder Herrscher greifen muss, wenn er einen großen Krieg plant. Nicht nur der Feind wird belogen, sondern auch das eigene Volk. Und zwar nicht nur aus nachvollziehbaren geheimdienstlichen Erwägungen.

Zurück zu Putin: Ein gewisser Ernüchterungsprozess setzte im Laufe des Jahres 2004 ein. So begann Claus Kleber, der Chairman des bekannten deutschen TV-

Nachrichtenmagazins heute-journal, den Beitrag anlässlich der Entlassung des russischen Ministerpräsidenten Kasjanow am 27. Februar 2004 wortwörtlich: *„Wir haben uns immer gefragt, wer denn Putin ist ..."*, um dann sinngemäß fortzufahren, dass allmählich klar ist, dass Putin ein Autokrat ist, der sich wenig an westlichen Werten orientiert.

Dabei wurde die Liste von Putins Schandtaten heruntergebetet, wie sein Verhalten im Falle der Kursk-Katastrophe, die Gleichschaltung der Medien, die Erstürmung des Nordost-Theaters, der Tschetschenienkrieg, die Verhaftung Chodorkowskijs und die Zerschlagung des Ölkonzerns Yukos. Alles in allem ging es dabei aber um russische Innenpolitik.

Welche wahren Ziele Putin außenpolitisch verfolgt, ist und bleibt nach wie vor unklar. Dabei ist genau dies, was Europa zu interessieren hätte: Russlands zukünftiger außenpolitischer Kurs bzw. seine eigentlichen geostrategische Absichten. Zur selben Zeit – am 25. Februar 2004 – schrieb die britische Times:

... gleichzeitig werden Putins autoritären Instinkte von denen angestachelt, die ihn umgeben. Dieser Trend ist in Washington zur Kenntnis genommen worden, wo die Besorgnis über Putins Methoden und Absichten wächst.

Am selben Tag schrieb die Neue Züricher Zeitung:

Kasjanows Abgang symbolisiert in Russland das Ende einer Epoche, einer Zeit der wilden Privatisierung, der wirtschaftlichen Öffnung und Hinwendung zum Westen, aber auch der wuchernden Korruption. **Es bleibt die bange Frage: Was nun?**
Um eine Antwort kämpfen hinter den Kremlmauern eine wiedererstarkte Truppe slawophiler, einem starken Staat verpflichteter Bürokraten mit ökonomisch argumentierenden, liberalen Reformern. Gewachsen ist die Unsicherheit über Putins zukünftigen Kurs. ...

In diesem Zusammenhang will ich auch ein paar Einschätzungen über Putin anfügen, die nicht für die Medien plattgebügelt wurden. Etwa im Juni 2003 machte mich ein Bekannter aus Kanada auf einen Artikel in der „Bunten" aufmerksam, in dem Otto von Habsburg mit folgenden Worten zitiert wurde:

„Ich halte Putin für einen eiskalten Politiker. Man sagte mir, dass seine Opfer in Gefängnissen der DDR gesessen hätten. Der grausamste Mann, den es gibt, ist ein Mann namens Putin. Westliche Politiker sollten ein äußerst wachsames Auge auf ihn haben."

Am 9. September 2004 schrieb der Journalist Thomas Klau in der Financial Times Deutschland:

Putin polarisiert

... Ich habe westliche Spitzenpolitiker, die Putin begegnet sind, nach ihrer Einschätzung des russischen Präsidenten gefragt, und das Spektrum der Antworten war ungewöhnlich groß.
„Er hat die Augen eines Killers", sagte mir als Erstes ein kluger Routinier der Außenpolitik, der sonst zu Emphase nicht neigt. Ein anderer berichtete mir dagegen begeistert, wie ein sachkundiger Putin sich ganz außer der Reihe Zeit genommen habe, um offen und direkt europäisch-russische Probleme zu besprechen. ... Das Verhalten seiner ausländischen Ansprechpartner lässt ahnen, dass Putin meisterhaft die Kunst beherrscht, sich als der von allen denkbaren russischen Staatsführern beste und bequemste Partner des Westens zu präsentieren.
...

Ich weiß nicht, wie es Ihnen geht – lieber Leser –, aber die Beständigkeit, ja fast schon Penetranz, mit der da an Putin und seinen Absichten rumgerätselt wird, hat für mich einen Unterton, der mich misstrauisch macht. Da ist zu viel Frage und zu wenig Antwort.
Wenn man jedoch auf eine bestimmte Frage partout keine Antwort findet, so sollte man das irgendwann zum Anlass nehmen, sich zu fragen, *ob es denn überhaupt die richtige Frage ist?*

Wenn ich ein Problem habe und es mir nicht gelingt, es zu lösen, wird es irgendwann Zeit, mein Verständnis, mein Konzept und meine Vorstellung von dem Problem zu überdenken. Ist das Problem überhaupt das, wofür ich es halte? Oder ist das eigentliche Problem nicht vielmehr meine Herangehensweise an das Problem? Jeder Software-Entwickler kennt diese Situation aus dem FF!

Also: Ist die Frage, was Putin will, überhaupt die richtige Frage?

Könnte es nicht so sein, dass Russland im geopolitischen Schachspiel inzwischen eine zu kleine Größe ist, und es gar nicht viel mehr tun kann, als auf die Züge seiner Gegner zu reagieren?

Kurzum: Wer wieder und wieder – bis zum Erbrechen – fragt, was denn Putin eigentlich will, sollte sich verdammt noch mal überlegen, in welcher Ausgangsposition sich Russland befindet. Welche Möglichkeiten hat es überhaupt noch? Und welchen Zwängen unterliegt es? Welche Position nimmt es im globalen Machtgefüge ein?

Und wenn wir vom „globalen Machtgefüge" sprechen, müssen wir natürlich zuallererst sehen, welche Politik die „einzig verbliebene Supermacht" USA gegenüber Russland verfolgt!

Ich hatte es schon angesprochen: Hinter dem Rätsel um Putins und Russlands Absichten verbirgt sich das Rätsel um die Absichten der USA. Was wollen die USA wirklich?

Treten sie wirklich für Freiheit und Demokratie ein – so wie die europäischen Regierungen zu glauben vorgeben? Oder geht es ihnen um die dauerhafte Sicherung ihrer globalen Vormachtstellung – koste es, was es wolle?

Wenn man so will, hat sich die öffentliche Diskussion in Europa auf eine Position zurückgezogen, von der aus behauptet und suggeriert wird, die Frage nach den wahren Absichten der USA – sei schlichtweg nicht relevant.

Deutschlands Alt-Kanzler Helmut Schmidt kommentiert in seinem Buch *„Die Mächte der Zukunft"* (2004) die Außenpolitik der USA:

Die Europäer aber müssen sich fragen: Wohin führt diese Außenpolitik? ... So unklar die Strategie der USA gegenüber Europa ist – eine Unklarheit, mit der Amerika im übrigen leichter leben kann als die Europäische Union –, so unklar ist die amerikanische Strategie gegenüber dem Mittleren Osten ...

Die amerikanische Strategie gegenüber der Weltmacht Russland ist ebenfalls unklar ... Aus Sicht der Chinesen ist die langfristige Strategie der USA gegenüber China undurchsichtig und gefährlich. Von Amerika aus ist die langfristige chinesische Strategie gleichfalls undurchsichtig. (Seite 75, 110, 116, 118)

Natürlich wissen die USA, was sie wollen. Sie wollen eben nur nicht, dass andere es wissen. Helmut Schmidt bringt es auf den Punkt: *„Die Europäer aber müssen sich fragen: Wohin führt diese Außenpolitik?"*

Genau das findet nicht statt.

Warum will man in Europa die Ereignisse in Afghanistan und dem Irak nicht als warnendes Vorzeichen erkennen? Könnte es sein, dass wir Zeugen dabei sind, wie eine Weltmacht außer Kontrolle gerät? Muss das deutsche Volk wirklich noch einmal wie ein kleines dummes Kind hinter dem schwarzen Mann in sein Unglück tapsen? Muss das wirklich sein?

Für uns als Europäer ist es letztlich egal, wo gerade der Schwarze Peter steckt, ob in Moskau oder Washington. Entscheidend ist, dass wir erkennen, dass hier womöglich ein Spiel auf unsere Kosten läuft. Den europäischen Prophezeiungen nach kommt irgendwann zwangsläufig der Punkt, an dem wir dies – bis hin zu zehnjährigen Schulknaben – erkennen werden. Das wird zwar nicht zu spät sein, aber es wird ziemlich weh tun.

Zurück zu Putin – unserem östlichen Bösewicht. Finden wir einen solchen in den europäischen Prophezeiungen?

Adolf Hitler taucht dort nämlich wenigstens dreimal auf: um 720 bei der Heiligen Odilie (siehe Seite 290), 1081 bei Hepidanus von St. Gallen und 1914 in den „Feldpostbriefen" (siehe Seite 258) – natürlich nicht mit seinem Namen, wohl aber eindeutig genug beschrieben.

Zu Putin, oder einem entsprechenden Nachfolger, findet sich in den von mir verwendeten vorwiegend mittel- und westeuropäischen Quellen nur ein einziger vager Hinweis. Manche mögen zwar meinen, es finde sich auch etwas bei Nostradamus, aber bei Nostradamus kann man praktisch alles finden, wenn man denn will.

Da sich der russische Angriff in nicht zu überbietender Deutlichkeit in den Prophezeiungen niederschlägt, kann das Fehlen von Prophezeiungen zu einem russischen Führer nicht als Indikator für einen nicht stattfindenden Krieg herhalten. Verglichen mit den wenigen Funden zu Hitler ist eine einzige dünne Quelle nicht weiter überraschend. Möglich allerdings, dass sich in nicht übersetzten russischsprachigen Quellen noch etwas findet. Fraglich allerdings, wie viel von denen nach 70 Jahren Kommunismus noch erhalten sind. Der KGB dürfte sich sehr bemüht haben, solche Prophezeiungen zu vernichten.

Der einzige mir bekannte Text, der sich mit gewissem Recht auf Putin beziehen ließe, ist die folgende Quelle von ca. 1940 (von dem Vater einer böhmischen Flüchtlingsfrau), erstmalig veröffentlicht 1988 von W. J. Bekh, in „*Am Vorabend der Finsternis*", Seite 45:

1. *Ein kleines Volk wird großes Unrecht tun,*
2. *und ein berühmter Staatsmann wird ermordet werden.*
3. ***Ein großer Mann wird sich in Europa erheben,***
4. *und Deutschland wird von einem Stiernacken regiert werden.*
5. *Es wird eine Konferenz geben zwischen vier Türmen,*
6. *dann ist es bereits zu spät.*
7. *Die Russen werden durch die Gasthausfenster der Deutschen schauen,*
8. *wenn diese noch still bei ihrem Bier sitzen.*

Zeile Nr. 1: könnte sich auf den Balkan beziehen – Serben oder Kosovaren – oder aber es könnte sich um Palästina oder Israel handeln. Den Ereignissen vom Sommer 2006 nach käme Israel definitiv in Betracht. Ob tatsächlich „*großes Unrecht*" begangen würde oder nur von den Menschen so wahrgenommen würde, wäre nicht ausschlaggebend. Seher sind keine Rechtsanwälte, sondern urteilen nach ihrem Gefühl.

Zeile Nr. 2: wird ausgiebig von Alois Irlmaier behandelt (siehe Seite 249). Für eine gegenseitige Beeinflussung erkenne ich so weit keine Anhaltspunkte.

Irlmaiers Voraussagen wurden erst nach dem Zweiten Weltkrieges bekannter.

Zeile Nr. 3: (*großer Mann in Europa erhebt sich*): könnte unser östlicher Bösewicht sein. Das Verb *erheben* deutet darauf hin, dass er eine Bereitschaft zeigt, seine Macht einzusetzen. Es muss nicht bedeuten, dass er sozusagen aus dem Nichts heraus auftaucht, sondern es würde ausreichen, dass man in Europa plötzlich begreift, dass dieser Mann Macht auch über das Schicksal jedes einzelnen Europäers hat. Entsprechende Ahnungen dürften vielen Bürgern Westeuropas gekommen sein, als Putin Anfang 2006 der Ukraine den Gashahn zudrehte und in den westlichen Medien recht ausgiebig darüber diskutiert wurde, ob solcherlei auch Westeuropa widerfahren könnte und ob man sich nicht lieber unabhängiger macht von russischen Öl- und Gaslieferungen?

Zeile Nr. 4 (*Deutschlands Kanzler ein Stiernacken*): Da Deutschland zeitgleich von einem „Stiernacken" regiert würde – Gerhard Schröder z. B. war anatomisch betrachtet ein solcher – und ein „großer Mann" nur Sinn macht im Zusammenhang mit einem großen Volk, wäre das naheliegendste tatsächlich Russland. „Erheben" bedeutet für mich „erheben über andere" in dem Sinne, dass seine Macht über andere sichtbar wird. Und damit kommen auch Frankreich und England nicht mehr in Frage. Eine Dominanz eines EU-Staates über einen anderen innerhalb der EU – zudem noch als Gegengewicht zu Deutschland – widerspricht dem demokratischen Geist der EU. Die anderen europäischen Staaten würden jenem Land, das sich da innerhalb der EU als Meister aufspielt, gehörig den Marsch blasen. Somit käme nur Russland in Frage.

Zeile 5 (*Friedenskonferenz zwischen 4 Türmen*): Im Frühjahr 1999, unmittelbar vor Ausbruch des Kosovo-Krieges, gab es Friedensverhandlungen im französischen Schloss Rambouillet. Dieses hat einen quadratischen Grundriss mit Türmen an allen vier Ecken – etwa in der Form, wie man sie von Schachspielen her kennt. Sollten unmittelbar vor Ausbruch des „dritten Weltkrieges" Friedensverhandlungen stattfinden, diese aber bereits von einer drohenden Konfrontation zwischen den USA und Russland überschattet werden, so könnte sich Ungarn als Vermittler zwischen Ost und West anbieten. Dann böte sich das neugotische Parlamentsgebäude in Budapest an. Auch dieses hat vier gleichförmige und quadratisch angeordnete Türme.

Da Russland diesen Krieg jedoch innerhalb weniger Wochen verlieren und anschließend zerfallen soll, hätte man auch eine Erklärung dafür, warum dieser ominöse große Mann von den westeuropäischen Quellen so gut wie gar nicht erwähnt wird. Er erhebt sich – um wenige Monate danach niederzustürzen. Dieser Mann ist kein Reichsgründer. Er drückt keiner Epoche seinen Stempel auf, so wie es Napoleon, Hitler, Stalin oder Mao taten.

Bei manchen Prophezeiungskennern gibt es die Vermutung, dass es vor Ausbruch des „dritten Weltkrieges" in Russland noch zu einem Umsturz kommt, und Putin zu der besagten Zeit nicht mehr am Ruder ist. Meines Wissens geht diese Vermutung auf eine einzige Quelle zurück, nämlich Franz Kugelbeer:

Franz Kugelbeer (1922-II-®*-Österreich): „*Über Nacht kommt die Revolution der Kommunisten, verbunden mit den Nationalsozialisten, der Sturm über Klöster und Geistliche. Die Menschen wollen es zuerst nicht glauben, so überraschend tritt es ein. ... Alles flieht in die Berge, der Pfänder [ein Berg am Bodensee, Anm. B.] ist ganz voll Menschen.*
Wie ein Blitz von heiterem Himmel kommt der Umsturz von Russland her, zuerst in Deutschland, darauf in Frankreich, Italien und England. ... Die Rheinlande werden zerstört, mehr durch Flugzeuge als durch Heere." (15/100)

Kugelbeer ist eine jener älteren Quellen, die sich insgesamt eng an den Kernaussagen der europäischen Prophezeiungen orientieren und dabei kaum etwas auslassen. Die Dokumentation kann als erfreulich gut bezeichnet werden.
Der *Pfänder* ist ein Berg in Sichtweite von Bregenz am Bodensee – der Heimat des Sehers. Im Hinblick auf andere Prophezeiungen kann man hier sagen: Die Menschen auf dem Pfänder sind Flüchtlinge und stammen hauptsächlich aus der Region um den Oberlauf der Donau, insbesondere der davon nördlich gelegenen Regionen. Es sind Leute, die vor der Roten Armee geflüchtet sind, welche nördlich der Donau nach Westen vorstößt.
Die Kombination von „Revolution der Kommunisten und Nationalsozialisten" (erster Absatz) und „Umsturz von Russland her" (zweiter Absatz) kann man in der Tat so verstehen, dass es in Russland einen plötzlichen Umsturz der Kommunisten und Nationalsozialisten gibt, der dann innerhalb kürzester Zeit in einem Angriff auf den Westen mündet.

Tatsächlich zeigen sich – parallel zur Abwendung vom Westen – in Russland wieder starke nationalistische Tendenzen. Peter Scholl-Latour befürchtet gar, dass dieser russische Nationalismus in der nächsten Zeit noch drastisch zunehmen wird. Zudem wurde Ende 2006 anlässlich der Attentatsserie an russischen Oppositionellen in den hiesigen Medien ausgiebig darüber spekuliert, dass Putin weit schwächer ist, als man im Westen annimmt, und dass sich bestimmte Kräfte innerhalb Russlands schon in Stellung bringen für die Zeit nach Putin, also nach Ende seiner Amtszeit im März 2008.

Man wird sehen. Egal aber, wer nun zum entscheidenden Zeitpunkt in Russland an der Macht ist, ein gewisser Prozentsatz des russischen Volkes muss schon irgendwie auf Krieg eingestimmt sein.

---

* Zeichenerklärung siehe Seite 277

Es muss auch in weiten Teilen des Volkes das Gefühl vorhanden sein, man habe ein Recht darauf, Europa anzugreifen. Sei es, dass man aus „präventiver Notwehr" handelt, sei es, dass man sich moralisch-kulturell überlegen fühlt. Und in diese Richtung bewegt sich Russland schon heute – unter massiver „Hilfe" der USA und leider auch Europas.

Sollten an diesem Umsturz tatsächlich auch Kommunisten beteiligt sein, so bedeutet das natürlich, dass in Russland noch entscheidende Veränderungen bevorstünden. Gegenwärtig ist der politische Einfluss der Kommunisten außerordentlich gering.

Putin und die Sonnenfinsternis am 11. August 1999

In diesem Zusammenhang soll nicht unerwähnt bleiben, dass am Montag, dem **9. August 1999** Russlands damaliger Präsident Boris Jelzin den Geheimdienstchef **Wladimir Putin** (damals 46) zum kommissarischen Ministerpräsidenten ernannte und ihn in einer landesweiten Fernsehansprache überraschend als seinen Wunschkandidaten für die Nachfolge im Präsidentenamt präsentierte. Jelzin nannte den Namen **erstmals** im Fernsehen. Eine Woche später, am **16. August 1999**, wurde Putin in der damals noch von den Kommunisten beherrschten Duma zum Ministerpräsidenten gewählt.

Ich erinnere noch gut, dass Frankreichs berühmteste Astrologin Madame Teissier im Vorfeld der 1999er Sonnenfinsternis sagte, falls zu diesem Datum nicht etwas ganz Entscheidendes passiert, werde sie ihren Beruf an den Nagel hängen. ... Soweit ich weiß, hat sie es nicht getan ...

Damit will ich zunächst die Abhandlungen zum „dritten Weltkrieg" und seiner möglichen Hintergründe abschließen und mich dem eigentlichen Hauptereignis zuwenden, nämlich der *Dreitägigen Finsternis*.

In später folgenden Kapiteln greife ich das Thema „dritter Weltkrieg" wieder auf und gehe auf weitere Details ein, sowie die Frage, welche Ereignisse im Vorfeld diesen Krieg ankündigen sollen.

Die Dreitägige Finsternis
Spuren einer Weltprophezeiung

Die dreitägige Finsternis gegen Ende des „dritten Weltkrieges" wäre – sofern sie denn stattfände – mit Abstand die größte Naturkatastrophe seit Menschheitsgedenken. In den europäischen Prophezeiungen findet sich kein anderes zeitlich so begrenztes Ereignis, dass von so vielen Quellen vorausgesagt wird. Die entsprechenden Quellen stammen aus bald ganz Europa* und sind verstreut über viele Jahrhunderte. Zudem wird dieses Ereignis insbesondere von denjenigen Quellen vorausgesagt, die als am glaubwürdigsten angesehen werden, und es gibt sehr große Übereinstimmungen auch bei kleineren Details.
Deutliche Hinweise auf die Dreitägige Finsternis findet man zudem auch außerhalb Europas, zum Beispiel in Arabien, der Mongolei und Nordamerika.

Dass es sich bei diesem Ereignis trotz aller Dramatik keinesfalls um einen Weltuntergang handeln kann, ahnt man eigentlich schon, wenn man das Wort *dreitägig* liest. Die Dreitägige Finsternis wäre weder ein Ende der Welt noch ein Ende der Zivilisation – und schon gar nicht ein Untergang der europäischen Kultur.

Sehen wir uns nun genauer an, wie das Ereignis von den einzelnen Sehern beschrieben wird. Der folgende Text stammt aus den Aufzeichnungen des Benediktiners P. Ellerhorst, der 1922 eine persönliche Befragung des Sehers *Franz Kugelbeer* durchführte.

Franz Kugelbeer (1922-III-®**-Österreich/Vorarlberg): *„... Wie ein Blitz von heiterem Himmel kommt der Umsturz von Russland her, zuerst in Deutschland, darauf in Frankreich, Italien und England. ... Die Rheinlande werden zerstört, mehr durch Flugzeuge als durch Heere. ... Finsternis von drei Tagen und Nächten. Beginn mit einem furchtbaren Donnerschlag mit Erdbeben. Kein Feuer brennt. Man kann weder essen noch schlafen, sondern nur beten. Nur geweihte Kerzen brennen. ... Erdbeben, Donner, Meeresrauschen. ... Schwefeldämpfe erfüllen alles, als wenn die ganze Hölle los wäre. Ein Kreuz erscheint am Himmel. Das ist das Ende der Finsternis. Die Erde ist ein Leichenfeld wie eine Wüste. Die Menschen kommen ganz erschrocken aus ihren Häusern. ... Es fahren weder Eisenbahn, noch Schiffe, noch Autos in der ersten Zeit."* (15/101)

---

* Deutschland, Österreich, Schweiz, Italien, Frankreich, Polen, Tschechien ...
**Zeichenerklärung siehe S. 277 / III = mittlere Glaubwürdigkeit / ® steht für: „russischer Angriff"

Diese zeitliche Abfolge von Unruhen, Krieg und Dreitägiger Finsternis ergibt sich aus vielen Prophezeiungen. Auch sämtliche anderen Details, die oben erwähnt werden, tauchen in der einen oder anderen Form bei anderen Quellen auf – zeitgleiche Erdbeben, Fluten, die Verpestung der Luft etc.

Wie bereits erwähnt, scheidet den Prophezeiungen nach ein Atomkrieg bzw. nuklearer Winter aus mehreren Gründen als Ursache für die Finsternis aus. Bliebe als nächstliegende Erklärung der Einschlag oder der *Impakt* eines Meteoriten (aus Eis und Staub) oder eines Asteroiden (aus Gestein).

Impakte – Zufall oder nicht – sind in den letzten Jahren tief in das öffentliche Bewusstsein eingedrungen. Zum einen gilt inzwischen als sicher, dass die Dinosaurier vor rund 60 Millionen Jahren durch einen Meteoriteneinschlag am Nordrand der mexikanischen Halbinsel Yucatán ausgerottet wurden. Dann gab es zur Jahrtausendwende gleich zwei große Hollywood-Produktionen, die davon handelten, dass die Erde von einem kosmischen Brocken bedroht wird – *„Deep Impact"* und *„Armageddon"*.

Inzwischen kann man alle paar Monate auf irgendeinem Fernsehkanal eine Dokumentation zum selben Thema finden. Seit 2005/2006 wurden sogar Forschungen publik, wonach es zwischen 500-335 vor Chr. im Chiemgau (Südostbayern), zu einem kleineren Impakt kam, der den dort lebenden keltischen Stämmen einen Weltuntergang in Kleinformat bescherte ...

Tatsächlich heißt es bei Franz Kugelbeer: *„Finsternis von drei Tagen und Nächten.* **Beginn mit einem furchtbaren Donnerschlag** *mit Erdbeben"* – was unweigerlich an den Einschlag eines Asteroiden oder Kometen denken lässt. Infolge des Einschlages würden gewaltige Staubmassen in die Atmosphäre geschleudert, womit wir auch eine Erklärung für die Finsternis hätten!

Franz Kugelbeer ist zudem nicht die einzige Quelle, bei der die Dreitägige Finsternis mit einem Donnerschlag beginnt:

Pater Pio (1961-I-Italien): *"... Der Wind wird Gift und Gas mit sich führen, das sich auf der ganzen Erde verbreitet. Damit ihr euch auf das Ereignis vorbereiten könnt, gebe ich euch folgendes Zeichen: Die Nacht ist sehr kalt, der Wind braust, und nach einiger Zeit wird der Donner einsetzen. Dann versperrt alle Türen und Fenster und sprecht mit niemanden außerhalb des Hauses. Kniet euch nieder vor dem Kreuz und bereut eure Sünden. Bittet meine Mutter um ihren Schutz. Während die Erde bebt, schaut nicht hinaus, denn der Zorn meines Vaters ist heilig. ..."* (8/151)

Pater Pio, 1968 gestorben, gilt heutzutage als der populärste Heilige Italiens. 1999 wurde er von Papst Johannes Paul II. seliggesprochen und nur drei Jahre später sogar zum Heiligen erklärt – ein ziemlicher Ausnahmefall in der Geschichte der katholischen Kirche.

Garcilaso de la Vega (1982-III-®, Maria Laach): „*Die große Erschütterung und die drei finsteren Tage. Die Erdachse verschiebt sich und die Sonne verändert ihren Himmelslauf. ...*" (16/214)

Geht man davon aus, dass diese drei Quellen den Beginn der Dreitägigen Finsternis von ihrer Heimatregion oder ihrem Heimatland* aus wahrgenommen haben, dann wäre der Einschlag zeitgleich im Großraum Bonn/Eifel (de la Vega), am Bodensee (Franz Kugelbeer) und in Italien (Pater Pio) spürbar.

Alois Irlmaier (1959-I-®-Südostbayern): „*Während des Krieges kommt die große Finsternis, die 72 Stunden dauert. ... Finster wird es werden an einem Tag unter dem Krieg. Dann bricht ein Hagelschlag aus mit Blitz und Donner, und ein Erdbeben schüttelt die Erde.*" (30/134)

Irlmaier erwähnt zwar keinen Donner, jedoch einen „Hagelschlag". Dies entspräche den Erd- und Gesteinsmassen, die aus dem Einschlagskrater herausgeschleudert werden und im näheren Umfeld des Einschlagpunktes niedergingen. *Näheres Umfeld* können aber leicht ein paar 100 Kilometer sein. Auch Hepidanus von St. Gallen, Schweiz (1081) spricht von einem „furchtbaren Gewitter", das sich aus dieser Wolke bilden wird.

Sie merken wahrscheinlich, worauf ich hinauswill. Wenn die Ursache der Finsternis ein Impakt wäre, dann fragt sich natürlich, an welchem Punkt die Erde getroffen würde. Den deutlichsten Hinweise auf diesen Einschlagspunkt findet man in den sogenannten *Feldpostbriefen* – neben Alois Irlmaier eine der interessantesten deutschsprachigen Quellen aus dem 20. Jahrhundert (siehe S. 258). Im ersten der beiden Briefe – geschrieben am 24.8.1914 – liest man:

„*Am Schluss kommt noch Russland und fällt über Deutschland her, wird aber zurückgeschlagen, weil die Natur eingreift, und da wird in Süddeutschland ein Platz sein, wo das Ereignis sein sollte, wo die Leute von der ganzen Welt hinreisen, um zu schauen.*"

Kurz zu den Hintergründen dieser Quelle: Zu Beginn des Ersten Weltkrieges wurde an der Westfront ein französischer Zivilist festgenommen und von deutschen Militärs verhört. Dieser Franzose machte dabei Voraussagen zum Ersten Weltkrieg, die sich später bewahrheiten sollten, er sagte aber auch Dinge zum Zweiten und „dritten Weltkrieg" voraus.

Der Schreiber der Feldpostbriefe, ein deutscher Soldat namens *Andreas Rill*, Schreinermeister von Beruf, bekam davon einiges mit und berichtete seiner Familie darüber in den beiden Feldpostbriefen.

Nun zu den Details des Textes: Am auffälligsten ist natürlich die Sache mit der Natur, die eingreift und das russische Heer zurückschlägt.

---

* im Falle von *de la Vega* der Aufenthaltsort zum Zeitpunkt der Vision

Wie die Natur das genau macht, wird nicht weiter beschrieben. Es ist nur von einem *Ereignis* die Rede, das an einem bestimmten Ort in Süddeutschland Spuren hinterlässt, die so einzigartig sind, dass sie in späterer Zeit zu einer Touristenattraktion werden – und zwar für Menschen aus der ganzen Welt!
Gerade diese Einzigartigkeit wäre ein starkes Indiz für einen Einschlagskrater. Denn weltweit gibt es nur noch einen Einschlagskrater, der nicht von der Erosion unkenntlich gemacht wurde – den Barringer Krater in Arizona. Dieser befindet sich noch im Originalzustand, wie man es von den Mondkratern her kennt. Ein richtig schöner Krater – 1200 Meter breit und vor rund 25.000 Jahren durch einen ca. 78 Meter großen Eisenmeteoriten verursacht.
Die Ortsangabe *Süddeutschland* deckt sich zudem mit den Aussagen einiger anderer Quellen im Zusammenhang mit dem Krieg. Demnach ließe sich – wohlgemerkt nur den Formulierungen der Prophezeiungen nach – das Gebiet des Einschlagskraters zunächst auf ein Gebiet in Süddeutschland östlich des Schwarzwaldes und nördlich der Donau eingrenzen. Berücksichtige ich weiter, was ich an Prophezeiungen und Visionen für das betreffende Gebiet kenne, so grenzt sich die Sache schwerpunktmäßig auf den Großraum Nürnberg, das Fichtelgebirge und den Oberpfälzer Wald ein.

So weit meine Überlegungen zu dem möglichen Ort des Einschlagskraters. Wenden wir uns nun den Angaben zum Ausbreitungsgebiet der Wolke in Europa zu. Dabei interessiert uns in erster Linie, in welchem Gebiet es zu einer Verpestung der Luft auf dem Erdboden käme. Es könnte ja auch Gebiete geben, in denen die Wolke zwar den Tag zur Nacht macht, jedoch in größeren Höhen bleibt und den Erdboden nicht erreicht. Sehen wir uns dazu an, aus welchen Gebieten die Quellen kommen, die eine Verpestung der Luft erwähnen.

Dreitägige Finsternis / Luftverpestung und Impaktindikatoren (ausgesuchte Quellen)							
Nr	Quelle	Zeit	Land / Gebiet	weltweit	Luftverpestung	Impaktindikatoren	Lit.
1	Hepidanus	1081	Schweiz / St. Gallen	(JA)	–	Trümmerhagel	15/53
2	De la Faudaise	1819	Frankreich	(JA)	JA (indirekt)	–	4/170
3	Taigi	1837	Italien	JA	JA	–	8/132
4	J. M. Jahenny	1873	Frankr. / Bretagne	–	JA (indirekt)	Trümmerhagel	8/207
5	Kugelbeer	1922	Österr. / Vorarlberg	–	JA	Donner zu Beginn	15/101
6	Stockert	1950	Deutschl. / München	JA	JA (indirekt)	–	12/221
7	Irlmaier	1959	Deutschl. / Südostbay.	–	JA	Trümmerhagel	30/135
8	Pater Pio	1961	Italien / Rotondo	JA	JA	Donner zu Beginn	8/151
9	Lueken	1972	USA / Staat New York	–	JA (indirekt)	Trümmerhagel	8/231
10	de la Vega	1982	Deutschl. / Maria Laach	–	–	gr. Erschütterung	16/214

Anmerkungen
weltweit (JA) : Finsternis betrifft „Welt" oder „Erde", es heißt aber nicht ausdrücklich „die ganze ..."
weltweit JA : Finsternis betrifft ausdrücklich ganze Welt
weltweit **JA** : Verpestung der Luft ist **weltweit**! (Pater Pio)
Zu beachten : Der Polsprung als Aspekt der Dreitägigen Finsternis wäre naturbedingt weltweit!

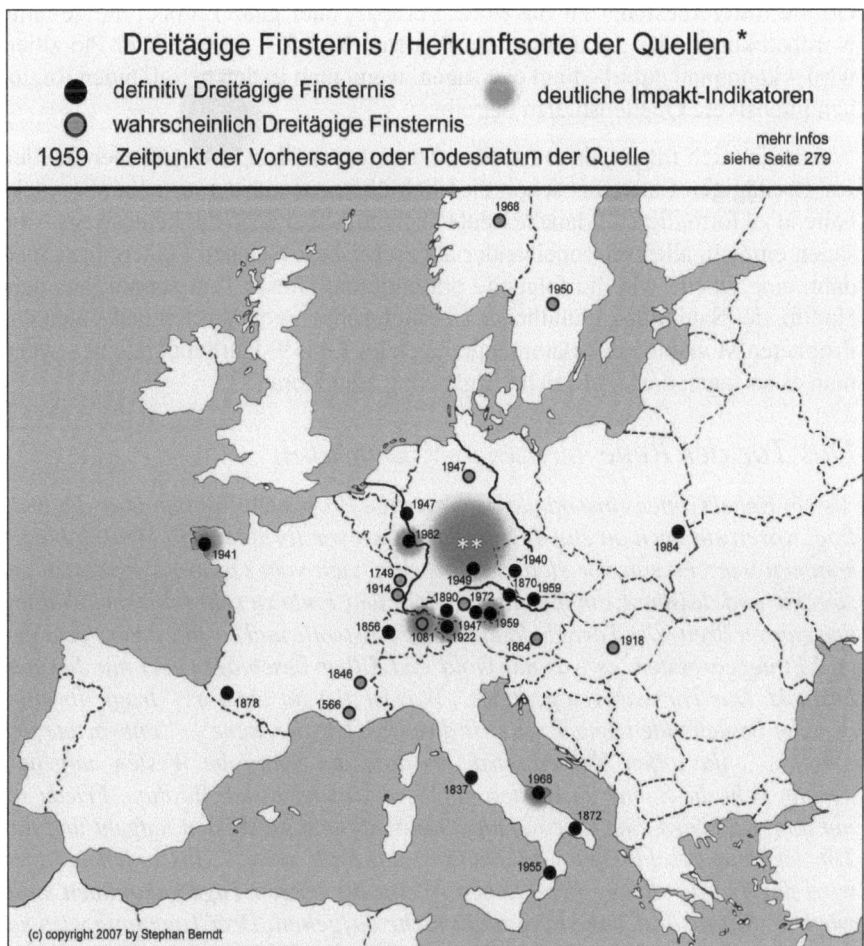

Geht man von den Quellen in der linken Tabelle aus, so ist zu vermuten, dass weite Teile Europas von einer Verpestung der Luft betroffen wären.

Gerade der mitteleuropäische Schwerpunkt zeigt sich auch, wenn man die Herkunftsorte aller europäischen Quellen in die Karte einträgt, die sich sicher oder mit großer Wahrscheinlichkeit auf das Ereignis beziehen.

Wie Sie oben sehen, befindet sich die besagte Region Süddeutschlands ziemlich genau im Zentrum aller hier eingetragenen Herkunftsorte.

* Fehlende Quellen aus anderen Ländern könnten eine Folge von Lücken in der Dokumentation sein. Ich habe fast ausschließlich mit ins Deutsche übersetzten Quellen gearbeitet!
** Hier fließt eine Aussage von Hepidanus von St. Gallen ein (Gebiet zw. Elbe, Rhein und Donau). Siehe Seite 275

Ob die Luftverpestung nur die Mitte Europas, oder ganz Europa, die gesamte Nordhalbkugel oder gar den ganzen Planeten beträfe – so wie Pater Pio zitiert wird – kann man naturbedingt erst sagen, wenn man in den betreffenden Regionen intensivere Quellenstudien betreibt.

Wenn Sie mich fragen, dann ist diese Zusammenstellung europäischer Quellen zur Dreitägigen Finsternis schon ziemlich überzeugend, um es einmal zurückhaltend zu formulieren. Manche Leute überzeugt aber auch das keineswegs – die sagen einfach, alles sei voneinander abgeschrieben. Solchen Leuten muss man dann eine Quelle wie die folgende präsentieren. Dieser Text stammt aus dem Hadith, der Sammlung mündlicher Überlieferungen von Worten und Taten des Propheten Mohammed, zusammengetragen im 7. bis 9. Jahrhundert, eine – wenn man es so sagen darf – offizielle Ergänzung zum Koran.

Das Tor der Reue (Arabien, 7.–9. Jahrhundert)

Als ein Engel Gottes einst mit dem gesegneten Propheten Ibrahim über die Erde flog, waren sie auch an einen Ort gelangt, wo vor Ibrahim kein Mensch hingekommen war. Er sah vor sich ein Tor, dass sich vom Osten nach Westen erstreckte und dessen Ausmaße ohne Anfang und Ende zu sein schienen. Entlang der ganzen Breite des Tores befanden sich kunstvolle und kostbare Verzierungen und Einlegearbeiten, es war mit Gold und Silber beschlagen und mit Juwelen bestückt. Das Tor war weit geöffnet. „Was ist dies für ein Tor?" fragte Ibrahim den ihn begleitenden Engel. „Es ist dies das Tor der Reue ..." antwortete der Engel, „... das offen bleiben wird, bis dass die Sonne im Westen aufgeht." „Wann geht die Sonne im Westen auf?" verwunderte sich Ibrahim, Friede sei auf ihm. „Es wird eine Zeit kommen, da die Sonne im Westen aufgeht und das Tor der Reue geschlossen wird. Dann ist das Ende nahe. ... Bis zu jenen Tagen wird das Tor der Reue offen bleiben. **Wenn die letzten Tage gekommen sind, wird die Sonne drei Tage lang nicht mehr aufgehen.** *Drei Tage lang wird sie nicht aufgehen, und die, die zur Zeit des Tahadjjud-Gebets wach sind, werden lange auf den Sonnenaufgang warten und sich fragen, wo nur die Dämmerung bleibt. Sie werden denken, dass sie einen Fehler gemacht und sich verrechnet hätten. Keine Vogelstimme, kein Hahnenschrei wird die Dämmerung verkünden, bis drei volle Tage vergangen sind.*

Die Frommen aber, die sich in der Nacht ihrer Andacht hingeben, wissen, dass die Zeit gekommen ist, da sich das Tor der Reue schließt. Sie werden versuchen, ihre achtlos schlafenden Gefährten aufzuwecken, aber keiner, der nicht schon wach ist, wird dann mehr erwachen, sie werden daliegen im Schlaf, als wären sie Tote. Drei Tage dauert es, bis das Tor der Reue sich geschlossen hat; und diejenigen, denen Wissen gegeben ist, werden weinen um ihre Brüder und zum Herrn um Gnade flehen.

Wenn drei Tage vergangen sind, wird die Sonne im Westen aufgehen, und die Zeit der Reue ist unwiderruflich vorbei." So sprach der Engel.

(aus „Gaben des Lichts", Amina Adil, Spohr Verlag, 1999, S. 196 f.)

Auch in vielen christlichen Quellen wird die Dreitägige Finsternis als eine Prüfung der Seelen und als geistiger Wendepunkt beschrieben. Insofern treffen sich Islam und Christentum im innersten Kern der Dreitägigen Finsternis. Christliche Quellen raten dazu, während dieser Zeit zu beten, zu beten und zu beten!

Ebenso deckt sich der Sonnenaufgang im Westen mit einer ganzen Sequenz von Details aus den europäischen Quellen. Ich komme später noch darauf zurück. Dass Islamwissenschaftler den Sonnenaufgang im Westen nur als ein Symbol für das Erstarken des Islams im Westen (Europa) interpretieren, soll am Rande nicht verschwiegen werden. Ich glaube das natürlich nicht, obschon auch ich sehe, dass obiger Text stark durchsetzt ist von Symbolik ...

Natürlich fehlt diesem Text jeglicher Hinweis auf irgendeine Form äußerer Bedrohung, ganz zu schweigen von einer verpesteten Luft oder gar der Mahnung, im Hause zu bleiben. Eine naheliegende Interpretation wäre die, dass die Staubwolke nur in Europa auf den Erdboden hinabreicht.

Geht man davon aus, dass sich die Wolke von Mitteleuropa aus ausbreitet, so wäre bis zum Nordwestzipfel der Arabischen Halbinsel eine Distanz von rund 3000 Kilometern zu überwinden. Wenn die Finsternis in Deutschland noch tagsüber einsetzt (siehe Hepidanus von St. Gallen, aber auch Irlmaier), könnte sich die Wolke – rein hypothetisch – in der darauffolgenden Nacht bis über den Himmel Arabiens ausbreiten, so dass dort am nächsten Morgen der Sonnenaufgang schlichtweg ausfällt! Rechnet man mit 16 Stunden, die die Wolke Zeit hätte, bis sie den Himmel Arabiens erreicht, so käme man auf eine durchschnittliche Ausbreitungsgeschwindigkeit von rund 190 Stundenkilometern.

Nach Berechnungen des amerikanischen Wissenschaftlers C. Covey (und anderen, 1990) bräuchte die Staubwolke eines Impaktes im Zentrum Nordamerikas etwa 6 Tage, bis sie den Westen Europas erreicht – das ergibt bei einer Entfernung von rund 8.500 Kilometern eine Ausbreitungsgeschwindigkeit von rund 60 Stundenkilometern.
Allerdings ist die Ausbreitungsgeschwindigkeit der Staubwolke nahe des Einschlagpunktes deutlich höher, so dass am ersten Tag schon etwa ein Viertel der Gesamtdistanz überwunden wird und die Durchschnittsgeschwindigkeit innerhalb der ersten 24 Stunden bei rund 90 Stundenkilometern liegt. Darüber, wie hoch die Ausbreitungsgeschwindigkeit innerhalb der ersten 16 Stunden ist, liegen mir leider keine Daten vor.

Geht man von 16 Stunden für die Distanz Mitteleuropa – nordwestliches Arabien aus, so liegt man mit 190 km/h natürlich deutlich über den 90 km/h von Covey & Co. Rechnet man mit 20 Stunden – unterstellt man also, dass sich der Impakt in Mitteleuropa schon relativ früh am Tag ereignet – kann man die Geschwindigkeit auf 150 km/h drücken. Allerdings ergeben sich dann schon Unstimmigkeiten mit manchen Angaben aus den Prophezeiungen (Pater Pio und Marie Julie Jahenny). Kurzum: Die Sache passt nicht 100%ig. Andererseits empfinde ich diese Diskrepanz nicht als *so* groß, dass sie wirklich negativ für die diesbezüglichen Prophezeiungen wäre.

Upside down!

Wenden wir uns nun der eigentlichen Ungeheuerlichkeit aus obigem Hadith zu, nämlich dem Sonnenaufgang im Westen nach der Dreitägigen Finsternis!
Wir wollen einmal hoffen, dass die Götter nicht völlig überschnappen, und tatsächlich den Lauf der Sonne ändern – sondern dass es lediglich von der Erde aus so aussieht – was immer noch schlimm genug wäre, denn dies würde bedeuten, dass sich die Erde bei Beibehaltung der Drehrichtung von oben nach unten dreht, also der geographische Nord- und Südpol die Plätze tauschen.

Sie hätten die Reaktion des bekannten Wiener Geologen Prof. Dr. Alexander Tollmann auf einem Treffen von Prophezeiungsforschern Mitte der 90er Jahre erleben müssen, als der Polsprung kurz erörtert wurde. Es gibt wohl nicht wenige Wissenschaftler, die dieses Thema geradezu als Beleidigung ihrer Intelligenz empfinden ... Doch die Prophezeiungen enthalten nun einmal jede Menge Indizien für dieses Ereignis. Diese werden wir uns nun genauer ansehen. Bleiben wir dabei zunächst bei den islamischen Quellen: Der Sonnenaufgang im Westen wird noch in anderen Hadithen erwähnt. Hier ein Hadith von *Abu Hureira**, von mir aus dem Englischen übersetzt:

„Allah´s Apostel sagte: „Die Zeit wird sich nicht eher erfüllen, als bis die Sonne von Westen aufgeht. Und wer bis zu diesem Zeitpunkt nicht gelernt hat, zu glauben und zu vertrauen, der wird es nicht mehr können."

Hier findet sich eine interessante Analogie zum Lied der Linde (ca. 1870). Dort heißt es im Anschluss an die Beschreibung der Dreitägigen Finsternis:

> *Was noch übrig, schau in jedes Land,*
> *Hat zur Hälft' verloren den Verstand.*
>
> (41/251)

---

* Band 6, Buch 60, Nummer 159): siehe auch Abu Dhar in Band 4, Buch 54, Nummer 421; und Abu Hureira in Band 8, Buch 76, Nummer 513; Band 9, Buch 88, Nummer 237

Bräche infolge des Polsprungs bei vielen Menschen das materielle Weltbild zusammen, so liefen jene, die keinen Halt im Glauben finden können, tatsächlich Gefahr, wahnsinnig zu werden. Sind sie erst einmal gefangen im Wahnsinn, wird es für sie äußerst schwierig, zu einem Glauben zurückzufinden, der sie trägt.

Hier ein weiterer Hadith von *Muslim*:

„Huseifa Ibn Asid El-Ghafari – Allahs Wohlgefallen auf ihm – sagte: Wir befanden uns mit einer Anzahl von Leuten im Gespräch über die Auferstehung, als der Prophet Muhammad, Friede und Heil auf ihm, sich zu uns gesellte und uns 10 Zeichen über die „Stunde" nannte: Der Weltuntergang tritt nicht ein, bevor folgende Ereignisse stattgefunden haben:

Nr.	Zitat	Anmerkung
1.	*Großer Qualm,*	???
2.	*das Auftreten von Dajjal,*	der Antichrist
3.	*das Auftreten von Dabba,*	„großes Tier" (s. Offb. d. Joh.)
4.	**die Sonne geht von Westen auf,**	Polsprung u. Dreit. Finsternis
5.	*Jesus kommt auf die Erde zurück,*	
6.	*Gog und Magog treten auf, ...*	aus Nordostasien, wieder Krieg!
7.– 9.	*drei Sonnenfinsternisse treten auf:*	
	einmal im Osten,	bisher nicht überprüft
	einmal im Westen,	bisher nicht überprüft
	einmal auf der Arabischen Halbinsel	bisher nicht überprüft
10	*ein großes Feuer kommt von Jemen und treibt die Menschen zu einem bestimmten Ort.*	Ich wüsste nicht, was dort brennen könnte – alles Wüste!

Wie man sieht, ist dieser dritte Hadith weit weniger symbolisch als der erste zu Beginn. Für mich am hervorstechendsten ist: Dem Text nach kommt direkt nach dem Sonnenaufgang im Westen Jesus Christus – und in der darauffolgenden Zeit gibt es wieder Ärger (Gog & Magog). Der Sonnenaufgang im Westen markiert also keinesfalls das Ende der Welt! Auch das ergibt eine Parallele zu den christlichen Quellen!

Wie wir im Nachfolgenden sehen werden, schlägt sich der Polsprung in unterschiedlicher Form in den europäischen Prophezeiungen nieder. Zum einen ist dort öfters von einer Störung der Gravitation die Rede. ...

In der Tat ließe sich der Polspürung auch gar nicht anders erklären, denn ganz offensichtlich läge eine Störung der Gravitation vor – vermutlich ausgelöst, durch jenen Himmelskörper, der dicht an der Erde vorbeiziehen soll:

Hepidanus von St. Gallen (1081-I-®-Schweiz): *„Siehe! ... die Menschen haben sich in zwei Heerlager gespalten gegen Süd und gegen Nord. ... Aber es wird bald ein Tag anbrechen, da wird ein Licht aufgehen um Mitternacht im Norden und heller strahlen wie die Mittagssonne des Südens. Und der Schein der Sonne wird verbleichen vor jenem Lichte. Alsbald aber wird sich eine düstere Wolke lagern zwischen jenem Licht und der Menschheit, die danach hinblickt. Ein furchtbares Gewitter wird sich aus dieser Wolke bilden. ..."* (41/85)

Diese Kombination von leuchtendem Himmelsköper und Finsternis begegnete mir bei meinen Recherchen völlig unverhofft noch an anderer Stelle. In dem Buch „*Political Prophecies in Mongolia in the 17-20th Century*" der ungarischen Autorin *Alice Sarközi* findet sich ein Hinweis auf ein kleines Büchlein in der Bibliothek der Ungarischen Akademie der Wissenschaften in Budapest, welches etwa im 17. Jahrhundert von Mongolen verfasst wurde. Dieses Buch hat eine Prophezeiung zum Inhalt. Darin heißt es:

„In jenem Zeitalter der Katastrophe wird ein Stern aufsteigen, genannt der Stern Gottes. Er wird im Osten aufgehen und im Westen untergehen. Er wird so groß sein wie ein Hühnerei, und er wird wundervoll hell sein. Man wird ihn in der ganzen Welt sehen."

Geht im Osten auf – und im Westen unter? ... Dann müsste er eigentlich auch bei uns in Europa ankommen? Oder? Ins Schwarze trifft auch die Formulierung „*Zeitalter der Katastrophe*" oder „ ... *des Unglücks* "*. Auch „*wundervoll hell*" deckt sich mit Hepidanus, denn es würde in der Praxis bedeuten, dass man zum Himmelskörper hinaufblickt, so wie Hepidanus es oben beschreibt.

Das mit dem Hühnerei ist wohl so zu verstehen, dass der „Stern" vor dem Auge des Betrachters die gleiche Größe hat wie ein Hühnerei, das man am ausgestreckten Arm hält. Kurzum: Das Ding am Himmel wäre demnach ungefähr so groß wie der Mond. Und damit könnte es leicht eine Masse haben, um hier einiges durcheinander zu bringen!

In dem Buch von Alice Sarközi heißt es weiter zum inhaltlichen Vergleich der mongolischen Prophezeiungen: *„Lang anhaltende Finsternis (darkness), oder gerade das Gegenteil, das Erscheinen mehrerer Sonnen können eine globale Katastrophe ankündigen."*

---

* englisch: *calamity*

Also gut – fürs Erste hätten wir eine akzeptable Erklärung dafür, warum die Schwerkraft auf der Erde etwas durcheinandergerät. Schauen wir nun, wie sich diese Spur weiter durch die Prophezeiungen zieht.

Nostradamus beschreibt in der sogenannten „Vorrede an Heinrich II." – dem französischen König zur Zeit des Sehers – folgende Szene.

*Zuvor aber kommt es zu einer **Sonnenfinsternis.***
Es wird die dunkelste und finsterste seit der Erschaffung der Welt bis zum Sterben und Leiden Jesu Christi und von da bis zum heutigen Tag.
*Im Monat Oktober werden einige so große Verschiebungen eintreten, dass man glauben wird, **die Schwerkraft der Erde** hätte ihre natürliche Bewegung verloren und die Erde wäre hinausgeschleudert in die ewige Finsternis.*

(1/377 – Übersetzung von Kurt Allgeier)

Wie man sieht, ist dieser Text weit weniger verschlüsselt als Nostradamus' berühmte Vierzeiler aus den *Centurien*. Er spricht zwar nicht ausdrücklich von einer dreitägigen Finsternis, doch man spürt eigentlich sehr deutlich, dass es sich um keine normale Sonnenfinsternis handeln kann. Der Monat Oktober deutet auf den Zeitpunkt der Finsternis (siehe unten).

Interessant ist auch, was er zu der Ursache der Gravitationsstörung sagt: Er spricht von einigen so *großen Verschiebungen* – oder *Verlagerungen*, wie es in einer anderen Übersetzung heißt. *Verlagerungen* oder *Verschiebungen* beschreiben die Veränderung mehrerer Komponenten eines Systems, *jedoch ohne das System selbst noch seine Teile zu zerstören!* Dies dürfte ein Hinweis auf das Sonnensystem sein bzw. auf Bahnänderungen der Planeten, die durch eben jenen Eindringling ausgelöst werden.

Jetzt eine Prophezeiung von einem Medizinmann der Hopi-Indianer (Nordamerika), die dieser um 1920 seinem Sohn mitteilte:

*„Als ich ein Junge war, ... sagte mein Vater zu mir, eines Tages würde **die Erde sich umkehren**, würde sich überschlagen. Wenn das geschehe, sagte er, das sei der Tag der Reinigung. Der Himmel werde dunkel werden, und wir würden herumkriechen wie Ameisen, die nicht sehen können. Dann würden jene Dinge kommen, so wie Haufen von Flugzeugen, und sie würden die Sonne verdunkeln und eine Menge Dinge auf die Erde fallen lassen, so wie Regen.*
*Diese vier Dinge werde es geben: Regen [Bomben? = Krieg?, Anm. B.], **die Erde würde sich überschlagen**, der Ozean würde aufwogen und Donner – und es werde auf der ganzen Erde geschehen, allen Völkern."* (77/23)

Allmählich wird wohl überdeutlich, dass die europäischen Prophezeiungen nur Teil einer globalen Zukunftsvision sind.

Meinem Gefühl nach deuten auch die wie Ameisen herumkrabbelnden Menschen auf den Polsprung. Mag sein, dass man auch bei starken Erdbeben auf allen Vieren herumkrabbelt, aber in diesem Falle dürfte das nach wenigen Sekunden vorüber sein. Meine Vermutung: Da rappelt und zappelt es erheblich länger und es ist eben – *kein Erdbeben!*

Erdbeben, Fluten und Stürme

Kommt es zu einer abrupten Änderung der Drehbewegung des gesamten Erdballs, werden die Kontinentalschollen, Wasser- und Luftmassen auf Grund ihrer Trägheit erst etwas zeitversetzt reagieren. Die Folge: gigantische Erdbeben, Fluten und Stürme.

Gerade mehrfache Voraussagen von dauerhaft versinkenden und auch dauerhaft neu auftauchenden Landmassen machen klar, dass die Energie für diese Naturkatastrophen eine andere Ursache haben muss als die normale Kontinentaldrift. Von daher deuten auch solche Prophezeiungen auf einen Polsprung, die während der Dreitägigen Finsternis nur eine Vielzahl zeitgleicher Naturkatastrophen erwähnen, ohne jedoch einen direkten Hinweis auf eine Störung der Gravitation zu enthalten.

Neu auftauchende Landmassen werden z. B. von Alois Irlmaier vorausgesagt, so dass es mir wenig sinnvoll erscheint, diesem Aspekt eine besondere Unglaubwürdigkeit zu unterstellen. Die britische Insel beispielsweise soll zu großen Teilen im Meer versinken, so dass später nur noch Wales und Schottland aus dem Wasser ragen. Dies stützt sich wohlgemerkt nicht nur auf Alois Irlmaier (mehr Details siehe *„Prophezeiungen, alte Nachricht in neuer Zeit"*).

Natürlich sprengen solcherlei Voraussagen vom „Untergang Englands" bei vielen Lesern die Akzeptanzgrenze. Wie sollte es anders sein? Doch letztlich leiten sich diese Dinge zwangsläufig vom einem „Umkippen" der Erde ab.

Wenn Sie das Phänomen Polsprung aus wissenschaftlicher Sicht interessiert, kann ich Ihnen die Arbeiten von Hans J. Andersen, John White und Charles Hutchins Hapgood empfehlen (siehe Bibliographie). Charles Hutchins Hapgood legte die theoretischen Grundlagen für die Polsprung-Theorie. Seine Gedanken sollen 1953 sogar großes Interesse bei Albert Einstein geweckt haben.

Geistige Folgen des Polsprunges

Vermutlich ist ein zukünftiger Sonnenaufgang im Westen die unglaubwürdigste aller Voraussagen. Schließlich werden damit Veränderungen auf einer Ebene vorausgesagt, deren Stabilität wir nicht einmal im Traum in Zweifel zögen.

Kriege, Erdbeben, Fluten – na gut – all das kennen wir und niemand erwartet wohl, dass damit in Zukunft Schluss sei. Doch der Polsprung und der anschließende Sonnenaufgang im Westen, als sein dauerhafter Beweis, dürfte das Weltbild der Menschheit grundlegend verändern.

Alle bisherigen geschichtlichen Wendepunkte und alle großen historischen Jahrestage würden, verglichen mit jenem Tag, an dem die Sonne erstmals im Westen aufging, auf die Bedeutungslosigkeit eines vergessenen Zahnarzttermins herabsinken.

Diejenigen Menschen, die dieses Ereignis persönlich miterleben und *über*leben würden – so es denn stattfände –, dürften in den Tagen und Wochen unmittelbar danach befürchten, dass sich das Ereignis wiederholt. Denn wer wollte sie davon überzeugen oder ihnen gar beweisen, dass es ein einmaliges Ereignis war? Etwa jene Wissenschaftler, die es in ihrer Arroganz noch nicht einmal für nötig befunden hatten, sich mit dem Phänomen zu befassen? ... Das würde alleine schon an den zerstörten Kommunikationswegen scheitern.

Den Beschreibungen einiger Quellen nach kann man davon ausgehen, dass es während des Polsprunges schwierig wird, sich auf den Beinen zu halten. Vermutlich kann man in dieser Zeit auch nichts essen, da einem übel wird. Und natürlich wird zunächst niemand wissen, was da eigentlich passiert, wie lange es dauert und wie es endet. All das würde in jedem einzelnen Erdbewohner eine sehr tiefsitzende Unsicherheit hervorrufen.

Ich denke es ist offensichtlich, dass die Wissenschaft nicht in der Lage sein wird, in der darauffolgenden Zeit wieder Halt in das völlig durcheinandergeratene Bezugssystem der Menschen zu bringen. Man kann also davon ausgehen, dass ein Großteil der Menschen während der Dreitägigen Finsternis den Glauben an die Wissenschaft verliert – nicht den Glauben an die Wissenschaft im Kleinen, wohl aber den Glauben an die Wissenschaft im Großen – dort, wo sich die tragenden Säulen des Weltbildes moderner Menschen befinden.

Für gewisse Zeit werden die Menschen mit allen Sinnen – Augen, Ohren, Geruch, Geschmack, ja selbst mit dem Gleichgewichtssinn – eine Erfahrung machen, die die allermeisten nicht einordnen können. Es wird sich kein gedanklicher Käfig finden, in den man diese Erfahrung bannen kann. Deshalb dürfte während dieser drei Tage der Glaube so wichtig sein, denn die allermeisten Menschen dürften weder im Fühlen noch im Denken einen Halt finden.

Krieg als Vorzeichen der Finsternis

Als man während des Kalten Krieges begann, sich für die Folgen eines Atomkrieges zu interessieren und anfing, in diese Richtung zu forschen, entdeckte man etwas, was als *nuklearer Winter* bekannt wurde. Dabei geht man davon aus, dass bei gleichzeitiger Explosion einer Vielzahl von Atombomben derartig viel Staub und Rauch in die Atmosphäre geblasen wird, dass das Sonnenlicht zurückgehalten wird und die weltweiten Durchschnittstemperaturen dramatisch fallen.

Wer mit diesem Hintergrundwissen ein paar Prophezeiungen zur Dreitägigen Finsternis am Ende des „dritten Weltkrieges" liest, kann leicht zu dem Schluss gelangen, dass die Dreitägige Finsternis einen nuklearen Winter beschreibt. Beschäftigt man sich aber etwas intensiver mit dem Thema, kommt man zwangsläufig zu dem Ergebnis, dass die Dreitägige Finsternis nichts mit einem Atomkrieg zu tun hat!

Zur Verdeutlichung Folgendes: Am 20. Dezember 2006 berichtete die WELT über Untersuchungsergebnisse zu einem nuklearen Winter, die US-Forscher auf der Herbsttagung der Amerikanischen Geophysikalischen Union in San Francisco vorlegten. Dabei wurde von einem begrenzten Atomkrieg zwischen zwei subtropischen Atommächten wie Indien und Pakistan ausgegangen. Es wurde angenommen, es würden 100 Atombomben von der Größe der Hiroshima-Bombe eingesetzt. Die Folgen: Eine um 1,5 Grad verringerte globale Mitteltemperatur, Temperaturstürze von mehreren Graden in den höheren Breiten (Mittel- und Nordeuropa), eine um mindestens vier Wochen verkürzte Vegetationsperiode und weltweite Hungersnöte. Die Wissenschaftler hoben hervor, dass dies zwar noch kein richtiger nuklearer Winter sei ...

... aber wir haben herausgefunden, dass selbst kleine Arsenale so etwas wie einen nuklearen Winter im Kleinen hervorrufen können", erklärte Richard Turco von der Universität Kalifornien in Los Angeles, der in den 80er Jahren den Begriff „nuklearer Winter" prägte. Zu erwarten wäre eine „nukleare kleine Eiszeit" wie in Europa zwischen dem 15. und 18. Jahrhundert, **zumindest für einen Zeitraum von ein paar Jahren bis zu wenigen Jahrzehnten.**

In den Prophezeiungen heißt es jedoch ganz im Gegenteil: Nach der Dreitägigen Finsternis wird es spürbar wärmer.

Auch Alois Irlmaier hat sich eingehend zu der Dreitägigen Finsternis geäußert. Irlmaier ist insofern von Bedeutung, als er eine relativ junge Quelle ist – 1959 gestorben –, jedoch erhaben über den Verdacht der Kopiererei älterer Quellen.

„Während des Krieges kommt die große Finsternis, die 72 Stunden dauert. ... ***Finster wird es werden an einem Tag unter dem Krieg.*** *Dann bricht ein Hagelschlag aus mit Blitz und Donner, und ein Erdbeben schüttelt die Erde. Dann geh nicht hinaus aus dem Haus! Die Lichter brennen nicht, außer Kerzenlicht, der Strom hört auf. Wer den Staub einschnauft kriegt einen Krampf und stirbt. Mach die Fenster nicht auf, häng sie mit schwarzem Papier zu. Alle offenen Wasser werden giftig und alle offenen Speisen, die nicht in verschlossenen Dosen sind. Auch keine Speisen in Gläsern, die halten es nicht ab. Draußen geht der Staubtod um, es sterben sehr viele Menschen. Nach 72 Stunden ist alles wieder vorbei. Aber noch einmal sage ich es: Geh nicht hinaus, schau nicht beim Fenster hinaus, lass die geweihte Kerze oder den Wachsstock brennen. Und betet. Über Nacht sterben mehr Menschen als in den zwei Weltkriegen. ... Kauft ein paar verlötete Blechdosen mit Reis und Hülsenfrüchten. Brot und Mehl hält sich, Feuchtes verdirbt, wie Fleisch, außer in blechernen Konservendosen*. Wasser aus der Leitung ist genießbar, nicht aber Milch. Recht viel Hunger werden die Leute so nicht haben, während der Katastrophe und Finsternis."* (30/134)

Auf der nächsten Seite finden Sie eine Tabelle, anhand derer Sie sehen können, wie oft die Dreitägige Finsternis vorausgesagt wurde, welche Quellen daran beteiligt sind und welche unterschiedlichen Aspekte erwähnt wurden.

46 % aller Quellen, welche die Dreitägige Finsternis definitiv oder mit hoher Wahrscheinlichkeit voraussagen, erwähnen das Ereignis im Zusammenhang mit einem gleichzeitigen Krieg. Dabei ist zu beachten, dass der Zusammenhang mit einem Krieg um so häufiger wird, je mehr Einzelvorhersagen einer Quelle vorliegen. Das bedeutet andersherum: In zahlreichen Fällen wird die Nichterwähnung eines zeitgleichen Krieges schlicht und einfach darauf beruhen, dass von der jeweiligen Quelle nur sehr wenig einzelne Vorhersagen vorliegen.

Der Vollständigkeit halber sei erwähnt, dass es ein paar ganz wenige Quellen gibt, die *mehrere* dreitägige Finsternisse sahen. Aber selbst wenn diese Recht hätten, so wäre jene Finsternis im Kontext mit einem Krieg mit Abstand die Wichtigste.

---

* siehe *„Prophezeiungen, alte Nachricht in neuer Zeit"*

Teilaspekte der Dreitägigen Finsternis

#	Quellen	Zeit	Datensätze	Qualität	Finsternis (3/F/W)	Krieg	Naturkatastrophen (~/P/E/N/Ü/O/D/V)	Ratschläge (H/F/T)	Literatur*
1	Irlmaier	1959	150	I					30/134
2	Biernacki	1984	149	IV					8/289
3	S. v. Waldviertel	1959	79	II					12/262
4	Dixon	1970	48	IV					5/147
5	Kugelbeer	1922	43	III					15/101
6	Luecken	1972	38	III					8/231
7	Stockert	1948	37	III					12/221
8	Smith, T.H.	1991	34	III					71/68
9	Elena Aiello	1955	33	II					10/161
10	Zönnchen	1988	33	III					85/143
11	Lindenlied	1850	29	II					7/374
12	Uriella	1993	21	IV					209/17
13	De la Vega	1982	18	III					16/214
14	M. J. Jahenny	1938	16	III					8/208
15	Böhmischer Seher	1940	16	III					8/46
16	Pater Pio	1961	14	I					8/151
17	Taigi	1837	12	II					8/132
18	Quelle aus Hadith	~800	10	II					S.94
19	Heilige Ottilie	720	7	II					14/75
20	Ashtar Sheran	1997	7	II					PaE
21	Palma v.Oria	1872	6	III					24/53
22	M.Bergadieu	1875	6	III					88/315
23	Johannes Friede	1948	6	II					46/84
24	Baourdi	1878	6	III					10/154
25	Schweizer Neuoffenb.	1856	4	III					14/107
26	Henle	1890	4	III					8/275
27	J. d. la Faudaise	1819	2	III					4/170
28	Gründ.d.Kongr.v.k.Bl	1837	2	III					10/155
29	Heroldsbach (Heilm.)	1949	1	III					8/275
30	Nostradamus	1558	548	II	=		= = = = = = =	= = =	1/377
31	Korkowski	1947	178	III		=====	= = = = = = =	= = =	32/23
32	La Salette	1846	84	II	=	=====	= = = = = = =	= = =	7/367
33	Erna Stieglitz	1972	50	III	=		= = = = = = =	= = =	12/237
34	Lorber	1864	33	II	=		= = = = = = =	= = =	5/156
35	Madam Sylvia	1934	24	III	= =	=====	=	= = =	= = =	14/178
36	Birger Claesson	1950	23	II	=		=	= = =	= = =	PaE
37	Frau aus Valdes	1968	20	II	=				PaE
38	Methodius .v.Patara	677	20	II	=	=====	=	= = =	= = =	5/139
39	C. v. Heisterbach	1230	20	II	=		=	= = =	= = =	15b/63
40	Italienische Sibylle	100	19	III					5/209
41	Hep. v. St. Gallen	1081	18	I	=		=	= = = = = =	= = =	41/85
42	Marienth. Klosterb.	1749	18	II					41/245
43	Libysche Sibylle	-200	16	III					5/205
44	Edda	1300	14	III	=	=====	= =	= = = = = =	= = =	14/59
45	Emmerick	1822	13	III					14/77
46	Amsterd.Botschaft	1947	12	III					PaE
47	Beliante	1923	11	III					14/73
48	Mutter Graf	1961	10	III					60/123
49	Handwercher	1830	8	III					8/191
50	Maya-Quelle	1500	8	III		=====	=	= = = = = =	= = =	77/111
51	Hopi-Quelle	1938	7	II			=	= = = = = = =	= = =	S.9
52	Bertha Dudde	1947	7	III			=	= = = = = = =	= = =	19/55
53	Kossuthány	1918	6	III					47/407
54	Higginson	1880	4	III					24/8
55	Kerizinen	1965	3	III					8/252
56	Mongolische Quelle	1700	2	III	=	=====	=	= = = = = =	= = =	S.98

Spalte Finsternis: Zeile 30–56 "Keine Angaben zur Dauer der Finsternis"

* tlw. zu einzelnen Quellen weitere Literaturangaben nötig

Erläuterungen der linken Tabelle

Gruppe 1 (1- 29) bezieht sich definitiv auf die Dreitägige Finsternis. Lediglich eine Quelle dieser Gruppe (der Seher aus dem Waldviertel) weicht, was die Dauer der Finsternis anbelangt, von den drei Tagen ab!

Gruppe 2 (30 – 56) umfasst Quellen, bei denen Angaben zur Dauer der Finsternis fehlen, jedoch weisen diese Quellen Details auf, die ebenfalls auf die Dreitägige Finsternis hindeuten. Vielleicht 15 % aus Gruppe 2 könnten sich bei einer genaueren Prüfung (zu der derzeit die Daten fehlen) als ohne Bezug zur Dreitägigen Finsternis erweisen. Weshalb die Quellen der Gruppe 2 auf die Dreitägige Finsternis hindeuten, siehe weiter unten.

Wie Sie sehen können, wird die Dreitägige Finsternis umso häufiger im Zusammenhang mit einem Krieg erwähnt, je mehr Vorhersagen ich von der Quelle erfasst habe (breite Spalte „Krieg"). Dies ist insofern von Bedeutung, als einige wenige Quellen mehrere Dreitägige Finsternisse voraussagen. (z. B. Wolfgang Zönnchen). Dies zu diskutieren macht auf Grund der diesbezüglich dünnen Datenbasis jedoch wenig Sinn. Doch selbst wenn es zu mehreren Dreitägigen Finsternissen kommen sollte, so wäre die entscheidende diejenige im Zusammenhang mit dem großen Krieg.

Die einzelnen Buchstaben am Kopf der Spalten beziehen sich auf unterschiedliche Aspekte, die von der jeweiligen Quelle erwähnt werden.

    3 = Dauer = 3 Tage (nur Gruppe 1)   Ü = Überflutungen
    F = Finsternis   O = Orkane
    W = Wolke   D = (großer) Donner
    ~ = Störung der Gravitation   V = Blitze
    P = (leuchtender) Himmelskörper   H = **man soll im Haus bleiben**
    E = Erdbeben   F = **man soll nicht aus dem Fenster sehen**
    N = neues Land taucht auf   T = **man soll nicht die Haustüre öffnen**

Bitte beachten Sie die Spalten „H", „F" und „V". Dort geben die Quellen Ratschläge, wie man sich zu dieser Zeit verhalten soll. In den mit „=" gekennzeichneten Fällen deuten die Details deutlich auf die Dreitägige Finsternis. So z. B. wenn von einer Störung der Gravitation im Zusammenhang mit einer Finsternis die Rede ist: Spalte „F" („W") + Spalte „~". Oder aber, wenn das Auftauchen eines Sterns im Zusammenhang mit der Finsternis erwähnt wird: Spalte „F" („W") + Spalte „P". Indirekt könnte der Polsprung auch durch merkwürdige Veränderungen am Sternenhimmel bzw. dem Planetenhimmel angezeigt werden. Diese merkwürdigen Veränderungen können z. B. in einem Aufrollen des Himmels, Fallen oder Zusammenstoßen von Sternen oder merkwürdiger Bewegungen der Planeten einschließlich von Sonne und Mond bestehen. In den meisten dieser Fälle kann man von erheblichen Störungen im Gravitationsgefüge unseres Sonnensystems ausgehen. Ebenso deutet ein Versinken oder Auftauchen von Landmassen im Zusammenhang mit einer Finsternis indirekt auf einen Polsprung: Spalten „E", „N", „Ü". Was außer einem Polsprung (abgesehen von einem gigantischen Meteoriteneinschlag) könnte solche Energien freisetzen? Prinzipiell gilt dies für die plötzliche und drastische Häufung von Naturkatastrophen zur Zeit der Finsternis. Woher kommt plötzlich diese enorme Energie?

Ebenfalls auf die Dreitägige Finsternis deutet (wie im Falle von Erna Stieglitz) eine Giftwolke während eines Krieges, an der in riesigen Gebieten etwa ein Drittel der Menschen sterben.

Der Monat der Dreitägigen Finsternis

Wenn der Krieg sozusagen das letzte Vorzeichen für die Dreitägige Finsternis wäre, dann stellen sich zwei Fragen:

Frage	Antwort
1. Wann soll der Krieg ausbrechen?	*Ende Juli / Anfang August**.
2. Wie lange soll er dauern?	*Kurz! Maximal ein halbes Jahr, wahrscheinlich aber nur **ca. 3 Monate*****.

Addieren wir auf Juli / August drei Monate, so lautet das Ergebnis Oktober / November. Wohlgemerkt ist dieser Zeitpunkt so weit nur abgeleitet von den Voraussagen zum Krieg. Nun gibt es ein paar wenige Quellen, die sich konkret zum Zeitpunkt der Dreitägigen Finsternis äußern. Es ergibt sich folgendes Bild:

Quelle	Q	Zeit	Land	Zitat / Formulierung	Monate							Liter.
					August	September	Oktober	November	Dezember	Januar	
Nostradamus	II	1558	F	im Monat **Oktober**			■				1/337
Q. v. Beykirch	III	1622	D	**November** wird man Wunderdinge sehen				■			5/77
Lindenlied	II	1850	D	**Winter** kommt ….					■	■	7/374
J. M. Jahenny	III	1941	F	in Nacht der kalten **Winter**monate					■	■	8/207
Irlmaier	I	1952	D	regnerisch und **Schnee** durcheinander				■	■	■	41/180
Pater Pio	I	1965	I	Die Nacht ist **sehr kalt**					■	■	8/151
Nagel, Karin	IV	1992	D	im August (weicht als einzige ab)	■						29/142

Von Karin Nagel abgesehen ist der gemeinsame Nenner Ende Oktober bis etwa Ende November / Anfang Dezember, bzw. Herbstende / Winteranfang. Der Zeitpunkt **Oktober-November (Dezember)** ergibt sich also auf zwei Wegen: Zum einen direkt über die Vorhersagen zur Dreitägigen Finsternis wie bei obigen Quellen und zum anderen indirekt, indem man auf den am häufigsten vorausgesagten Zeitpunkt des Kriegsausbruches (Juli / August) die durchschnittliche Dauer des Krieges in Europa addiert:

Juli / August = (7 / 8) + 3 Monate = (10 / 11) = Oktober / November

(Ob es nun 3 oder 3 ½ Monate sind, ist nicht so entscheidend. Auch überschreitet das die Belastbarkeit der Daten.)

*   siehe Seite 241
** bzw. 3 ½ Monate, siehe Seite 266

Die Dreitägige Finsternis bei Nostradamus

Nostradamus ist ein merkwürdiges Phänomen und in gewisser Weise ein Spiegel unserer Zeit. Einerseits ist er mit Abstand der bekannteste Seher Europas – ja wohl der ganzen Welt –, andererseits sind seine Vorhersagen derartig verschlüsselt, dass man erst im Nachhinein, also erst wenn sich bestimmte Ereignisse erfüllt haben, sicher erkennt – oder zu erkennen glaubt –, was er meinte.

Schon das ist unbefriedigend.

Fast schon zornig aber könnte man werden, wenn man sieht, wie Nostradamus von Buchverlagen und Medien zum einzigen Seher überhaupt hochstilisiert wird. Um Nostradamus herum hat sich eine Art Rätselindustrie etabliert, die einen Großteil des Interesses an Seherschauungen absorbiert. Wenn Sie in die entsprechende Abteilung der Buchhandlungen gehen, kommt es nicht selten vor, dass unter der Rubrik „Prophezeiungen" inzwischen nur noch Bücher von unterschiedlichen Nostradamus-Interpreten zu finden sind. Und das beschränkt sich nicht nur auf den deutschen Sprachraum! Es gibt sogar Buchhandlungen, die ihre Rubrik „Prophezeiungen" komplett durch eine Rubrik „Nostradamus" ersetzt haben.

Ja, ja – ich weiß. Diese Erscheinung ist eine Folge des Konzentrationsprozesses im Buchhandel. Infolge zu hoher Mieten oder profitmaximierender Investoren werden nur noch solche Bücher verkauft, die möglichst profitabel sind. Artensterben – Monokultur – schon klar.

Der Gipfel der Unerträglichkeit jedoch ist dann erreicht, wenn man sich ein solches Nostradamus-Buch nimmt und dort vergeblich einen Hinweis auf die Dreitägige Finsternis sucht – obwohl sich Nostradamus zumindest an einer Stelle darauf bezieht – wohlgemerkt ohne seinen üblichen Verschlüsselungsschnickschnack bzw. weit weniger verschlüsselt als sonst. Da fragt man sich schon, was diese Nostradamus-Interpreten den lieben langen Tag so machen?

Bevor wir uns Nostradamus zuwenden, zwei kleine Geschichten darüber, unter welchen Gesichtspunkten Verlage bisweilen Prophezeiungsbücher verlegen.

Ein Bekannter von mir, B. Bouvier alias R. Renner, Autor zum selben Thema, erzählte mir einmal, was ihm ein Verleger entgegnete, als er sich etwa 1991 mit seinem damaligen Werk *„Weltenbrand"* vorstellte. Der Verleger fragte ihn, *ob er denn nicht schönere oder angenehmere Prophezeiungen habe ...?*

Wahrheit – nicht in dem Sinne, dass sich die Prophezeiungen erfüllen würden, sondern in dem Sinne, was schlicht und einfach in ihnen steht – interessiert nicht!

Zweites Beispiel: 1990 erschien das Buch „*Zukunftsvisionen der Menschheit*" des amerikanischen Autors *Chet B. Snow* auf dem deutschen Buchmarkt. Mr. Snow hatte mit einer Art Hypnose (*Regression*) Menschen in ihre Zukunft (?) geführt, und zwar rund 2500 Mal! Aus dem entsprechenden umfangreichen Datenmaterial ergab sich aus Snows Sicht die Schlussfolgerung, dass ein Großteil seiner Probanden kurz nach der Jahrtausendwende nicht mehr leben würde. Trotz des umfangreichen Datenmaterials – so schrieb er sinngemäß – *habe er aber keine überzeugenden Anhaltspunkte für einen „dritten Weltkrieg" gefunden.*

Es war dann irgendwann im Frühjahr 2000, da sah ich Mr. Snow in einem Fernsehinterview, wo er zugab, eben *doch* deutlichere Hinweise auf eine Art „dritten Weltkrieg" gefunden zu haben.

Nun – man versetze sich in die Lage seines Verlages: Um 1990 herum löste sich der Warschauer Pakt auf, Deutschland wurde wiedervereinigt und die Welt hoffte, der ewige Frieden breche nun herein. Da will natürlich keiner etwas vom Gegenteil hören.

Merkwürdig war die Sache auch insofern, als Snow in seinem Buch für Nordamerika und Europa eine Überlebensquote angab, die *weit unter einem Drittel* (!) lag. Sein Werk hatte also durchaus eine sehr starke apokalyptische Note. Umso seltsamer, dass man die Sache mit dem Krieg trotzdem bewusst aus dem Buch heraushielt – welches sich meiner Beobachtung nach relativ lange Zeit gut verkaufte.

Jetzt endlich zu Nostradamus: Bereits weiter oben habe ich einen Ausschnitt aus dem Text zitiert, dem wir uns nun genauer ansehen. In der *Vorrede an Heinrich II.* beschreibt Nostradamus ein Szenario, welches den Details nach als *Vierter Weltkrieg* identifiziert werden kann. Direkt im Anschluss daran macht er einen Sprung zurück in die Zeit davor – also in Richtung Gegenwart. Er schreibt:

„Zuvor aber kommt es zu einer Sonnenfinsternis.
 Es wird die dunkelste und finsterste seit der Erschaffung der Welt bis zum Sterben und Leiden Jesu Christi und von da bis zum heutigen Tag.
*Im Monat **Oktober** werden einige so große Verschiebungen eintreten, dass man glauben wird, die Schwerkraft der Erde hätte ihre natürliche Bewegung verloren und die Erde wäre hinausgeschleudert in die ewige Finsternis."*

(Übersetzung von Kurt Allgeier (1/377))

Wie bereits angesprochen, deuten die Größe der Finsternis, der Monat Oktober und auch die Gravitationsstörungen auf die Dreitägige Finsternis.

Es fällt allerdings auf, dass Nostradamus sich über die eigentliche Ursache für diese größte Sonnenfinsternis aller Zeiten ausschweigt! Das Gleiche gilt für die „*großen Verschiebungen*". Es bleibt unklar, was, wie und wodurch verschoben werden soll. – Wie bereits erwähnt, könnte es sich hierbei um Verschiebungen innerhalb des Sonnensystems handeln.

Mit der *dunkelsten und finstersten Sonnenfinsternis* aller Zeiten kann kaum eine totale Sonnenfinsternis gemeint sein. Denn bei einer solchen ist der Mondschatten immer gleich groß und gleich dunkel. Bald jedes Jahr gibt es irgendwo auf der Erde eine totale Sonnenfinsternis. Nostradamus muss das gewusst haben.

Nehmen wir für einen kurzen Moment an, Nostradamus würde die Sonnenfinsternis vom 11. August 1999 meinen. Und? Was geschah im Oktober 1999? Genau – nichts! Folglich müsste etwas anderes als der Mond die dunkelste Sonnenfinsternis aller Zeiten verursachen. Nur einen Satz nach Erwähnung der „Sonnenfinsternis" bekommen wir schon den entscheidenden Hinweis:

Man wird glauben die Erde wäre hinausgeschleudert in die <u>ewige Finsternis</u>."

Hier wird endgültig klar, dass es sich um keine normale Sonnenfinsternis handelt. Denn wie lange dauert bei einer solchen die eigentliche Finsternis? 6, 7 Minuten? Kaum mehr. Wie aber passen ein paar Minuten zusammen mit dem Eindruck von „*ewiger Finsternis*"? – Überhaupt nicht!

*„Im Monat **Oktober** werden einige so große Verschiebungen eintreten, dass man glauben wird, die Schwerkraft der Erde hätte ihre natürliche Bewegung verloren und die Erde wäre hinausgeschleudert in die ewige Finsternis."*

Die Verbindung von *Verschiebung* und *Schwerkraft* lässt – wie schon angesprochen – an eine außerirdische Kraft denken, die sich massiv auf die Gravitation der Erde auswirkt. Zwar beschreibt Nostradamus eine spürbare Störung der Gravitation, aber er sagt auch, dass man nur „*glauben wird, die Schwerkraft der Erde hätte ihre natürliche Bewegung verloren und die Erde wäre hinausgeschleudert in die ewige Finsternis.*". Es geht offenbar relativ schnell vorüber.

Alles in allem kommt das obige Szenario von Nostradamus den sonstigen Beschreibungen zur Dreitägigen Finsternis schon recht nahe. Was fehlt, ist eine klare Benennung der Ursache, bzw. die Erwähnung des Kometen, und eine genaue Angabe zur Dauer der Finsternis. Der Giftstaub und das dadurch ausgelöste globale Massensterben fehlt natürlich auch völlig.

Fragt sich, ob Nostradamus überhaupt unsere Zeit meint? Der Seher fährt fort:

„Dann beginnt die große Herrschaft des Antichristen im Reich des Attila und Xerxes (Russland / Persien). In riesiger, unübersehbarer Zahl werden seine Anhänger heranstürmen. Das wird so schlimm, dass die Ankunft des Heiligen Geistes, der am 48. Grad herabsteigt, eine allgemeine Flucht auslöst. Man flieht vor den Greueln des Antichristen. **Er führt Krieg gegen den Königlichen, der zum großen Stellvertreter Jesu Christi wird, und gegen seine Kirche.** *Er wird in einer Zeit herrschen, die ihn begünstigt. Zuvor aber kommt es zu einer Sonnenfinsternis. Es wird die dunkelste und finsterste seit Erschaffung der Welt ..."*
(1/377)

Folglich fände die große Sonnenfinsternis statt, bevor die Herrschaft des Antichristen beginnt! Der Krieg des Antichristen wird von mehreren anderen Quellen erwähnt. Vereinfachend ließe sich dieses Szenario als „vierter Weltkrieg" bezeichnen. Der Königliche – der Stellvertreter Jesu Christi – kann als der „Große Monarch" identifiziert werden, jener Staatschef, der gegen Ende des „dritten Weltkrieges" die Weltbühne betreten soll.

Ein paar Sätze weiter unten bezieht sich Nostradamus erneut auf den Großen Monarchen – nämlich dort, wo er den Blick auf die Zeit direkt nach der größten Sonnenfinsternis aller Zeiten lenkt:

„Dann wird aus dem Stamm jener, die so lange unfruchtbar war, der Mann hervorsprießen, geboren am 50. Breitengrad, der die ganze christliche Kirche erneuern wird. Es wird zum großen Frieden kommen, zur Einigkeit und Eintracht der Kinder, die durch Grenzen verwirrt und getrennt gewesen sind."
(1/377)

Die Grenze, welche die christlichen Kinder Europas trennt und verwirrt, müsste der Eiserne Vorhang zur Zeit des Kalten Krieges sein. Dieser verursachte eine räumliche Trennung (Reisebeschränkung) und eine geistige Trennung (Verwirrung = Ideologie des Marxismus-Leninismus). Inzwischen ist der Eiserne Vorhang gefallen, aber das russische Volk ist vom Westen enttäuscht. Nach ein paar Jahren der Öffnung hat sich sogar die kulturelle Elite Russlands vom Westen abgewandt. Man erwartet von dort keine Inspiration mehr.

So kann man sagen, dass in wesentlichen Punkten eine geistige Trennung zwischen dem Westen und Russland durchaus fortbesteht.

Der 50. Breitengrad verläuft durch Nordfrankreich, Südbelgien, Luxemburg, mitten durch Deutschland, Tschechien, Polen, Weißrussland, Russland. Jetzt kann man rätseln, welche Nationalität der *Mann* hätte: Einen Osteuropäer (Pole, Weißrusse, Russe) würde man in Westeuropa nach dem Krieg vermutlich nicht als Führer akzeptieren. Im Lied der Linde heißt es allerdings *„Ja, von Osten kommt ein starker Held."* – und diese Quelle gilt als sehr glaubwürdig.

Manch ein Spitzfindiger mag an dieser Stelle mit gutem Grund den Finger heben und sagen: *„Halt! Nach dem Polsprung ist Ost = West!".* ... Lassen wir das.

Von Tschechien dürfte den europäischen Prophezeiungen nach kaum etwas übrig bleiben (siehe *„Prophezeiungen, alte Nachricht in neuer Zeit").* Da der 50. Breitengrad doppelt so viel deutsches Gebiet durchschneidet wie französisches – wäre rein nach der Geographie das Wahrscheinlichste ein Deutscher.

So weit deuten die Anhaltspunkte durchaus in unsere Zeit. Direkt an die Beschreibung der Sonnenfinsternis und die vorübergehende Störung der Gravitation schließen sich nahtlos die nun folgenden Zeilen. Nostradamus richtet seinen Blick auf das, was im Jahr der „Sonnenfinsternis" sonst so auf der Erde geschieht:

„Im Frühling werden diesem Ereignis vorhergehen – und später werden ihm nachfolgen – extreme Veränderungen, nämlich Umgestaltung der Länder*, und zwar einmal durch schwere Erdbeben, zum anderen durch das Überhandnehmen** des neuen Babylons, der miserablen Tochter, gestärkt und großgeworden durch die Greuel des ersten Brandopfers (Holocaust). Sie wird sich nicht länger als 73 Jahre und 7 Monate halten können."

Übersetzung Allgeier (Übersetzung N. A. Centurio: * = Reiche, ** = Vermehrung)

Die zeitliche Konzentration der wesentlichen Ereignisse auf innerhalb eines Jahres (Frühling und Oktober bzw. danach), entspricht dem, was man in anderen Prophezeiungen findet. Dann ist die Rede von Erdbeben, einmal in Frühling und noch einmal nach der großen Finsternis. Auch das fügt sich ins Bild:

Von **Alois Irlmaier** ist die Aussage überliefert, er sehe vor dem Ausbruch des „dritten Weltkrieges" noch ein Erdbeben. Wo genau ist aber nicht bekannt.

(21/59)

Dr. Kossutthány (1916-III-Ungarn) sah, dass *„Naturkatastrophen von so gewaltigen Ausmaßen, wie sie die Weltgeschichte noch nicht erlebte, den Dritten Weltkrieg ankündigen ..."* (47/407)

Chet. B. Snow's 1990 erschienenes Buch „Zukunftsvisionen der Menschheit" enthält recht umfangreiches Material zu einem sehr großen Erdbeben in Kalifornien. Nach Snow wäre es im Monat Mai zu erwarten. Und bestimmte Angaben in seinem Buch (nachfolgende Katastrophen, die auf die Dreitägige Finsternis deuten) deuten darauf hin, dass es sich um den Mai des Kriegsjahres handelt.

Ein extrem großes Erdbeben in Kalifornien würde nicht nur der US-Wirtschaft einen schweren Schlag versetzen, sondern es wäre auch zu befürchten, dass sich die USA kurzzeitig mehr um ihr eigenes Land kümmern. Potentieller Freiraum für Russland.

Mein persönlicher Eindruck ist der, dass die Erdbeben im Frühjahr in direktem Zusammenhang mit dem Kriegsausbruch im Sommer stehen. Sehr viele Quellen beziehen sich auf bürgerkriegsähnliche Zustände in Europa. Das deutet hin auf eine große Weltwirtschaftkrise. Ein gigantisches Erdbeben in Japan oder Kalifornien könnte sich sehr negativ auf die Weltwirtschaft auswirken.

Tatsächlich gibt es etliche Vorhersagen zu besonders großen Erdbeben in Kalifornien. Ähnliches gilt für Japan. Was die Datierung anbelangt, sind diese Fälle allerdings meistens nicht so klar. Auf der anderen Seite erwarten selbst Wissenschaftler sowohl in Japan als auch in Kalifornien ein großes Erdbeben für die nahe Zukunft. Von dem „Big One" in Kalifornien heißt es, es sei überfällig.

Wen oder was nun meint Nostradamus mit dem *Überhandnehmen des **Neuen Babylons**, der miserablen Tochter, die sich **nur 73 Jahre und 7 Monate hält**?*

73 Jahre und 7 Monate nach dem Sturm auf das Winterpalais in St. Petersburg entschied die Bevölkerung von Leningrad per Volksabstimmung, dass Leningrad wieder St. Petersburg heißt. Dies geschah am 9.6.1991.

	Jahr	Monat	Tag
Sturm auf das Winterpalais	1917	11	7
Nostradamus addiert	73	7	
Zwischenschritt	1990	18	
Leningrad heißt wieder St. Petersburg	1991	6	9

Sehen Sie genau hin! Es ist der siebte November und der neunte Juni. Fast auf den Tag exakt 73 Jahre und 7 Monate!

Sie halten das für Zufall? Ist es dann auch Zufall, dass diese miserable Tochter durch die Gräuel des ersten Brandopfers (Holocaust) großgeworden ist? Oder *emporwuchert*, wie Centurio übersetzt.

Die Kommunisten kamen infolge des Ersten Weltkrieges an die Macht! Die deutsche Generalität hatte den grandiosen Einfall, Lenin nach Russland einzuschleusen, um Russland von innen her zu destabilisieren. Das hat ja auch ganz ordentlich geklappt – wenn man einmal davon absieht, dass Lenin und Konsorten die Welt über 70 Jahre in Atem gehalten haben ... atomares Wettrüsten und all der Ärger. ...

Darf man *Brandopfer* mit *Weltkrieg* gleichsetzen? Und *erstes Brandopfer* mit *Erstem Weltkrieg*? Ich denke schon! *Holocaust* bzw. *Brandopfer* bezieht sich auf ein Opferritual des Judentums, bei dem Fleisch verbrannt wird.

Brandopfer steht in obigem Text für die bewusste und willentliche Entscheidung für Krieg. Menschen werden geopfert. Und auch das, was man heute allgemein als Holocaust bezeichnet, wäre ohne den Zweiten Weltkrieg nicht denkbar gewesen. Feuer ist ein Symbol für Krieg. Man spricht vom *Weltenbrand* und von der *Fackel des Krieges*.

Was nun passiert nach den 73 Jahren und 7 Monaten? Was passiert mit der miserablen Tochter ab etwa 1991? Schauen wir uns einfach um! Wo steht Russland heute? Es sieht so aus, als sei wieder derjenige Menschenschlag am Ruder, der seit 1917 dort war – abgesehen von Gorbatschow und Jelzin.
Begreift man den Kommunismus nicht so sehr als Ideologie, sondern eher als eine Art schützende Decke, unter der sich ein machthungriges Netz von menschenverachtenden Individuen ausbreiten konnte, so fragt sich, inwieweit es in Russland wirklich einen Wandel gegeben hat?
Nostradamus schreibt, dass sich die „miserable Tochter" *nur 73 Jahre und 7 Monate wird halten können bzw. dann den Halt verlieren* wird. Die Formulierung *Halt verlieren* deutet auf einen Niedergang, der hauptsächlich durch die eigene Schwäche bedingt ist und nicht etwa durch die überlegene Kraft eines Konkurrenten! *Halt verlieren* deutet die Möglichkeit an, dass man wieder Halt gewinnt! Man ist nicht tot, sondern nur *weg*!

Da weiter eine *Umgestaltung der Länder* in Zusammenhang gebracht wird mit dem „Überhandnehmen des Neuen Babylons" ist zu vermuten, dass es die kriegsbereiten Kräfte in Russland wieder an die Macht schaffen.
Diese Interpretation unterstellt Nostradamus natürlich schon einen geradezu hinterhältigen Umgang mit der Sprache. Der normale Mensch dürfte sich denken: „73 Jahre und 7 Monate – das war's – Gott sei Dank!"
Doch die bewusste Inkaufnahme des Irrtums, gar das Legen einer falschen Fährte, wäre nicht untypisch für einen Seher. Dafür gibt es berühmte Beispiele aus der Geschichte. So jenes vom König Krösus, dem das Orakel von Delphi vor dem Feldzug gegen Cyrus II. im Jahre 546 v. Chr. prophezeit haben soll, er werde „ein großes Reich zerstören". Krösus dachte, es sei das seines Gegners – aber es war sein eigenes!

Das Szenario der Dreitägigen Finsternis hat Nostradamus ja sozusagen auch vom Sinn her entkernt, indem er den Kometen bzw. die Staubwolke unerwähnt lässt. In Centurie 74; Vers VI schreibt Nostradamus (übersetzt von Bouvier):

> *Die Davongejagte wird zur Herrschaft zurückkehren,*
> *Ihre Feinde werden als Verschwörer befunden.*
> *Mehr als je zuvor wird ihre Zeit triumphieren,*
> **Dreiundsiebzig** *(Jahre) zum Tode allzu sicher.*
>
> (42/362)

Also noch einmal 73 Jahre! Nostradamus-Interpret Bouvier kommentiert:

„Es ist das große Verdienst Centurios, diesen Vers bereits Jahrzehnte vor der Erfüllung enträtselt zu haben. Er sagt: Die Sowjetunion hält nur 73 Jahre bis 1990 zusammen. Das ist das Entscheidende; hier hat er völlig recht. In nicht unwichtigen Teilen ist hinzuzufügen: Die Davongejagte ist nicht die Davongejagten = (Verbannten, wie Centurio meint), sondern eigentlich die (politische) Linke. Denn die déchassée ist eine Linksdrehung beim Tanz. Chassé heißt zwar jagen und de von. Ein Wort déchassée = wegjagen – gibt es aber nicht, wohl aber déchassée = die Linkswendung. Die Linke wird wieder zur Herrschaft gelangen, lautet also die Botschaft der Zeile 1.
Zeile 2: Gegner werden als Konterrevolutionäre behandelt, also umgebracht, im besten Fall in russische KZs gesteckt. Zeile 3: Jetzt wird der rote Zauber richtig interessant! Zeile 4: Über das Wort „allzu" hat bisher wohl jeder kühn hinweggelesen. Dass das rote Russland und die Linken tot sind, da ist man sich allzu sicher. Warten Sie nur ab!"

Entsprechendes gilt für viele Details aus der Vorrede an Heinrich II. Sie tauchen in den Versen der Centurien wieder auf. Dort finden sich z. B. auch Hinweise zu einer großen Verfinsterung und einem Himmelskörper. Allerdings sind die Hinweise in der Vorrede an Heinrich II. viel einfacher zu entschlüsseln. Hier reicht logisches Denken und die Kenntnis anderer Prophezeiungen.

Und Nostradamus ist nicht die einzige Quelle, die den Zerfall der UdSSR voraussah. Lesen Sie dazu unten die Voraussage von Johannes XXIII.*

Abschließend sei noch ein Detail aus einem bereits zitierten Absatz hervorgehoben. Nostradamus beschreibt die Zeit, die den Katastrophen folgen soll:

„Dann wird aus dem Stamm jener, die so lange unfruchtbar war, der Mann hervorsprießen, geboren am 50. Breitengrad, der die ganze christliche Kirche erneuern wird. Es wird zum großen Frieden kommen, zur Einigkeit und Eintracht der Kinder, die durch Grenzen verwirrt und getrennt gewesen sind."

Übersieht man aber diese *„Erneuerung der ganzen christlichen Kirche"*, dann ergeben sich ziemlich abwegige Auslegungen. Die Erneuerung der Kirche kennzeichnet die Zeit nach den Katastrophen. Gegenwärtig kann keine Rede von einer Erneuerung der Kirche sein. Überall klagen die Geistlichen über den allgemeinen Glaubensverfall. Noch also ist kein großer Frieden.

---

* **Papst Johannes XXIII.** (Papst von 1958 bis 1963): *„Hier ist das verfluchte Buch ... das den Haß erregt, das die Menschen teilt. Wieviel Böses wird es tun, wieviele Schmerzen bringen, wieviele Kriege. Wegen dieses Buches werden neue Waffen hergestellt ... **Siebzig Jahre** wird das Buch in einem Viertel der Welt triumphieren ... ,,* (49/160 – **1982** (deutsche Erstausgabe 1976))

Hier noch einmal der Textausschnitt als Ganzes:

*Zuvor aber kommt es zu einer **Sonnenfinsternis**.*
Es wird die dunkelste und finsterste seit der Erschaffung der Welt bis zum Sterben und Leiden Jesu Christi und von da bis zum heutigen Tag.
*Im **Monat Oktober** werden einige so große Verschiebungen eintreten, dass man glauben wird, die **Schwerkraft der Erde** hätte ihre natürliche Bewegung verloren und die Erde wäre hinausgeschleudert in die ewige Finsternis.*

*Im **Frühling** werden diesem Ereignis vorhergehen - **und später** werden ihm nachfolgen - extreme Veränderungen, nämlich Umgestaltung der Länder, und zwar einmal durch **schwere Erdbeben**, zum anderen durch das **Überhandnehmen des neuen Babylons**, der miserablen Tochter, gestärkt und großgeworden durch die Gräuel des **ersten Brandopfers** (Holocaust). Sie wird sich nicht länger als **73 Jahre und 7 Monate** halten können.*

*Dann wird aus dem Stamm jener, die so lange unfruchtbar war, **der Mann** hervorsprießen, geboren am 50. Breitengrad, der die **ganze christliche Kirche erneuern** wird. Es wird zum **großen Frieden** kommen, zur Einigkeit und Eintracht der **Kinder, die durch Grenzen verwirrt und getrennt gewesen** sind.*
*Es wird jener Friede sein, in dem der Anstifter und die treibende Kraft der **Kriegspartei** und der religiösen Spaltung im tiefsten Abgrund angekettet bleibt.*

(1/377)

Der 4.Tag – der Haken an der ganzen Sache

Ich hätte es Ihnen vielleicht schon weiter oben sagen sollen, aber den geophysikalischen Forschungen des Amerikaners C. Covey (und anderen) nach, könnte die Dreitägige Finsternis gar nicht stattfinden!

Und zwar aus dem einfachen Grund, weil sich die Staubwolke nicht so einfach von einem Tag auf den anderen auflösen kann! Die Wolke kann sich anfangs zwar sehr schnell ausbreiten und in weiten Gebieten könnte es tatsächlich relativ plötzlich dunkel werden, doch es wäre normalerweise absolut klar, dass es zwischen Dreitägiger Finsternis und später wieder klarem Himmel eine längere Übergangsphase der Dämmerung geben muss. Nach C. Cover müsste diese Dämmerphase mehrere Wochen andauern. Wenn die Wolke so groß und mächtig ist, dass sie ganze drei Tage bzw. 72 Stunden für vollkommene Finsternis sorgt, kann unmöglich am nächsten Tag die Sonne scheinen, als sei nichts geschehen. Das dürfte jedem einleuchten.

Genau das aber sagen einige Quellen voraus:

Julie Marie Jahenny (1873-III-Bretagne): *„Die folgende Nacht wird die Schrecken zur Ruhe bringen. Nach dem Grauen dieser langen Finsternis wird mit dem anbrechenden Morgen die Sonne wieder scheinen mit ihrem Licht und ihrer Wärme."* (8/208)

Pater Pio (1961-I-Italien): *„In der dritten Nacht werden Erdbeben und Feuer aufhören, und am folgenden Tag wird die Sonne wieder scheinen."* (8/151)

Franz Kugelbeer (1922-III-Vorarlberg): *„Ein Kreuz erscheint am Himmel. Das ist das Ende der Finsternis. ... Die Menschen kommen ganz erschrocken aus ihren Häusern. ..."* (15/101)

Franz Kugelbeer erwähnt zwar nicht die Sonne selbst, doch wenn man am Himmel ein Kreuz sehen kann, muss die Sicht wieder ganz passabel sein.

Edward Korkowski (1947-III-Raum Köln): *„... Die Erde dampfte, als ob sie warm wäre, und die Sonne kam nach einiger Zeit langsam durch. Nirgends waren Bäume oder Ruinen von Häusern zu sehen. Man sah nur frische Erde. ... Als so die Sonne wieder klar [! - Anm. B.] am Horizont schien, und die Dämpfe sich verzogen hatten, sah ich plötzlich, wie hier und da einige Menschen zum Vorschein kamen."* (32/23)

Bei solchen Beschreibungen ist man geneigt, die ca. zwei Drittel der Menschheit zu vergessen, die überleben sollen. Korkowski befindet sich in dieser Vision auf dem – oder in der Nähe des Erdbodens. Folglich beschreibt er ein lokales Ereignis, welches sich nicht automatisch auf alle anderen Gebiete übertragen lässt.

Johannes Friede (1948-II-Österreich): *„Wenn am vierten Tage, zur Zeit des Sonnenaufganges euer Tagesgestirn wieder im vollsten Glanze erstrahlen wird, dann wird auf Erden eine Aschendecke liegen wie bei Neuschnee im Winter, nur mit dem Unterschiede, dass diese Asche schwefelfarben ist. Vom Erdboden werden Nebel aufsteigen wie von feurigem Gase erfülltes Licht. ..."*

(46/84)

Johannes Friede ist insofern äußerst interessant, als er den Kometeneinschlag auf dem Jupiter im Jahre 1994 (Komet Shoemaker-Levy 9) schon im Jahre 1948 in seinem Buch *„Das Johanneslicht"* voraussagte!

Seher aus dem Waldviertel (1959-II-®-Österreich): >*„Das diffuse Licht, das sich dann verbreitet, und die Vergiftung der Atmosphäre hielten bedeutend länger als nur drei Tage lang an. Wer nach fünf oder sechs Tagen sein Versteck verlasse, trage noch immer bleibende Schäden davon. Vielleicht aber rühre die besonders lange Dauer der Vergiftung seiner engeren Heimat [dem Waldviertel nahe Tschechiens, Anm. B.] daher, dass die tödlichen Wolken nach Osten abgetrieben werden."* < (12/262)

Dies ist die einzige mir bekannte Quelle aus Europa, die von den drei Tagen abweicht! Allerdings gelten diese Angaben nur für das Waldviertel (und Tschechien) und stehen im Zusammenhang mit den besonderen Ereignissen im Großraum Prag.

28 von 29 – also rund 97 % der Quellen, die eine Angabe zur Dauer der Finsternis machen, geben eine Dauer von drei Tagen, 72 oder 70 Stunden an! Würde auf die Finsternis eine längere Dämmerphase folgen, so hätte sich das bei einer Vielzahl der Quellen niederschlagen müssen. Die Dämmerphase hätte in jedem Falle öfters erwähnt werden müssen und vermutlich hätten die Angaben zur Dauer stärker geschwankt. Aber selbst Quellen mit höchster Glaubwürdigkeit (z. B. Pater Pio) sagen, dass am vierten Tag die Sonne wieder scheint!

Ganz nebenbei könnte man sich dann noch fragen, wie die Quellen eigentlich in der Lage waren, eine Dauer von drei Tagen zu erkennen, obwohl sie während der drei Tage keinen Tag- und Nachtwechsel erkennen konnten ...?

Natürlich liegt der Gedanke nahe, die Zahl Drei sei symbolisch zu interpretieren. Der vermeintliche Reiz dieser Idee verpufft jedoch schlagartig, wenn man an die zahlreichen Warnungen gerade derjenigen Quellen denkt, die eine Dauer von drei Tagen erwähnen und die zusätzlich dazu ermahnen, während dieser Tage im Hause zu bleiben, niemandem zu öffnen, zu beten etc. (siehe S. 104).

Diese Warnungen sind äußerst konkret und handfest. Wenn die Finsternis also länger als drei Tage dauern würde – so die Quellen –, wären jene verloren, die am vierten Tag einmal kurz nachschauen, was draußen so vor sich geht. Eine „symbolische Drei" ergibt also keinerlei Sinn. Das können wir wohl *komplett* vergessen!

Bei der Arbeit an diesem Kapitel habe ich zugegebenermaßen einige Mühe darauf verwendet, die Sache mit den drei Tagen irgendwie so hinzubiegen, dass der Sonnenschein am vierten Tag plausibel erscheint. Man könnte etwa vermuten, dass sich der Polsprung irgendwie so auf die Bewegung der Luftmassen auswirkt, dass die Wolke am Morgen des vierten Tages verschwunden ist, bzw. sich der Staub auf dem Erdboden abgesetzt hat. Ein paar wenige – meiner Einschätzung nach durchaus glaubwürdige Quellen – sprechen zudem von einer *kosmischen Wolke* als Ursache für die Finsternis. Theoretisch könnte auch der Himmelskörper zu Beginn der Finsternis einen gewaltigen Staubschweif haben, und der Impakt in Mitteleuropa durch ein Teilstück verursacht werden, das aus dem Himmelskörper herausbricht. Solche Dinge passieren tatsächlich, wenn ein instabiler Himmelskörper in das Schwerkraftfeld eines anderen großen Himmelskörpers gerät. Das war z. B. sehr schön beim Jupiter-Impakt im Jahre 1994 zu beobachten. ... Nach diesem Modell würde eine kosmische Wolke zeitgleich mit einer Impaktwolke auftreten.

All diese Erklärungsversuche ähneln aber letztlich einer zu kurzen Bettdecke, die – egal wie man sie auch hin und her zupft – immer einen Körperteil freilegt, so dass man stets irgendwo friert.

Letztlich bin ich aber auch nicht unfroh über dieses verbleibende große Fragezeichen, denn so ergibt sich ein schlagendes Argument – oder besser noch ein ziemlich effektiver Schutzmechanismus – für all jene, deren Weltbild durch die Prophezeiungen allzu sehr erschüttert würde – für all jene, die meinen, einen sicheren Anker in einem endlosen Geflecht von Fakten zu finden.

Die zeitliche und Streuung der Quellen zur Dreitägigen Finsternis									
1050 - 1099	1100 - 1199	1200 - 1299	1300 - 1399	1400 - 1499	1500 - 1599	1600 - 1699	1700 - 1799	1800 - 1899	1900 - 2000

Ein Kästchen = eine Quelle, dunkelgrau = Dauer 3 Tage, hellgrau = keine Angabe zur Dauer.

Diese Tabelle veranschaulicht zwei Dinge:

Die Anzahl der Quellen, die sich eindeutig oder mit hoher Wahrscheinlichkeit auf die Dreitägige Finsternis beziehen, nimmt etwa parallel zum Bevölkerungswachstum im Europa der letzten Jahrhunderte zu.

Bezogen auf mein Datenmaterial wird in Europa erst ab der ersten Hälfte des 19. Jahrhunderts von einer *dreitägigen* Finsternis gesprochen, bzw. tauchen erst dann genauere Angaben zur Dauer auf.

Das neue Europa
Die Epoche nach den Katastrophen

Lassen Sie mich – bevor ich anfange, die Epoche nach den Katastrophen zu beschreiben – ein paar allgemeine Anmerkungen vorausschicken.

Wenn wir einen Vorgang beobachten und nicht sicher sind über sein inneres Wesen, seine Natur, so fragen wir uns: *Wohin wird das führen?*
Wir hoffen somit in der Zukunft die Wahrheit zu erfahren. Wir hoffen, dass uns die Zukunft die Wahrheit bringt. Doch diese Erwartung unterliegt einem Trugschluss. Denn es gibt sie nicht – die Zukunft.
Damit meine ich nicht jene Floskel, die besagt, nichts sei real außer dem *Hier & Jetzt.* Nein! Der Punkt ist, dass es nicht – *die* – Zukunft gibt, sonder nur eine Aneinanderreihung von unterschiedlichen aufeinanderfolgenden *Zukünften*.

Wenn wir uns fragen, wohin „es" uns führt, dann werden wir irgendwann feststellen – egal, wo wir angekommen sind – dass wir uns erneut fragen, wohin uns das führt oder wie es endet? Insofern werden wir nie eine Antwort auf diese Frage bekommen, solange wir durch die Zeit reisen. ...

Da ein Großteil der von mir verwendeten Quellen christliche Quellen sind und viele Leser dieses Buches Christen sein werden, möchte ich, bevor ich mit dem eigentlichen Thema dieses Kapitels beginne, noch etwas zu der christlichen Neigung sagen, den Sinn der Endzeit in moralischen Kategorien zu suchen. Stichwort: Gott bestraft die Menschheit.
Ich persönlich glaube nicht an das christliche Konzept der Strafe. Ich glaube nicht an einen zornigen Gott. Ein zorniger Gott täte mir leid. Armer Kerl! Wenn Sie mich fragen, so war es nur eine Frage der Zeit, bis aus dem biblischen „zornigen" Gott der heutige „liebe" Gott wurde. „Zorn" ist eine ebenso minderwertige Kategorie, wie „lieb zu sein". Das eine ist *Crime & Action* – das andere ist *Soap Opera*.
War Gott sauer auf Tyrannus Saurus Rex & Co und hat er deswegen vor 60 Mio. Jahren einen Asteroiden in die Halbinsel Yucatán einschlagen lassen? Ein besseres Beispiel noch: In jüngster Zeit entdeckten Forscher, dass zwischen 500 bis 335* vor Chr. über dem Chiemgau in Südostbayern ein Meteorit zerbarst und dessen glühende Teilstücke große Teile der Region verwüsteten. Für die dort lebenden Kelten war dies ein absolut traumatisches Erlebnis. Wären es Christen gewesen, hätte man die Katastrophe sicherlich als Strafe Gottes angesehen.

---

* Stand der Forschung Ende 2006

Als die Kelten nach ein paar Jahren in das zerstörte Gebiet zurückkamen, entdeckten sie, dass die Brocken des Meteoriten ein Eisenerz enthielten, aus dem sich besonders harter Stahl herstellen ließ. Es dauerte nicht lang, und die Römer bekamen Wind von der Sache. Das Ende vom Lied: Als die Römer sämtliche keltischen Stämme in der Region unterworfen hatten, gab es eine Ausnahme: derjenige Stamm, der wusste, wo das edle Erz herkam, und von dem die Römer die besten Schwerter der damaligen Welt kauften.

Frage: Wo in der Geschichte steckt die Moral?

Wohlgemerkt: Ich denke schon, dass diese Geschichte ihren höheren Sinn hat. Nur wo liegt er? Statt eines eisenerzhaltigen Asteroiden hätte Gott doch auch einen aus Eis und Staub bestehenden Kometen nehmen können. Wäre doch auch gegangen? Oder?

Wenn Sie mich fragen, so ist der „Zorn Gottes" lediglich die Erfindung bestimmter Menschen, die dahinter ihren Hass auf die Menschheit verbergen wollen. In der „Prophezeiungsszene" trifft man auf diesen Typus in allen möglichen Schattierungen, sei es vorgeblich christlich, national oder wie auch immer. Ich selbst glaube an keinen Gott, der zornig ist – wohl aber glaube ich, dass man den Folgen seiner unguten Taten schwerlich entrinnen kann. Mag sein, dass dies im Einzelfall mit gewissen historischen Ereignissen zusammenfällt. Aber Gott zerstört nicht aus Zorn. Er ist Gott – er erschafft und zerstört ganze Galaxien. Dafür ist er Gott. Er darf es. Er macht es. Er hat es schon getan, bevor es uns gab und er wird es weiter tun, wenn es uns nicht mehr gibt. Er wird es selbst dann noch machen, wenn es schon seit Milliarden von Jahren nichts mehr gibt, das es wert wäre bestraft zu werden. ...

Natürlich kann der Eindruck entstehen, die Welt befände sich im Griff einer Macht, die eine geistige Entwicklung der Menschen zu verhindern sucht. Doch es fragt sich, ob der gegenwärtige Zustand der Menschheit wirklich die Ursache für die Dreitägige Finsternis ist, oder aber, ob sie aus einem ganz anderen Grunde kommt, und das eigentliche Problem darin liegt, dass der geistige Zustand der Menschheit es verhindert, dass wir unsere technologischen Möglichkeiten so einsetzen, dass wir diese Katastrophen möglichst gut überstehen können? Vielleicht ist die Dreitägige Finsternis im übertragenen Sinn eine Art Winter, der uns nur deshalb so hart trifft, weil wir – statt uns darauf vorzubereiten – unsere Zeit mit Streitereien und anderem Unsinn verschwendet haben.

Worauf ich hinauswill ist die Tatsache, dass eine moralische Bewertung durchaus voreilig sein kann.

Warum gehe ich bei dieser Sache so ins Detail? Weil zu befürchten ist, dass im Zuge der Ereignisse viele Menschen die Menschheit verfluchen werden – und das bedeutet auch Gott zu verfluchen.

Ich glaube fest daran, dass diese gute Zeit kommt. Und sie kommt nicht deshalb, weil Gott vom Eindreschen auf die Menschheit der Arm müde geworden ist, oder weil der Bösen inzwischen so wenige sind, dass seine Schläge meistens ins Leere gehen und er langsam die Lust daran verliert. Nein.

Sie kommt, weil sie vorherbestimmt ist seit Jahrtausenden oder seit Jahrzehntausenden – ebenso wie die Katastrophen, die ihr vorausgehen – und später wieder auf sie folgen werden. Diese Zeit wird kommen. Aber sie wird nicht kommen als „Lohn" für die „guten" Überlebenden. Das ist Krämerkleinscheiß!

Wer aber daran glaubt, dass sie kommt, kann sicher aus diesem Glauben Kraft schöpfen, und diese Kraft könnte in bestimmten Momenten das Einzige sein, was man hat – und braucht.

Wie wir im Nachfolgenden sehen werden, gibt es in den Prophezeiungen für diese gute Zeit zwar einen gemeinsamen Nenner, der groß genug ist, dass man sicher auf ihm stehen kann, aber es ist auch unverkennbar, dass es erhebliche Unterschiede gibt, was bestimmte Sichtweisen der Quellen anbelangt. Und gerade diese Schattierungen stehen im engen Zusammenhang mit der Geisteshaltung der einzelnen Visionäre. Dabei interessiert mich vor allem, inwieweit einzelne Quellen eher Mut machen und Kraft geben, und andere eher ängstigen, demotivieren und schwächen.

Beginnen wir mit einem Klassiker, dem Lied der Linde (um 1870). Der Originaltext soll in einer alten Linde auf dem Friedhof in Staffelstein bei Passau gefunden worden sein. Bekannt wurde der Text Mitte des 20. Jahrhunderts. Wolfgang Johannes Bekh gab in einem seiner Bücher die Einschätzung des Sehers aus dem Waldviertel über diese Prophezeiung wieder:

Am erstaunlichsten fand er in dem Buch über bayrische Hellseher die Aussagen des Liedes der Linde. Von Anfang bis zum Schluss sehe er das kommende Geschehen genauso. (12/256)

Prophezeiungskenner haben durchweg eine sehr gute Meinung von dieser Quelle, so auch ich. Das Lied der Linde erwähnt einen Großteil der wichtigsten Voraussagen aus den europäischen Prophezeiungen, und hat somit repräsentativen Charakter. Man kann sagen, dass es sich bei dieser Quelle um eine der zehn wichtigsten deutschsprachigen Quellen überhaupt handelt.

Unmittelbar nach den Ausführungen zur Dreitägigen Finsternis geht es im Lied der Linde mit folgenden Zeilen weiter:

Lied der Linde (ca. 1870-II-Deutschland):.

Zählst Du alle Menschen auf der Welt,
Wirst Du finden, daß ein Drittel fehlt,
Was noch übrig, schau in jedes Land,
Hat zur Hälft verloren den Verstand.

So leid es mir tut, aber den oben beschriebenen weltweiten Bevölkerungsrückgang um ein Drittel kann man – was Prophezeiungen anbelangt – schon als Standard bezeichnen. Wenn Sie so etwas das erste Mal lesen, ist das natürlich ein echter Hammer – und für mich als Autor besteht eine gewisse Versuchung, nicht weiter darauf einzugehen. Ich könnte darauf spekulieren, dass der Leser darüber hinwegliest, oder es schnell wieder vergisst. Aber das wäre sicherlich nicht klug, denn das Thema *Massensterben* ist sozusagen der allgegenwärtige dunkle Schatten der europäischen Prophezeiungen.

Dieser Schatten macht einem zweifellos Angst. Aber das müssen Sie verkraften und da müssen Sie drüber hinweg – vorausgesetzt natürlich, Sie wollen diese Prophezeiungen überhaupt glauben.

Es kann sie nicht trösten – aber im Dreißigjährigen Krieg (1618-1648) wurde diese Todesrate von 1/3 in einigen Regionen Deutschlands noch bei Weitem übertroffen. So gesehen ist das also nichts Neues – das gab's schon mal. Wenn Sie das verdaut haben, sind Sie im Prinzip schon über den Berg. Jetzt kommt es nur noch darauf an, wie unappetitlich die jeweilige Prophezeiung die sich naturbedingt anschließende Phase des Chaos beschreibt. Ein Negativbeispiel hierfür findet man in der sogenannten diplomatischen Fassung vom dritten Geheimnis von Fatima:

„*Abermillionen werden von einer Stunde zur anderen ihr Leben lassen müssen; und jene, die in dieser Stunde noch leben, werden die Toten beneiden.*"

... *Die Lebenden werden die Toten beneiden.* – Grusel, schauder, schlotter!

Ich sage: Na und? Wie lange werden sie es tun? Eine Woche? Zwei? Ein paar Monate? War Neid nicht eine Todsünde?

Das Lied der Linde fährt fort:

Wie im Sturm ein steuerloses Schiff,
Preisgegeben einem Riff,
Schwankt herum der Eintagsherrscherschwarm,
Macht die Bürger ärmer noch als arm.

*Denn des Elendes einzger Hoffnungsstern
Eines bessern Tags ist endlos fern.
Heiland, sende, den Du senden mußt,
Tönt es angstvoll aus der Menschenbrust.*

*Nimmt die Erde plötzlich einen andern Lauf?
Steigt ein neuer Hoffnungsstern herauf?
„Alles ist verloren!" hier noch klingt.
„Alles ist gerettet!" Wien schon singt.*

*Ja, von Osten kommt der starke Held,
Ordnung bringend der verwirrten Welt,
Weiße Blumen um das Herz des Herrn,
Seinem Rufe folgt der Wackre gern.*

Das Lied der Linde widmet der Phase kollektiver Desorientierung etwa drei Verse. Das sieht nicht so aus, als ob diese Phase derartig lange dauert, dass sie gewissermaßen ein eigenes Bedrohungspotential entwickelt. Zwar liest man *„Denn des Elendes einzger Hoffnungsstern eines bessern Tags ist endlos fern."* – aber die sich bald anschließenden Zeilen machen klar, dass eben das nicht der Fall ist. Rettung naht. Hier wird also nur eine „gefühlte Hoffnungslosigkeit" beschrieben und nicht eine tatsächliche!

*Alle Störer er zum Barren treibt,
Deutschem Reiche Deutsches Rechte schreibt,
Bunter Fremdling, unwillkommener Gast,
Flieh die Flur, die nicht gepflügt Du hast.*

Gottes Held, ein unzertrennlich Band
Schmiedest Du um alles Deutsche Land,
*Den Verbannten führest Du nach Rom,
Große Kaiserweihe schaut ein Dom.*

*Preis dem 21. Konzil,
Das den Völkern weist ihr neues Ziel*
**Und durch strengen Lebenssatz verbürgt,
Daß nun Reich und Arm sich nicht mehr würgt.**

Die Führerpersönlichkeit, die mit dem Chaos und der Verwirrung Schluss macht, taucht nahezu in sämtlichen Prophezeiungen auf, die diese Zeit beschreiben. Was zunächst wie ein Märchen klingen mag, ist bei genauerer Betrachtung recht wahrscheinlich: Besonders farbige und intensive historische Epochen werden oft durch besondere Führerpersönlichkeiten geprägt. (z. B. *Viktorianisches* oder *Wilhelminisches Zeitalter*). Und wenn es diesen gelingt, den Glauben der

Massen zu stärken – egal woran –, dann wächst ihnen automatisch Ansehen, Macht und Ruhm zu.

Auch das nächste Thema, die große Nähe dieses Führers zur christlichen Kirche und eine Renaissance des Christentums taucht praktisch durchgehend bei allen Quellen auf, die sich mit dieser Zeit befassen.

Die folgende Erklärung mag Ihnen als verkappte Eigenwerbung vorkommen, aber gesetzt den Fall, dass sich die Prophezeiungen hinsichtlich der Katastrophen auch nur halbwegs erfüllen, so dürfte es so sicher wie das Amen in der Kirche sein, dass die Menschen in Massen „zum Glauben zurückfinden" – insbesondere viele von jenen, die nur glauben, was sie sehen. Denn dazu dürften sie reichlich Gelegenheit haben.

Letztlich wäre aus meiner Sicht aber das alleinige „Erkennen der Handschrift Gottes in den Katastrophen" auf Basis der Prophezeiungen keine sehr gute Grundlage für eine neue Religiosität. Der eigentliche Wandel müsste sich in den Herzen der Menschen vollziehen. Aber wem sage ich das?

... Auch das wäre nicht unwahrscheinlich, wenn man unterstellt, dass im Rahmen der Katastrophen vor allem die Götze Geld stürzt und damit auch das Primat des Egos. Denn wozu braucht man schließlich all das Geld? Um sich und der Welt zu beweisen, dass man etwas Besseres ist: reicher, erfolgreicher, klüger, schneller, raffinierter, schöner, verführerischer!

Mit der Götze Geld wird also auch ein ganzer Wertekanon stürzen. Und diese Leere würde sich zwangsläufig mit neuen Werten füllen. In der Praxis wird dies wohl dadurch geschehen, dass bestimmte Personen auf Grund ihrer persönlichen Kraft und Ausstrahlung diese Werte in die Herzen der Menschen pflanzen oder dort bereits vorhandene Keim- oder Setzlinge begießen und bescheinen. Und von hier zu einer neuen Religiosität wäre es nur noch ein kleiner Schritt.

> *Deutscher Name, der Du littest schwer,*
> **Wieder glänzt um Dich die alte Ehr,**
> *Wächst um den verschlungnen Doppelast,*
> *Dessen Schatten sucht gar so mancher Gast.*
>
> *Dantes und Cervantes welscher Laut'*
> **Schon dem deutschen Kinde sind vertraut**
> *Und am Tiber und am Ebrostrand*
> **Liegt der braune Freund von Hermannsland.**

Im Umfeld der Person, die das Lied der Linde als *Gottes Held* bezeichnet, treffen wir auf einige speziell deutsch-nationale Töne. Prophezeiungsforscher datieren diese Quelle auf etwa 1870 und man könnte vermuten, dass sich das starke deutsche Nationalbewusstsein der damaligen Zeit in dem Text niederschlägt. Nicht zuletzt der starke christliche Charakter dieser Quellen sollte den Leser jedoch davor bewahren, den Verfasser in einer braunen Ecke zu suchen.

Wenn wir lesen: *„Bunter Fremdling, unwillkommener Gast, flieh die Flur, die nicht gepflügt Du hast."*, so scheint das eine fremdenfeindliche Äußerung par ecellence zu sein. Das jedoch täuscht, denn weiter unten lesen wir, dass Spanien und Italien herzliche Beziehungen zu Deutschland pflegen.

Viel mehr will ich dazu nicht sagen – außer: Es ist doch äußerst wahrscheinlich, dass im Falle einer zukünftigen extremen Wirtschaftskrise gerade ausländische Arbeitnehmer in Deutschland die größten Schwierigkeiten haben werden, einen Job zu finden. Paart sich das dann mit einer ebenso großen Schwierigkeit an staatliche Unterstützungsgelder zu kommen und wären davon vor allem die jüngeren Generationen der jeweiligen Volksgruppen betroffen, so dürfte jedem klar sein, welche Probleme daraus erwachsen könnten. Man blicke nur etwas nach Westen, Richtung Frankreich ....

Selbst für die im Lied der Linde suggerierte zukünftige Strahlkraft Deutschlands gäbe es eine äußerst plausible Erklärung:

Angenommen der Überfall Russlands auf Westeuropa – selbst wenn er nur wenige Monate dauern würde – würde in besonders grausamer Weise durchgeführt, und es wären hauptsächlich deutsche Truppen, die die Rote Armee stoppen, zurückschlagen und vernichten, so würde Deutschland die Rolle des Retters Europas zukommen. Das mag einerseits heroisch klingen, andererseits könnte man sich natürlich auch hinstellen und behaupten, die Deutschen hätten hauptsächlich um ihre eigene Freiheit gekämpft. Und da das geglückt ist, ist die Freiheit Europas nur eine Art Abfallprodukt ...

Aber mal ehrlich – wer wollte das schon so banal sehen? Die Leute wollen Helden! Und sie wollen jubeln! Es ist somit gar nicht so unwahrscheinlich, dass selbst der Angriff Russlands eine gute Seite hätte. Und zwar keine gute Seite, die man mühevoll irgendwo hervorzerrt und die sich als zu blass und als in keiner Weise die negativen Seiten aufwiegend erweist – sondern eine gute Seite, die weiten Raum schafft für ein Verständnis jenseits von Gut und Böse!

Denkbar also, dass sich der russische Angriff ähnlich tief in die Herzen der Deutschen gräbt wie der Zweite Weltkrieg, nur eben mit vollkommen anderem Vorzeichen! Somit ergibt sich der Ausblick auf eine vollkommene psychologische Umpolung der Deutschen und die endgültige Befreiung von ihrem dunklen moralischen Gravitationszentrum namens Adolf Hitler.

Gestatten Sie mir in diesem Zusammenhang den Hinweis, dass man vereinzelt auch auf nicht-deutsche Quellen stößt, die den Deutschen in der Endzeit eine wichtige positive Rolle zuweisen.

So heißt es beim Norweger Johansson (1907), Jesus Christus selbst habe ihn beauftragt, Kaiser Wilhelm davor zu warnen, sich zu einer Kriegsteilnahme überreden zu lassen.

Der Text unter den beiden Fotos lautet:
„*Du sollst alles tun, um rechtzeitig zu KAISER WILHELM zu kommen um ihn zu unterrichten und zu warnen, damit er sich nicht dazu überreden lässt, am Krieg teilzunehmen*", sagte CHRISTUS 1907.

In dem Buch „Merkwürdige Gesichte" von Anton Johansson findet man im hinteren Teil obige Ansicht. Links sehen wir Anton Johansson, der seine Hände über einem Buch faltet. Wir können zu 99,9 % davon ausgehen, dass es sich dabei um die Bibel handelt. ... Da er sie ganz hinten aufgeschlagen hat, dürfte irgendeine Stelle aus der Offenbarung des Johannes aufgeschlagen sein. Das Foto hat Johansson unterschrieben, was die feierliche Aura noch etwas hebt. Rechts sehen wir Kaiser Wilhelm. ... Glaubt man Johanssons Geschichte, dann hielt Jesus Christus Kaiser Wilhelm keinesfalls für einen Kriegstreiber.

Nun gut – hierüber könnte man stundenlang diskutieren. In jedem Fall interessant ist aber der Ansatz, entgegen der vorherrschenden materiellen Suggestion die Weltgeschichte unter spirituellen Gesichtspunkten zu interpretieren. Die Prophezeiungen zwingen uns fast schon dazu.

Zurück zum Lied der Linde:

Wenn der engelgleiche Völkerhirt
Wie Antonius zum Wandrer wird,
den Verirrten barfuß Predigt hält,
Neuer Frühling lacht der ganzen Welt.

Alle Kirchen einig und vereint,
Einer Herde einz'ger Hirt' erscheint,
Halbmond mählich weicht dem Kreuze ganz,
Schwarzes Land erstrahlt im Glaubensglanz.

Reiche Ernte schau ich jedes Jahr,
Weiser Männer große Schar,
Seuch und Krieg sind der Welt entrückt,
Wer die Zeit erlebt, ist hochbeglückt.

Dieses kündet deutschem Mann und Kind,
Leidend mit dem Land die alte Lind',
Daß der Hochmut mach das Maß nicht voll,
Der Gerechte nicht verzweifeln soll.

(41/251)

Fragen wir uns, ob die zukünftige rosige Zukunft, die uns das Lied der Linde verspricht – *Weiser Männer große Schar, Seuch und Krieg sind der Welt entrückt, wer die Zeit erlebt, ist hochbeglückt* – reine Phantasterei sein muss oder ob sie durchaus möglich wäre?
Stellen Sie sich eine weltpolitische Situation vor, in der Russland als Macht- und Störfaktor ausgeschlossen ist. Seine Armee wurde ähnlich vernichtend geschlagen wie Hitler 1945, und das russische Volk befreit sich endlich von den Kriegstreibern im eigenen Land. Ein wesentlicher Aspekt wäre also der, dass – aus westeuropäischer Sicht – im Osten Ruhe herrscht. Das würde auch automatisch den amerikanischen Einfluss in Europa reduzieren.

Viel wichtiger wären aber für die USA die Folgen der Dreitägigen Finsternis. Der überwiegende Teil seiner Infrastruktur wäre zerstört und es fände sich infolge fehlender Schiffe und Flugzeuge für gewisse Zeit isoliert durch die Weite des Atlantiks und des Pazifiks. Es flösse kein Kapital und kein Öl mehr in die USA, und würden sie dann eines Tages wieder in Europa an die Türe klopfen, würde man wohl fragen: *Hallo! Wo wart ihr denn so lange?*
Die Abwesenheit der USA von der alten Welt wiederum hätte dramatische Auswirkungen auf den Nahostkonflikt. Glaubt man den Prophezeiungen, und der „dritte Weltkrieg" würde (mit) ausgelöst durch einen neuen Krieg im Nahen Osten, wäre es wohl eine ziemlich naive Annahme, dass dort wenige Monate nach dem „dritten Weltkrieg" wieder Friede-Freude-Eierkuchen herrscht. Es ist also zumindest in Betracht zu ziehen, dass Israel sich *auch nach Ende des „dritten*

Weltkrieges" noch immer in einem feindseligen Umfeld befindet – *jedoch nun ohne den Schutz der USA!* Israel stünde ohne staatliche und private Finanzhilfe aus den USA da, ohne neue Waffen, Munition und Ersatzteile. Je länger sich der israelisch-arabische Konflikt auch nach dem eigentlichen Ende des „dritten Weltkrieges" noch hinzöge, desto mehr würde die Überlegenheit des israelischen Militärs abnehmen, da mehr und mehr komplexe Waffensysteme ausfielen. Israel bliebe nichts anderes übrig, als sich hilfesuchend an Europa zu wenden. Da dieses aber – glaubt man den Prophezeiungen – eh schon die Rolle der USA im Nahen Osten übernommen hätte, wäre denkbar, dass es unter dem Zepter Europas eine Friedenslösung geben wird, die diesen Namen verdient. Hielte dieser Frieden 20 oder 30 Jahre, so wäre das schon ein großer Erfolg.

Das wäre also des Rätsels Lösung: Russland, die USA und der Nahe Osten wären als Störfaktoren neutralisiert. Mag sein, dass sich mittelfristig irgendetwas im Fernen Osten zusammenbraut. Aber das wäre noch ein Weilchen hin.

> *Reiche Ernte schau ich jedes Jahr,*
> *Weiser Männer große Schar,*
> *Seuch und Krieg sind der Welt entrückt,*
> *Wer die Zeit erlebt, ist hochbeglückt.*

Ob sich dies nun auf die ganze Welt bezieht, oder auf Europa und seine Nachbarregionen, lassen wird einmal dahingestellt sein.

Die Dauer der Friedensphase

Man kann sagen, dass dieses Zukunftsbild aus dem Lied der Linde im Großen und Ganzen repräsentativ für die europäischen Prophezeiungen ist. Doch es gibt erhebliche Abweichungen in den Nuancen. Dies betrifft vor allem die *Dauer* dieser glücklichen Epoche. Das Lied der Linde klingt für mich so, als würde die Phase wenigstens 30–40 Jahre dauern. Dort heißt es:

> *Dantes und Cervantes welscher Laut' schon dem deutschen Kinde sind vertraut.*

Dante (1265-1312) war italienischer Dichter und Philosoph und gilt heutzutage als der bekannteste Dichter Italiens. *Cervantes* (1547-1616) schrieb den *„Don Quichotte"* und ist spanischer Nationaldichter. *Welsch*, bezieht sich auf romanische Völker bzw. die romanische Kultur – hauptsächlich Italien und Spanien.

Nach heutigem Sprachgebrauch könnte man formulieren: *In der Folge eines neuen Wertespektrums kommt es zu einer grundlegenden Reform des deutschen Bildungssystems.* ... Klingt doch gut, oder?

So etwas vollzieht sich nicht von heute auf morgen. Zudem liest sich diese Zeile für mich so, als ob diese Art der Bildung geradezu typisch für das deutsche Bildungssystem würde – eine Art Markenzeichen, so wie eine bestimmte Kultur der Ballettschule heutzutage in Moskau. .... All das deutet also auf eine längere Phase und nicht nur auf ein paar wenige Jahre.

Gut – nehmen wir das Lied der Linde als Matrix, und lassen Sie uns sehen, ob wir die eine oder andere leere Stelle darin durch andere Quellen füllen können.

Irlmaier (1959-I-®, Südostbayern): *„Nach dem Krieg ist kein richtiger Winter mehr. Es ist wärmer geworden. .... Ich sehe in späterer Zeit Weinberge und Südfrüchte bei uns wachsen, ob ihr es glaubt oder nicht."* (30/150)

Diese Weinberge werden nicht von heute auf morgen entstehen. Ein paar wenige Bauern werden damit beginnen, ihre Erfahrungen sammeln, später werden andere nachfolgen. Auch das deutet auf eine längere Periode. ... Im Internet fand ich zu den bevorzugten Anbaugebieten für Zitronenbäume: „steinige alkalische Flussufer und Berghänge am Rande von Hochgebirgen." ... klingt irgendwie nach Alpenvorland ... oder?

Irlmaier (1959-I-®, Südostbayern): *„Eine Krone sehe ich blitzen, ein Königreich, ein Kaiserreich wird entstehen."* (41/177-1955)

Auch ein Kaiserreich – siehe Lied der Linde – deutet auf eine längere Phase. Man wird annehmen können, dass dem ein längerer politischer Einigungsprozess vorausgeht. Zudem suggeriert alleine schon der Begriff *Kaiser* bzw. *Kaiserreich* Stabilität und Beständigkeit. Die nächste Quelle malt das Bild in den gleichen Farben.

Böhmischer Seher (ca.1940-III-®): *„Deutschland wird sich am ehesten aus den Kriegswirren erheben und einen neuen Kaiser aus dem Geschlecht der Habsburger im Kölner Dom krönen. Dann wird die glücklichste Zeit kommen, die je auf Erden gewesen ist."* (8/46)

Wenden wir uns nun Quellen zu, denen nach die glückliche Phase nicht ewig dauert. Wie nicht anders zu erwarten, werden wir in dieser Angelegenheit auch bei Nostradamus fündig. In der Vorrede an König Heinrich II. – Sie kennen den Text schon – lesen wir:

*„Dann wird aus dem Stamm jener, die so lange unfruchtbar war, **der Mann** hervorsprießen, geboren am 50. Breitengrad, der die ganze christliche Kirche erneuern wird. **Es wird zum großen Frieden kommen**, zur Einigkeit und Eintracht der Kinder, die durch Grenzen verwirrt und getrennt gewesen sind. .... Dann beginnt die große Herrschaft des Antichristen im Reich des Attila und Xerxes (Russland / Persien). In riesiger, unübersehbarer Zahl werden seine*

Anhänger heranstürmen. Das wird so schlimm, dass die Ankunft des Heiligen Geistes, der am 48. Grad herabsteigt, eine allgemeine Flucht auslöst. Man flieht vor den Greueln des Antichristen. **Er führt Krieg gegen den Königlichen, der zum großen Stellvertreter Jesu Christi wird, und gegen seine Kirche.** *Er wird in einer Zeit herrschen, die ihn begünstigt. Zuvor aber kommt es zu einer Sonnenfinsternis. Es wird die dunkelste und finsterste seit Erschaffung der Welt ..."* (1/377)

Ich habe die beiden Absätze aus dem Text zum besseren Verständnis umgestellt. Im Original steht der zweite vor dem ersten, Nostradamus springt in dem Text zwischen einzelnen Abschnitten der Zukunft hin und her.

Zunächst sagt Nostradamus, dass da ein Mann kommt, der nach der Überwindung der europäischen Spaltung ein Friedensreich begründet und die christlichen Kirchen erneuert. Dadurch wird er klar identifizierbar – es ist der legendäre *Große Monarch*. Im zweiten Absatz heißt es dann, dass dieser *Königliche, der der große Stellvertreter Jesu Christi ist*, Krieg führt gegen *den Antichristen*. Da vorher von einem *„großen Frieden"* die Rede ist, darf man vermuten, dass dieser Monarch relativ lange regiert – so schätzungsweise 30–40 Jahre.

Hepidanus von St. Gallen (1081-I-®): *„... Den furchtbaren Kämpfen, welche hiermit verbunden sind, wird eine Reihe von glücklichen Jahren folgen. Es wird dann ein Mann aufstehen, der sich dem Lauf der Dinge entgegenstemmt, und seinem Anhange wird es gelingen, eine neue Ordnung ins Dasein zu rufen. Diese wird aber nicht von langer Dauer sein, indem der Untergang alles Lebenden dann vor der Türe steht."* (41/93)

Es fragt sich, was mit einem zeitlichen Abstand von rund 900 Jahren unter einer *Reihe von Jahren* zu verstehen ist? Aus meiner Sicht wäre das Naheliegendste, die Friedensphase an den *Mann* zu koppeln, der mit seinem Anhange eine neue Ordnung ins Leben rufen wird. So käme man auch auf etwa 30, vielleicht 40 Jahre. An anderer Stelle heißt es bei Hepidanus:

„Du siehst jetzt nichts als Kämpfe, Blut, Schlachten und Tod, aber das Geschlecht der Menschen wird nach diesen Kämpfen herrlicher aufblühen als je zuvor." (41/92)

Das klingt dann schon wieder etwas anders.

Spielbähn (1783-III): *„In Deutschland aber wird nach einer gräulichen Verwirrung ein Mann aufstehen, der wird Kaiser werden und von einem Reiche aus Osten kommen; und er wird jener sein, auf den die Welt schon lange mit Sehnsucht gehofft hat. Er wird alle Feinde demütigen, namentlich [die] wilde[n] Scharen aus Osten. Und er wird überall wieder den wahren Glauben herstellen* *und mit noch einem andern Manne die Welt in Frieden regieren. Doch dann ist das Ende nahe!"* (15b/74)

So wie im Lied der Linde, so kommt hier der Große Monarch aus dem Osten. Detail am Rande: Hin und wieder entdeckt man, dass Seher bestimmte Dinge verschweigen, weil sie befürchten, dass ihnen niemand glaubt und sie so ihre Glaubwürdigkeit einbüßen. Es würde mich also nicht wundern, wenn sehr viel mehr Seher den späteren Sonnenaufgang im Westen voraussahen ...

Nächste Quelle: La Salette ist ein Ort in den südfranzösischen Alpen. Ebenso wie in Fatima und Garabandal erschien hier mehreren Kindern (2 Mädchen, 11 und 15 Jahre alt) die Jungfrau Maria und überbrachte eine Botschaft apokalyptischen Charakters. La Salette wurde 5 Jahre lang von der katholischen Kirche untersucht und schließlich offiziell anerkannt.

La Salette (1846-III, Südfrankreich): *„Plötzlich werden die Verfolger der Kirche Jesu Christi und alle der Sünde ergebenen Menschen zu Grunde gehen, und die Erde wird wie eine Wüste werden. Dann wird Friede, die Versöhnung Gottes mit dem Menschen werden. Man wird Jesus Christus dienen, ihn anbeten und verherrlichen. Die Nächstenliebe wird überall aufblühen. Die neuen Könige werden der rechte Arm der heiligen Kirche sein, die stark, demütig, fromm, arm, eifrig und eine Nachahmerin der Tugenden Jesu Christi sein wird.*
Das Evangelium wird überall gepredigt werden und die Menschen werden große Fortschritte im Glauben machen, weil es Einigkeit unter den Arbeitern Jesu Christi geben wird und die Menschen in der Furcht Gottes leben werden.
Dieser Friede unter den Menschen wird aber nicht von langer Dauer sein. 25 Jahre reichlicher Ernten werden sie vergessen lassen, dass die Sünden der Menschen die Ursache aller Strafen sind, die über die Erde kommen.
Ein Vorläufer des Antichristen wird mit seinen Truppen aus vielen Völkern wider den wahren Christus, den alleinigen Retter der Welt, kämpfen." (7/365)

Hier fragt sich, ob nach 25 Jahren die guten Zeiten Knall auf Fall vorüber sind oder ob sie nur anfangen, sich spürbar dem Ende zuzuneigen. Ich denke, man kann auch hier mit 30 Jahren rechnen – was mit Sicherheit viel zu viel ist, um sich wegen eines möglicherweise nachfolgenden dicken Endes bereits jetzt zu ängstigen.

Die Auflistung dieser Zitate zeigt in jedem Fall, dass die gegenwärtig bei einigen Leuten keimende Hoffnung, 2012 würde sich alles (!) zum Besseren wenden, nur aufrechterhalten werden kann, wenn man diese europäischen Prophezeiungen komplett ignoriert – was natürlich zahllosen, auch sogenannten „spirituellen" Leuten mit geradezu virtuoser Leichtigkeit gelingt.

Postapokalyptische Wallfahrten

Im ersten Feldpostbrief vom 24. August 1914 liest man:

„Am Schluss kommt noch Russland und fällt über Deutschland her, wird aber zurückgeschlagen, weil die <u>Natur eingreift</u>, und da wird <u>in Süddeutschland</u> ein Platz sein, wo <u>das Ereignis</u> sein sollte, wo die Leute von der ganzen Welt hinreisen, um zu schauen." (12/96)

Diese Zeilen schrieb der deutsche Soldat Andreas Rill an seine Familie, wenige Tage nach Ausbruch des Ersten Weltkrieges. Es ist ein Gedächtnisprotokoll und man merkt, dass er sich nicht alles merken konnte und manches nicht richtig verstand.

Der *Eingriff der Natur* – in anderen Quellen ist vom „Eingriff Gottes" die Rede – bezieht sich auf die Dreitägige Finsternis. Mit dem *Ereignis* dürfte der Einschlag des Meteoriten oder Kometen gemeint sein. Die Leute pilgern später also zum Einschlagskrater in Süddeutschland.

Stellen wir uns das einmal vor: Russland greift Deutschland an, und mitten in diesem Kriege kommt es zu einem Meteoriteneinschlag, der die Wende des Krieges kennzeichnet. Wie reagieren dann die Menschen? Werden sie einfach mit den Schultern zucken und sagen: *„Zufall!"*?

Wohl kaum. Ein Großteil der Menschen wird augenblicklich der Überzeugung sein, dass es sich dabei um einen Gottesbeweis bzw. den „Eingriff Gottes" handelt. Das Ereignis würde bei vielen Menschen vermutlich umgehend in die gleiche Kategorie erhoben wie die Teilung des Roten Meeres bei der Flucht der Israeliten vor den Truppen des Pharao. Nur mit dem entscheidenden Unterschied, dass man die Spur bzw. den Beweis dieses Ereignisses noch jahrtausendelang wird sehen können! Man stelle sich das vor: Einige Jahre danach, wenn das Gröbste überstanden wäre, würden die Menschen zu diesem Krater reisen, sich auf seinen Rand stellen und in den Kraterkessel hinabblicken. Stumm, schweigend, überwältigt.

Worauf ich hinauswill ist Folgendes: Die vorausgesagten Katastrophen würden ein solches Ausmaß annehmen, dass sie zwangsläufig einen Bewusstseinswandel nach sich ziehen müssten. Entweder die Menschen versinken in Antriebslosigkeit, Agonie und Anarchie oder aber das Gegenteil tritt ein: Ein Sinneswandel greift um sich und die Menschen schöpfen neue Hoffnung. Ein „weiter-wie-bisher" jedenfalls wäre nicht nur rein praktisch unmöglich, sondern auch psychologisch. Der Gedanke ist geradezu grotesk.

Die Prophezeiungen lassen keinen Zweifel daran, dass sich der Wille zu einer neuen Ordnung gegen anarchische Tendenzen durchsetzt.

Meiner Ansicht nach würde dieser Wille und Glaube an eine neue Ordnung bereits in dem Moment aufkeimen, in dem die Rote Armee in Deutschland einfällt. Derzeit ist zwar praktisch niemand bereit, dies für möglich zu halten, doch wenn dies tatsächlich geschähe, würde die breite Masse langsam zu glauben beginnen, dass etwas an Prophezeiungen „dran" ist. Diese Neuausrichtung des Glaubens – bleiben wir realistisch – wird jedoch kein Resultat einer verbesserten Urteilsfähigkeit sein, sondern die Folge sich ändernder äußerer Umstände.

Dieser Prozess würde Schritt für Schritt ablaufen. Je mehr einzelne Voraussagen sich erfüllen, desto mehr wird die Bereitschaft zunehmen, an eine Art höhere Fügung zu glauben.

Zeichen – sichtbare Zeichen, die jeder erkennt und versteht, haben enorme Macht. Dazu ein Beispiel:

Als Fidel Castro auf dem Höhepunkt der kubanischen Revolution mit seiner Truppe siegreich in Havanna einzog, hielt er eine historische Rede inmitten einer großen Menschenmenge. Zu Beginn der Rede ließ man in unmittelbarer Nähe Castros ein paar weiße Tauben aufsteigen – als Symbol bzw. Verheißung der sich nun erfüllenden Hoffnung vieler Kubaner. Eine dieser Tauben jedoch flog nicht in den Himmel, sondern setzte sich – kaum, dass sie abgehoben hatte – auf Fidel Castros Schulter. Dort blieb sie sitzen – bis Castro mit seiner Rede fertig war! Das Ganze wurde gefilmt. Man konnte es vor einiger Zeit im deutschen Fernsehen sehen.

Diese einfache weiße Taube – mag sie dressiert gewesen sein, oder nicht – bewirkte eine enorme Stärkung des Glaubens der Kubaner an ihren neuen Führer.

Ein anderes Beispiel: Im Jahre 1274 startete der mongolische Herrscher *Kublai Khan* – ein Enkel Dschingis Khans – eine Invasion auf Japan. Zu diesem Zeitpunkt hatten mongolische Truppen schon weite Teile Asiens und Osteuropas besetzt. Rund 30 Jahre zuvor (1241) drangen mongolische Truppen sogar auf das Gebiet des Deutschen Reiches vor und es kam zu der Schlacht von Wahlstatt (ca. 300 km westlich von Warschau).

Kublai Khans Truppen gelang es zunächst, vom Süden Koreas auf die japanische Inseln Kyushu überzusetzen. Als seine Truppen sich nach anfänglichen Erfolgen aber aus taktischen Gründen auf ihre Schiffe zurückzogen, wurden sie von einem Taifun überrascht und etwa ein Drittel der Mongolen kamen dabei ums Leben.

Sieben Jahre danach, im Jahre 1284, starteten die Mongolen einen zweiten Versuch zur Eroberung Japans und landeten erneut auf Kyushu. Diesmal waren die Japaner allerdings deutlich besser vorbereitet und die Kämpfe zogen sich zwei Monate lang hin. Dann tauchte erneut ein Taifun auf und vernichtete die meisten Schiffe der Invasionsflotte. Angeblich starben dabei 100.000 Mann.

Die Japaner sahen in den beiden Taifunen natürlich den Beweis dafür, dass ihr Land von den Göttern beschützt wird. Die beiden Taifune wurden folgerichtig als *Götterwind* (Kamikaze) bezeichnet.

Beide Beispiele sind insofern interessant, als es dort um eine Art des Glaubens bzw. des Glaubenwollens geht, die zunächst überhaupt nichts mit Ideologie oder Religion zu tun hat. Der eigentliche Impuls ist viel elementarer als Religion oder Ideologie. Es ist pures Glaubenwollen an die eigene Bedeutung!

Zu dieser Kategorie gehört auch ein Großteil der europäischen Prophezeiungen. Ab einem bestimmten – noch relativ frühen Zeitpunkt wird (pardon *würde*) sich bei vielen Menschen parallel zu dem Schrecken über die Ereignisse eine zweite Ebene herausbilden, die ihren Glauben stärkt – einen Glauben an eine höhere Macht. Und erst in einem zweiten Schritt würde dieser Glaube der jeweiligen religiösen Ausrichtung untergeordnet.

Werden Ereignisse wie die obigen beiden zudem noch *prophezeit*, ist klar, dass sich der Impuls des Glaubenwollens noch dramatisch steigert.

Der entscheidende Punkt ist also der, dass *wenn* (!) sich die Prophezeiungen erfüllen, es auch zwangsläufig zu einem Bewusstseinswandel kommen *muss!*

Jetzt mag der eine oder andere auf die Idee kommen, dass es sich bei diesen Überlegungen nur um die krankhaften Ergüsse eines nach Bedeutung lechzenden Schreiberlings handelt. Sei's drum! Meines Wissens nach gab es innerhalb der letzten 2000 Jahre keine Zeit, die auch nur im Ansatz die Chance hatte, eine so dichte Kette sich erfüllender Prophezeiungen zu erleben.

Was den Bewusstseinswandel betrifft, so muss er nicht zwangsläufig die gesamte Gesellschaft erfassen. Vermutlich reicht es aus, wenn er hauptsächlich eine bedeutende Minderheit betrifft. Trotzdem könnte diese Minderheit einen ganzen zeitlichen Abschnitt prägen – bis dann die Erinnerungen an die Ereignisse verblassen und sich neue Generationen eigene Horizonte suchen.

Würde sich das allgemeine Bewusstsein tatsächlich in diese Richtung bewegen, so wäre völlig klar, dass die Geistlichen jene Personengruppe stellen, die als Erste von der Gesamtsituation profitieren. Sind sie in der Lage, in dieser Situation für sich selbst Kraft zu schöpfen, so werden sie automatisch zum Anziehungspunkt für jene, die inneren Halt, neue Zuversicht und damit ganz elementar einfach Kraft suchen – und brauchen.

Es liegt weiter nahe, dass dieser Wandel an der Basis religiöser Organisationen seine Entsprechung in ihren Hierarchien findet und es – z. B. im Falle des Christentums – zu einer Neugestaltung der Kirchen kommt. Genau das wird vorausgesagt, wobei mich persönlich die konkrete Form der vorausgesagten kirchlichen Umgestaltung doch etwas verblüfft.

Die Vereinigung der Kirchen

Praktisch sämtliche Quellen, die sich zum Geistesleben in der Zeit nach den Katastrophen äußern, sagen eine Vereinigung der christlichen Kirchen voraus und eine neue Ausstrahlungskraft des Christentums insgesamt. Der gemeinsame Nenner der Quellen ist in diesem Falle so grundsolide, dass irgendwelche Feinheiten bei der Interpretation kaum eine Rolle spielen.

Teilweise wird sogar eine geographische Expansion des Christentums vorausgesagt, dergestalt, dass Teile des Nahen Ostens unter christliche Herrschaft geraten oder sogar viele Juden zum Christentum übertreten. Im Extremfall ist sogar von einer *Vereinigung der (monotheistischen) Religionen* die Rede – was ich aber für unrealistisch halte. Judentum und Islam mögen zeitweilig in die Defensive geraten, aber nicht vom Erdboden verschwinden. Eine Eroberung beispielsweise von Mekka und Medina – also die Eroberung Saudi Arabiens –, wird meines Wissens nirgends prophezeit, weder in christlichen- und schon gar nicht von islamischen Quellen.

Das technologische Niveau nach den Katastrophen

Glaubt man den Quellen, und träte Europa *nach* der Dreitägigen Finsternis sowohl im Nahen Osten als Friedensmacht auf als auch in Osteuropa bzw. Russland vorübergehend als Besatzungsmacht, so ließe dies Rückschlüsse zu auf das technologisch und soziale Niveau, welches man nach der Dreitägigen Finsternis antrifft.

Das westeuropäische Militär müsste nach der Dreitägigen Finsternis noch einsatzfähig sein – zumindest, was die Landstreitkräfte betrifft. Wer weiß? Möglicherweise wären christliche Eroberungen im östlichen Mittelmeer zwischen Griechenland und Israel erforderlich, weil es nicht mehr oder noch nicht genügend See- und Lufttransportkapazitäten gibt und man Israel nur auf dem Landweg zu Hilfe kommen kann?

Irlmaier (1959-I-®-Südostbayern): „*Aber anfangen müssen die Leut' wieder da, wo ihre Ururgroßväter angefangen haben.*" (30/153)

In meinem Fall wäre das etwa das Jahr 1860.

Franz Kugelbeer (1922-III-®, Österreich/Vorarlberg): „*... Es fahren weder Eisenbahn, noch Schiffe, noch Autos **in der ersten Zeit**.*" (15/101)

Für die meisten Leute würde dies ganz praktisch bedeuten: Nach ca. 3 Monaten sind sie wieder an körperliche Arbeit gewöhnt. Ab dann würde man es sich gewissermaßen im 19. Jahrhundert gemütlich machen und jeder als Held gefeiert, der diese oder jene Maschine wieder zum Laufen bringt. Kurz: Wer hätte wirklich Angst vor dem 19. Jahrhundert?

Technologisch um über 100 Jahre zurückgeworfen zu werden, wird zudem nicht zwangsläufig bedeuten, dass man über 100 Jahre braucht, um wieder das alte Niveau zu erreichen. Man erliege nicht dieser Suggestion! Wie schnell der Prozess der Re-Technisierung abliefe, hinge natürlich davon ab, inwieweit man strategisch wichtige technische Komponenten ersetzen kann oder diese bevorratet hat. All das wird maßgeblich davon abhängen, inwieweit man einen technologischen Zusammenbruch für möglich hält.

Eine durch Technologiemangel lang anhaltende Not wird in den Quellen praktisch nirgends thematisiert. Eher rechne ich damit, dass man in vielen Bereichen nach 10 Jahren das heutige Niveau wieder erreicht hat.

Die Schatten des Antichristen

Ist Ihnen das nicht auch merkwürdig vorgekommen? Da überlebt Europa die größte Katastrophe seit Beginn der Geschichtsschreibung, es kommt zu einer grundlegenden moralischen Erneuerung, die Religion blüht auf, es herrscht ein großer Frieden – und dann dauert es keine zwei Generationen und es folgt erneut eine Zeit der Katastrophen, die die vorangegangene sogar noch zu übertreffen scheint ...

Da ist sie wieder – die Frage vom Anfang dieses Kapitels: *Wo steckt die Moral in der Geschichte?* Eigentlich hätten die geläuterten Europäer es doch verdient, sich ein paar Jahrhunderte von dem Schrecken zu erholen, finden Sie nicht?

Erwarten Sie bitte nicht von mir, dass ich etwaige Unklarheiten mit den folgenden Zeilen beseitige. Alles, was ich tun kann, ist diese Unklarheiten in die Hand zu nehmen, etwas hin und her zu drehen und von der einen oder anderen Seite zu betrachten.

Sozusagen im Zentrum dieser Katastrophenzeit nach der glücklichen Zeit in Europa stünde der Antichrist – eine Figur, die sowohl aus der Bibel als auch dem Koran (!) bekannt ist. Er ist ein Symbol für die totale Macht über die Menschen. Für kurze Zeit – etwa 3 Jahre – soll er der Herrscher der Welt und das Haupt einer Weltreligion sein.

Der Antichrist würde gewissermaßen der sich in späterer Zeit weiter fortsetzenden Globalisierung die Krone aufsetzen, sie ihrem Endpunkt und ihrer Bestimmung zuführen. Die Globalisierung an sich – bleiben wir fair – ist die Folge eines absolut natürlichen Prozesses. Die Vernetzung der Welt ist eine zwangsläufige Folge des Erfindungsgeistes des Menschen bzw. der Anwendung dieses Erfindungsgeistes auf die Materie. Transport- und Kommunikationstechnologie mussten früher oder später zu einer völligen Vernetzung des Planeten führen, zu einem Austausch von Ideen und einer gewissen Angleichung der Lebensbedingungen. Die *One World* ergibt sich also aus der menschlichen Natur. Die Frage ist nur, wie man diese geeinte Welt gestaltet? Hier gäbe es unterschiedliche Varianten.

Die Dreitägige Finsternis als globale Katastrophe und ein weltweit von sämtlichen Menschen erlebter Schock dürften nebenbei bemerkt, mit dazu beitragen, ein globales Bewusstsein zu schaffen. Gäbe es tatsächlich einen Polsprung, so dürfte der Tag, an dem erstmalig die Sonne im Westen aufginge, weltweit ein Gedenk- und Feiertag werden. Aber auch dieses globale Bewusstsein könnte sich in unterschiedliche Richtungen entwickeln.

Glaubt man den entsprechenden Prophezeiungen, so dürfte aus diesem globalen Bewusstsein eine Art globales Ideal und eine globale Hoffnung entstehen, eine neue Utopie.

Nun hat man im 20. Jahrhundert gleich mehrfach erlebt, wie große Ideale und beste Absichten in die größten Katastrophen führen können. Genau das dürfte auch zur Zeit des Antichristen passieren. Der Weg dorthin – es wird kaum überraschen – führt über eine Machtelite, die sich vom Volk entfernt.
Ein ganz wesentlicher Unterschied zu den bisherigen und uns bekannten Diktaturen läge – wie schon erwähnt – darin, dass sich der Herrschaftsbereich des Antichristen mehr oder weniger über den ganzen Planeten erstrecken würde und er nicht nur Staatsoberhaupt, sondern zudem auch das Oberhaupt einer neuen Weltreligion wäre.
Dabei scheint es wahrscheinlich, dass er die Technik des Personenkultes von Hitler, Stalin, Mao und anderen Diktatoren übernimmt, und die damals bereits unterschwellig praktizierte Anbetung des Führers zur offiziellen religiösen Praxis erhebt.
Diese neue Religion wäre dabei nicht nur irgendein beeindruckendes Ornament, sondern die eigentliche Grundvoraussetzung der Erschaffung eines Weltstaates. Es wäre die große Idee, die die Völker zusammenhält, weltweit. Der Antichrist braucht dieses psychologische Instrument unbedingt, denn es gälte kulturelle und rassische Unterschiede zu überbrücken, an denen bisherige Herrscher gescheitert sind.
Der größte Gegensatz hierbei läge natürlich zwischen den Monotheisten, also den Juden, Christen und Moslems auf der einen Seite und den Buddhisten auf der anderen, die an keinen Schöpfergott glauben. Zusätzlich würde der Antichrist auf zahlreiche nationale Widerstände stoßen.
Orientiert man sich an den Vorläufern des Antichristen, also Hitler, Stalin etc., so müsste zur Zeit des Aufstieges des Antichristen irgendeine weitverbreitete Unsicherheit unter den Völkern herrschen. Es müsste große Menschenmassen geben, die jemanden brauchen, der ihnen neue Hoffnung gibt. Das wäre

beispielsweise denkbar, wenn es infolge des Polsprungs in Asien zu so drastischen negativen Klimaveränderungen kommt, dass sich dort die Lebensbedingungen dramatisch verschlechtern.

Ob nun durch Kriege oder andere Tricks – irgendwann würde sich der Einfluss des Antichristen auch auf Europa erstrecken und er würde sich daranmachen, das Christentum auszurotten! Dieser Kampf gegen das Christentum hätte zwei Aspekte: Zum einen ginge es um die Zerschlagung der Kirche als machtpolitischen Konkurrenten, zum anderen hätte die Sache auch eine spirituelle Dimension.

Meiner Ansicht nach geht es dabei im Kern jedoch nicht um die Vernichtung der christlichen Religion oder anderer monotheistischer Religionen. Die Sache ist weit schlimmer: Es geht um einen Kampf gegen die Wahrheitssucher. Es ist ein Kampf der *Gläubigen* gegen die *Wahrheitssucher*!

Eigentlich ist es klar: Letztendlich kann man die Wahrheit nur für sich selbst finden. Es gibt nur einen, der die innere Stimme hören kann: Man selbst. Es gibt nur einen, der das Gewissen spüren kann: Man selbst.

Natürlich glaubt auch ein Wahrheitssucher. Aber er weiß, dass man die Wahrheit nur auf der Ebene des Individuums – nämlich *im* Individuum – findet, und nicht in der äußeren Welt, deren Teil auch die Religion ist. Und je mehr Macht die Religion im Äußeren zeigt, je größer ihre materiellen Symbole werden, je lauter und penetranter sie wird, desto mehr entfernt sie sich von der Wahrheit.

Die zentrale Frage, die sich stellt, lautet: Wie weit kann man sich von der Wahrheit Richtung Glauben bewegen, bevor man unmerklich die Grenze zur Lüge überschreitet. Und zwar nicht in dem Sinne, dass man anfängt andere zu belügen, sondern in dem Sinne, dass man zwangsläufig zum Belogenen wird, weil man zu leichtgläubig geworden ist?

Somit steht die One World für eine auf die Spitze getriebene äußere materielle Macht, die den Gegenpol zu unserem Inneren bildet.

Insofern kann man dann auch recht einfach erklären, warum die Europäer, obwohl sie zum „wahren Glauben" zurückgefunden haben, kurze Zeit danach wieder unter die Räder kommen: Sie haben eben nur zum „wahren Glauben" zurückgefunden, und nicht zur *Wahrheit*.

Da ist zu viel Glauben-Wollen und zu wenig Wunsch nach Wahrheit und Erkennen. Und dieses betrifft nicht nur die christliche Religion und andere Religionen, sondern auch den gesamten semi-spirituellen Bereich. Beispielsweise das New Age und allem was sich dazuzählen lässt.

Dort greift gegenwärtig die Ansicht oder Hoffnung um sich, im Jahre 2012 breche das Goldene Zeitalter heran. Glaubt man christlichen Quellen, so käme dieses zweifellos – nur eben erst *nach* dem Erscheinen des Antichristen.

2012

Zwei mal drei macht vier,
widdewiddewitt und drei macht neune!
Ich mach mir die Welt,
widdewidde wie sie mir gefällt.

... aus dem Pippi-Langstrumpf-Song

Es liegt wohl in der Natur des Menschen, dass er bei Prophezeiungen auch wissen will, wann sie sich erfüllen sollen. Die Leute wollen ein Datum. Und sie bekommen ein Datum! Und meistens ist es falsch. Besser gesagt: Eigentlich immer! Die einen nehmen das als willkommenen Anlass, Prophezeiungen in Bausch und Bogen zu verdammen, die anderen behaupten, dass zutreffende Datumsvorhersagen unmöglich sind und es sie deshalb kann nicht geben kann.

Beides ist falsch. Ersteres sowieso – Letzteres, weil es zugegebenermaßen ganz, ganz selten eben doch exakt zutreffende Datumsvorhersagen gibt (siehe Seite 259 und 260). Das Problem ist nur, dass es praktisch unmöglich ist, im Voraus zu erkennen, welche der verkündeten Jahreszahlen nun stimmt bzw. welchen Daten man glauben sollte und welchen nicht.

Kurzum – auf Datumsvorhersagen ist kein Verlass. So oder so. Aber ist das ein Problem? Nein! Keinesfalls! Denn es gibt ja noch die Vorzeichen. Das Problem mit den Vorzeichen ist allerdings, dass man sie erstens kennen müsste, und zweitens müsste man ein Auge auf das haben, was in der Welt so vor sich geht. Dann wäre man in der Lage zu erkennen, ob sich bestimmte Vorzeichen erfüllen, wie bedeutend sie sind, und man könnte abschätzen, wie viel Zeit noch bliebe. Vorzeichen erfordern also echtes Interesse und ein gewisses Maß an kontinuierlicher Aufmerksamkeit.

Datumsvorhersagen sind demgegenüber eher etwas für Leute, die ungern mehr als 2 Bytes Speicherkapazität für Prophezeiungen opfern wollen. 2 Bytes – da passt gerade mal eine 1999 rein – oder eben eine *2012*.

Lassen Sie es mich so formulieren: Als 1999 und 2000 die Welt nicht unterging und auch der Heilige Geist nicht auf die Erde herabstieg, brauchte man dringend ein Ersatzdatum.

Da bot sich das Jahr 2012 an. Die 2012 taucht erstmalig auf im Zusammenhang mit dem *Maya-Kalender*. 1905 gab es in der Zeitschrift *„American Anthropologist"* eine Abhandlung über den Maya-Kalender. Darin hieß es sinngemäß, dass dem Maya-Kalender nach der gegenwärtige Zyklus der Menschheit am 22. Dezember 2012 beendet sein wird.

Einer breiten Öffentlichkeit bekannt wurde das Datum 2012 durch das Buch *„The Mayan Factor"* von José Arguelles, welches 1987 in den USA erschien – und drei Jahre später in Deutschland unter dem Titel *„Der Maya-Faktor"*.

Die alten Mayas hatten ein hoch entwickeltes Kalendersystem, das im Gegensatz zum westlichen Kalender auch noch ganze Jahreszyklen umfasst. Dabei wird eine bestimmte Anzahl von Jahren in einer Gruppe zusammengefasst, so wie wir z. B. 12 Monate zu einem Jahr zusammenfassen. Diese Jahreszyklen wiederum setzt der Maya-Kalender in Bezug zur geistigen Entwicklung der Menschheit.

So weit, so gut. Der springende Punkt ist nur der, dass jene, die von der 2012 und ihrer Bedeutung hören oder darüber lesen, in den allermeisten Fällen nicht überprüfen können, wie es zu dem Datum kommt.

Der Maya-Kalender als Blackbox-Quelle

Mit *Blackbox-Quellen* meine ich vereinfacht gesagt Systeme, die Prophezeiungen ausspucken, bei denen aber so gut wie keiner richtig versteht, wie sie funktionieren. Zwar gibt es gewisse Fachleute, die diese Apparate bedienen und uns glauben lassen, alles funktioniere nach klaren Gesetzen, doch – Hand aufs Herz – man möchte nicht als Dummkopf dastehen, und deshalb fragt man nicht weiter nach.

Ein elementarer Wesenszug einer solchen Blackbox-Quelle ist der, dass *da niemand mehr ist, der seherische Fähigkeiten hat!* In diese Lücke sind stattdessen Fachleute getreten, die sozusagen aus den toten Knochen verstorbener Seher neue Prophezeiungen hervorzaubern.

Nostradamus ist das Paradebeispiel für eine Blackbox-Quelle. Eigentlich einer der besten Seher Europas, ist er zum Rohstoff einer Art Verwirrungsindustrie verkommen. Weitere Blackbox-Quellen sind der *Bibel-Code*, die *Cheopspyramide* und natürlich der *Maya-Kalender*. Wenn Sie im Buchhandel nach Prophezeiungsliteratur suchen, so werden Sie feststellen, dass sich ein Großteil – wenn nicht sogar sämtliche Prophezeiungsbücher – ausschließlich mit Blackbox-Quellen befassen!

Völlig unabhängig davon, wie viel Wahrheit in diesen Quellen enthalten sein mag oder nicht, so nötigen sie die Masse der Leute doch letztlich dazu, diese Dinge zu glauben! Und wohlgemerkt geht es bei diesem Glauben nicht um die Frage, ob sich eine bestimmte Prophezeiung oder Aussage erfüllt, sondern vielmehr, *ob diese Prophezeiung tatsächlich aus dieser Quelle stammt?*

Hat Nostradamus das wirklich gesagt?
Hat das wirklich jemand in die Bibel hinein-codiert?
Wo im Maya-Kalender ist der unumstößliche Bezug zum 22. Dezember 2012?

Ein weiteres ganz entscheidendes Merkmal von Blackbox-Quellen ist, dass jene, die sie propagieren, sie selten oder nie in Bezug setzen zu anderen Sehern. Es wird einfach nicht verglichen! Für die 2012 bedeutet dies beispielsweise, dass – orientiert man sich an den europäischen Prophezeiungen – die von jetzt bis 2012 verbleibenden Jahre schlicht und einfach nicht mehr ausreichen würden, damit sich die zentralen Eckpunkte europäischer Prophezeiungen noch erfüllen könnten: ein „dritter Weltkrieg", eine anschließende Friedensphase von ca. 30 Jahren, die Entstehung eines Weltstaates, einer Weltreligion und eine erneute Phase von Kriegen und Katastrophen.

Bis 2012 könnte sich all das natürlich nicht mehr erfüllen. No way! Zugegebenermaßen ist es nur ein Teil der europäischen Prophezeiungen, der so weit über den „dritten Weltkrieg" hinausreicht, doch einige dieser Quellen haben eine so große Glaubwürdigkeit, dass man diesen Aspekt unmöglich guten Gewissens unter den Teppich kehren kann. Ein paar dieser Quellen decken sich zudem in wesentlichen Punkten mit jenen Quellen, deren Zukunftsschau kurz nach dem „dritten Weltkrieg" abreißt. Dort wird also keine komplett andere Zukunft beschrieben, sondern nur die von den anderen Quellen her bekannte Ereignisabfolge weiter in Richtung Zukunft ausgedehnt.

Hinzu kommt, dass der Weltstaat und die neue Weltreligion eine Schlüsselrolle in der geistigen Entwicklung der gesamten Menschheit spielen würden. Es wäre sozusagen der letzte Test, bei dem sich jeder einzelne Mensch entscheiden muss, ob er für sich selbst die Wahrheit suchen – oder ob er mit einer nachgeplapperten Information vorliebnehmen will.

Diese Dinge sind den 2012-Fans entweder nicht bekannt oder werden einfach ausgeblendet. Darüber hinaus frage ich mich, warum das an geistigen und spirituellen Talenten und Traditionen wahrlich nicht arme Europa den zentralen Stützpfeiler – geistiger Wendepunkt 2012 – seiner Zukunftsvision aus Mittelamerika beziehen muss?

Bei meinen sehr oberflächlichen Recherchen zum Maya-Kalender stieß ich zudem schnell darauf, dass die 2012 für die Maya-Kalender-Forschung nicht der Weißheit letzter Schluss ist, sondern lediglich die Überzeugung der Mehrheit der Forscher. Nun gut ... das *muss* nicht unbedingt etwas bedeuten.

Mein ganz persönlicher Eindruck ist der, dass die 2012 letztlich nur deshalb so populär ist, weil sie sich gut verkauft. Man wiederholt einfach das, was man vor ein paar Jahren mit der 1999 und der 2000 gemacht hat.

Ihr wollt ein Datum? – Ihr bekommt ein Datum!

Sieht man sich an, wie sich die 2012 verbreitet hat, so fällt einem auf, dass alles in Nordamerika seinen Anfang nahm und von der dortigen Esoterikszene auf die europäische Esoterikszene übergeschwappt ist.

2012er-Bücher, die sich in den USA gut verkauften, wurden ein paar Jahre später auch in Europa auf den Markt gebracht.

	Datum der Erstausgabe	in Erstausgabe	Thematisierung der 2012 in Publikationen – ein unvollständiger Überblick: Titel der Publikation*	erschienen in Deutschland
1	1905	USA	Zeitschrift „American Anthropologist"	–
2	**1987**	**USA**	**The Mayan Factor**	**1990**
3	1989	USA	An die Sterngeborenen	1991
4	1992	USA	Mutter Erde wehrt sich	1997
5	1994	USA	Der Photonenring	1996
6	1995	USA	Die Prophezeiungen der MAYA	1998
7	1995	USA	Plejadisches Kursbuch	1997
8	2000	D**	Bis zum Jahre 2012 – Aufstieg der Menschheit	2000
9	2001	D	Countdown 2012. Ein Report aus der Zukunft	2001
10	2002	D	Der Aufstieg der Erde in die fünfte Dimension 2012	2002
11	2002	USA	Reborn in Time for 2012	2002
12	2003	USA	Noah's Ark 2012	–
13	2004	D	Die Lichtfamilie. Lehren für die kommenden Jahre bis 2012	2004
14	2005	D	Wendepunkt 2012. Ein mystischer Roman	2005
15	2005	UK	Beyond 2012: Catastrophe or Ecstasy	–
16	2006	USA	2012: The Return of Quetzalcoatl	–
17	2007	USA	The GAIA Project 2012	–
18	2007	USA	Apocalypse 2012	–
19	2007	D	Indigo-Kinder und die neue Zeit ab 2012	2007

* Wenn Veröffentlichung in deutsch, dann deutscher Titel   ** evtl. auch Schweiz oder Österreich

Es ist doch bezeichnend, dass es von 1987 ganze 13 Jahre dauerte, bis im Jahre 2000 die 2012 erstmalig im Titel einer original deutschen Buchproduktion auftauchte – ausgerechnet im Jahre 2000 – als klar war, dass mit 1999 nicht mehr viel anzufangen war! Es fragt sich weiter, warum sich vor der Jahrtausendwende nirgendwo in Europa eine seherische Quelle findet, die sich auf die 2012 bezieht, wenn die 2012 so bedeutend für die gesamte Menschheit ist?
Man könnte sagen: Wen kümmert's?

* Formulierungen bzw. Aussagen einiger dieser Quellen:
1. Der gegenwärtige Zyklus (wird) am **22. Dezember 2012** beendet sein.
3. „Durchgangspforte 11:11" zum „Jenseitigen" (nur für Eingeweihte) schließt sich bis **31. Dezember 2012**. (S. 307)
4 „Ich kann euch sagen, dass dies noch vor der Schließung der besonderen Gottesliebe-Energie stattfindet." (S. 89)
5 **2012 bis 2013** Erreichen der „Rettungsblase" im Photonenring (Seite 58)
7 sinngemäß: 2012 positiver Bewusstseinsprung (Seite 90)

Wenn Sie sich ansehen, was so in der Welt passiert, dann spricht meiner Ansicht nach doch manches dafür, dass es *noch vor 2012* ein Jahr von allergrößter Bedeutung geben wird ...

Ich muss allerdings zugeben, dass ich den Maya-Kalender nicht einmal im Ansatz studiert habe, so dass ich die These mit 2012 nicht eigenständig überprüfen kann. Bei meiner kurzen Recherche im Internet stieß ich aber auf Folgendes*:

„*Unter all den Problemen, mit denen sich die Mayaforscher heute beschäftigen, ist das sogenannte* **Korrelationsproblem** *von herausragender Bedeutung. Eine eindeutige Lösung des Problems würde es der Mayaforschung ermöglichen, das Phänomen der Mayazivilisation in einen Zeitrahmen zu bringen, der sich mit unserem eigenen in Beziehung setzen lässt. Das Korrelationsproblem ist die Aufgabe, ein bestimmtes Mayadatum zu finden, zu dem sich eindeutig und zweifelsfrei ein gregorianisches Datum [der gregorianische Kalender ist unser heutzutage gültige, Anm. B.] bestimmen lässt. Ist dies einmal geschehen, so kann man ein Mayadatum in ein gregorianisches Datum umwandeln und umgekehrt. Ohne eine Lösung des Problems sind wir zwar auch in der Lage, ein Datum zu bestimmen, z. B. das Todesdatum von Lord Pacal, dem großen Herrscher von Palenque. Es lautet 9.12.11. 5.18., 6 Ednab 11 Yax.* **Ob sich dieses Datum vor oder nach dem Fall von Rom oder etwa zur Zeit der Krönung Karls des Großen zugetragen hat, ist nicht eindeutig belegbar.**"

Fazit

Nochmals: Der entscheidende Punkt ist aus meiner Sicht nicht, ob sich z. B. der 22. Dezember 2012 aus dem Maya-Kalender ablesen lässt, sondern dass die Popularität der 2012, was die breite Masse anbelangt, nicht auf Wissen beruht, sondern auf *Glauben*. Mami hat gesagt! Papi hat gesagt! Der Maya-Kalender hat gesagt!

Abschließend muss ich fairerweise feststellen, dass auch ich nicht ausschließen kann, dass beispielsweise die Dreitägige Finsternis im Jahre 2012 eintritt. Ich glaube zwar nicht daran, aber das ist egal. Insofern könnte 2012 durchaus einen entscheidenden geistigen Wendepunkt markieren.

Im Zweifelsfall – so mein dringender Verdacht – kommt es jedoch nicht auf irgendwelche Jahreszahlen an, sondern auf reale Ereignisse, also *Vorzeichen!*

---

* Quelle: „Der Maya Kalender" v. Peter Meyer, Übersetzung K. Scharff
  http://serendipity.magnet.ch/hermetic/cal_stud/maya/chap2g.htm)

Vorzeichen

Niemand kennt die Zukunft. Und kennt sie doch einer – so kann er es nicht beweisen. Denn selbst wenn ein Seher Tausende Male richtig lag, so weiß keiner, ob er auch noch in Zukunft richtig liegen wird.
Natürlich werden Menschen anfangen, einem solchen Seher zu glauben. Und das ist ja auch nicht grundsätzlich schlecht. Aber Glauben kann zur Ausrede werden, wenn man zu bequem ist, für sich selbst nach der Wahrheit zu suchen. Früher oder später jedoch verzeiht einem das Leben diese Bequemlichkeit nicht mehr und man findet sich wieder in der Rolle des Belogenen.

Glaubt man den Prophezeiungen, so gibt es einerseits ein Szenario und andererseits *einen Weg dorthin*. Dieser Weg lässt sich relativ gut in einzelne Etappen unterteilen, die durch bestimmte Vorzeichen markiert sind. Dabei kann man drei Gruppen von Vorzeichen unterscheiden:

1. Allgemeine Vorzeichen
2. Frühwarn-Vorzeichen
3. Spätwarn-Vorzeichen

1. Allgemeine Vorzeichen

Diese Vorzeichen sind relativ nutzlos, wenn es um die Frage geht, ob es an der Zeit wäre, bestimmte Vorkehrungen zu treffen. Beispiele für Vorzeichen dieser Art, die ganz allgemein auf die Endzeit hindeuten, wären ein Verfall der Moral, ein ausufernder Materialismus, ein Niedergang der Kirchen, die Änderung des Klimas etc.

2. Frühwarn-Vorzeichen

Dies sind die aus meiner Sicht eigentlich interessanten und sinnvollsten Vorzeichen. Sie könnten helfen, Entscheidungen hinsichtlich bestimmter Vorbereitungen zu treffen, so dass man von den Ereignissen nicht überrascht würde. Diese Vorzeichen beziehen sich etwa auf den Zeitraum 10 bis 2 Monate vor Kriegsausbruch in Mitteleuropa. Mit diesen Vorzeichen befassen wir uns hauptsächlich in den nachfolgenden Kapiteln.

3. Spätwarn-Vorzeichen

Dieser Typ von Vorzeichen bezieht sich auf eine Vorwarnzeit von nur noch ganz wenigen Tagen. Er ist eigentlich nur sinnvoll im Hinblick auf Vorkehrungen, bei denen man nicht von Geld oder der Hilfe anderer Menschen abhängig ist.

Die wichtigsten Vorzeichen – ein Überblick

Monat	X	Vorzeichen / Ereignisse*	
		Die wichtigsten Vorzeichen in den letzten 10 Monaten vor Ausbruch des Krieges in Mitteleuropa	
Oktober	10	**Wirtschaftskrise** (?)	Seite 163
November	9	Wirtschaftskrise (?)	
Dezember	8	**milder Winter** / Wirtschaftskrise (?)	Seite 150
Januar	7	milder Winter / Wirtschaftskrise (?)	
Februar	6	milder Winter / Wirtschaftskrise (?)	
März	5	**früher Frühling** / Wirtschaftskrise (!)	Seite 150
April	4	**Kriegsgefahr (verm. in Nahost)** / Wirtschaftskrise (!)	Seite 207
Mai	3	Kriegsgefahr / **erhöhte seismische Aktivität** / **Kälteeinbruch**	Seite 145
Juni	2	Nahostkrieg / russische Flotte im Mittelmeer / **Kälteeinbruch**	Seite 152
Juli	1	**Attentatserie (vermutlich auf dem Balkan)**	Seite 201
August	0	Kriegsausbruch / Krieg	Seite 241

* Abweichungen von ca. 2 bis 4 Wochen möglich / außer Juli + August (hier Abweichung geringer)
X = Anzahl der verbleibenden Monate bis Kriegsausbruch

Bezogen auf den „dritten Weltkrieg" beginnt die Kette verlässlicher Vorzeichen etwa 10 Monate vor Ausbruch des Krieges in Mitteleuropa mit einem milden und wohl auch kurzen Winter, gefolgt von einem frühen und schönen Frühjahr. Das Problem ist nur, dass es diese Konstellation inzwischen relativ häufig gibt – etwa so alle 2–3 Jahre.

Während des frühen und schönen Frühlings müsste dann viel über einen bevorstehenden oder drohenden Krieg gesprochen werden. Diese Situation gab es im Frühjahr 1999 mit dem Kosovo-Krieg. Auch das kommt also häufiger vor.

Was es im Frühjahr 1999 allerdings nicht gab – und das wäre das nächste wichtige Vorzeichen –, war in Europa eine wirtschaftlich äußerst angespannte Situation mit größte Unruhe in der Bevölkerung – insbesondere in Italien und Frankreich. Gut denkbar, dass diese Krise schon vor Beginn des Winters einsetzt. Das jedoch lässt sich nach den mir bekannten Quellen nicht genau sagen.

Zusätzlich müsste es in dem Frühjahr zu außergewöhnlich starker vulkanischer und seismischer Aktivität kommen. Mehrere Quellen erwähnen ein Erdbeben in Kalifornien etwa im Mai. In Europa gibt es womöglich einen starken Ausbruch des Vesuvs. *Edgar Cayce* sagte einen etwa gleichzeitigen starken Ausbruch des Vesuvs und des Mont Pelé auf Martinique voraus. Auch wenn man sich vielleicht nicht auf jedes diesbezügliche Detail verlassen können mag, so würde das komplette Ausbleiben besonders starker Erdbeben und Vulkanausbrüche im Frühjahr eindeutig gegen einen nachfolgenden großen Krieg im Sommer sprechen.

Doch selbst wenn sich alle diese Vorzeichen bis zum – sagen wir – Mai erfüllen, ist damit noch nicht „garantiert", dass es Ende Juli / Anfang August auch zum großen Krieg in Europa kommt. Das bedeutet: Sie könnten nicht davon ausgehen, dass die Vorzeichen Ihnen eine 100%ige Sicherheit bieten! Die Gefahr eines „Fehlalarmes" lässt sich nicht ausschließen und sollte unbedingt einkalkuliert werden! Jedoch dürfte die bestehende Kombination von Vorzeichen dafür sorgen, dass man nicht allzu viele dieser Fehlalarme erlebt. Vielleicht alle 8–10 Jahre einen.

Im Jahre 1999 beispielsweise war schon im Mai klar, dass nicht mehr allzu viel passieren kann. Die wirtschaftliche Lage war gut, und selbst bei einem brutalen Wirtschaftscrash hätte sich die Situation in den damals noch verbleibenden zwei Monaten nicht so sehr verschlimmern können, dass noch mit dem Schlimmsten zu rechnen gewesen wäre. Dennoch war 1999 für einen Großteil der Prophezeiungs-Gläubigen eine gute Erfahrung – ein interessanter Test.

Man wird sehen, was in Zukunft passiert. Es scheint aber sicher, dass sich im Zuge einer möglichen dramatischen Häufung sich erfüllender Vorzeichen für viele Prophezeiungsgläubige eine psychologisch kritische Situation ergeben wird. Das Bedürfnis wird groß sein, von irgendjemandem Brief und Siegel darauf zu bekommen, dass *„es nun so weit ist"*. Das muss nicht in jedem Falle der Wunsch sein, Verantwortung abzugeben – es kann auch eine Art Echo darauf sein, dass man auf eine innere Stimme wartet, die einem dieses sagen soll – es aber nicht tut! Das heißt: Sie sollten – nach reiflicher und kritischer Prüfung der Prophezeiungen – gegebenenfalls bereit sein, Entscheidungen zu fällen, *ohne 100%ige Gewissheit zu haben!* Das ist ein ganz entscheidender Punkt! Denn die andere Strategie – zu warten, bis man 100%ige Sicherheit hat – dürfte dazu führen, dass es irgendwann *zu spät ist!*

Sie sollten sich zudem darüber im Klaren sein, dass – gesetzt den Fall die Prophezeiungen erfüllen sich – es extrem starke, dominante und suggestive Kräfte geben wird, die alles daran setzten werden, das Trugbild der Normalität möglichst lange am Leben zu halten. Sei es die russische Regierung oder andere Regierungen – seien es mächtige Wirtschaftsinteressen, die fürchten, in einer Atmosphäre der Angst keine Geschäfte mehr machen zu können.

Dabei wird es sehr spannend sein, zu beobachten, wie sämtliche, von Werbeeinnahmen abhängige Medien auf einem Grad balancierend versuchen, ihre Anzeigenkunden nicht zu sehr zu verprellen und die Leser hinsichtlich der wahren Lage nicht zu sehr im Unklaren zu lassen. Dies wird eine wahre Fundgrube für spätere Soziologen und Politologen werden: Die Reaktion einer hedonistischen Konsumgesellschaft angesichts einer immer drohenderen Kriegsgefahr.

Der Klimawandel

Permanent die Zeichen der Zeit zu ignorieren, kann ein anstrengender Job werden. Hin und wieder muss man sich also auch einmal zurücklehnen, tief durchatmen und sagen:

„Ach ja! Es ist alles wirklich ganz, ganz schlimm!"

Das tun wir beim Wetter. In zunehmender Regelmäßigkeit! Wenn der Winter zu mild, der Frühling zu früh, der Sommer zu heiß, die Fluten zu hoch, die Stürme zu stark und die Hagelkörner zu groß sind. Eigentlich kein Jahr vergeht mehr, ohne „Jahrhundertsommer", eine „Jahrhundertflut" oder sonst irgendeinen Wetterrekord.

DER SPIEGEL vom 6. November 2006

Wieder und wieder gelangen diese Dinge auf die Titelseiten der Zeitungen, lauschen wir in den TV-Nachrichten den Klimaforschern und verstörten Bürgern, die sagen, so etwas hätten sie *in ihrem ganzen Leben noch nicht erlebt.*
Genau dieses Klimachaos wird in den Prophezeiungen vorausgesagt, und zwar schon seit Jahrhunderten – und nicht nur in Europa:

Hellespontische Sibylle (200 v. Chr., Türkei): *„... wenn Gott dann die Zeiten geändert, Winter zum Sommer gemacht...."* (5/224)

Lactantius (315, Trier): *„Die frühere Gesetzmäßigkeit von Sommer und Winter ist vermengt."* (5/128)

Hadith von Hadhrat Abu Musa Ash'art (um 800, Arabien): *„Wenn Redner öffentlich lügen und die Sommer kalt und die Winter warm sind."* (76/20)

Edda (1300, Nordwesteuropa): *„Das Ende der Welt naht, wenn ein Winter kommt, der ein Sommer ist."* (16/120)

Mühlhiasl (1825, Bayerischer Wald): *„Wenn man Sommer und Winter nicht mehr auseinanderkennt ... ist's nimmer weit."* (5/63)

Das waren so weit Quellen von 200 *vor* Christus und 315, ca. 800, 1300 und 1825 *nach* Christus. Jetzt zwei Quellen aus dem 20. Jahrhundert:

David Wilkerson (1973-USA): *„Es wird immer häufiger Überschwemmungen, Hagel, Wirbelstürme ... geben. Mehr als ein Drittel der USA wird man in einigen Jahren zum Katastrophengebiet erklären."* (36/45)

Lueken (1975-USA): *„Kälte in Gebieten eures Landes, die nie Kälte erfahren haben, Hitzeausbrüche in Gegenden, die niemals solche Hitze erfahren haben."* (8/236)

In zwei der oberen europäischen Quellen (Hellespontische Sibylle und der Edda) heißt es, *der Winter werde zum Sommer*. Ich kann mich an keine Quelle entsinnen, die das Gegenteil voraussagt – nämlich dass *der Sommer zum Winter wird*. Diese Variante wäre weitaus dramatischer, da zu kalte Sommer unweigerlich Ernteausfälle zur Folge hätten, und dieses könnte wiederum Hungersnöte auslösen. Hungersnöte werden für Mitteleuropa zwar hin und wieder auch vorausgesagt, aber nicht infolge zu kalter Sommer, sondern infolge des kriegsbedingten Chaos und zeitgleicher Naturkatastrophen.

Die Quellen sprechen also nicht nur allgemein von einem Klimachaos, sondern zumindest im Falle von Europa ergibt sich schon einmal ein relativ klares Bild: *Die Winter sollen milder werden.*

Wieder einmal ist es Alois Irlmaier, der die Dinge noch deutlicher beschreibt:

Irlmaier (1959-I-®, Südostbayern): *„Der Jänner [Januar] is amal so warm, dass die Muckn tanzn. Es kann sein, dass wir schon in eine Zeit hineinkommen, in der bei **uns überhaupt kein richtiger Winter mehr** ist."* (30/128)

Auch das gab es bereits in München kurz nach der Jahrtausendwende (Januar 2003, wenn ich es recht erinnere). Am Ufer der Isar mitten in der Stadt konnte man Schwärme kleiner Mücken beobachten, die schnell auf und ab flogen, so dass „tanzen" dafür eine treffende Bezeichnung war. Allerdings traten diese Schwärme nur ganz vereinzelt auf.

Gab es Ende der 90er Jahre in der Wissenschaft hin und wieder noch Diskussionen darüber, ob sich das Klima wirklich ändert, so setzte sich um die Jahrtausendwende endlich die Überzeugung durch, dass der Klimawandel Realität ist. Ab dann ging es nur noch um die Frage, wie *stark* sich das Klima ändern könnte. Im Laufe des Jahres 2006 – zwischenzeitlich hatte man die Berechnungsmethoden erheblich verfeinert – wurden Studien vorgelegt, denen nach die weltweite Durchschnittstemperatur möglicherweise sehr viel schneller ansteigen könnte als bisher vermutet.

Laut eines Berichts des IPCC (*Intergovernmental Panel of Climate Change*) von 2006 könnte die weltweite Durchschnittstemperatur bis 2100 zwischen 1,5 bis 5,8 Grad ansteigen. Glaubt man dem britischen Ökologen *James Lovelock*, so könnte bei einem ungebremsten Verbrauch fossiler Brennstoffe die weltweite Durchschnittstemperatur sogar um bis zu 8 Grad steigen!
Wir reden also von zwei Dingen: Erstens ist es schon nachweislich wärmer geworden und zweitens dürfte es – noch – wärmer werden!

Irlmaier (1959-I-®, Bayern): *„Nach dem Krieg ist kein richtiger Winter mehr. Es ist wärmer geworden. ... Ich sehe in späterer Zeit Weinberge und Südfrüchte bei uns wachsen, ob ihr es glaubt oder nicht."* (30/150 – 210/54 – **1950**)

Vergleichen wir das einmal mit der Küstenregion Korsikas – derzeit eines der nördlichsten Anbaugebiete für Zitrusfrüchte in Europa. Die gegenwärtigen Durchschnittstemperaturen im Januar liegen dort rund 10 Grad über denen des bayerischen Alpenvorlandes (Irlmaiers Heimat).
Das würde bedeuten, es gäbe im Alpenvorland keinen Frost mehr. Im Juli liegen die Temperaturen auf Korsika etwa 2 bis 3 Grad über denen in Bayern. Mit anderen Worten: Die Klimatologen von 2006 sagen uns dasselbe, was Alois Irlmaier schon rund 50 Jahre zuvor voraussagte.

Randnotiz: Am 24. August 2006 berichtete die WELT über den Weinanbau im Elsass (Nordostfrankreich). Infolge der steigenden Temperaturen soll es dort bald zu warm für die traditionellen Weinsorten sein. Die WELT schrieb:

Im Jahre 2060 werde es in Colmar [30 km westlich von Freiburg, Anm. B.] so warm sein, wie heute im südfranzösischen Montpellier [praktisch direkt am Mittelmeer, Anm. B.]. ... Längerfristig könnte sich die Region zwischen Schwarzwald und Vogesen sogar zu einem Anbaugebiet für rote Rebsorten entwickeln, die heute in wärmeren Gebieten wie dem Rhône-Tal oder dem Mittelmeer gedeihen.

Der Wein, von dem Irlmaier oben spricht, dürfte vermutlich auf bisher landwirtschaftlich ungenutzten Hanglagen angebaut werden. In einigen Fällen könnte das auch für Obstplantagen gelten. Das würde bedeuten, dass sich der Gesamtertrag der Bauern erhöht. Auch dieses Motiv einer gesteigerten Ernte findet sich in den Prophezeiungen für die Zeit nach den Katastrophen:

Lied der Linde (~1870, Deutschland): *„Reiche Ernte ... jedes Jahr."* (41/251)

La Salette (1846, Frankreich): *„Jahre reicher Ernten"* (7/365)

Offenbar gäbe es zumindest in Mitteleuropa in späterer Zukunft noch ausreichend Niederschläge. Es würde zwar wärmer, aber nicht zu trocken.

Konkrete Wettervorzeichen

So weit die allgemeine Tendenz. Nun zu zwei konkreten Wettersituationen, die – glaubt man den Prophezeiungen – Vorzeichen für den Ausbruch des großen Krieges in Europa wären:

1. ein *sehr milder Winter und ein sehr frühes und schönes Frühjahr*, die dem Krieg in Mitteleuropa unmittelbar vorausgehen sollen.
2. müsste es wenige Wochen vor Ausbruch des Krieges (Ende Juli / Anfang August, siehe Seite 241) einen drastischen Kälteeinbruch geben.

Milder Winter und früher Frühling vor Kriegsausbruch

Landinger (1957-II-®-Böhmen): „*Der* **Winter** *war da und doch kein Winter, nicht kalt, wenig Frost, fast kein Schnee.*" (75/61)

Kappelmann (~1800-Westfalen): „*Wenn aber nur ein* **kurzer Winter** *war, wenn die Schlüsselblumen frühzeitig aufblühen und es ruhig scheint, dann glaubt niemand an Frieden.*" (5/77)

In gewisser Weise sind diese beiden Quellen eine Ergänzung zu den Quellen weiter oben, die milde Winter als allgemeines Vorzeichen der „Endzeit" erwähnen. Wie schon erwähnt, haben wir inzwischen in bald 2 von 3 Jahren einen milden Winter. Von daher ist dieses Vorzeichen also nicht übermäßig verlässlich. Entsprechendes gilt für den logischerweise darauffolgenden frühen und schönen Frühling.

Landinger (1957-II-®-Böhmen): „*... das Vieh war schon im* **April** *auf der Weide. In dieser Zeit wurde viel vom Krieg gesprochen.*" (75/61)

So wie oben bei Kappelmann („*wenn die Schlüsselblumen frühzeitig aufblühen ... glaubt niemand an Frieden*") – droht hier ein Krieg im Frühling – der jedoch vorerst noch nicht auf Europa übergreift. Glaubt man den Prophezeiungen, und Russland schlägt urplötzlich und völlig überraschend zu, so müsste es sich bei dem drohenden Krieg im Frühjahr eigentlich um einen Nahostkrieg handeln.

Prophezeiung vom Birkenbaum (1700-☼-Westfalen): „*... dass dem Kriegsausbruch ein* **zeitiges** *und* **sehr schönes Frühjahr** *vorangehe ...*" (5/76)

Egger Gilge (1735-II-**Tirol**): „*Es wird ein Jahr kommen, in welchem ein* **sehr schöner Frühling** *sein wird ... im Herbst wird die große Trübsal kommen.*"

(66/132)

Da Tirol weniger vom Krieg – als vielmehr von den Naturkatastrophen betroffen würde, deutet die *große Trübsal im Herbst* meiner Einschätzung nach auf die Dreitägige Finsternis.

Eilert (1833-☼-bei Dortmund): „*In dem Jahre, wo der Krieg losbricht, wird ein so schönes Frühjahr sein, dass im* **April** *die Kühe schon im vollen Grase gehen.*" (7/307)

Gras beginnt bei + 7 °C zu wachsen. Demnach dürfte es im März keinen Nachtfrost mehr geben. Siehe Irlmaier zwei Zitate weiter unten.

Curique (1872-III-☼-Frankr.): „*In diesem Jahr wird ein **früher und schöner Frühling** sein, Kühe werden schon im* **April** *auf reichen Weiden grasen.*" (8/91)

Irlmaier (1950-I-®-Südostbayern): >„*Wenn der 3. Weltkrieg ausbricht, wird der **März** so, dass die Bauern Habern bauen.*"< (5/76)

Wolfgang Johannes Bekh, Autor und Bayer sagte mir, mit „*Habern bauen*" sei „*Hafer anbauen bzw. säen*" gemeint. Also sind sich die Bauern sicher, dass es nicht mehr friert. Dazu passen auch die oben bei *Kappelmann* aus Westfalen erwähnten Schlüsselblumen. Diese sind Frühblüher und gelten als erste Frühlingsboten. In normalen Jahren beginnt ihre Blütezeit Ende März. Im Jahre 2002 beispielsweise, in dem der März in ganz Deutschland etwas zu warm war, blühten die Schlüsselblumen in einigen Gegenden schon um den 20. März. ...

Die Quellen, die den frühen und sehr schönen Frühling voraussagen, stammen aus Norddeutschland, Tschechien, Bayern und Tirol. Das sich ergebende Gesamtbild ist recht klar und deutet auf einen milden bis warmen März in ganz Mitteleuropa.

Je nachdem, wie sich die Ereignisse entwickeln, dürfte es in den kommenden Jahren einzelne Jahre geben, die als besonders kritisch erscheinen. Dann werden sich Prophezeiungskenner fragen, ob es im nächsten Jahr „so weit sein könnte". Meiner Einschätzung nach sind Aussagen über „das kommende Jahr" jedoch äußerst heikel, da man erst einmal den Winter abwarten müsste. Ein harter Winter schließt den europäischen Prophezeiungen nach einen großen Krieg in Mitteleuropa im anschließenden Jahr aus.

Sicher gibt es noch zahlreiche andere Vorzeichen, doch die wirklich wichtigen hiervon könnten sich theoretisch alle in der Zeit von Januar bis Juli erfüllen. Ich sehe kein einziges Vorzeichen, das so bedeutend oder gesichert ist, dass man bei einem entsprechenden Nichteintreffen schon ein Jahr im Voraus für das kommende Jahr entwarnen könnte. Die Wirtschaftskrise, bürgerkriegsähnliche Unruhen, größere Vulkanausbrüche und Erdbeben – alle diese Dinge könnten sich theoretisch innerhalb der Zeitspanne zwischen Januar und Juli ereignen bzw.

dann eskalieren. Das Jahr zuvor könnte theoretisch noch einigermaßen normal verlaufen.

Bei zahllosen Prophezeiungs-Fans ist es ein beliebter Zeitvertreib, irgendwo eine Quelle auszugraben, der nach sich dieses oder jenes hätte ereignen müssen, und weshalb im kommenden Jahr nichts passieren könne.

Geht man derlei Dingen auf den Grund, so zeigt sich nur zu oft, dass die entsprechende Quelle und / oder deren Dokumentation zweifelhaft ist. Im Extremfall kann es sein, dass das Fundament einer entsprechenden Theorie auf einem einzigen Wort errichtet wird. Eine äußerst wacklige und riskante Sache also – was die Leute aber keinesfalls daran hindert, es wieder und wieder zu tun.

Aus gutem Grund konzentriere ich mich bei meiner Arbeit überwiegend auf solche Vorzeichen, die durch eine ganze Gruppe von Quellen abgedeckt werden und bei denen nach Möglichkeit auch sehr gute Quellen beteiligt sind. Der milde Vorkriegswinter und der frühe und schöne Vorkriegsfrühling gehören zu dieser Kategorie. Wenn es gut läuft, könnten Sie schon im Januar für das komplette Jahr entwarnen, wenn es schlecht liefe, müssten Sie erst einmal abwarten, wie sich der Frühling entwickelt. Etwa Mitte Mai müssten sich dann auch andere Vorzeichen (Wirtschaftskrise, große Vulkanausbrüche und Erdbeben, Nahostkrieg, Balkankrise) abzeichnen.

Hier noch ein Tipp: In der Münchner *Abendzeitung* findet man seit einigen Jahren etwa in der Herbstmitte die Wetterprognose eines „Wetterpropheten" namens *Johann Jägerhuber* für den kommenden Winter. Der Mann liest aus den Vorzeichen der Natur (Pflanzen, Tiere etc.) und sagt voraus, wie der Winter wird – wie früh oder spät er kommt, wie lang und wie kalt er ist und wie viel Schnee fällt. Einen Hinweis auf seine Vorhersagen findet man auf der Titelseite. Der Mann gilt als glaubwürdig. Seine Vorhersagen zu den Wintern 2005 / 2006 und 2006 / 2007 habe ich selbst gelesen und sie trafen zu.

Der Kälteeinbruch im Sommer

Das zweite Wettervorzeichen wäre ein Kälteeinbruch im Frühsommer, nur wenige Wochen vor dem hier unterstellten Angriff Russlands. Tatsächlich gibt es auch unter normalen Wetterbedingungen eine gewisse Wahrscheinlichkeit für Kälteeinbrüche im Frühsommer. Da wären zum einen die *Eisheiligen* Mitte Mai und zum anderen die *Schafskälte* um den 10. Juni herum. So sank Ende Mai 2006 in Süddeutschland die Schneefallgrenze auf 700 Meter und es gab ergiebige Schneefälle im Allgäu und dem Fichtelgebirge.

Kombiniert man diese schon unter normalen Umständen bestehende Tendenz mit einem zusätzlichen Kälte bringenden Faktor, so wäre denkbar, dass es in der betreffenden Zeit zwischen Mitte Mai und Anfang Juni deutlich kälter wird. Die Schneefallgrenze könnte noch weiter sinken und kalte Luftmassen aus dem Norden könnten sich weit Richtung Südeuropa vorschieben.

In San Sebastián de Garabandal – kurz *Garabandal* – einem nordspanischen Bergdorf, gab es in den Jahren 1961 bis 1965 eine Reihe von Marienerscheinungen. Die Jungfrau Maria erschien vier Mädchen, die im Jahre 1961 gerade 11 bis 12 Jahre alt waren. Unter anderem sagte Maria eine Art letztes Warnzeichen voraus, das als „großes Wunder" bezeichnet wird und unmittelbar vor den Katastrophen eintreten soll. Dabei soll es sich um ein außergewöhnliches bisher völlig unbekanntes Zeichen am Himmel handeln (siehe *„Prophezeiungen, alte Nachricht in neuer Zeit"*). Conchita – eines der Mädchen – wird hinsichtlich des Zeitpunktes des großen Wunders folgendermaßen zitiert:

>*„Der Tag liege zwischen dem **7. und dem 17.** eines Monats und es werde zusammenfallen mit einem freudigen Ereignis in der Kirche, welches, so führte Conchita später zur weiteren Erklärung weiter aus, im Leben der Kirche nichts Neues sei, aber zur Zeit ihres Lebens noch nicht stattgefunden habe. So sagte sie im Jahre 1967. Darüber hinaus werde es zusammenfallen mit dem Tag eines Heiligen, der als Märtyrer im Zusammenhang mit der hl. Eucharistie gestorben sei und dessen Gedächtnistag nicht mehr der ursprüngliche Tag ist, sondern verschoben wurde im Kalender der Heiligenfeste. Der Monat wird **zwischen Februar und Juli** liegen, und schließlich, so sagte Conchita einmal, es geschehe **nach dem großen Schnee**.< Auf die spontane Vermutung, dass es dann wohl im Frühjahr sei, antwortete sie: „**Es kann auch im Sommer schneien."*** (68/132)

Auch wenn sie nicht sagt, **wo** es im Sommer schneien kann, könnten wir mit einiger Sicherheit davon ausgehen, dass es in der Region ihres Heimatortes San Sebastián de Garabandal schneit. Garabandal liegt an der Nordseite des Kantabrischen Gebirges in rund 400 Metern Höhe, etwa 25 km Luftlinie südlich des Atlantischen Ozeans bzw. des Golfs von Biscaya entfernt. Etwas weiter südlich von Garabandal steigt das Kantabrische Gebirge auf über 2000 Meter an. Ausläufer einer feuchten polaren Kältefront könnten relativ ungehindert bis zum Norden Spaniens vordringen und dort zu starkem Schneefall führen.

Erlauben wir uns eine kurze Spekulation hinsichtlich des Zeitpunktes. Die Angaben Conchitas deuten insgesamt auf die Tage zwischen dem 7. und 17. in einem Sommermonat. Geht man vom meteorologischen Sommeranfang am 1. Juni aus, so kämen der Juni und Juli in Frage. Da der Frühling in Garabandal etwa 3 Wochen früher als in Deutschland beginnt, könnte man annehmen, dass auch der 7. bis 17. Mai unter die Kategorie „Sommer" fällt, insbesondere dann, wenn der Frühling außergewöhnlich früh begann – siehe oben.

Im Juli wäre ein Kälteeinbruch sehr viel unwahrscheinlicher und außerdem käme man so schon bedrohlich in die Nähe des Kriegsausbruches. **7. bis 17. Mai** deckt sich wieder mit den *Eisheiligen* (Mitte Mai) und der **7. bis 17 Juni** deckt sich mit der *Schafskälte* (um den 10. Juni herum).

Egger Gilge (1735-II, Tirol): *„Es wird ein Jahr kommen, in welchem ein sehr schöner Frühling sein wird; später aber wird es kalt werden und schneien, so dass die Gebirgsbauern fürchten, es könnte nicht mehr abreifen. Dieses wird aber noch gut abgehen. Im Frühling soll man nicht jammern, im Herbst wird die große Trübsal kommen."* (66/132)

Diese Quelle ist insofern interessant und wichtig, als sie den von vielen Quellen vorausgesagten schönen Frühling mit dem unzeitigen Schneefall im selben Atemzug erwähnt. Wenn selbst die Tiroler Gebirgsbauern keinen ernsthaften Verlust durch den Kälteeinbruch erleiden, muss diese Wetteranomalie noch im Rahmen bleiben. Der Schnee taut also schnell wieder weg.

Sibylle Michalda (1868-II-Böhmen): *„Bevor aber diese Zeit noch kommen wird, werden den Menschen* **zwölf Zeichen** *gegeben werden. ... Das* **zehnte Zeichen** *wird sein, wenn man Schnee statt Heu einfahren wird, denn zur Zeit der Heufächsung wird* **viel** *Schnee fallen."* (8/37-**1988**)

Das altdeutsch Wort *Fächsung* (auch *Fechsung*) bedeutet *Ernte* – sowohl den Erntevorgang als auch die eingebrachte Ernte. Die eigentliche Heufechsung findet im Juni vor der Heublüte statt. Somit deutet auch diese Quelle auf die Schafskälte.

Wenn wir insgesamt 12 Zeichen haben und bei Zeichen Nummer 10 angelangt sind, bleibt nicht mehr viel Zeit. Das nachfolgende 11. und 12. Zeichen sind hier jedoch zeitlich nicht so exakt einzuordnen, als dass man mit Sicherheit sagen könnte, das große Unheil fände noch im selben Jahr statt. Die Vermutung ist allerdings naheliegend.

Wir haben hier also je eine Quelle aus Nordspanien, Tirol und Böhmen. Eine gegenseitige Beeinflussung dieser Quellen erscheint mir extrem unwahrscheinlich. Abschließender Hinweis: Die Schneefälle könnten sich auf höhere Regionen beschränken und müssten nicht flächendeckend sein.

Der große Orkan

Im Gegensatz zu den oberen beiden Wettervorzeichen stützt sich das folgende Vorzeichen auf eine einzige Quelle: *Anton Johansson* (1907).
Im Zusammenhang mit der globalen Erwärmung sind auch Tropenstürme, also Hurrikane (Amerika) und Taifune (Asien) ein Medienthema geworden. Infolge der Erderwärmung erwärmen sich die Ozeane, und die zusätzliche Energie im

Wasser verstärkt die Kraft der Hurrikane und Taifune. Sie treten häufiger auf, werden größer und zerstörerischer. Und sie ziehen über größere Entfernungen. Besonders energiereiche Hurrikane, die südlich der USA in der Karibik bzw. dem Atlantik entstehen, können – nachdem sie sich im Osten der USA ausgetobt haben – immer noch als Sturmtief in Westeuropa ankommen. Bisher war es allerdings immer so, dass sie bei uns nur noch als *normaler* Sturm ankamen.

Glaubt man Anton Johansson, so könnte sich das ändern. Meines Wissens ist Johansson die einzige Quelle, die sich konkret auf einen solchen transatlantischen Monstersturm bezieht. Voraussagen zu Stürmen sind sonst eher selten. Erdbeben und Überflutungen werden sehr viel häufiger vorausgesagt.

Eine einzige Quelle – das ist mir normalerweise zu dünn –, aber im Falle Johanssons kann man eine Ausnahme machen. Denn Johansson ist einer der wenigen Seher, dessen Vorhersagen früh genug und über jeden Zweifel erhaben dokumentiert wurden – und die sich bereits erfüllt haben – so seine Voraussagen zum Verlauf des Ersten Weltkrieges (siehe Seite 256).

Seine Vision vom großen „Orkan" wurde erstmals im Mai 1918 veröffentlicht. Da er sich bei dieser Vision an keiner Stelle zu Zerstörungen äußert, die durch einen vorausgegangenen großen Krieg verursacht wurden, kann man annehmen, dass der Orkan noch in der Zeit *vor* dem Krieg stattfindet. Stellenweise sind Johansson bei der Wiedergabe der Vision ein paar Details durcheinandergeraten, was an der Fülle der Eindrücke gelegen haben mag und auch der Tatsache, dass die Einzelheiten erst 10 Jahre später aufgezeichnet wurden.

*„... erlebte ich im Geiste einen furchtbaren Orkan, der über zwei Weltmeere raste. ... Ich wurde auch zum Stillen Ozean, und zwar in die **Gegend des Panamakanals** geführt, von wo der Orkan seinen Ausgang nahm. Die Namen dieser Gegenden wurde mir mit aller Deutlichkeit genannt, und von der Stelle aus, wo ich mich im Weltenraum befand, konnte ich ziemlich genau Charakter und Gestalt des Landes unterscheiden: gewaltige Gebirgsketten, **steinige Wüsten** und Inseln lösten einander ab. Von diesen Gegenden zog der Orkan in nördlicher und nordöstlicher Richtung über den **nordamerikanischen Kontinent."* (13/ab Seite 59)

Meines Wissens wäre ein Hurrikan, der im Pazifik westlich Mittelamerikas (Panama) entsteht, eher unwahrscheinlich. Hurrikane entstehen normalerweise südöstlich der Karibik im Atlantik. Da Mittelamerika eine äußerst regenreiche Region ist, gibt es dort zudem *keine Wüsten!* Auf Wüsten bzw. Halbwüsten trifft man erst im Norden Mexikos und dem Süden der USA! Auffällig viele Inseln gibt es in der Region eigentlich nur in der Karibik.

Hier scheint etwas durcheinandergeraten zu sein. Panamakanal, Wüsten, Gebirgsketten und Inseln kann man aber als Begrenzung des Golfs von Mexiko verstehen. An dessen Nordküste fährt Johansson fort:

„In den Staaten an der Küste mit ihren Millionenstädten, Plantagen, Häfen und sonstigen großen Anlagen raste der Orkan mit solch fürchterlicher Gewalt, dass weite Gebiete völlig verwüstet und dem Erdboden gleichgemacht wurden. Gebäude wurden in Mengen regelrecht umgeweht und die Trümmer wirbelten durch die Luft. Auf den großen Plantagen wurde alles verwüstet, unübersehbare Gebiete lagen überschwemmt, und immer höhere Wasser ergossen sich über das Land. Überall an der Küste sanken zahllose Schiffe oder wurden aufs Land geschleudert. Hafenanlagen und große Schiffswerften wurden derartig zerstört, dass – so erklärte mir die Stimme – es fraglich sei, ob sie jemals wieder aufgebaut werden könnten.

Ich erfuhr ferner, dass die Amerikaner außerstande sein würden, überall wieder aufzubauen, um dass demzufolge Handel und Schifffahrt in diesen Gebieten auf lange Zeit lahm liegen würden. Unter den Plantagenstaaten wurde besonders **Virginia** *erwähnt, aber ich sah, dass auch andere Staaten sehr mitgenommen waren. Kaum besser erging es den am Mexikanischen Golf und weiter im Inneren gelegenen Staaten, darunter auch* **Florida**.

Der Orkan raste über einen breiten Landgürtel von der atlantischen Küste bis zum **Mississippital** *und drehte dann nördlich, wo er bei den* **kanadischen Seen** *noch an Stärke gewann. Ob es sich bei diesem Orkan nur um einen handelte, oder ob sich daraus mehrere entwickelten, kann ich nicht sagen."*

... Davon gehen wir einmal aus, denn Hurrikane schwächen sich normalerweise schnell ab, wenn sie auf Land treffen. Auch ein extrem starker Hurrikan dürfte die über 1000 km vom Golf von Mexiko bis zu den Großen Seen an der kanadisch-amerikanischen Grenze kaum schaffen.

„In den Staaten des **Mississippitals** *wütete der Orkan mit der gleichen Gewalt wie an der atlantischen Küste; zwischen beiden Gebieten sah ich eine unfruchtbare, steinige Gegend, die zum Teil verschont blieb."*

Zwischen dem Mississippital und dem Atlantik liegt der Gebirgszug der Appalachen. Da gerade in höheren Lagen größere Windgeschwindigkeiten auftreten, stellt sich die Frage, wieso gerade hier Gebiete verschont bleiben?

„Unter den nordamerikanischen Städten wurden folgende als besonders betroffen bezeichnet: **Chicago**, **Minneapolis**, **Washington** *und* **New York***; letztere war am schwersten betroffen."*

Das ist ein Abschnitt von rund 1500 km Breite! Alle 4 Städte sind über 1000 km weit vom Golf von Mexiko entfernt!

*"... Nicht nur die Stadt New York, sondern auch in ihrer weiteren Umgebung loderten große Brände, der Himmel glich einem einzigen Flammenmeer. Auch in den Waldgebieten **Kanadas** sah ich riesige Brände. Von Nordamerika und Kanada setzte der Orkan seinen Weg nach Osten über den Atlantik nach Europa fort, dessen westliche und südwestliche Staaten zuerst in den Bereich des rasenden Unwetters gerieten. Über **Frankreich**, **Spanien** und **Marokko** drang der Orkan ins Mittelmeer vor. Beinahe alle Länder litten unter den Verwüstungen. Dieser Orkan raste dann über das Schwarze Meer, die Krim und Südrussland hinweg. Allmählich ging mir der Zusammenhang verloren."*

Was Johansson hier beschreibt, geht wohl weit, weit über das hinaus, was Meteorologen derzeit für möglich halten. Es fragt sich, woher dieser Orkan bzw. diese Orkane ihre Kraft hernehmen sollten? Selbst wenn sich der Ostpazifik, der Mittelatlantik und die karibischen Gewässer extrem aufheizen würden, so wäre immer noch unklar, wieso die Orkane praktisch mitten über dem nordamerikanischen Kontinent noch so viel Kraft hätten?

Es läge nahe, eine solche Vision einfach unter den Tisch fallen zu lassen. Zu groß scheint der Widerspruch zu gegenwärtigen wissenschaftlichen Erkenntnissen zu sein. Doch Johansson ist eine besonders gute Quelle und diese Vision besonders detailreich. Und im Zusammenhang mit dem größeren öffentlichen Interesse an den Hurrikanen an der Süd- und Ostküste der USA kann es eigentlich nicht schaden, wenn man diese Sache wieder einmal veröffentlicht.

Klimawandel und „offizielle Apokalypse"

Quasi als Auftakt zum Weltklimagipfel in Nairobi Anfang November 2006 präsentierte wenige Tage zuvor der ehemalige Chefökonom der Weltbank, *Nicholas Stern*, einen Report, der die möglichen Kosten des Klimawandels auf 5500 Milliarden Euro beziffert. Der britische Premier Tony Blair und sein niederländischer Amtskollege Balkenende richteten zeitgleich einen dramatischen Appell an die Welt, wonach nur noch 10-15 Jahre Zeit bleiben, um ein „Kippen" des Weltklimas zu verhindern. In der darauffolgenden ausgiebigen Berichterstattung las man, dass ein Anstieg der weltweiten Durchschnittstemperaturen um 2 Grad im Vergleich zur vorindustriellen Zeit bis 2050 überhaupt nicht mehr zu verhindern sei. Es ginge nur noch um die Frage, ob die Temperaturen in den darauffolgenden 50 Jahren um weitere 3 Grad steigen oder nicht! Und diese Frage würde sich innerhalb der nächsten 10-15 Jahre entscheiden.

Natürlich hat man diese Katastrophenmeldung nicht veröffentlicht, ohne ihr ein Hoffnungslicht zur Seite zu stellen: Wenn die Welt jährlich 1 % ihrer Wirtschaftsleistung in den Klimaschutz investiere, ließe sich das Schlimmste verhindern – ja es gäbe sogar immer noch ein weltweites Wirtschaftswachstum.

Die Erwähnung eines dennoch weiterhin möglichen Wirtschaftswachstums war insofern von außerordentlicher Bedeutung, weil sich diese negative Klimaprognose oder besser *Klima-Prophezeiung* sonst noch zur Prophezeiung eines dramatischen weltweiten wirtschaftlichen Niedergangs erweitert hätte. Allerdings drohte der Report mit einem ökonomischen Desaster vom Kaliber der Weltwirtschaftskrise der 30er Jahre des 20. Jahrhunderts, falls nichts passiere. Weltwirtschaftskrise Anfang des 20. Jahrhunderts? War da nicht was? ... Ach ja – sie brachte Adolf Hitler an die Macht. Von einer dramatischen Weltwirtschaftskrise zu sprechen, ohne auch politische Umwälzung in Betracht zu ziehen – nun, wie will man das nennen? Naiv? Dumm? Für dumm verkaufend?

Wir alle wissen: Die Lösung des Klimaproblems ist eigentlich ganz einfach – wir müssen nur weniger Erdgas, Kohle und Erdöl verbrennen. Wer aber ist „wir"? Natürlich: *Wir* – das sind zunächst die Deutschen und ein Großteil der West- und Mitteleuropäer. Aber was ist mit den USA? Oder was ist mit China, Indien, Brasilien – eben all jenen wirtschaftlich aufstrebenden Staaten, die westlichen Lebensstandard auch für ihre breiten Massen anstreben?

Da es sich um ein globales Problem handelt, muss global gehandelt werden, muss die Welt in *einem* Geist handeln. Und ich glaube kaum, dass die Sache Aussicht auf Erfolg hätte, wenn der gemeinsame Geist nur in der gemeinsamen Angst vor einer bedrohlichen Zukunft besteht. Zumal manche Staaten wie beispielsweise Russland keine besondere Angst zu haben brauchen, da es vermutlich zu den Gewinnern des Klimawandels zählen wird: Die nördlichen Regionen Sibiriens werden nämlich wärmer und damit nutzbar für die Landwirtschaft. Und Sibirien ist ziemlich groß. Vielleicht wird Russland ja bald einer der wichtigsten Nahrungsmittelproduzenten der Welt?

Letztendlich ist nicht das Klima das eigentliche Problem, sondern die Frage, ob sich die Herrscher der Welt überhaupt einigen *wollen*?

Wie soll das konkret laufen? Da das Prinzip Freiwilligkeit bisher versagt hat, müsste eine Instanz geschaffen werden, die entsprechende Regeln erstellt, deren Einhaltung überwacht und bei Zuwiderhandlung auch Sanktionen verhängen kann. Im günstigsten Fall übernehmen die einzelnen Staaten diese Aufgabe gegenüber ihren Bürgern. Klappt dies nicht, müsste die Weltgemeinschaft Druck auf diejenigen Regierung bzw. Staaten ausüben, die nicht oder nicht genügend kooperieren. Als Druckmittel bieten sich Handelsbeschränkungen an. Motto: Wer die Welt verschmutzt, darf der Welt nichts verkaufen! Wie setzt man solche Handelsbeschränkungen durch? Indem man die Grenzen kontrolliert! Entweder die eigenen oder die Grenzen desjenigen, der die Welt zu sehr verschmutzt. Zum Beispiel mit Kriegsschiffen vor dessen Küste.

Wie aber will man zudem einen gerechten Wert für eine zulässige Verschmutzung ermitteln? Konzentriert man sich dabei nur auf die aktuelle Treibhausgas-

Emission, oder berücksichtigt man die Gesamtemission eines Staates, die auch das umfasst, was in der *Vergangenheit* in die Atmosphäre gepustet wurde? Schließlich befindet sich z. B. ein Großteil des Kohlendioxyds, welches schon vor – sagen wir – 70 Jahren ausgestoßen wurde, immer noch in der Atmosphäre! Die früheren Sünden sind also keinesfalls vergessen oder vergeben.

Man kann wohl davon ausgehen, dass aufstrebende Industrienationen wie China und Indien sehr schnell einen gemeinsamen Block bilden werden und die alten, fast ausschließlich weißen (!) Industrienationen diesbezüglich in die Pflicht nehmen! Dabei werden vor allem die USA diplomatisch in die Defensive geraten, da sie weltweit mit Abstand den höchsten Pro-Kopf-Energie-verbrauch haben. All das wird zu Tage treten, wenn es ernst wird und man Nägel mit Köpfen machen will.

Somit besteht die reale Gefahr, dass mittelfristig die weiße Rasse insgesamt auf die Anklagebank gerät. Die „Täter" wären die Weißen, die „Opfer" die Entwicklungsländer, insbesondere Afrika – kurz die Schwarzen, und die „Ankläger" werden vermutlich die Asiaten sein. Wohlgemerkt ginge es bei der Rettung des Klimas nicht darum, sich irgendwie ein bisschen zu einigen, sondern der gemeinsame Nenner müsste wirklich effizient sein.

Sollte die Klimaproblematik zwischenzeitlich nicht durch andere Faktoren wie etwa Kriege überlagert werden, werden wir in den nächsten Jahren wahrscheinlich erleben, wie auch die Bewahrung des Klimas an der Zerstrittenheit der Welt scheitert und sich neue Blöcke formieren. Dann ist zu vermuten, dass irgendwann – sagen wir 2020 – Handelskriege ausbrechen, die damit begründet werden, dass jene Staaten bestraft werden müssen, die sich nicht an die ökologischen Vorgaben der Weltgemeinschaft halten. Ein sehr schlagkräftiges Argument wird dabei sein, dass man Exempel statuieren muss, um die globale Ökologie-Disziplin aufrechtzuerhalten. Man will ja schließlich die Welt retten!

Es würde mich nicht überraschen, wenn dies zu dem Moment passiert, da China anfängt, Europa mit hochwertigen Automobilen und Einbauküchen zu überschwemmen. Und natürlich – käme es erst einmal zu Handelskriegen, wäre der nächste logische Schritt ein militärischer Krieg.

Dies wäre meiner Einschätzung nach in etwa die Perspektive, die sich ergäbe, wenn man die aktuellen Klimadaten mit der bisherigen Weltpolitik verknüpft und 10, 20 oder 30 Jahre in die Zukunft projiziert. Und ich denke, dass sehr viele Menschen intuitiv spüren oder ahnen, dass der Klimawandel die Zerstrittenheit in der Welt nur noch vergrößern wird. Warum sollten sich die Mächtigen plötzlich die Hände reichen, wenn sich gleichzeitig mehr und mehr Staaten darum bemühen, in den Besitz von Massenvernichtungswaffen (nicht nur Atom-) zu gelangen?

Wohlgemerkt glaube ich selbst *nicht* an *diesen* Zukunftsausblick, sondern an das, was die Prophezeiungen sagen. Die wissenschaftliche Klimaprophetie jedoch verbreitet eine Zukunftsvision, die in letzter Konsequenz den Prophezeiungen in ihrer Grundthematik sehr nahe kommt. Ganz folgerichtig wird in den Medien beim Klimawandel der Begriff „Weltuntergang" benutzt.

Infolge des Klimawandels erwartet die Wissenschaft zunehmende Wetterkatastrophen, Dürren, Hungersnöte, Flüchtlingsströme und – wenn es schlecht läuft – auch eine Weltwirtschaftskrise schlimmsten Kalibers.

Über darüber hinausreichende politische Folgen schweigen sich die Medien (noch) aus. Dabei dürfte jedem einleuchten, dass ein Zuviel an Katastrophen und ein allgemein beschwerlicheres und riskanteres Leben die Bereitschaft, Konflikte gewaltsam auszutragen, erhöhen dürfte. So ist bekannt, dass sich der israelisch-arabische Konflikt noch drastisch verschärfen könnte, falls das Wasser des Jordans noch knapper würde. Die WELT vom 5. Januar 2007 berichtete, dass nur noch 10 % der Wassermenge des Jordans das Tote Meer erreichen – verglichen mit den 60er Jahren. Jedes Jahr sinkt der Wasserspiegel des Toten Meeres um einen Meter, und man nimmt an, dass es in 50 Jahren restlos ausgetrocknet ist. Dem Staat Jordanien fehlen schon heute 500 Millionen Kubikmeter Wasser pro Jahr. In Amman, der Hauptstadt Jordaniens, ca. 30 km vom Jordan entfernt, ist man bereits dazu übergegangen, je Stadtviertel nur einen Tag in der Woche die staatlichen Wasserhähne aufzudrehen.

... Es wäre also mit Kriegen um Ressourcen zu rechnen. Da den aktuellen Klimaprognosen nach vor allem die Dritte Welt der Verlierer des Klimawandels sein soll, könnte man annehmen, dass in den industrialisierten Staaten der Nordhalbkugel klammheimlich die Hoffnung Fuß fasst, klimabedingte Kriege würden sich hauptsächlich auf die Dritte Welt beschränken. Wie realistisch jedoch wäre die Annahme, dass den weißen Mann die Probleme, die hauptsächlich er verursacht und heraufbeschworen hat, irgendwann nicht selbst mit voller Wucht treffen?

Man müsste sich die Gesamtsituation verdeutlichen: Die Lage in vielen Teilen der Dritten Welt würde sich über Jahrzehnte hinweg verschlechtern – und dieses wäre im Voraus bekannt! Allen! Das muss zwangsläufig irgendwann zu einer Art kollektiven Depression führen. Wer springt schon vor Freude in die Luft, wenn es ihm schlecht geht und er weiß bzw. glaubt, dass es in den nächsten 10-20 Jahren noch schlimmer wird? Man muss also in Betracht ziehen, dass sich dort irgendwann eine tiefe Hoffnungslosigkeit breitmacht. Und wenn dieser Punkt erreicht ist, ist natürlich derjenige Sieger, der den Leuten wieder neue Hoffnung gibt.

Dies könnte in Form einer neuen Ideologie geschehen, die den weißen Mann als Ursache allen Übels hinstellt. Und auch, wenn die Dritte Welt nicht über das militärische Potential verfügen dürfte, um eine echte Bedrohung für die Weißen zu werden, könnten dritte Mächte – beispielsweise China – diese globale Stimmung nutzen, um dem weißen Mann eine Lektion zu erteilen.

Wie gesagt – den Prophezeiungen nach ist mit *diesem* Szenario nicht zu rechnen. Doch wenn uns schon heute Wissenschaftler sagen, der Klimawandel könnte uns in eine dramatische Wirtschaftkrise führen, so dürften die meisten Leute zumindest ahnen, dass mit dieser Wirtschaftskrise noch nicht das Ende der Fahnenstange erreicht ist. Angenommen, es verstrichen weitere 10 Jahre, nichts Entscheidendes geschähe und die aktuellen Klimaprognosen erwiesen sich als zutreffend, so wird den Leuten langsam klar werden, dass einer Wirtschaftskrise noch ein weiteres Kapitel folgen könnte!

Das heißt, abhängig davon, wie viel Zeit vergeht und wie genau sich der Einzelne die Dinge überlegt, erspürt oder erahnt, haben die aktuellen Klimaprognosen das Potential, ein Zukunftsbild zu suggerieren, dass wahrlich „apokalyptisch" genannt werden kann. Kurzum: Es sieht so aus, als habe die Wissenschaft damit begonnen, den Glauben an die Zukunft zu zerstören! Sie sagt, wenn die Politiker nicht endlich entschieden handeln, lässt es sich nicht mehr verhindern. Der Glaube an die Zukunft wird somit an den Glauben an die Politiker gekoppelt. Und da fragt man sich zu Recht, welche Hilfen für das Klima von jenen Mächtigen zu erwarten ist, die sich selbst gegenseitig bekriegen?

Ich muss sagen, dass mich – als bekennendem Apokalyptiker – diese Entwicklung schon überrascht hat. Ich hätte nicht erwartet, dass sich die Wissenschaft den Prophezeiungen jemals so weit annähern würde – noch dazu der Umstand, dass man sogar einen so nahen zeitlichen Horizont setzt: 10-15 Jahre. Das hat schon fast Nostradamus-Qualität.

Selbst die Furcht vor einem weltweiten Atomkrieg zur Zeit des Kalten Krieges kommt mir im Nachhinein weniger suggestiv vor, denn die damaligen Wissenschaftler konnten ja kein Datum nennen, zu dem der Atomkrieg spätestens stattfinden würde.

Wenn Blair und Balkenende eine Deadline zur großen Umkehr für zwischen 2016 und 2021 festlegen, so wird man vermutlich schon etwa 2012 damit anfangen, eine Zwischenbilanz zu erstellen. Es wird nicht erst in 10-15 Jahren Inventur gemacht werden, sondern man wird schon deutlich vorher wissen wollen, was in der späteren Inventur drinstehen wird. Wenn es also schlecht läuft, bleiben nur noch ganz wenige Jahre – sagen wir 5 bis 7 –, in denen man sich der Illusion hingeben könnte, dieser Kelch ginge an einem vorüber. Wäre dieser Zeitpunkt aber überschritten, dann möchte ich sehen, wie die Jugend mit der entsprechenden Zukunftsaussicht umgehen wird – dann, wenn sie über ihr weiteres Leben nachzudenken beginnt.

Die Wissenschaftler übernehmen somit die massenpsychologische Funktion der Propheten, indem sie das Zukunftsbild der Menschen ganz entscheidend mitprägen – und zwar nicht nur in gewissen Schattierungen, sondern indem sie die Palette der Farben festlegen, aus denen sich die einzelnen Menschen ihr Zukunftsbild malen.

Bei alledem machen sie aber aus meiner Sicht einen entscheidenden Fehler: Sie gehen in völliger Selbstverständlichkeit davon aus, dass es keinen Gott gibt. Nirgendwo liest oder hört man auch nur in einem Nebensatz, die Zukunft werde so oder so – *vorausgesetzt es gibt keinen Gott, der dazwischenfunkt.*

Völlig unabhängig davon, ob es einen Gott gibt oder nicht, böte sich so ein sehr einfacher Weg, das destruktiv suggestive Potential der wissenschaftlichen Prophetie zu dämpfen. Oder anders ausgedrückt: Die offizielle Klimaprophetie wird so zu einer Art hochsuggestiven Mausefalle für all jene, die an keinen Gott glauben! Da die traditionellen, seherisch inspirierten Prophezeiungen letztlich eine Zukunft beschreiben, die von ganz anderen Faktoren bestimmt wird – *obwohl auch sie eine Klimakatastrophe voraussagen* –, kann man den eigentlichen Zweck der offiziellen Klimaprophetie darin sehen, jene Seelen zu schwächen, die an keinen Gott glauben.

Die traditionellen Prophezeiungen bieten uns demgegenüber die Möglichkeit, die Klimakatastrophe in einen metaphysischen Kontext zu integrieren, der uns Kraft zur Hoffnung gibt. Und zwar Hoffnung nicht in dem Sinne, dass das Unheil verhindert werde oder zumindest *wir* verschont würden, sondern in dem Sinne, *dass es von Gott kommt* – einem Gott, der sich nicht bequatschen und nicht über den Tisch ziehen lässt.

Und ich rede hier nicht deshalb von Gott, weil es um etwas zu Großes, zu Unerträgliches oder zu Unbegreifliches ginge, sondern weil dieser Klimawandel schon vor sehr langer Zeit vorausgesehen wurde. Der Klimawandel ist nicht Unfall, Irrtum oder Missgeschick – sondern Plan! Selbst wenn es sich um ein geplantes Missgeschick handelt. Deshalb liegt die eigentliche Lösung auch nicht in der Verhinderung der Klimakatastrophe, sondern darin, die wissenschaftliche Klimaprophetie als einen Akt destruktiver und irreleitender Prophetie zu erkennen. Die Wissenschaftler kennen die Zukunft nicht.

Aber genau das suggerieren sie! Und zwar jeden Tag mehr!

Wenn wir wissen, dass wir am Klimawandel schuld sind, dieses Wissen aber nicht dazu führt, dass wir ihm Einhalt gebieten, wird offensichtlich, dass das eigentliche Problem auf einer ganz anderen Ebene liegt. Von dort bis hin zu metaphysischen Konzepten ist es dann nicht mehr weit.

Die Wirtschaftskrise

Wenn Sie sich etwas mehr für wirtschaftliche Entwicklungen interessieren, so werden Sie wissen, dass die Meinungen der Wirtschaftsfachleute oft voneinander abweichen. Das fängt an mit unterschiedlichen Denkrichtungen innerhalb der Wirtschaftswissenschaften und reicht hin bis zu Börsengurus, deren Markteinschätzungen man täglich in den Medien mitverfolgen kann. Besonders stark weichen die Meinungen voneinander ab, wenn die Lage kritisch wird. Das konnte man sehr schön beim Aktiencrash 2000/2001 beobachten und bei der Immobilienblase in den USA und anderen westlichen Staaten, die sich nach dem Aktiencrash entwickelte. Der Yale-Wirtschaftswissenschafts-Professor Robert J. Schiller – Begründer einer neuen Forschungsrichtung innerhalb der Wirtschaftswissenschaften – meinte z. B. zur Immobilenblase: *„... wir befinden uns in der größten Immobilenblase, die es jemals gegeben hat, die übrigens in vielen Ländern gleichzeitig herrscht."**

Der ehemalige Chef der US-Notenbank Alan Greenspan hingegen meinte, in den USA gäbe es keine Immobilienblase, sondern nur einen *„Schaum"* – keine große Blase, sondern viele kleine. ... Wer hat schon Angst vor platzendem Schaum? Schaum platzt nicht – er knistert dezent vor sich hin.

Ähnlich gegensätzliche Standpunkte findet man auch in Deutschland: Nach der Einführung des Euros Anfang 2002 waren viele Bürger der Meinung, es handle sich dabei um einen „Teuro", doch Regierung und Medien sahen das nicht so. Zeitungen rechneten den Bürgern vor, dass es keine außergewöhnliche Teuerung gab.

Einer der wenigen Punkte, über die es jedoch über alle Lager hinweg keinen Streit gibt, ist die Tatsache, dass die Reichen immer reicher und die Armen immer ärmer werden. Und dazwischen – verschwindet allmählich der Mittelstand, in den USA, Großbritannien, Deutschland etc. Doch niemand geht dieses Problem wirklich an. Man nimmt es hin, wie den Frost im Winter und den Heuschnupfen im Sommer. Shit happens!

Dabei dürfte jedem klar sein, dass sich dieser Prozess nicht endlos fortsetzen kann, ohne dass es irgendwann zu gefährlichen sozialen Spannungen kommt. Wenn die eigentliche Ursache des Auseinanderdriftens der Gesellschaft in der zunehmenden Globalisierung zu suchen ist, folgt daraus zwangsläufig, dass auch die Gesellschaft immer mehr auseinanderdriften wird.

Es fragt sich, wann die sozialen und politischen Spannungen einen Punkt überschreiten könnten, ab dem es ebenso zwangsläufig zu einer plötzlichen Spannungsentladung kommen muss?

---

* DIE WELT vom 2. Februar 2006

Eigentlich müsste unsere politische Klasse Strategien entwickeln, die sicherstellen, dass sich soziale Spannungen unterhalb eines bestimmten Niveaus halten. Dass dies bisher erkennbar nicht stattfindet, hat wohl damit zu tun, dass diese Klasse an die Globalisierung *glaubt*. Ich denke, es ist wichtig, es ganz klar so zu sehen: Es geht um den *Glauben* einer herrschenden Schicht, der als Wahrheit verkauft wird. Dabei sollte man eigentlich wissen, dass herrschende Schichten gar nicht so selten einem Irrglauben verfallen. So glaubten frühere Herrschaftsschichten an den Faschismus oder an den Kommunismus. Und dies sind nicht die einzigen Beispiele aus Europa:

Als es im Europa des 18. Jahrhunderts zu einem deutlichen Anstieg des Bevölkerungswachstums kam, wurde das Phänomen auch für die Wissenschaft interessant. Im Jahre 1741 veröffentlichte der Berliner Gelehrte Johann Peter Süßmilch das erste bedeutende Werk zum Thema Demographie bzw. Bevölkerungsentwicklung. Rund 60 Jahre danach – im Jahre 1798 – veröffentlichte der britische Demograph *Thomas Robert Malthus* sein „Bevölkerungsgesetz". Der deutsche Demograph Herwig Birg bezeichnet in seinem Buch „*Die ausgefallene Generation*" (2005) Malthus' Theorie als „*eine der wirkungsmächtigsten Theorien der Wissenschaftsgeschichte überhaupt*", stellt aber auch fest, dass sie sich „*schon zu dessen Lebzeiten als ... falscher erwiesen hat.*"

Worum ging es in Malthus' „Bevölkerungsgesetz"? Kurz gesagt vertrat er die Ansicht, dass wenn es den Armen zu gut geht, diese zu viele Kinder in die Welt setzen, sich zu stark vermehren und infolgedessen die Grundlage ihres „Wohlstandes" wieder auffressen. Fazit: Man achte darauf, dass es den Armen nicht zu gut geht! Das Ganze erinnert durchaus ein wenig an das Management einer Rattenpopulation ...

Herwig Birg schreibt:

Gegen Ende seines Lebens hatte sich Malthus schließlich durchgesetzt, in England kam es zu einer Reform der Armengesetzgebung, die auf eine Abschaffung der staatlichen Armenhilfe hinauslief; die Ideen des „Bevölkerungsgesetzes" hätten die ihnen zugedachte Wirkung erzielt.

Wie falsch Malthus' Theorie ist, ersieht man schon allein aus der Tatsache, dass die Weltbevölkerung von damals – Ende des 18. Jahrhunderts – bis heute von 1 Milliarde auf 6,5 Milliarden angestiegen ist! Mich persönlich würde am Rande bemerkt interessieren, ob oder wie man damals den Armen die Idee verkauft hat, dass es besser sei, es ginge ihnen schlechter als besser ...

Man muss sich also im Klaren darüber sein, dass Eliten von Zeit zu Zeit einem Irrglauben anheimfallen. Dies ist eine historische Tatsache. Geht man von dem Beispiel Nationalsozialismus und Kommunismus aus, so ist zu befürchten, dass die entsprechenden Eliten ihren Irrtum nicht mehr frühzeitig erkennen und korrigieren, sondern ausharren, bis das System, an das sie glauben, mit ihnen zusammenbricht.

Der eigentliche Zeitpunkt des Zusammenbruchs des Systems käme meiner Ansicht nach in dem Moment, wo die Bevölkerung den Glauben an die Regierung verliert. Zwar redet man schon heute von einer Vertrauenskrise der Demokratie, aber – nehmen wir das Beispiel Deutschland – es gelingt der Regierung immer noch, den Glauben an eine gute oder bessere Zukunft aufrechtzuerhalten. Die Bevölkerung meckert zwar, dass man „denen da oben" nicht trauen kann. Sie fühlt sich vielleicht hintergangen, nicht ernst genommen, hin und wieder belogen, aber es ist noch kein Ausmaß erreicht, wo man von einem offenen und unverzeihlichen Verrat der Regierung am Volk sprechen würde.

Der eigentliche Test – die Stunde der Wahrheit – kommt dann, wenn es zu einem weltweiten Konjunktureinbruch kommt. Und dieser *wird* kommen, denn er kommt alle paar Jahre oder Jahrzehnte. Haben wir es dann mit einer ausgewachsenen Weltwirtschaftskrise zu tun – wird dieser Test umso härter.

Eine ganze Reihe von Prophezeiungen – alles Quellen aus einer Zeit, als der Begriff „Globalisierung" noch unbekannt war – deuten darauf hin, dass unser aktuelles Wirtschaftssystem komplett an die Wand fährt. Bei vielen Quellen – insbesondere bei den älteren – finden sich zwar keine direkten Hinweise auf eine Wirtschaftskrise, doch es finden sich sehr häufig Hinweise auf zeitgleiche bürgerkriegsähnliche Unruhen in zahlreichen Staaten Westeuropas.

Diese Unruhen oder bürgerkriegsähnlichen Zustände sollen sehr kurz vor dem Einfall Russlands, oft gleichzeitig in mehreren Staaten Westeuropas ausbrechen. Italien und Frankreich werden dabei besonders häufig erwähnt, aber auch Deutschland. Und obige Fälle lassen sich eindeutig von Unruhen, die *Folge* des Krieges wären, unterscheiden!

Allein schon der Umstand, dass gleichzeitig die wirtschaftlich stärksten Staaten Europas davon betroffen sein sollen, deutet auf eine gemeinsame Ursache hin – eine große Weltwirtschaftskrise. Wenn auch bei den meisten älteren Quellen fehlend – so finden sich in jüngeren Quellen genug Hinweise darauf, dass diese Unruhen durch eine wirtschaftliche Katastrophe ausgelöst werden.

Der Verlauf der Wirtschaftskrise und die konkreten Auswirkungen lassen sich anhand der Quellen einigermaßen gut skizzieren. Es werden zahlreiche Details erwähnt.

Für den Leser von besonderem Interesse sind natürlich diejenigen Details, die die Frühphase der Wirtschaftskrise beschreiben, also jene Phase, wo sich bestimmte Gefahren abzuzeichnen beginnen, man aber noch Zeit und Geldmittel hätte, um bestimmte Vorkehrungen zu treffen. Aus heutiger Sicht dürfte es sich dabei hauptsächlich um eine drastisch gesteigerte Inflation handeln.

Inflation

Irlmaier (1959-I-®): *„Mädchen, du erlebst die große Umwälzung, die kommen wird. Zuerst kommt ein Wohlstand wie noch nie. Dann folgt ein Glaubensabfall wie nie zuvor. Darauf eine noch nie da gewesene Sittenverderbnis. Alsdann kommt eine große Zahl fremder Leute ins Land. Es herrscht eine hohe Inflation. Das Geld verliert mehr und mehr an Wert. Bald darauf folgt die Revolution. Dann überfallen die Russen über Nacht den Westen."* (20/24)

Irlmaier erzählte das einer Caritas-Schwester. Die *fremden Leute*, die ins *Land* kommen (vermutlich nach Bayern, Irlmaiers Heimat), dürften ausländische Gastarbeiter sein, aber auch Norddeutsche bzw. „Preußen" vor der Wiedervereinigung, und danach auch Ostdeutsche, die wegen des guten Arbeitsmarktes nach Bayern kommen.

Buchela (1983-II): *„In sechs bis acht Jahren [also 1989 bis 1991, Anm. B.] wird es mit dem Geld böse. Es wird zu einer Inflation kommen, die nicht so schlimm ist, wie die in den zwanziger oder dreißiger Jahren, aber dennoch so, dass man für das Geld nicht mehr viel kaufen kann. Das bedeutet aber nicht, dass die Regierenden in Deutschland das Geld ruiniert haben. Vom Ausland her wird alles kaputtgemacht werden. ... Sie werden euch in den Abgrund ihrer Unfähigkeit hinabziehen."* (40/185)

Die Zeitangabe 1989–1991 ist natürlich falsch. Da Buchela aber mit zu den besten Quellen zählt und Datumsvorhersagen auch bei solchen Quellen nur zu oft danebenliegen, kann man darüber hinwegsehen.

Somit hätten wir zwei der besten deutschen Quellen des 20. Jahrhunderts, die eine Inflation voraussagen. Der Prozess der stattfindenden schleichenden Verarmung lässt sich z. B. gut an der zunehmenden Verbreitung von Billigläden erkennen. Ein Phänomen, das jeder in seiner Stadt beobachten kann.

David Wilkerson (1973-III-USA): *„Nicht nur der amerikanische Dollar wird in sehr große Schwierigkeiten geraten, sondern auch alle anderen Währungen der Welt. Ich sehe, wie **Europa** von einer totalen ökonomischen Verwirrung gepackt wird, die dann auch Japan, die USA, Kanada und kurz darauf alle anderen Nationen der Erde ergreift.*
Es ist nicht eigentlich eine Wirtschaftskrise, die ich kommen sehe – aber eine Rezession von solchem Ausmaß, dass dadurch die Lebenshaltung fast aller Gehalts- und Lohnempfänger auf der Welt beeinflusst wird." (36/19)

Währungen als Auslöser oder Beschleuniger einer Weltwirtschaftskrise sind recht naheliegend. Ob aber die Dominosteine von Europa Richtung USA oder umgekehrt fielen, sei dahingestellt.

Spricht man von der Höhe der aktuellen Inflation, so bezieht man sich dabei in der Regel auf die Zahlen, die vom Staat bzw. entsprechenden Instituten veröffentlicht werden. Zwischen 1997 und 2005 schwankte dieser Wert in Deutschland – von kurzzeitigen und kleinen Ausreißern abgesehen – zwischen rund 0,5 und 2 %. Mit der Einführung des Euros jedoch machte sich – wie jeder weiß – in der Bevölkerung das Gefühl breit, dass die tatsächliche Teuerungsrate deutlich darüber liegt – der Euro wurde zum *Teuro*.

„Gefühlte" Inflation im Dezember 2005 über 9 %!

Die Diskrepanz zwischen offiziell verkündeter und vom Bürger wahrgenommener Inflation hatte zur Folge, dass das Statistische Bundesamt eine Studie zur subjektiven, „gefühlten" Inflation erstellte. Dabei wurde es unterstützt von dem schweizerischen Statistik-Professor Brachinger. Zusammen entwickelte man einen Index für die gefühlte Inflation. In einem Interview mit dem Stern Anfang 2006 erklärte Professor Brachinger die Diskrepanz zwischen offizieller und „gefühlter" Inflation damit, dass vor allem Güter des täglichen Bedarfs – also Brötchen, Zeitung etc. – teurer würden, wohingegen einige langlebigere Güter, die man selten kauft, wie beispielsweise Computer, billiger würden bzw. sich moderater verteuerten. Der Verbraucher nimmt zudem Preissteigerungen weit intensiver wahr als Preissenkungen. Anders ausgedrückt: Je weniger Geld man hat, um es in langlebige Güter zu investieren, die man logischerweise seltener kauft, desto höher ist die „private" Inflation. Und diese ist *real* und nicht nur – gefühlt!

Professor Brachinger: *„2005 lag die wahrgenommene Inflation durchschnittlich über 8 Prozent, im Dezember gar bei 9,6 Prozent – ein Vielfaches über dem offiziellen Verbraucherpreisindex."*

Wenn man will, kann man das Thema Inflation aber auch anders angehen: Letztlich zählt für den Einzelnen nicht, wie viel Kaufkraft ein Euro hat, sondern wie viel Kaufkraft seine Arbeitskraft pro Zeiteinheit hat. Fallende oder stagnierende Einkommen bei moderater Inflation haben schließlich den gleichen Effekt wie galoppierende Inflation bei moderat steigenden Einkommen.
Letztlich kommt es darauf an, wie lange man arbeiten muss, um einen bestimmten Standard zu erreichen oder zu halten – es zählt nicht die Entwertung des Geldes, sondern die Entwertung der Arbeitskraft. Die Folge: Man arbeitet länger, es kommt zu Zweit- und Drittjobs.

Die Diskrepanz zwischen individuell wahrgenommener und offizieller Inflation ist ein Sinnbild für die zunehmende Entfremdung zwischen den Bürgern und der Regierung. Und das gilt nicht nur für Deutschland, sondern für viele westeuropäische Staaten. Die WELT vom 20. Dezember 2006 veröffentlichte eine europaweite Bilanz nach 5 Jahren Euro:

Niederlande – *Dort musste die Regierung im vergangenen Jahr zugeben, dass der Gulden bei der Festlegung der Umtauschverhältnisse um fünf bis zehn Prozent zu niedrig bewertet wurde ... viele Niederländer waren empört über die Preissteigerungen nach der Einführung der Gemeinschaftswährung und <u>fühlten sich beraubt</u>.*
Italien – *Wenn die Italiener heute spürbar weniger Geld als vor fünf Jahren in den Taschen haben, kann es in der öffentlichen Meinung nur einen Grund dafür geben ... der Euro.*
Frankreich – *... Viele Franzosen <u>fühlen sich über den Tisch gezogen</u>.*
Spanien – *[der Euro, Anm. B.]... hat dem Land eine enorme Teuerung gebracht. Die Lebenshaltungskosten sind in den vergangenen fünf Jahren um 60 Prozent gestiegen, die Löhne hingegen nur um 20 Prozent. Viele Spanier haben sich daher mit Immobilienspekulationen ein Zusatzeinkommen verschafft.*
Griechenland – *... bei Lebensmitteln und Dienstleistungen wurden in Griechenland 2002 Verteuerungen zwischen 11 und 40 Prozent festgestellt. ...*

Es stellt sich somit die Frage, wann der Punkt kommt, ab dem das Gefühl, über den Tisch gezogen oder gar beraubt zu werden, so stark wird, dass es für die Regierungen ein nicht mehr zu beherrschendes Problem wird?

Steuererhöhungen

Mühlhiasl (1825-II-Bayern): „*Die hohen Herren machen Steuern aus, die kein Mensch mehr zahlen wird. Viele neue Gesetze werden gemacht, doch nimmer ausgeführt. ... Ein gar strenger Herr wird kommen und den armen Leuten die Haut abziehen. Der wird auch nicht lange regieren, denn wenn alles das eingetroffen ist, dann kommt das große Abräumen. ...*" (22/65)

Josef Naar (1763-III-Tschechien): „*Es werden so viele verschiedene Steuern aufkommen, dass die Obrigkeiten nicht mehr wissen, was für Namen sie ihnen geben sollen.*" (8/44)

Sibylle Michalda (1868-III-Tschechien): „*Das 8. Zeichen [von 12, Anm. B.] wird sein, wenn im Gelde eine Veränderung geschieht und durch lange Zeit dauern wird, und dabei verschiedene große, unerhörte und unerträgliche Abgaben und Steuern eingeführt werden.*" (8/38)

Der Prozess der Steuererhöhung ist in Deutschland seit Herbst 2005 gut zu beobachten. Wurde im deutschen Bundestagswahlkampf 2005 noch darüber gestritten, ob man die Steuern überhaupt erhöhen dürfe, so war sich die große Koalition nach der Wahl schnell einig, dass man die Steuern *unbedingt* erhöhen müsse. Es kam zu der größten Steuererhöhung seit 1949. Das Argument: Dem Staat fehle es an Geld und man habe schlichtweg keine andere Wahl.

Der Hintergrund: Der Staat ist inzwischen so hoch verschuldet, dass die Schuldenberge beginnen, die Existenz des Staates zu bedrohen. Besteuert man Großunternehmen höher, so verlassen sie das Land, also bleiben nur Steuern für Arbeitnehmer und Unternehmen, die nicht aus Deutschland weg können.

Folgt man Mühlhiasl, so würden die Steuern immer weiter steigen – Angela Merkel flöge zwischenzeitlich aus dem Amt –, bis ein strenger Herr (vermutlich mit Stiernacken, siehe Seite 85) den „armen Leuten die Haut abzieht". Ob sich Letzteres auf exzessive Steuererhöhungen und / oder Kürzung der Sozialleistungen bezieht, kann uns egal sein. Wenn sich dieses Vorzeichen erfüllt hat, ist es eh zu spät für größere materielle Vorbereitungen.

O.K. Dies waren die beiden wesentlichen wirtschaftlichen Vorzeichen: Steuererhöhungen und Inflation. Die nachfolgenden Zitate beziehen sich noch auf andere Aspekte.

Allgemeine soziale Situation

Dem eigentlichen Crash – quasi dem offenen Ausbruch einer wirtschaftlichen Krankheit – dürfte eine längere Phase einer zunehmenden wirtschaftlichen Schwächung vorausgehen. Für die meisten Menschen bedeutet dies letztendlich, dass ihre Arbeitskraft an Wert verliert. Entweder sie verarmen zusehends oder sie müssen mehr arbeiten, um ihr bisheriges Niveau zu halten.

Buchela (1983-II): *„Glaubt nicht, dass die Zeiten der vielen Arbeit ein für allemal vorüber sind. Ich sehe fürs nächste Jahrzehnt Härten auf euch zukommen. Ihr werdet von liebgewonnenen Vergnügen, von Urlaub und Dauer-Freizeit Abschied nehmen und euch mehr der Arbeit widmen müssen. Von einer 35-Stunden-Woche wird nicht mehr die Rede sein. Freiwillig werden sich viele bemühen, mehr Arbeit zu bekommen."* (40/45)

In der WELT vom 11. November 2006 fand sich in der Beilage „Karriere Welt" – welch Ironie – folgender Artikel über einen 36-jährigen Softwareentwickler mit einer 30-Wochenstunden-Stelle in einer Computerfirma, der sich zu einem Zweitjob gezwungen sah:

Wenn eine Stelle nicht mehr reicht

... Für seinen eigenen Lebensunterhalt würde sein Verdienst in der Computerfirma zwar ausreichen, für seine kleine Familie jedoch nicht. „Ohne das, was mein Nebenjob im Sommer abwirft, könnten wir einpacken", sagt er. Sein Chef sehe es nicht gerne, dass er noch nach Feierabend einer kräftezehrenden Service-Tätigkeit nachgeht. ... Ein Akademiker in Festanstellung, der gezwungen ist, in seiner Freizeit zu kellnern, um Frau und Kind zu ernähren – vor 20 Jahren

[1986! – siehe 1983 oben bei Buchela, Anm. B.] wäre solch ein Lebensentwurf noch undenkbar gewesen. Heute ist er für viele Menschen Realität. Immer mehr Arbeitnehmer bekleiden unfreiwillig Teilzeitstellen, immer mehr üben Zweit- oder Drittjobs aus. Mit den zusätzlich gewonnenen Einkünften werden keine Luxusgüter angeschafft oder Sonderwünsche erfüllt – sie dienen zur Absicherung des Lebensunterhalts. Der Anteil der Teilzeitbeschäftigten unter den Arbeitnehmern stieg laut einer OECD-Studie in Deutschland von 14,2 Prozent im Jahr 1995 auf 21,8 Prozent in 2005.

Die Seherin Buchela äußerte sich in ihrem Buch „Ich aber sage euch" noch an anderen Stellen zur – aus ihrer Sicht – zukünftigen sozialen Entwicklung in Deutschland und Europa:

Buchela (1983-II): *„Die inneren Unruhen in Europa werden zunehmen. Ihr werdet es mit Leuten zu tun bekommen, die, ohne auf das Allgemeinwohl zu achten, ihren Willen durchsetzen. Dies sind zwar nur wenige, aber sie werden die großen Gruppen führen. Und die Großen werden aus Feigheit stillhalten und sich geehrt fühlen, weil die Kleinen ‚Freund' zu ihnen sagen. ..."* (40/241)

Wer dächte da nicht an irgendwelche Spitzenmanager, die Tausende Arbeitnehmer entlassen und gleichzeitig ihre Gehälter drastisch erhöhen – oder mit den Profiten aus ausgeschlachteten Firmen von dannen ziehen.

„Diebe und Brandstifter werden euer Leben beherrschen, Raub wird euch vertraut sein und Mord wird euch nicht mehr schrecken." (40/241)
„Denn eine Zeit wird auf euch zukommen, da wird das Unterste zuoberst gekehrt und Reichtum und Ruhm werden ein Fluch sein und das Leben gefährden. Und die Furcht vor dem Morgen wird in allen sein." (40/119)

Entsprechende Stimmungslagen wären denkbar, wenn es zu einem Wirtschaftscrash kommt und den Regierungen die Dinge entgleiten.

Der Crash selbst

Egger Gilge (1735-II-Tirol): *„Die Gaben werden langsam hinaufgehen, als wenn einer einen Gratten hinaufzöge, immer weiter, immer höher. Dann, wenn alles so teuer ist, dass die Leute sagen werden: Jetzt hat es kein Gleichnis mehr, so ist es,* **als ob einer den Strick abhacken würde** *und der Gratte springt schnell auf den Boden herab. Alles wird nichts mehr wert sein. Wenn einer Grund und Boden hat, der wird noch etwas haben, die anderen werden alle nichts mehr haben.* **Das ausgeliehene Geld wird alles hin sein.** *"* (66/110)

Dieser Text beschreibt einen plötzlichen wirtschaftlichen Zusammenbruch, nach einer langen Phase ansteigender Preise. Wenn dort steht *„Alles wird nichts mehr*

wert sein", so dürfte sich das aber nicht auf die Güter des täglichen Bedarfs beziehen (Lebensmittel, Kleidung etc.), sondern auf alle möglichen Formen der Geldanlage, die in den Jahren zuvor überflüssige Geldmittel aufgesogen haben und so die eigentliche Inflation kaschiert haben: Aktien, Immobilien, Staatsanleihen, Anlagen bei Banken und Versicherungen.
Wenn die Banken in großem Umfang Kredite abschreiben müssen, so hat das auch Auswirkungen auf entsprechende Einlagen. Sie sind nichts mehr wert.

Buchela (1983-II): *„Die euch die Sorgen abnehmen, werden von eurem Geld Paläste und Schlösser bauen, und sie werden so viel Geld haben, dass sie zu den Mächtigsten der Welt gehören. Die Könige werden zu ihnen gehen müssen, um sich Geld zu leihen. Sie werden es den Königen geben und dafür verlangen, dass man euch ihrer Obhut von Kindesbein bis zum Grabe anvertraut. Ihr werdet <u>mehr als dreimal den Zehnten eures Geldes</u> an sie geben – und werdet, wenn euch die Sorge ereilt, wie Bettler vor den eisernen Türen stehen. Und sie werden euch bereden und beweisen, dass ihr Unrecht habt. Hütet euch vor dieser Macht; der König will und kann euch nicht vor ihr beschützen."* (40/191)

Hm, man bekommt fast den Eindruck, Buchela hätte etwas gegen Versicherungskonzerne. Vorschlag: Nehmen Sie einmal Ihren Taschenrechner und rechnen Sie nach, wie viel Prozent Ihres Geldes Sie monatlich auf die Konten der Versicherungsgesellschaften überweisen.
Nebenbei bemerkt eine interessante Idee: Die Verschuldung des Staates macht ihn gegenüber dem Großkapital so erpressbar, dass Letzteres eine geänderte Gesetzgebung erzwingen könnte – Stichwort private Vorsorge –, so dass Geld aus ursprünglich staatlichen Töpfen in private umgelenkt wird. Und dann – das kennt man aus den USA – nehmen große Pensionsfonds die riesigen Finanzmittel, die sie zuvor bei den Bürgern eingesammelt haben, kaufen weltweit Firmen auf, strukturieren sie um, verkaufen sie mit Gewinn, und nicht selten bleibt die Belegschaft auf der Strecke.

David Wilkerson (1973-III-USA): *„Doch **weder Silber noch Gold werden echte Sicherheiten vermitteln**. Der schwankende Wert dieser Edelmetalle wird ein Teil des Gesamtbildes der wirtschaftlichen Verwirrung werden, von der die Welt ergriffen wird. Ob sie es glauben oder nicht – aber auch das Gold wird seinen Wert nicht behalten. Leute, die Gold horten, werden sehr große Verluste erleiden. Dies ist eine der eindeutigsten Voraussagen dieses Buches."* (36/27)

Gold ist *die* klassische Anlageform in unsicheren Zeiten. Fiele der Goldpreis im Rahmen einer Weltwirtschaftskrise, so wäre das schon sehr, sehr merkwürdig. Umso merkwürdiger wird es, wenn David Wilkerson betont, dies sei *eine der eindeutigsten Voraussagen* seines Buches.

Ein in Krisenzeiten fallender Goldpreis ließe sich dadurch erklären, dass eine ganze Reihe von Staaten vom Staatsbankrott bedroht wären und quasi gleichzeitig ihre Goldbestände verkaufen. Oder aber, der Goldhandel darf nur noch unter staatlicher Kontrolle betrieben werden und der Staat gibt die Preise vor. Eine dritte Variante liefe darauf hinaus, dass der Preis von globalen Interessenverbänden bewusst heruntermanipuliert wird, ein Standpunkt, den *Ferdinand Lips* in seinem 2003er Buch „*Die Gold-Verschwörung*" vertritt.

Ein dauerhaft niedriger Goldpreis – wonach Wilkersons Zeilen klingen – erscheint mir aber extrem unwahrscheinlich. Nach den Katastrophen dürfte Gold wieder einen angemessenen Wert haben. Man sei also keinesfalls so dumm, im Zuge einer allgemeinen Panik sein Gold zu verkaufen. Ich glaube, David Wilkerson ist hier ein fataler Fehler unterlaufen. Gut möglich, dass das Gold zeitweilig kollabiert und der Preisverfall des Goldes in besonderer Weise die allgemeine Verwirrung kennzeichnet, aber wenn sich die Dinge später wieder ordnen, dürfte auch Gold wieder dort sein, wo es jahrtausendelang war: Von hohem Wert und vor allem – wertbeständig!

Die nun folgende Quelle, die ich noch an anderer Stelle erwähne, kündigt 12 Vorzeichen an – hier die Zeichen 6 bis 7:

Sibylle Michalda (1868-III-Tschechien):

„*Das 6. Zeichen wird sein, wenn die Häuser, **Güter und Gründe weit über ihren Werth** geschätzt und verkauft werden.*

*Das 7. Zeichen wird sein, wenn die Menschen viele Obst- und Weingärten und Wiesen und verschiedene wüste Orte umackern und Felder aus ihnen machen werden und das **Brod dabei dennoch theurer** wird.*"

Hier wird eine Phase wirtschaftlicher Turbulenzen im Gebiet Tschechiens beschrieben. 6. Zeichen: Immobilienspekulation – vermutlich verursacht durch den Zugriff internationaler Spekulanten nach dem Zerfall des Warschauer Paktes. 7. Zeichen: Der Hinweis auf das Brot deutet darauf hin, dass die neuen Felder zum Anbau von *Getreide* angelegt werden. Vergrößert sich die Anbaufläche für Getreide, müsste das Brot eigentlich billiger werden. Geschieht das nicht, dürfte dies am Weltmarktpreis für Getreide liegen. Also entweder gibt es Missernten irgendwo auf dem Planeten, oder aber – auch eine Möglichkeit – infolge extrem hoher Ölpreise lohnt der Anbau und die Verarbeitung von Feldfrüchten zur Bio-Sprit-Erzeugung! Hohe Ölpreise halte ich gegenüber Missernten für wahrscheinlicher, denn bei entsprechenden Investitionen in der Landwirtschaft dürften langfristige Prognosen ausschlaggebend sein. Missernten könnten schon im nächsten Jahr ausbleiben – eine strategische Ölknappheit böte demgegenüber eine verlässlichere Planungsgrundlage.

Die Zeitspanne zwischen Crash und Aufstand

Vieles spräche dafür, dass die Wirtschaftskrise durch einen Crash ausgelöst wird. Aus heutiger Sicht (Anfang 2007) könnte das z. B. ein Crash der Immobilienblase in den USA sein. Käme es in den USA zu einem Immobiliencrash, so würde noch gewisse Zeit vergehen, bis die Ausläufer Europa erreichen.

Der SPIEGEL vom 11. Dezember 2006 befasste sich anlässlich eines deutlichen Wertverlustes des US-Dollars mit der Frage, wie abhängig die deutsche Wirtschaft von den USA sei. Der Leser wurde einerseits mit der Tatsache beruhigt, dass Deutschland nur 8,8 % seiner Güter in die USA exportiert und somit weit weniger von den USA abhängt, als noch vor wenigen Jahrzehnten. Andererseits hieß es, dass bei Kursen von 1 Euro = 1,50 US-Dollar mit „massiven Schwierigkeiten" zu rechnen sei. Als der Artikel verfasst wurde, lag der Euro bei 1,33 Dollar. Andererseits wäre natürlich auch damit zu rechnen, dass sämtliche Handelspartner der USA von einem dortigen Niedergang betroffen wären, so dass es nach einiger Zeit auch eine Bremsspur im – sagen wir einmal – deutsch-chinesischen Handel geben dürfte.

Da europäische Exporteure zunächst noch mit bereits vertraglich gesicherten Aufträgen beschäftigt wären, würde ein Rückgang der Bestellungen aus den USA (und anderswo) die hiesige Wirtschaft zeitversetzt treffen. Geht dann aber irgendwann die exportorientierte Produktion zurück, dürfte es bald zu Massenentlassungen kommen. Steigt dann die Arbeitslosigkeit rapide an und überschreitet einen bestimmten Punkt, dürfte es zu Unruhen in Europa kommen.

Die entscheidende Frage, die sich also stellt, lautet:

Wie viel Zeit könnte zwischen einem Crash in den USA und dem Ausbruch von Massenunruhen in Westeuropa vergehen?

Möglicherweise brauchbare Anhaltspunkte bietet die Weltwirtschaftskrise, die am 24. Oktober 1929 ihren Anfang nahm. Zur Veranschaulichung die Entwicklung der Arbeitslosenzahlen in Deutschland zwischen 1928 und 1932:

Jahr	Arbeitslose in Deutschland in Millionen	Zunahme gegenüber 1928
1928	1,4	
1929	1,9	35 %
1930	3,1	121 %
1931	4,5	221 %
1932	5,6	300 %

Zahlen nach dem Statistischen Jahrbuch des Deutschen Reiches (StJbDR), 1939/40

Da die Beschäftigungsquote in der Weimarer Republik jedoch weit unter der heutigen lag, bedeuteten die 5,6 Millionen Arbeitslosen von 1932, dass die Arbeitslosenquote bei rund *einem Drittel* lag! Als die Bezugsdauer für Arbeitslosengeld und die Leistungen der kommunalen Sozialfürsorge gekürzt wurden, kam es 1931 zu ersten Demonstrationen, Plünderungen und Hungermärschen (!) – also ca. 18 Monate nach dem Crash in den USA! Im Ruhrgebiet führte Mangelernährung zu einer erhöhten Sterblichkeit besonders bei Kindern und ließ Krankheiten wie die Tuberkulose aufflammen. Einer anderen Quelle nach ist die Arbeitslosigkeit von Ende September 1929 bis Februar 1930 von 1,4 Mio. auf 3,5 Mio. angestiegen!
Das wäre mehr als eine *Verdopplung in nur 4-5 Monaten!*

Natürlich lassen sich die Weimarer Verhältnisse nur bedingt auf Deutschland heute übertragen. Ob dies aber bedeutet, dass der Niedergang heute schneller oder langsamer wäre? Wer will das wissen?

Sollbruchstellen

Die Arbeitslosen in Deutschland sind heutzutage nicht gleichmäßig verteilt, sondern besonders im Osten konzentriert. Der Kahn der deutschen Volkswirtschaft liegt also nicht nur etwas tief, er hat zudem auch noch Schlagseite, was ihn anfälliger für höheren Seegang macht. Hinzu kommt, dass eine höhere Arbeitslosigkeit auch die Probleme mit den Ausländern potenziert. So lag die Arbeitslosigkeit unter den Türken in Deutschland bereits 2004 bei rund 30 %. Das bedeutet, dass das Deutschland von heute ein paar strukturelle Schwächen aufweist, die es um 1930 herum noch nicht gab. Überdies ist zu vermuten, dass heutzutage eine weit geringere Leidensfähigkeit herrscht als damals. Schließlich lag Anfang der 30er Jahre der Erste Weltkrieg gerade einmal 12 Jahre zurück und das Volk war an Leid gewöhnt.

Dann fragt sich, inwieweit moderne Marktmechanismen die Ausbreitung eines ökonomischen Flächenbrandes beschleunigen könnten? Wie würden z. B. multinationale Konzerne mit ihren westeuropäischen Produktionsstandorten verfahren, wenn die Weltwirtschaft abschmiert? In einer solchen Krise verschärft sich der Konkurrenzkampf noch mehr und es könnte verstärkt zur Produktionsverlagerung ins Ausland kommen. Das wiederum wäre dann wohl für alle alten und neuen Globalisierungsgegner der schlagende Beweis dafür, dass die jahrelange unternehmensfreundliche Politik der europäischen Regierungen einem Verrat am Volk gleichkommt.

Und wie sähe die Situation aus, wenn es zeitgleich eine Art Erdöl-Embargo gäbe? Was, wenn Russland zudem seine Öl- und Gasexporte als Druckmittel einsetzt, weil ihm die Nahostpolitik der USA und der NATO nicht schmeckt?

Wie Sie sehen, ist es nicht einfach, die Länge der Zeitspanne zwischen „Crash und Aufstand" abzuschätzen. Meine Vermutung: Mindestes ein halbes Jahr.
Ob der eigentliche wirtschaftliche Niedergang in Europa erst im Jahr des Krieges oder schon im Jahr davor beginnt, kann man meiner Ansicht nach anhand der vorliegenden Quellen nicht beantworten.

Die unnötige Tragödie

In unserer materialistischen Gesellschaft gilt die Wirtschaft als der eigentliche Motor. Damit überhaupt irgendetwas laufen kann, muss erst einmal die Wirtschaft laufen. Und da es sich um eine kapitalistische Wirtschaft handelt, muss es ein Wirtschaftswachstum geben.
Dieses Wachstum stößt aber – wie bereits erwähnt und allgemein bekannt – naturbedingt und zwingend logisch irgendwann an seine Grenzen. Diese Grenzen werden durch die Größe des Marktes definiert. Man kann an 100 Menschen nur 100 oder vielleicht 200 Fahrräder verkaufen, aber keine 20.000!
Nähert sich das Wachstum dieser Grenze, verschärft sich der Konkurrenzkampf der betreffenden Marktteilnehmer, die Produktpreise fallen und aus vielen kleinen Marktteilnehmern werden wenige große. Infolge der sinkenden Produktpreise fallen auch die Löhne und langsam gerät die Gesellschaft aus den Fugen.
Eine Strategie, den selbstprogrammierten Tod einer wachstumsabhängigen Wirtschaft hinauszuzögern, besteht in der Erschließung *neuer* Märkte. Das kann rein geografisch erfolgen, indem man in neue Länder expandiert oder indem man komplett neue Märkte durch neue Produkte schafft. Der Zerfall der UdSSR und des Warschauer Paktes mit der anschließenden Öffnung ihrer Märkte war letztlich nichts anderes als eine Frischzellenkur für die kapitalistische Welt. Dasselbe gilt für China, Indien und einige andere Staaten. Der Schritt vom westlichen Kapitalismus zur globalisierten Wirtschaft ändert jedoch nichts am eigentlichen Problem. Irgendwann sind die Märkte gesättigt.

Wo stünden wir heute eigentlich, wenn unser Planet schlicht und einfach etwas kleiner wäre und man infolge einer kleineren Erdoberfläche ein paar Millionen Quadratkilometer wegstreichen müsste – so dass der Platz für China, Indien und ein paar weitere Landmassen fehlen würde?
Ganz im Ernst! In welcher Situation befänden wir uns dann jetzt? Befänden wir uns in einer hoffnungslosen Krise? Oder würden wir von einer Welle neuster innovativer Produkte an den Strand einer goldenen Zukunft gespült?

... Wird die Angst vor der Wachstumsgrenze bestehender Märkte zu bedrohlich, kramen jene, die an die Religion des Kapitalismus glauben, die Schutzheilige des Wachstums hervor – die *Heilige Innovatia!*

Eingehüllt in ihren goldenen Umhang schwebt sie herab aus den Himmeln des ewigen Wachstums, begleitet von sphärischen Klängen klingender Münzen. Sie beugt sich zu uns hinab, sieht uns mit ernstem Blick tief in die Augen und sagt dann:

„Siehe – ich bringe euch die Innovation. Sie wird euch das Leben vereinfachen und verbessern. Achtet sie! Arbeitet für sie, kauft sie – und glaubt an sie! – Macht ihr das aber nicht, wird mein Herr euch mit Armut strafen und feindliche Heere schicken, um euer Land zu verwüsten!"

Die Suggestion ewigen Segens durch ewige Innovation hat aber u. a. eine entscheidende Schwachstelle: Neue Produkte können den Zusammenbruch des Systems nur dann wirklich verhindern, wenn sie letztlich vom Verbraucher gekauft oder in irgendeiner Form genutzt werden. Innovationen für eine kleine Elite können das System nicht retten, sondern diese Innovationen müssen irgendwann beim normalen Verbraucher landen. Das aber setzt voraus, dass dieser erstens das Geld dazu hat und zweitens auch motiviert ist, sie zu kaufen. Folgt man der Suggestion der ewigen Innovation, so bedeutet dies vereinfacht ausgedrückt, dass sich in der Wohnung eines Verbrauchers immer mehr Güter ansammeln. Irgendwann aber kommt der Punkt, ab dem der noch verbliebene freie Platz in der Wohnung mehr Wert hat, als ein neues Produkt, das diesen Platz zustellt!

Anders ausgedrückt – die Suggestion der ewigen Innovation stößt irgendwann an die Grenze der natürlichen menschlichen Bedürfnisse. Diese lässt sich zwar in gewissem Maß überschreiten, jedoch nur um den Preis einer Degenerierung des Menschen. Wer zu viel frisst, wird krank. Wer zu viel Fernsehen sieht, verblödet, wird auch fett, bekommt schlechte Augen etc.

Kurzum: Das ganze System ist krank. „Nicht weiter schlimm!" könnte man sagen, dann müssen wir es eben reformieren und unsere Innovationskraft *auf das System selbst richten* – und nicht auf pseudoinnovative Produkte, von denen wir längst wissen, dass sie uns nicht glücklicher machen können!

An diesem Punkt aber hakt das System. Statt dem Patienten eine wirksame Medizin zu verordnen, werden ihm nutzlose Therapien aufgeschwatzt und Hoffnung auf baldige Genesung gemacht.

Wo das letzten Endes hinführt, ist klar: Der Patient vergreift sich am Arzt.

Bürgerkriege in Italien und Frankreich

Unmittelbar vor dem Angriff Russlands soll es in mehreren westeuropäischen Staaten zu gewalttätigen Unruhen kommen. Dabei werden vor allem Italien und Frankreich hervorgehoben. Italien soll der erste Staat sein, der die Schwelle zum Bürgerkrieg überschreitet. Frankreich soll zügig folgen. Diese Destabilisierung von „Feindstaaten" dürfte den Russen hervorragend ins Konzept passen, so dass die Vermutung auf der Hand liegt, Russland sei hieran nicht ganz unbeteiligt – beispielsweise durch eine geheimdienstliche Unterwanderung der italienischen Kommunisten und Sozialisten.

Voraussagen zu Ländern mit bürgerkriegsähnlichen Unruhen in ...										
(unvollständige Auflistung)										
Quelle	Zeit	Herkunft	Q.	Italien	Frankreich	Deutschland	Österreich	Spanien	England	Liter.
Nectou	1772	Frankreich	III		JA				JA	7/304
Lenormand	1843	Frankreich	III		JA					15/81
La Salette	1846	Frankreich	II	VOR	VOR					7/364
Lied der Linde	1870	Deutschland	II	VOR		JA				7/376
Feldpostbriefe	1914	Deutschland	I	JA						12/97
Kugelbeer	1922	Österreich	II	JA	JA	JA			JA	15/100
Kath.a.d.Ötztal	1951	Österreich	III				JA			8/88
Irlmaier	1959	Deutschland	I	VOR	JA	VOR				8/60
Waldviertler	1959	Österreich	II	VOR		JA				12/263
Pater Pio	1968	Italien	I	VOR						8/152
Lueken	1970	USA	III	VOR						16/117
Biernacki	1984	Polen	IV	VOR	JA			JA		8/281

VOR = noch vor dem Angriff Russlands
JA = nicht ganz klar, ob noch vor dem Angriff Russlands, aber klarer Kontext mit „drittem Weltkrieg"

Zu den konkreten Ursachen und eigentlichen Anlässen für die bürgerkriegsartigen Zustände finden sich in den Quellen keine direkten Hinweise. Es gibt zwar die schon erwähnten Hinweise auf eine dramatische europaweite Wirtschaftskrise, jedoch gibt es praktisch keine einzige Quelle, die klar sagt, die Unruhen seien eine unmittelbare Folge der wirtschaftlichen Probleme. Das mag bei älteren Quellen daran liegen, dass sie keine oder kaum äußere Anzeichen großer Armut sahen und sich – im Vergleich zu früheren Jahrhunderten – aus ihrer Sicht trotz allem noch ein äußeres Bild des Wohlstandes bot.

Im Zusammenhang mit dem zeitgleich unterhalb der Eskalationsstufe brodelnden Nahostkrieg wäre auch denkbar, dass die europäischen Regierungen eine Nahostpolitik verfolgen, die keinerlei Zustimmung bei der Bevölkerung findet. Das könnte extremen politischen Kräften – beispielsweise den italienischen Kommunisten – in die Hände spielen.

Italien

Das hervorstechendste Ereignis des Bürgerkriegs in Italien wären blutige Unruhen im Vatikan und eine überstürzte Flucht des Papstes! (siehe nächstes Kapitel „*Was weiß der Papst?*") Naheliegenderweise greifen gerade katholische Prophezeiungen die Flucht des Papstes auf, so dass sich für die Unruhen in Italien eine breite Quellenbasis ergibt. Die Vorhersagen zur Flucht des Papstes sind so zahlreich, oft ziemlich alt und bisweilen von seherischen Quellen, die im katholischen Raum einigen Respekt genießen (z. B. Don Bosco, 1929 von Papst Pius XI. heiliggesprochen, und Pater Pio, 2002 von Papst Johannes Paul II. heiliggesprochen), so dass klar ist, dass diese Prophezeiungen im Vatikan bekannt sind! Der Literatur nach hatte sogar ein Papst selbst – Papst Pius X. (Papst von 1903 bis 1914) – eine entsprechende Vision.

Wirtschaftsdaten westeuropäischer Staaten				
Land	Wirtschafts-wachstum* in %	Arbeitslosigkeit in %		Staatsver-schuldung in % d.BIP ****
		allgemein**	Jugend-***	
Belgien	1,5	8,0	19,8	93,3
Deutschland	1,0	9,1	15,1	67,7
Frankreich	**1,2**	**9,6**	**22,0**	**66,8**
Großbritannien	2,3	5,2	12,1	42,8
Italien	**0,6**	**8,4**	**23,6**	**106,4**
Niederlande	0,9	6,1	8,0	52,9
Österreich	1,1	5,5	9,4	65,2
Spanien	2,1	9,8	22,1	43,2
* OECD, Durchschnitt 2000 bis 2005 (aufgerundet) ** OECD-Schätzung für 2006		*** Bundesinstitut f. Berufsbildung, Januar 2006 **** Bundesministerium für Finanzen, Daten zu 2005		

Von den großen Staaten Europas ist Italien derjenige, dessen Wirtschaft am anfälligsten ist. In Expertenkreisen gilt es als „*kranker Mann Europas*". Italiens Wirtschaft ist die sich am langsamsten entwickelnde Ökonomie innerhalb der EU. Die öffentliche Verschuldung beträgt schwindelerregende 106 % des Bruttoinlandsproduktes. Es fehlt Geld für die Sanierung des landesweiten Eisenbahnnetzes und der Nahverkehrssysteme in Rom und anderen Städten. Es wird zu wenig in Forschung investiert, obwohl das Land immer größere Schwierigkeiten hat, im globalen Wettbewerb mitzuhalten. Italiens Wirtschaft ist stärker als andere Länder durch kleinere mittelständische Unternehmen geprägt, und gerade diese bekommen den verstärkten Konkurrenzdruck aus Asien zu spüren (Textil-, Leder- und Keramikindustrie).

Kurzum: Die italienische Wirtschaft ist im EU-Vergleich sehr viel weniger stressresistent, so dass es von einer Weltwirtschaftskrise früher und härter getroffen werden könnte.

Hier ein paar Voraussagen zu Italien:

La Salette (1846-III-Frankreich): *„Der Franzose wird mit dem Franzosen kämpfen, der Italiener mit dem Italiener. Schließlich wird es einen allgemeinen Krieg geben, der entsetzlich sein wird."* (7/364)

Pater Pio (1961-I-Italien): *„Die rote Fahne im Vatikan ... Sie [die Kommunisten] werden sie [die Macht, Anm. B.] überraschend erreichen ... ohne Schwertstreich ... wir werden sie über Nacht an der Macht sehen."* (8/152)

Becher (1961-III-Deutschland): *„In Italien wird sich der Kommunismus erheben, um Rom, das Herz der Christenheit zu erobern; ... Maria wird den Papst und Rom vor den wilden Horden der Feinde bewahren. Außerhalb Roms jedoch wird das Blut fließen."* (16/139)

Veronika Lueken (ca.1970-III-USA): *„Ich will euch ein Zeichen zur Warnung geben, wenn es soweit ist; wenn ihr seht, dass in Rom eine Revolution im Gange ist - wenn ihr seht, dass der Heilige Vater flieht, Zuflucht sucht in einem anderen Land, wisst ihr, dass die Zeit reif ist."* (16/117)

Frankreich

Frankreich steht zwar wirtschaftlich besser da als Italien, doch die Franzosen sind bekannt für ihren Hang zur kollektiven Empörung und ihre Neigung schnell auf die Barrikaden zu gehen.

Irlmaier (1959-I-®): *„Die große Stadt mit dem hohen eisernen Turm steht im Feuer. Aber das haben die eigenen Leut' angezündet, net die, die vom Osten hermarschiert sind."* (8/60)

Marie Lenormand (1843-II-Frankreich): *„Der Pariser wird selbst mit der Wut und der Verzweiflung im Herzen und erfüllt von der Lehre, welche der Moskowite* uns gab, mit wütender Hand die Anstrengungen unterstützen, womit die Barbaren die Könige der Städte vernichten wollen. ..."* (15/81)

Marie Lenormand (1772-1843) war eine berühmte französische Wahrsagerin. Erzogen in einem Kloster, wurde sie schon während der Französischen Revolution als Wahrsagerin bekannt. Später hatte sie Kontakt zu bedeutenden Persönlichkeiten** ihrer Zeit – beispielsweise zu der Gattin von Napoleon Bonaparte, Kaiserin Josephine (1814 gestorben) und Russlands Zar Alexander I., einem Enkel von Katharina der Großen (Zar von 1801 bis 1825). 1809 wurde Marie Lenormand von Napoleon ausgewiesen und lebte vorübergehend in Brüssel.

---

* *Lehre der Moskowite(r)* – ein klarer Hinweis auf den Marxismus-Leninismus
** Quelle: Winfried Ellerhorst O. S. B. „Prophezeiungen über das Schicksal Europas"

Auch in der **Botschaft von La Salette** (1864, Frankreich) bzw. von Melanie von Salette (1831-1904) heißt es, Paris würde von seinen eigenen Bewohnern angesteckt, und nicht etwa von den Angreifern. (15/89) Die Botschaft von La Salette geht auf eine Marienerscheinung in Südostfrankreich zurück. 5 Jahre lang wurde sie von der katholischen Kirche untersucht und schließlich offiziell anerkannt. La Salette wurde zu einem bedeutenden Wallfahrtsort.

Wer die Prophezeiungen zum Schicksal von Paris kennt, der wird im Herbst 2005 mit einiger Verblüffung verfolgt haben, wie in den Vorstädten überall in Frankreich wochenlang von frustrierten Einwandererjugendlichen Autos und einiges mehr in Brand gesetzt wurde. Zwischen dem 27. Oktober und 20. November 2005 wurden landesweit 10300 Autos* in Brand gesetzt, davon 4.200 allein im Großraum Paris. 274 öffentliche und private Gebäude wurden zerstört. Der eigentliche Anlass waren zwei Jugendliche, die auf der Flucht vor der Polizei durch einen Unfall zu Tode kamen.

Die Ereignisse in Paris wurden in ganz Europa aufmerksam verfolgt. Andere Staaten haben schließlich ähnliche Probleme mit ihren Einwanderern – z. B. England und Holland, aber auch Deutschland. Die aus meiner Sicht interessanteste Reaktion kam aber aus Russland. Russland? Ja, Russland! Die WELT vom 15. November 2005 schrieb:

Russland blickt nach Frankreich

... blickt Russland aufmerksam auf das brennende Frankreich. ... Für die russische Elite scheine der langerwartete Moment gekommen, sich zu revanchieren, meint Andrej Rjabow vom Moskauer Carnegie-Institut. Lange Zeit habe sie sich die westliche Kritik an der russischen Tschetschenien-Politik, den Menschenrechtsverletzungen und der Beschneidung der Medienfreiheit anhören müssen. Jetzt fühle sie die Zeit gekommen, den Kritikern der russischen „souveränen" Demokratie das moralische und politische Recht abzusprechen, „uns zu lehren, wie wir leben sollen". Die Vorgänge in Frankreich werden von einer Mehrheit der Russen als Beleg dafür aufgefasst, dass das demokratische System des Westens keineswegs überlegen ist. Sie sehen in der russischen Variante, die auf zunehmende Zentralisierung, den Abbau von demokratischen Freiheiten und die Re-Nationalisierung der Wirtschaft gerichtet ist, den Garanten einer Stabilität, die sie vor Ausbrüchen wie in den französischen Städten bewahren soll.

Andere deutsche Medien betonten, dass die Berichterstattung in den russischen Medien besonders ausgiebig war.

---

* WELT, 1. Juni 2006 – Nachtrag vom 1. Januar 2007: In der Neujahrsnacht 2006/2007 wurden in Frankreich 300 Autos abgefackelt. Die französische Polizei sprach von einer „*ruhigen Nacht*".

Da die russischen Medien zumeist staatlich kontrolliert werden, kann man davon ausgehen, dass es dem Kreml wichtig war, das Bild eines innerlich schwachen Westeuropas zu zeichnen.

Hier schimmert ein Aspekt durch, den man nicht unterschätzen sollte: Sollte Russland tatsächlich eines Tages über Westeuropa herfallen, so wird für die Mobilisierung der russischen Massen ein Gefühl der Überlegenheit gegenüber dem Westen von erheblicher Bedeutung sein. Gerade die Deutschen sollten aus ihrer Geschichte wissen, dass ein Gefühl der Unterlegenheit oder gar Demütigung auf fatale Weise in ein Gefühl der Überlegenheit oder sogar missionarische Hysterie umschlagen kann.

Der Zerfall der UdSSR war für viele Russen eine traumatische Erfahrung. Wladimir Putin bezeichnete ihn als die *„größte strategische Katastrophe des 20. Jahrhunderts"*. Infolge des Niedergangs der UdSSR hatte Russland eine lange Kette von Demütigungen einstecken müssen.

Natürlich können entsprechende weitverbreitete Emotionen im Volk nicht die eigentliche Grundlage für einen Angriffskrieg sein, aber jeder Kriegsherr wird um einiges beruhigter sein, wenn er weiß, dass er solche Emotionen für seine Zwecke nutzen kann.

Was die Unruhen im Herbst 2005 anbelangt, so war das banale Fazit späterer Analysen, dass die zumeist arbeitslosen Jugendlichen mit Einwanderungshintergrund eben einfach Jobs und bessere Aufstiegschancen brauchen.

Nur vier Monate später – im März 2006 – kam es in Paris zu Massendemonstrationen der *gesamten* Jugend – nicht nur der Einwandererkinder – gegen eine Änderung des Kündigungsschutzes für Berufsanfänger. Der Hintergrund: Die Jugendarbeitslosigkeit in Frankreich ist mit 23 % (Ende 2006) extrem hoch. Die Regierung meinte, durch eine Lockerung des Kündigungsschutzes die Bereitschaft der Wirtschaft zu Neueinstellungen erhöhen zu können, da sie so den Mitarbeitern im Falle geringeren Arbeitsaufkommens leichter wieder kündigen könne. Die Demonstranten hingegen befürchteten eine Verschlechterung ihrer materiellen Situation und setzten sich, auch dank einer allgemeinen Zustimmung im französischen Volk – vorerst – durch. Das Gesetzesvorhaben wurde nicht ausgeführt. ….

Das Problem mit den Einwandererkindern ist somit eingebettet in ein allgemeines Problem der Jugend. Die Wirtschaft Frankreichs ist seit einiger Zeit nicht mehr in der Lage, Jugendlichen ausreichenden Zugang zum Arbeitsmarkt zu gewähren oder Berufsanfängern eine echte wirtschaftliche und soziale Perspektive zu bieten. Rund 50 % der jungen Franzosen beginnen ihr Arbeitsleben mit einer Tätigkeit, die nicht ihrer Qualifikation entspricht.

Ihre soziale Perspektive ist oft deutlich schlechter, als die ihrer Eltern, als diese jung waren. Infolge von Geldmangel, hoher Mieten und ungenügender sozialer Absicherung bleiben Jugendliche vermehrt bei ihren Eltern wohnen und sind nicht in der Lage eigene Familien zu gründen.

Bereits jetzt glauben viele französische Jugendliche nicht mehr den Versprechungen der Politiker, weil sie ihrer Meinung nach schon zu lange Zeit auf bessere Zeiten vertröstet werden.

So braucht es wahrlich nicht viel Phantasie, sich vorzustellen, in welche Richtung die Entwicklung gehen könnte, sollte sich diese Situation in den nächsten Jahren weiter zuspitzen – sei es infolge politischer Fehlentscheidungen in Paris, sei es infolge internationaler wirtschaftlicher Entwicklungen, die außerhalb des Einflusses der französischen Regierung liegen.

Keine Gesellschaft kann sich auf Dauer den Luxus einer sich um die Zukunft betrogenen Jugend leisten.

Abschließend ein kleines Rechenexempel, ausgehend von den Zahlen zu den Ausschreitungen im Herbst 2005:
4.200 abgefackelte Autos im Großraum Paris in 35 Tagen: Das macht pro Stunde genau 5 Autos. 40 % aller 10300 angezündeten Autos entfielen auf Paris. Meine obige Quelle sprach von 274 öffentlichen und privaten Häusern, die landesweit zerstört wurden. 40 % davon in Paris macht rund 110, durch 35 Tage macht 3 Häuser pro Tag in Paris.

Nun die Frage: Gibt es irgendwo einen Grenzwert, ab dem die Pariser Feuerwehr die Brände nicht mehr löschen kann? Antwort: Mit absoluter Sicherheit! Zudem wäre auch in Betracht zu ziehen, dass ab einer gewissen Anzahl von Bränden die Brandstifter dazu übergehen, die Feuerwehr zu behindern und deren Ausrüstung zu beschädigen. Und was, wenn es nicht, wie sonst bei Großbränden üblich, möglich wäre, aus dem Umland andere Feuerwehren herbeizurufen, da diese selbst vollauf beschäftigt sind?

Sie halten das für Schwarzmalerei? Das ist die Frage.

Wenn die Pariser Feuerwehr aber auch nur ein halbwegs vorausschauendes Management hat, so wird man dort wissen, wo obiger Grenzwert liegt. Die Kapazitätsgrenze ist eine elementare Planungsgröße jeglichen Managements. Es wird also einen Grenzwert von x brennenden Gebäuden geben, oberhalb dessen nicht einzelne Häuser brennen, sondern die ganze Stadt.

Was weiß der Papst?

Rund ein Drittel der von mir verwendeten Prophezeiungen bzw. seherischen Quellen entstammen der Kirche: Nonnen, Mönche, Priester, Bischöfe, Päpste und Schriftstücke, die man innerhalb kirchlicher Bauten fand. Zu etwa 90 % handelt es sich dabei um katholische Quellen und Quellen von vor der Reformation. 5 dieser Quellen sind Gründer kirchlicher Klöster oder -Orden: Die Heilige Odilie (ca. 660-720), Hildegard von Bingen (1098-1179), Brigitta von Schweden (1303-1373), Joséphine De Bourg (1788-1862) und Don Bosco (1815-1888). Zwei Päpste – Papst Pius X. (von 1903 bis 1914) und Papst Johannes XXIII. (von 1958 bis 1963) – hatten Visionen von der Zukunft bzw. es werden ihnen Prophezeiungen zugeschrieben.

In einer ganzen Reihe von Fällen wurden diejenigen, die Visionen hatten, von der katholischen Kirche selig- oder heiliggesprochen. So im Falle von Vainney von Ars (1786-1859, heilig-), Anna Maria Taigi (1769-1837, selig-) und Pater Pio (1887-1968, 2002 heiliggesprochen) – nur um ein paar namentlich zu nennen. Pater Pio ist heutzutage der wohl populärste Geistliche Italiens und seine Visionen decken sich in zentralen Punkten mit dem, was man auch von Sehern außerhalb der Kirche kennt.

Die katholische Kirche beherbergt vermutlich die weltweit umfangreichste Bibliothek mit Originalen von Prophezeiungstexten. Seit Jahrhunderten ist es gängige Praxis der katholischen Kirche, im Fall neu auftauchender seherischer Quellen innerhalb ihres Einflussbereiches, die Verbreitung bzw. Veröffentlichung zumindest so lange zu verhindern, bis man den Fall geprüft hat. In zahlreichen Fällen gab es dann – nachdem Jahre vergangen waren – das Okay der Kirche. In vielen Fällen wurde, wie oben schon erwähnt, die Bedeutung und das Ansehen der Quelle sogar noch erhöht, indem der betreffende Mönch, die betreffende Nonne etc. selig- oder heiliggesprochen wurde.

In einigen Fällen ist aber auch bekannt, dass eine Prophezeiung teilweise oder komplett in den Geheimarchiven des Vatikans verschwand. So gibt es wilde Spekulation darüber, was sich alles in diesen Archiven befindet, und inwieweit dies die Politik des Vatikans beeinflussen könnte. Das Paradebeispiel einer solchen unterdrückten Prophezeiung ist die *Botschaft von Fatima* bzw. das *dritte Geheimnis* dieser Botschaft.

In Fatima, einem kleinen Ort 200 km nördlich von Lissabon (Portugal), hatten in der Zeit vom 13. Mai bis 13. Oktober 1917 drei Kinder sechs Erscheinungen – jeweils am 13. des Monats. 24 Tage nach der letzten Erscheinung am 7. November begann in Russland die kommunistische Revolution mit dem Sturm auf das Winterpalais in St. Petersburg!

Den Kindern erschien in ihren Visionen die Jungfrau Maria und diese überbrachte ihnen eine Botschaft mit apokalyptischem Charakter. Für den Fall, dass sich die Menschheit nicht ändere, wurde vorausgesagt, dass Russland „*seine Irrtümer in der Welt verbreiten, Kriege und Verfolgungen der Kirche hervorrufen*" wird. Ebenso wurde ein großer Krieg nach der Mitte des 20. Jahrhunderts vorhergesagt, falls sich die Menschheit nicht bessere. Die Ereignisse von Fatima wurden von der katholischen Kirche untersucht und 1931 anerkannt. Fatima ist heute einer der bekanntesten christlichen Wallfahrtsorte weltweit. Die Mitteilungen der Jungfrau Maria – die Botschaft von Fatima – wurden in drei „Geheimnisse" unterteilt, wovon die ersten beiden bekannt gegeben wurden. Das erste Geheimnis vom 13. Juni 1917 bestand in einer Höllenvision und dem Versprechen an die Kinder, dass ihre Seelen gerettet würden. Im zweiten Geheimnis vom 13. Juli 1917 – einen Monat nach dem ersten – heißt es:

„*Der Krieg geht seinem Ende entgegen; aber wenn man nicht aufhört, den Herrn zu beleidigen, wird nicht lange Zeit vergehen, bis ein neuer, noch schlimmerer, beginnt* ... Um das zu verhindern, will ich bitten, Russland meinem unbefleckten Herzen zu weihen und die Sühnekommunion am ersten Samstag des Monats einzuführen. Wenn man meine Bitten erfüllt, wird Russland sich bekehren, und es wird Friede sein. ... Wenn nicht, so wird es [Russland] seine Irrtümer in der Welt verbreiten, Kriege und Verfolgungen der Kirche hervorrufen ... mehrere Nationen werden vernichtet werden ...*"

Der Bezug zum Ersten und Zweiten Weltkrieg ist offensichtlich: Die russische Revolution machte den Kommunismus zu einer weltweiten Bedrohung. Auch als Reaktion darauf kamen in Westeuropa ultra-rechte und entschieden antikommunistische Regierungen an die Macht – in Deutschland Hitler, in Italien Mussolini und in Spanien Franco. Es fragt sich, welche Entwicklung der europäische Faschismus genommen hätte, wäre Russland nach 1917 nicht zum Zentrum des weltweiten Kommunismus geworden.

Soweit die ersten beiden Geheimnisse. Was das dritte Geheimnis anbelangt, so dauerte es ganze 46 Jahre, bis Teile davon an die Öffentlichkeit gelangten – bzw. bis ein Text auftauchte – die sogenannte „*diplomatische Version des dritten Geheimnisses*" –, der nach allgemeinem Dafürhalten den Inhalt des dritten Geheimnisses wiedergibt.

---

* Bei W. J. Bekh in „Am Vorabend der Finsternis", Seite 189, steht hier noch „*es wird das während des Pontifikates von Pius XI. geschehen*", bei Sven Loerzer „*Visionen und Prophezeiungen*", Seite 411, fehlt dieser Satz im Zweiten Geheimnis, wird aber an anderer Stelle als dazugehörend bezeichnet. (?) Unter Pius XI. begann der Spanische Bürgerkrieg, der von manchen als Beginn des Zweiten Weltkrieges angesehen wird – von Portugal aus betrachtet durchaus naheliegend. Franco und Hitler waren Faschisten. Hitler unterstützte Franco mit deutschen Bombern im Spanischen Bürgerkrieg.

Das dritte Geheimnis von Fatima

Am 15. Oktober 1963 erschien in der Wochenzeitschrift „Neues Europa" ein Artikel mit der Überschrift „Die Zukunft der Menschheit". Dieser gab die diplomatische Version wieder. Der Journalist *Louis Emrich* schrieb, sein Text gehe zurück auf ein Schreiben des Vatikans, welches dieser anlässlich der Kuba-Krise Ende 1962 an die Atommächte USA, England und Russland geschickt habe. Papst Paul VI. habe das dritte Geheimnis dazu benutzt, um die Atommächte auf mögliche Folgen der Kuba-Krise aufmerksam zu machen.

Eine erst Stellungnahme des Vatikans zu der diplomatischen Version gab es weitere 15 Jahre später. In einer Ausgabe der vatikanischen Wochenzeitung vom 15. Oktober 1978 konnte man einige Anmerkungen von *Monsignore Corrado Baducci*, Prälat der römischen Kongregation für die Evangelisierung der Völker, zum dritten Geheimnis entnehmen, die eines nicht taten: Die Echtheit des Inhaltes der diplomatischen Version grundsätzlich anzweifeln!

Der Autor Sven Loerzer schreibt in „Visionen und Prophezeiungen", 1989:
„Weder die Veröffentlichung des Journalisten Emrich noch den Artikel von Balducci hat der Vatikan jemals dementiert, weshalb viele, die sich mit Fatima eingehend beschäftigt haben, die diplomatische Version für echt halten."

Das dritte Geheimnis von Fatima
Diplomatische Version*
Über die ganze Menschheit wird eine große Züchtigung kommen. Nicht heute, selbst nicht morgen, aber in der zweiten Hälfte des 20. Jahrhunderts. Das, was ich in La Salette (1864) bekannt gegeben habe durch die Kinder Melanie und Maximin, das wiederhole ich heute vor dir. Die Menschheit lästert Gott und tritt die erhaltenen Gnaden mit Füßen. Nirgends herrscht Ordnung. Selbst an höchsten Stellen regiert Satan und entscheidet in allen Dingen. Er wird sich selbst in höchsten Stellen der Kirche einzuführen wissen.
Es wird Verwirrung in den Gehirnen der großen Gelehrten säen und erreichen, dass diese Waffen erfinden, mit welchen man in wenigen Minuten die Hälfte der Menschheit zerstören kann. Er wird die Mächtigen dieser Erde unter seinen Willen bringen und dazu führen, dass sie diese Waffen in Massen herstellen. Wenn die Menschen sich nicht bekehren, werde ich gezwungen sein, den Arm meines Sohnes fallen zu lassen.

---

* Ein Vergleich des Textes bei Bekh und Loerzer ergab nur geringfügige und vermutlich nur übersetzungsbedingte Abweichungen. Anm. Berndt.

Wenn jene, die an der Spitze der Welt und der Kirche sich jenen Handlungen nicht widersetzen, wird Gott die Menschen bestrafen, härter und schlimmer, als ER sie mit der Sintflut bestraft hat. Auch für die Kirche wird die Zeit der größten Bedrängnis kommen! Kardinäle werden gegen Kardinäle, Bischöfe gegen Bischöfe sein. Satan wird sich inmitten ihrer Reihen setzen. In Rom wird es auch große Veränderungen geben. Was verfault ist, fällt, und was fällt, soll nicht aufrechterhalten bleiben. Die Kirche wird im Dunkel und die Welt in Verwirrung sein!
Der große Krieg wird nach der Mitte des 20. Jahrhunderts kommen. Feuer und Rauch werden vom Himmel fallen und die Wasser der Ozeane sich in Dampf verwandeln und den Schaum zum Himmel speien. Alles, was steht, wird fallen. **Millionen und Abermillionen werden** *von einer Stunde zur anderen* **ihr Leben lassen müssen**; *und jene, die in dieser Stunde noch leben, werden die Toten beneiden. Überall wird Drangsal sein und Not auf der ganzen Erde und Verzweiflung in allen Ländern. Seht, die Zeit nähert sich immer mehr. Die Guten werden mit den Bösen sterben, die Großen mit den Kleinen, die Kirchenfürsten mit den Gläubigen, die Herrscher mit dem Volk. Überall wird der Tod herrschen. Von den verführten Menschen zum Sieg gehoben, werden die Diener Satans die einzigen Herrscher auf Erden sein. Dies wird in einer Zeit sein, die kein König, kein Kaiser, kein Kardinal, kein Bischof erwartet, und die dennoch kommt, gemäß dem Willen meines Vaters, um zu bestrafen und zu rächen.*

Später werden jene, die alles überleben und am Leben bleiben, von neuem Gott und seine Macht anrufen und IHM dienen, so wie damals, als die Welt noch nicht so verdorben war.
Ich rufe alle wahren Nachfolger meines Sohnes, JESUS CHRISTUS, alle wahren Christen und Apostel der letzten Zeit. Die Zeit der Zeiten kommt und das Ende des Endes, wenn die Bekehrung nicht kommt und wenn alles so bleibt, wie es ist, ja wenn es noch schlimmer wird. Wehe, wenn diese Bekehrung nicht von oben kommt, von denen, die die Kirche und die Welt regieren. (7/411)

Der Vorgänger von Papst Benedikt XVI., Papst Johannes Paul II., ein Befürworter der Marienverehrung, soll kirchlichen Presseorganen nach bei seiner Deutschlandreise 1980 in Fulda gefragt worden sein, was mit dem 3. Geheimnis von Fatima sei. Papst Johannes Paul II. soll geantwortet haben:

„Wenn zu lesen steht, dass Ozeane ganze Erdteile überschwemmen, dass **Menschen von einer Minute auf die andere abberufen werden, und das zu Millionen***, dann sollte man sich wirklich nicht mehr nach der Veröffentlichung dieses Geheimnisses sehnen. Viele wollen nur wissen, aus Neugierde und Sensationslust, vergessen aber, dass Wissen auch Verantwortung bedeutet. ... betet und fragt nicht weiter. Alles andere vertraut der Gottesmutter an!"* (16/57)

Der Autor Wolfgang Johannes Bekh nennt in „*Am Vorabend der Finsternis*" als Quelle für obiges Zitat die *Münchner Sonntagszeitung* (ohne Datum) und „*Stimme des Glaubens*", Heft 10/81, Vox Fidei, Ravensburg. Bekh zitiert:

Als Papst Johannes Paul II. 1980 in Fulda war, wurden ihm in einer Runde von Pilgergruppen auf dem Domplatz verschiedene Fragen gestellt. Einer der Teilnehmer hat ein Gedächtnisprotokoll angefertigt. Name und Beglaubigung liegen der Redaktion vor.

Wenn Papst Johannes Paul II. oben sagt:

„*Viele wollen nur wissen, aus Neugierde und Sensationslust, vergessen aber, dass Wissen auch Verantwortung bedeutet. ... betet, betet und fragt nicht weiter. Alles andere vertraut der Gottesmutter an.*"

... so sollte man nicht übersehen, dass die katholische Kirche mit entsprechenden Bekanntgaben gleich 100 Millionen von Gläubigen erreichen würde – mit zwangsläufig einigen Millionen ... nun ja ... Dummköpfen? Auch an die Kinder und Jugendlichen muss man denken, die mit solchen Dingen nicht belastet werden sollten. Das aber funktioniert natürlich nicht mehr, wenn mehrere 100 Millionen Erwachsene davon wissen. Das heißt, die katholische Kirche unterliegt infolge ihrer schieren Größe einem bestimmten Zwang zur Geheimhaltung. Dieser Geheimhaltungsimperativ ist jedoch keine allgemeingültige Notwendigkeit, sondern resultiert aus der Tatsache, dass die katholische Kirche eine Lawine losträte, die sie nicht mehr kontrollieren könnte. Publiziert man diese Dinge hingegen in einem sehr viel begrenzterem Rahmen, gelten andere Gesetze, obwohl auch hier Sensationslust und fehlendes Verantwortungsbewusstsein immer noch eine nicht zu übersehende Rolle spielen.

Fünf Jahre nach obiger Szene in Fulda betrat Michail Gorbatschow in Moskau die Bühne. 1989 fiel die Mauer. 1990 wurde Deutschland wiedervereinigt. 1991 zerfiel die UdSSR. Da die diplomatische Version des dritten Geheimnisses von Fatima als Warnung vor einem dritten Weltkrieg, bzw. Atomkrieg zwischen NATO und Warschauer Pakt verstanden wurde, erhöhte sich in der Kirche der Druck, nun endlich – nach rund 80 Jahren – das dritte Geheimnis zu veröffentlichen. Schließlich neigte sich die 2. Hälfte des 20. Jahrhunderts seinem Ende entgegen und es sah ja wirklich auch danach aus, als habe Gott die Gebete erhört. Dieser Druck steigerte sich offenbar noch bis zur Jahrtausendwende, so dass der Vatikan gegen Mitte 2000 das dritte Geheimnis tatsächlich veröffentlichte. Auf der Internetseite des Vatikans konnte man damals nicht nur den Text des dritten Geheimnisses nachlesen, sondern auch umfangreiche Hintergrundinformationen und vor allem einen acht DIN-A4-Seiten langen Kommentar von Kardinal

Joseph Ratzinger – dem heutigen Papst Benedikt XVI., in seiner damaligen Funktion als Präfekt der Kongregation für die Glaubenslehre!

Hier zunächst die deutsche Version des dritten Geheimnisses von der Homepage des Vatikans, das im Original niedergeschrieben wurde von Lucia, einem der drei Seherkinder. Bitte achten Sie darauf, ob und wie darin von *Millionen von Toten* die Rede ist – so wie Papst Johannes Paul II. zitiert wurde und wie es in der diplomatischen Version steht.

DRITTER TEIL DES „GEHEIMNISSES"

(Originaltext*)

Der dritte Teil des Geheimnisses, das am 13. Juli 1917 in der Cova da Iria, Fatima, offenbart wurde.

Ich schreibe aus Gehorsam gegenüber Euch, meinem Gott, der es mir aufträgt, durch seine Exzellenz, den Hochwürdigsten Herrn Bischof von Leiria, und durch Eure und meine allerheiligste Mutter.

Nach den zwei Teilen, die ich schon dargestellt habe, haben wir links von Unserer Lieben Frau etwas oberhalb einen Engel gesehen, der ein Feuerschwert in der linken Hand hielt; es sprühte Funken, und Flammen gingen von ihm aus, als sollten sie die Welt anzünden; doch die Flammen verlöschten, als sie mit dem Glanz in Berührung kamen, den Unsere Liebe Frau von ihrer rechten Hand auf ihn ausströmte: den Engel, der mit der rechten Hand auf die Erde zeigte und mit lauter Stimme rief: Buße, Buße, Buße! Und wir sahen in einem ungeheuren Licht, das Gott ist: „etwas, das aussieht wie Personen in einem Spiegel, wenn sie davor vorübergehen" einen in Weiß gekleideten Bischof „wir hatten die Ahnung, daß es der Heilige Vater war". Verschiedene andere Bischöfe, Priester, Ordensmänner und Ordensfrauen einen steilen Berg hinaufsteigen, auf dessen Gipfel sich ein großes Kreuz befand aus rohen Stämmen wie aus Korkeiche mit Rinde.

Bevor er dort ankam, ging der Heilige Vater durch eine große Stadt, die halb zerstört war, und halb zitternd mit wankendem Schritt, von Schmerz und Sorge gedrückt, betete er für die Seelen der Leichen, denen er auf seinem Weg begegnete. Am Berg angekommen, kniete er zu Füßen des großen Kreuzes nieder.

---

* Fotokopien des Originaltextes des dritten Geheimnisses, der übersetzte Text und auch Ratzingers Kommentar waren wenigstens bis zum 9. August 2006 auf der Homepage des Vatikan einsehbar:
www.vatican.va/roman_curia/congregations/cfaith/documents/rc_con_cfaith_doc_20000626_message-fatima_ge.html

Da wurde er von einer Gruppe von Soldaten getötet, die mit Feuerwaffen und Pfeilen auf ihn schossen. Genauso starben nach und nach die Bischöfe, Priester, Ordensleute und verschiedene weltliche Personen, Männer und Frauen unterschiedlicher Klassen und Positionen. Unter den beiden Armen des Kreuzes waren zwei Engel, ein jeder hatte eine Gießkanne aus Kristall in der Hand. Darin sammelten sie das Blut der Märtyrer auf und tränkten damit die Seelen, die sich Gott näherten.

In diesem Text lassen sich durchaus Grundzüge der europäischen Prophezeiungen erkennen: Offenbar herrscht Krieg – eine Stadt, vermutlich Rom, ist halb zerstört, und christliche Geistliche werden ermordet. Die Ermordung des Papstes wird in den mir bekannten Prophezeiungen jedoch nicht nur nicht erwähnt, sondern im Gegenteil – das führe ich ein paar Seiten weiter unten aus –, er soll sogar den gesamten Krieg überdauern und eine zentrale Rolle bei der Neuordnung Europas spielen.

Aus meiner Sicht aber sehr viel entscheidender ist der Umstand, dass hier mit keinem Wort von Millionen von Menschen die Rede ist, die von einer Stunde auf die andere ihr Leben lassen müssen!

Die offizielle Version unterscheidet sich so grundlegend von der diplomatischen Version des dritten Geheimnisses, dass man von zwei komplett unterschiedlichen Versionen sprechen muss! Mehr noch: Eine dieser beiden Versionen *muss* falsch sein!

Ich weiß nicht, wie es Ihnen ergangen ist, aber ich habe mich gefragt, was in aller Welt an der offiziellen Version so dramatisch sein soll, dass der Text über 80 Jahre lang geheimgehalten werden musste? ...

Als ich im Jahre 2000 auf der Homepage des Vatikans rumstöberte, entdeckte ich noch eine andere Merkwürdigkeit: Auf einer Seite der Homepage wurde ein Treffen zwischen Schwester Lucia – dem einzigen noch lebenden (damaligen) Kind, welches an der Vision teilhatte, und *die das dritte Geheimnis niederschrieb* – und zwei hohen Vertretern des Vatikans* beschrieben. Das Treffen fand am 27. April 2000 anlässlich der geplanten Veröffentlichung des dritten Geheimnisses statt.

Bei diesem Treffen zeigte man Lucia auch das Schreiben, welches sie selbst vor langer Zeit verfasst hatte. Auf der Homepage des Vatikans las man:

---

* Seine Excellenz Msgr. Tarcisio Bertone, Sekretär der Kongregation der Glaubenslehre und Beauftragter des Heiligen Vaters, und Seine Excellenz Msgr. Serafim de Sousa Ferreira e Silva, Bischof von Leiria-Fatima

An dieser Stelle legt ihr Seine Excellenz Msgr. Tarcisio Bertone die beiden Umschläge vor: den äußeren und denjenigen, der den Brief enthält mit dem dritten Teil des „Geheimnisses" von Fatima. Als sie ihn mit den Fingern berührt, sagt sie sofort: „Es ist mein Papier." Und als sie ihn dann liest: „Es ist meine Schrift."

Ich weiß jetzt nicht, ob Sie das von der humorvollen Seite her nehmen können ... aber man muss sich das plastisch vorstellen: Lucia sitzt da, hält jenen Brief in Händen, den sie vor ewigen Zeiten schrieb, liest darin, liest und liest noch ein bisschen – und sagt dann: *„Es ist meine Schrift."*

Hm – möchte man meinen – das fängt ja schon einmal vielversprechend an: Es ist ihr Papier. Und es ist ihre Schrift. Toll! Fehlt nur noch, dass sie es geschrieben hat. – Eben! Genau das fehlt! Es fehlt die simple Feststellung, dass Lucia den vorgelegten Brief mit dem dritten Geheimnis geschrieben hat. Der weitere Text der Homepage zu dem Treffen befasst sich nur noch mit der Interpretation des Textes.

Gäbe es nicht diese offensichtliche Diskrepanz zwischen der diplomatischen Version und der offiziellen Version des dritten Geheimnisses, hätte ich sicherlich über obige Stelle mit dem Papier und der Schrift hinweggelesen. Aber so wurden in meinem Gehirn ein paar kriminologische Sektoren* aktiviert. So vermute ich einmal, dass sich jeder Jurastudent im ersten Semester und jeder passionierte Krimileser sofort fragt: „Schön und gut. Aber warum sagt sie nicht einfach, dass sie es geschrieben hat?"

Dabei muss man sich vergegenwärtigen, dass die diplomatische Version des dritten Geheimnisses sehr bekannt ist bei all jenen, die sich für Fatima interessieren. Und das dürften in Europa einige 100.000 sein, wenn nicht sogar mehr.
Ist es wirklich vorstellbar, dass der Vatikan, der sich so gut auskennt mit den Werkzeugen der Sprache und der Symbole, an einer so wichtigen Stelle irrt, patzt, versagt? ...

Kardinal Ratzinger ist inzwischen Papst. Und völlig unabhängig von dem, was da wirklich oder vermeintlich im Zusammenhang mit dem dritten Geheimnis von Fatima geschehen sein mag oder nicht, dürfte sich Papst Benedikt XVI. gut auskennen mit dem weit über Fatima hinausreichenden reichhaltigen Fundus von Prophezeiungen, der sich in der Obhut des Vatikans befindet. Dafür finden sich überdeutliche Anhaltspunkte:

---

* Wo wir schon einmal dabei sind: Unmittelbar an *„Es ist meine Schrift."* folgte auf der Homepage des Vatikans folgender Satz: „**Mit Hilfe des Bischofs** von Leiria-Fatima **wird der Originaltext**, der auf portugiesisch abgefasst ist, **gelesen** und gedeutet."
Wie hat man sich das vorzustellen? Hilft der Bischof Lucia ihre eigene Handschrift zu entziffern?

Im Jahre 1993, nach der Veröffentlichung meines ersten Buches „*Zukunftsvision der Europäer*", eröffnete sich mir ein Kontakt zu einem Kreis von Prophezeiungskennern, die sich mehrfach im Benediktinerkloster St. Ottilien in Oberbayern trafen. Das Kloster St. Ottilien liegt etwa 25 km östlich vor den Toren Münchens in der Nähe des Ammersees. Ich nahm zweimal an diesen Treffen Teil und beide Male war auch ein sehr alter Kapuzinerpater namens *Frumentius* anwesend. Er wohnte dort im Kloster. Der Mann hatte eine gewisse mystische Aura, die die meisten Anwesenden spürten. Er kannte sich nicht nur gut in den europäischen Prophezeiungen aus, sondern ihm ist es auch zu verdanken, dass 1984 das Original des 2. Feldpostbriefes wieder auftauchte.

Die Feldpostbriefe sind einige der ganz wenigen Fälle, in denen wichtige zukünftige Ereignisse zutreffend vorausgesagt wurden und dieses auch frühzeitig und zweifelsfrei dokumentiert wurde. Beide Briefe wurden Ende August 1914 geschrieben und enthalten Vorhersagen zum Ersten, Zweiten und „dritten Weltkrieg"! (siehe Seite 258) Der Autor Wolfgang Johannes Bekh – der zeitweise auch an unseren Treffen teilnahm – berichtete über die Verbindung Frumentius-Feldpostbriefe in seinem Buch „*Bayerische Hellseher*". Demnach hat Pater Frumentius den ersten Feldpostbrief schon 1941 in Händen gehalten.

Wenige Monate bevor Pater Frumentius Ende 2000 mit 92 Jahren starb, besuchte ich ihn in St. Ottilien. Ich hatte drei Anliegen. Erstens brauchte ich einen persönlichen Rat. Zweitens wollte ich ihm mein Buch „*Prophezeiungen zur Zukunft Europas*" schenken, und drittens hoffte ich über ihn einen Finanzier für eine unabhängige Buchproduktion zu finden. Als ich ihm mein Buch überreichte, sagte er: „Das kenn' ich ja schon!"

Ich weiß nicht mehr genau, wo und wann die Gerüchte das erste Mal auftauchten, aber irgendwann hieß es in meinem Umfeld, Pater Frumentius sei der Beichtvater von Kardinal Ratzinger. Da die katholischen Bayern sich gerne beim lieben Gott in der ersten Reihe sitzen sehen („Papas" Lieblinge), oder zumindest jemanden zu kennen wünschen, von dem sie meinen, dass er es täte, bin ich bei solchen Sachen skeptisch. Irgendwann erzählte mir aber ein guter Freund, der mit obigem Prophezeiungs-Zirkel um St. Ottilien nichts zu tun hatte, Pater Frumentius aber persönlich in St. Ottilien besucht hatte, ein guter Bekannter seinerseits habe eines Tages Kardinal Ratzinger in einer dicken Mercedes-Limousine auf dem Gelände des Klosters gesehen.

An Punkten wie diesen wird es Zeit, einmal im Internet zu stöbern. Auf der Homepage* des Klosters St. Ottilien fand ich nach dem Tode von Pater Frumentius Folgendes:

---

* www.erzabtei.de/html/necro26.htm (die Seite wurde inzwischen wieder gelöscht)

*Obwohl selber nie in der Mission, war Pater Frumentius dennoch wie einst die hl. Theresia ein echter Missionar mit einem gütigen Herzen für alle Menschen in den verschiedensten körperlichen und geistigen Nöten: Arme und Alte, Intellektuelle und **Bischöfe** holten sich bei ihm Rat und Segen. Als **Beichtvater** war er gefragt. Sein Sprechzimmer war oft umlagert, seine Korrespondenz gesucht und sein Telefon stand selten still. Pater Frumentius war ein Gesegneter, von dem viel Segen ausging.*

*So war er unter uns der fromme Mensch mit einem sensiblen Herzen und **prophetischen Geist**. In vielem glich er den ersten Christen, die in allen irdischen Schicksalsschlägen und geschichtlichem Wandel **Vorboten der Endzeit** sahen. In dieser adventlichen Haltung hat er gelebt, immer gelassen, nie fanatisch oder doktrinär, aber mit einem wachen Blick für alles Bedrohliche in Kirche und Welt. So hat er sich vorbereitet auf das Kommen des Herrn.*

Beichtvater und *Bischöfe* – die Spur wird langsam heiß. Stöbert man weiter im Internet, so entdeckt man, dass Kardinal Ratzinger Gast in St. Ottilien war und dort auch offenbar übernachtete. Und zumindest eines seiner theologischen Werke* wurde dort verlegt. Eine Verbindung zwischen Kardinal Ratzinger und St.Ottilien ist also schon alleine durch eine zehnminütige Recherche im Internet belegbar.

In der Süddeutschen Zeitung vom 5. April 2005 war zu lesen:

Im März 1977 berief Papst Paul VI. den Regensburger Dogmatikprofessor Joseph Ratzinger als Nachfolger Julius Kardinal Döpfners zum neuen Erzbischof von München und Freising. Ratzinger sagte zu, nicht ohne sich vorher mit seinem Beichtvater über seine „Grenzen theologischer wie menschlicher Art" ausgetauscht zu haben.

Wie schon erwähnt, liegt St .Ottilien etwa eine halbe Autostunde von München entfernt. Natürlich ist das noch immer kein Beweis dafür, dass Pater Frumentius der Beichtvater von Kardinal Ratzinger war – aber es deutet doch erstaunlich vieles darauf hin ...

Nun gut. Wechseln wir die Perspektive. Statt danach zu fragen, was der aktuelle Papst von den Prophezeiungen weiß bzw. wissen könnte, fragen wir uns, ob sich in den Prophezeiungen Hinweise auf den aktuellen Papst finden?

Dabei wäre zunächst festzustellen, dass das Schicksal der Kirche bzw. der katholischen Kirche in den Prophezeiungen eine gewisse Sonderstellung einnimmt, insbesondere bei jenen Quellen, die der Kirche entstammen.

---

* Ratzingers Habilitationsschrift „Volk und Haus Gottes in Augustins Lehre von der Kirche", 1959, EOS-Verlag Erzabtei St. Ottilien

Zudem spielen diese Prophezeiungen bzw. Neuoffenbarungen insofern eine besondere Rolle für die Kirche, als die Bibel naturbedingt nicht all zu viel über das Schicksal der katholischen Kirche sagen kann, da diese erst lange nach der Niederschrift der Bibel entstand – es sei denn, man greift tief in die Trickkiste der Interpretation.

Den europäischen Quellen nach soll die christliche Religion aus den Katastrophen als strahlender Sieger hervorgehen – und – es soll auch einen Papst geben, der diesen Sieg personifiziert. Die Bedeutung dieses „Endzeit-Papstes" steigert sich dabei noch erheblich, als gewissen Prophezeiungen nach die jahrtausendelange Kette der Päpste im Rahmen der Endzeit abreißen und damit enden soll.

Dieses Motiv des letzten Papstes schlägt sich am deutlichsten in der *Papstweissagung des heiligen Malachias* (1595) nieder. Dabei geht es um eine Liste von über 100 orakelhaften Sprüchen, die man der Abfolge der Päpste zuordnete, beginnend mit dem Ende des 16. Jahrhunderts und hinausreichend bis ans Ende des Papsttums. Über diese Prophezeiung ist viel geschrieben worden – sie wurde sogar zum alleinigen Buchthema. Ihre Echtheit wird von Experten angezweifelt und diese Zweifel sind – soweit ich das beurteilen kann – auch gut begründet.

Doch es gibt noch andere, teilweise durchaus glaubwürdige Quellen – z. B. die Visionen vom Marienerscheinungs- und Wallfahrtsort in Garabandal (Spanien) –, in denen vom Ende des Papsttums die Rede ist, wobei jedoch letztlich nicht ganz klar wird, wie viele Päpste genau noch kommen müssten und ob Benedikt XVI. der letzte bzw. vorletzte sein könnte. Das macht aber nichts – denn:

Unmittelbar vor Ausbruch des „dritten Weltkrieges" soll – wie schon erwähnt – in Italien ein Bürgerkrieg bzw. eine Revolution ausbrechen. Den Beschreibungen nach dürfte es sich dabei nur um wenige Tage oder Wochen vorher handeln. Dieser Bürgerkrieg wird von einer ganzen Reihe von Quellen vorausgesagt, die zudem auch zu den glaubwürdigsten zählen. Infolge dieses Bürgerkrieges soll es zu gewalttätigen Ausschreitungen auch innerhalb (!) des Vatikans kommen, die so bedrohlich werden, dass der Papst Hals über Kopf flüchtet – zunächst aus Rom und dann aus Italien.

Nr.	Name*	Herkunft	Zeit	Q	Bürgerkrieg in Italien	...vor dem Kriegsausbruch	der Papst flüchtet aus Rom	und taucht später in Köln auf
	Quellen zur Flucht des Papstes				erwähnte Details			
1	Col. Asdente	Italien	1840	III	JA	–	JA*	–
2	**La Salette**	Frankreich	1846	III	JA	JA	–	–
3	Lindenlied	Deutschland	1870	II	JA	JA*	JA	JA*
4	**Feldpostbriefe**	Deutschland	1914	I	JA	indirekt*	JA	JA
5	Kugelbeer	Österreich	1922	II	JA	–*	JA	JA
6	Waldviertler	Österreich	1959	II	JA	JA	–	indirekt*
7	Irlmaier	Deutschland	1959	I	JA	JA	JA	JA*
8	Pater Pio	Italien	1961	I	JA	–	–	–
9	Lueken	USA	1970	III	JA	JA	JA	–
10	Biernacki	Polen	1984	IV	JA	JA	JA*	–

Diese Tabelle erhebt keinen Anspruch auf Vollständigkeit. Es könnten sowohl noch einzelne Quellen fehlen als auch einzelne Aussagen der hier aufgelisteten Quellen unberücksichtigt sein. La Salette (Nr. 2) ist einer der bekanntesten Marienwallfahrtsorte überhaupt und von der Kirche offiziell anerkannt. Die Feldpostbriefe (Nr. 4) dürften Benedikt XVI. über Pater Frumentius bekannt sein. Und Alois Irlmaier (Nr. 7) – die bedeutendste deutsche Quelle im 20. Jahrhundert, aus Freilassing stammend und somit nur 50 km entfernt vom Geburtsort von Benedikt XVI., Marktl am Inn – dürfte der aktuelle Papst ebenfalls kennen. Das bedeutet: Papst Benedikt XVI. wird mit extrem hoher Wahrscheinlichkeit – mir liegen die Worte „mit absoluter Sicherheit" auf der Zunge – wissen, dass in einem prophezeiten zukünftigen Tohuwabohu ein Papst aus Rom flüchten soll, um nicht getötet zu werden. Er dürfte sich zwangsläufig überlegen, wann der Punkt kommt, ab dem er dies besser in seine Lebensplanung mit einbezieht. Schließlich trägt er nicht nur Verantwortung für sein eigenes Leben, sondern wird auch eine Verantwortung empfinden, für all jene innerhalb der Kirche, deren Geisteshaltung er schützen will.

Damit nicht genug: Wie Sie in der Tabelle in der ganz rechten Spalte sehen können, soll der aus Rom flüchtende Papst dann, wenn das Gröbste überstanden ist, in *Köln* auftauchen, genau genommen, um im Kölner Dom einen Kaiser zu krönen!

* Biernacki .... : Priester werden verfolgt und umgebracht – Papst wird nicht erwähnt
  Colomba Asdente ... : Morde unter der Priesterschaft in Rom – Papst wird nicht erwähnt
  Irlmaier .... : Irlmaier erwähnt Kaiserkrönung durch Papst, unmittelbar nachdem er Köln erwähnt.
  Kugelbeer .... : unklar, ob vor oder während des Krieges
  Lindenlied .... : Köln wird namentlich nicht genannt, wohl aber eine Kaiserweihe in einem Dom, zumindest im Zusammenhang mit dem Krieg
  Waldviertler .... : erwähnt mehrfach Kaiser bzw. Kaiserkrönung mit gewissen Details, erwähnt in dem Zusammenhang aber nicht Köln

Wie Sie in der Spalte Q = *Qualität bzw. Glaubwürdigkeit der Quelle* sehen können (siehe Seite 277), wird diese Amtshandlung des Papstes von Quellen vorausgesagt, deren Glaubwürdigkeit bei Prophezeiungskennern als gut bis sehr gut (I – II) beurteilt wird. Es gibt innerhalb der europäischen Prophezeiungen kein personenbezogenes, zeitlich so begrenztes Einzelereignis, das von so vielen zuverlässigen Quellen vorausgesagt wird!

So! Und jetzt raten Sie einmal, wohin den frischgebackenen Papst Benedikt XVI. im August 2005 seine erste Auslandsreise führte? Genau: Nach Köln!

Der Aufenthalt des deutschen Papstes in Köln war natürlich ein ziemliches Medienereignis mit stundenlangen Live-Übertragungen. ... Da sagte der Papst doch tatsächlich vor laufender Kamera, die *„Vorsehung"* habe dafür gesorgt, dass er seine erste Auslandsreise als Papst ausgerechnet nach Köln mache.

Ja mei, da legst' di nieder!

Die Spannung lässt sich noch einige Momente auf diesem Niveau halten, wenn wir im Lied der Linde (ca. 1870-II-®-Deutschland) lesen:

> ...
> *Rom zerhaut wie Vieh die Priesterschar*
> *Schonet nicht den Greis im Silberhaar,*
> *Über Leichen muß der Höchste fliehn*
> *Und verfolgt von Ort zu Orte ziehn. ...*
> *Winter kommt, drei Tage Finsternis ...*
> *Große Kaiserweihe schaut ein Dom*
>
> (7/376)

Greis im Silberhaar – jetzt kommt es darauf an, ob sie wissen, wie Papst Benedikt XVI. aussieht. Als ich ihm nämlich am 9. September 2006 gegen 16 Uhr in München in der Ludwigstraße mit meiner Kamera dem Papst auflauerte, sauste sein Papamobil doch etwas zu schnell um die Ecke. Dann war mein Verlag auch noch zu geizig, für das Copyright eines Papstbildes zu zahlen (kleiner Scherz). ... na jedenfalls: Benedikt XVI. hat, obwohl er inzwischen (2007) 80 Jahre ist, immer noch volles und sehr schönes, schneeweißes Haar. Seine Haare sind relativ glatt, an den Seiten kurz und oben länger geschnitten. Natürlich könnte man jetzt schlaumeierisch den Finger heben und sagen: „Schneeweiß ist nicht silbern!" Doch wenn Sie den Papst genauer betrachten, wird Ihnen auffallen, dass *silbern* seine Haare am besten beschreibt. Denn *silbern* schließt auch bestimmte durch Reflexe hervorgerufene Schattierungen ein, die bei einem schlichten, stumpfen und matten Weiß nicht anklingen.

Zum Abschluss noch Folgendes:

Papst Benedikt XVI. begründete die Wahl des Namens Benedikt unter anderem damit, dass er Papst Benedikt XV. (Papst von 1914 bis 1922) als Vorbild habe, welcher versuchte, den Ersten Weltkrieg zu verhindern – er thematisierte explizit dessen Bemühen, den Ersten Weltkrieg zu verhindern!

Ist all das nun ein Beweis dafür, dass Papst Benedikt XVI. derjenige Papst ist, der im Verlauf des „dritten Weltkrieges" aus Italien flüchten muss und ca. 4-5 Monate später im Kölner Dom einen neuen Kaiser krönt? Nein! Keinesfalls! Sicher ist meiner Ansicht nach aber Folgendes: Der aktuelle Papst wird die gegenwärtigen Ereignisse äußerst genau im Hinblick darauf verfolgen, inwieweit sie sich entlang den Vorgaben aus den Prophezeiungen entwickeln. Und ab einem bestimmten Punkt wird der Vatikan bzw. ein enger Kreis um den Papst eine Planung entwickeln, die auf der Annahme fußt, dass die Prophezeiungen dabei sind, sich zu erfüllen.

Achten Sie also auf das, was der Papst sagt und macht. Er kennt die Prophezeiungen! Und er wird zumindest in Betracht ziehen, dass er derjenige Papst sein könnte, der in den Prophezeiungen erwähnt wird. Jener Papst, der die *Vorsehung* (s. o.) bestimmt hat. Und ich vermute, dass er ab einem bestimmten Zeitpunkt, nämlich dann, wenn er sich wirklich sicher ist, auch anders auftreten wird – nämlich energischer und entschlossener. Sollten sich die Prophezeiungen erfüllen, so wird das seinen Glauben stärken! Das wird ihm Kraft geben, und man müsste es in seinen Augen sehen und in seiner Stimme hören können.

Was den vom Papst gekrönten neuen deutschen Kaiser anbelangt, so werden das vermutlich 78 Millionen Deutsche im ersten Moment für kompletten Unfug halten. Doch überlegen Sie einmal: Sollten die Prophezeiungen Recht behalten, dann würden unsere demokratischen Politiker dermaßen katastrophal versagen, dass – wenn auch evtl. nur vorübergehend – keiner mehr an die Demokratie glaubt. Kurz vor dem Kriege hätten wir das totale wirtschaftliche Desaster. Und der Angriff Russlands – bei zeitgleicher Abwesenheit der USA – wäre praktisch der totale Offenbarungseid für die gesamte Außenpolitik seit dem Zerfall der UdSSR. Ist dann das Chaos groß genug, dürfte die einzige echte Macht im Staate vom Militär ausgehen. Von dort bis zu einem Monarchen ist es dann auch nicht mehr weit. Sind erst einmal Monarchen im Amt und bessert sich das Leben für die Menschen kontinuierlich, könnte genau das, was heutzutage den Niedergang der Demokratie mitverursacht – die politische Gleichgültigkeit der Menschen –, eine Säule für die neuen Monarchien bilden. Man lässt sie einfach machen! Und man hat sogar Glück damit.

Das muss auch mal sein!

Ein neuer Balkankonflikt

Seit Beginn der Kriege auf dem Balkan im Jahre 1991, die in der Hauptsache Konflikte zwischen Serben und Nichtserben waren, konnte man immer wieder beobachten, wie Russland versuchte, seinem traditionellen Verbündeten Serbien diplomatischen Flankenschutz zu geben. Das zeigte sich am deutlichsten im Frühjahr 1999, als der damalige russische Präsident Boris Jelzin quasi in letzter Minute versuchte, einen Angriff der NATO auf Serbien zu verhindern, indem er vor einem dritten Weltkrieg warnte. Allerdings nahm das im Westen keiner ernst und der Krieg fand statt. Serbien erlitt dabei eine schmerzhafte Niederlage und das Kosovo befindet sich seitdem unter dem Schutz der KFOR-Truppen, die von der NATO geleitet werden.

Das eigentliche Problem indes ist beileibe noch nicht gelöst: Nach wie vor (Anfang 2007) ist das Kosovo Teil Serbiens. Die Kosovaren drängen auf ihre völlige staatliche Unabhängigkeit von Serbien, aber in Serbien gibt es immer noch starke politische Kräfte, die genau das um keinen Preis wollen. Zudem gibt es Indizien dafür, dass es bei diesem Konflikt neben den Interessen der Kosovo-Albaner und Serben noch andere Interessen gibt ...

Camp Bondsteel

Nachdem die serbischen Truppen Anfang Juni 1999 aus dem Kosovo vertrieben waren, machten sich die USA in Windeseile daran, im Südosten des Kosovo einen neuen Militärstützpunkt aus dem Boden zu stampfen – und zwar nicht irgendeinen, sondern *den größten neuen US-Militärstützpunkt außerhalb der USA seit Ende des Vietnamkrieges – Camp Bondsteel!*

In den deutschen Medien bekam man davon nicht allzu viel mit. Doch im Internet findet man zu Camp Bondsteel reichlich Informationen – so beispielsweise einige Luftaufnahmen, die zeigen, dass bereits am 15. Oktober 1999 – also nur rund 4 Monate nach dem Sieg über Serbien – ein Großteil der Bauarbeiten durchgeführt war! Die Angaben zur Gesamtinvestitionssumme belaufen sich auf etwa 1,5 bis 2,5 Milliarden US-Dollar.

Der Umstand, dass all dies so schnell ging, und insbesondere die Tatsache, dass die USA das Gelände auf 99 Jahre (!) pachteten, zeigt sehr deutlich, dass es für die USA nicht in erster Linie um die Beilegung eines Konfliktes auf dem Balkan ging, sondern um einen Baustein einer sehr viel weitgreifenderen Militärstrategie. 99 Jahre – das war auch die Zeitspanne, für die Großbritannien Hongkong von China pachtete ... Fragen wir uns also: Wozu brauchen die USA in dieser Region einen so großen Militärstützpunkt?

Könnten die USA im Ernstfall nicht auf Stützpunkte irgendwo in Italien, Griechenland oder der Türkei zurückgreifen – oder notfalls ein paar Flugzeugträger in die Adria verlegen, wenn es mal wieder auf dem Balkan rumort? ...

Normalerweise schon – aber wenn sich die Regierungen ihrer alten Verbündeten aus unerfindlichen Gründen querlegen? Das Kosovo hat für die USA den unschätzbaren Vorteil, dass dieses „Land" so unglaublich schwach ist, dass es den USA willenlos aus der Hand fressen würde. Im Klartext: Die USA könnten im Kosovo machen, was sie wollen. Deshalb sind sie dort.

Ein paar militärstrategische Überlegungen: Da dem Kosovo der Zugang zum Meer fehlt, kann es in Camp Bondsteel nicht um irgendwelche Marine-Angelegenheiten gehen. Auch gibt es hier nichts, was es wert wäre, von amerikanischen Bodentruppen verteidigt zu werden. Kommen Wasser und Boden nicht in Frage, bleibt als Letztes die Luft. Camp Bondsteel könnte als Brückenkopf für US-Luftstreitkräfte Richtung Osten dienen, als Zwischenstation zwischen Deutschland, dem Nahen Osten und dem Kaukasus. Gegenwärtig sind in Camp Bondsteel zwar nur Hubschrauber stationiert, aber das Gelände dürfte groß genug sein (ca. 3 km Länge), um auch als Landebahn für strategische Bomber zu dienen. Die USA werden zudem über die nötige Technologie verfügen, um innerhalb ganz weniger Tage – sagen wir – 300.000 qm Landebahn zu betonieren. Meinen Sie nicht? Und wenn das nicht reicht, dann pachtet man eben noch ein paar Quadratmeter hinzu. Am Geld wird es nicht scheitern.

Der Westen und insbesondere die USA – oh Wunder – unterstützen die Unabhängigkeitsbestrebungen der Kosovaren. Dabei ist das – durchaus nachvollziehbare – Hauptargument, dass über 88 % der Kosovaren Albaner sind. Wladimir Putin nun – gewitzt, wie er ist – behauptete 2006, er habe eigentlich nichts gegen eine Unabhängigkeit des Kosovo, wünsche dann aber auch eine Unabhängigkeit der Moskau-freundlichen Dnjester-Republik im Osten Moldawiens und die Unabhängigkeit der Moskau-freundlichen georgischen Provinzen Südossetien und Abchasien. Motto: Gleiches Recht für alle. Wer weiß? Vielleicht schielt Putin ja auf Camp Bondsteel und denkt sich: „Na, wollen wir doch mal sehen, ob es hier wirklich um Freiheit und Demokratie geht?" ... Da man davon ausgehen kann, dass die westorientierten Staaten Moldawien und Georgien auch weiterhin keine Gebiete abtreten wollen und dabei vom Westen unterstützt werden, ist davon auszugehen, dass Putin im Gegenzug bei seinem Njet zur Abspaltung des Kosovo bleiben wird.

Es fragt sich, welchen Preis die USA (mit Europa im Schlepptau) für ein unabhängiges Kosovo – gegen den Willen Serbiens und Russlands – bereit wären zu zahlen? Dieser Preis wird umso höher sein, je weniger es in Wahrheit um die Unabhängigkeit von rund 2 Mio. Kosovo-Albanern geht, die nebenbei bemerkt schon rein wirtschaftlich nicht in der Lage wären einen funktionierenden Staat aufzubauen.

Der Vollständigkeit halber sei erwähnt, dass es theoretisch auch an anderen Punkten des früheren serbischen Einflussgebietes zu neuen Spannungen kommen könnte – z. B. in Bosnien –, aber das Kosovo ist aus Sicht der Prophezeiungen gegenwärtig die interessanteste Region. Zumal sich dort italienische und französische Truppen befinden, über die wir nun in einer Prophezeiung stolpern werden, deren Text 1988 erstmals veröffentlicht wurde:

1	*Engel weiset mit der Hand*	9	*Hier beginnt der große Krieg*
2	*Auf ein Wasser, Küstenland.*	10	*Niemand trägt davon den Sieg*
3	*Sieh der Flotten feindlich Heer*	11	**Russland nimmt Stadt Belgrad ein**
4	*Sieh das unheilvolle Meer.*	12	**Frankreich, Rom zieht mit hinein**
5	*Sieh die Kampfestruppen dort*	13	**Blitzschnell schlägt der Roten Heer**
6	*Wo des Gottes Kindheit Hort*	14	**Deutsches Land, vor Schreck ohn' Wehr**
7	*Sieh, wie rachezürnt sie sind*	15	*Panik lähmt der Freunde Macht*
8	*Schalomgruß verweht im Wind.*	16	*Es umfängt sie Todesnacht.*
			. . . . (8/264 - **1988**)

Zeile 1 bis 10 beziehen sich auf einen Nahostkrieg. Besonders interessant sind die Zeilen 11 bis 14 – und vor allem das *Frankreich* in Zeile 12.
Ich frage Sie: Ist diese Kette *Belgrad-Frankreich-Rom-Deutschland* nicht etwas seltsam? Das klingt doch ganz so, als würden russische Truppen zuerst auf französische Truppen stoßen und erst danach – oder bestenfalls zeitgleich – in Deutschland einfallen!? Trifft Russland jedoch in dem Moment auf französische Truppen, da es Deutschland angreift, kann man folgern: Diese französischen Truppen sind außerhalb Deutschlands stationiert, östlich davon!
Das Gleiche gilt für Italien. *Rom* kann man sicher mit Italien gleichsetzen. Der Autor hat vermutlich *I–ta–lien* durch *Rom* ersetzt, da *Italien* zu lang für das Versmaß ist.

Russ .... land ... nimmt ... Stadt ... Bel ... grad ... ein
Frank .. reich .. Rom .... zieht ... mit .... hi ..... nein

„Zieht mit hinein" ist zudem – und das ist eigentlich das stärkste Argument – keine Formulierung, die man benutzt, wenn ein Land ein anderes Land direkt und unmittelbar angreift. Adolf Hitler hat Russland nicht in den Zweiten Weltkrieg „hineingezogen", sondern *frontal angegriffen*!

Sieht man sich nun an, wie das Kosovo in unterschiedliche UN-Sektoren aufgeteilt ist, so ergeben obige Verse plötzlich Sinn:

Auf kürzestem Wege aus Richtung Belgrad kommend weiter südlich vorstoßend, würden russische Truppen nach ca. 200 Kilometern im Kosovo auf den Verkehrsknotenpunkt *Kosovska Mitrovica* treffen. Dieser liegt mitten im französischen Sektor. Von dort aus sind es nur noch rund 60 km bis zum US-Stützpunkt Camp Bondsteel. Und etwa 20 Kilometer südwestlich von *Kosovska Mitrovica* beginnt der italienische Sektor. Mit anderen Worten: Rücken die Russen in Belgrad ein, wird es nicht lange dauern, bis sie Richtung Camp Bondsteel vorstoßen und dabei den französischen Sektor durchqueren.

Wie bereits angesprochen, könnte es theoretisch auch wieder in Bosnien-Herzegowina zu Kämpfen kommen. Aktuell (Anfang 2007) plant man zwar die dortigen Eufor-Truppen im Jahre 2007 von 6000 auf 3500 Mann zu reduzieren, doch es bestehen nach wie vor erhebliche Spannungen zwischen den Kroaten, Serben und Bosniaken. So drohte der Premier der bosnisch-serbischen Teilrepublik *Milorad Dodik* bereits mehrfach mit einem Unabhängigkeitsreferendum! Zudem wird befürchtet, dass solche sezessionistischen Tendenzen einen neuen Aufschwung erfahren, wenn das Kosovo unabhängig wird. Die Brisanz der ganzen Situation zeigt sich auch darin, dass die EU versucht, ein Unabhängigkeitsreferendum der bosnischen Serben zu verhindern, indem sie Druck ausübt auf die dortigen serbischen Spitzenpolitiker.

Abschließende Anmerkung zu obigem Prophezeiungstext: W. J. Bekh veröffentlichte diesen Text 1988 ohne weiteren Angaben – außer dem Hinweis *unbekannter Verfasser*. Der Text umfasst 17 Verse, wobei die ersten 6 Verse beschreiben, wie der Verfasser in eine Kirche geht und ihm dort eine Vision zuteil wird. Die darauffolgenden 11 Verse entsprechen komplett der Ereignisabfolge, die auch aus vielen anderen Quellen bekannt ist. Zusätzlich enthält der Text ein paar konkrete Details, die sich logisch ins Gesamtbild fügen, jedoch – soweit mir bekannt – von keiner anderen Quelle erwähnt werden. Nach nur zweimaligem Lesen könnte man meinen, die Sache habe sich jemand zusammengedichtet, der sich ziemlich gut mit Prophezeiungen auskannte. Meiner Ansicht nach besteht die größte Wahrscheinlichkeit jedoch dafür, dass hier jemand tatsächlich eine Vision hatte.

Bei Alois Irlmaier findet sich ein Text, der sehr gut zum obigen passt:

Irlmaier (1959-I-®): *„Massierte Truppenverbände marschieren in **Belgrad** von Osten her ein und rücken nach Italien vor. Gleich darauf stoßen drei gepanzerte Keile nördlich der Donau blitzartig über Westdeutschland in Richtung Rhein vor – ohne Vorwarnung. Das wird so unvermutet passieren, dass die Bevölkerung in wilder Panik nach Westen flieht."* (8/60)

Von Belgrad bis Italien sind es etwa 600 km Luftlinie. Von Frankreich lesen wir hier nichts.

Vermutlich stoßen die Russen entlang des Save-Tals nach Westen vor, um im Raum Triest in die Poebene einzudringen.

Unabhängig von dem, was in der Zukunft auf dem Balkan passiert oder nicht, haben mehrere Seher die politischen Wirren auf dem Balkan vorausgesehen.

Seher aus dem Waldviertel (1959-II-®): >*„Ein begrenzter Konflikt auf dem Balkan ... das sei der Anfang der kriegerischen Auseinandersetzungen, ohne nennenswerte Auswirkungen noch auf Mitteleuropa."*< (12/258 –**1980**)
>*„Er sah mehrere örtlich begrenzte Einzelkriege und kriegerische Einzelhandlungen, zum Beispiel in Jugoslawien und Bulgarien ..."*< (12/263 –**1980**)

Diese Zitate wurden 1980 erstmals veröffentlicht. Der erste Balkankrieg brach 1991 aus. Dabei darf man nicht übersehen, dass die Kämpfe auf dem Balkan erst möglich wurden durch den Zerfall des Ostblocks. Mehr noch: Sie sind Teil des Umbruches in Osteuropa!

Irlmaier (1959-I-®): *„Ein neuer Nahostkrieg flammt plötzlich auf, große Flottenverbände stehen sich im Mittelmeer gegenüber. Die Lage ist gespannt. Aber der eigentlich zündende Funke wird im Balkan ins Pulverfass geworfen."*
(30/142 -**1978**)

Es liegt nahe, eine Verbindung zwischen den Ereignissen im Nahen Osten und auf dem Balkan zu suchen. Das verbindende Glied könnte Russland sein, das einer westlichen, von den USA dominierten Politik in beiden Regionen massiv entgegentrat.
Irlmaier äußert sich zudem mehrfach zu einer Attentatsserie auf bedeutende Persönlichkeiten – vermutlich auf dem Balkan –, die sich in dieser Phase ereignen soll. Das dritte und letzte dieser drei Attentate soll am letzten Tag vor dem Angriff Russlands stattfinden.

Sehen wir uns an, was Irlmaier zu diesen Attentaten sagt:

1. >*„Aber das **erste Zeichen** sei eine Mordtat an einem ‚Hochgestellten' **südöstlich von uns.**"*< (Quellenangaben siehe nächste Seite)

Uns meint Bayern – südöstlich davon liegt der Balkan und der Nahe Osten.

2. *„Bis der **dritte Mord** an einem Hochgestellten geschieht, musst laufen! Nicht auf der Autobahn, sondern rückwärts auf den Bundesstraßen, die Autobahnen sind alle verstopft. Der Russ kommt."*

3. >*„Der schon erwähnte **dritte Mord** sollte sich, nach Irlmaiers Überzeugung, in **Jugoslawien oder der Tschechoslowakei** ereignen, genau vermochte er es nicht zu sagen."*<

4. *„Es hat sich nicht das Geringste daran geändert. Nur weil es nähergekommen ist, sehe ich es viel deutlicher. Und die zwei Männer, die den dritten Hochgestellten umbringen, sehe ich auch. Sie sind von anderen Leuten bezahlt worden. Der eine Mörder ist ein kleiner schwarzer Mann, der andere etwas größer mit heller Hautfarbe. Ich denke, **am Balkan** wird es sein, kann es aber nicht genau sagen. ... Nach der **Ermordung des dritten** geht es über Nacht los."*

Fassen wir zusammen: Der erste Mord ereignet sich südöstlich von Bayern, auf dem Balkan oder im Nahen Osten, vermutlich Ersteres – zum zweiten fehlen die Ortsangaben. Der dritte Mord dürfte in Ex-Jugoslawien stattfinden oder in Tschechien, vermutlich Ersteres.

Auf ein entscheidendes Attentat in dieser Phase bezieht sich noch eine andere – bereits erwähnte Quelle von ca. 1940, die 1988 veröffentlicht wurde:

„... Im Nahen Osten wird es beginnen ...
Ein kleines Volk wird großes Unrecht tun,
und ein berühmter Staatsmann wird ermordet werden.
Ein großer Mann wird sich in Europa erheben,
und Deutschland wird von einem Stiernacken regiert werden.

Es wird eine Konferenz geben zwischen vier Türmen,
dann ist es bereits zu spät.
Die Russen werden durch die Gasthausfenster der Deutschen schauen,
wenn diese noch still bei ihrem Bier sitzen." (8/45)

Das *kleine Volk* könnte vom Balkan stammen, es könnten aber auch die Israelis oder Palästinenser sein. Da man der Quelle eine gewisse Subjektivität unterstellen kann, müsste es sich nicht tatsächlich um *großes Unrecht* handeln, sondern es würde reichen, wenn es in der Öffentlichkeit so *empfunden* wird.
Im Hinblick auf den 2006er Libanonkrieg, den Israel zunächst damit begründete, ganze 2 (!) gekidnappte Soldaten befreien zu müssen, wobei rund 1200 Libanesen zu Tode kamen und ein Großteil der Infrastruktur im Südlibanon zerstört wurde – läge es im Bereich des Möglichen, dass die Israelis *„großes Unrecht tun"* – bzw. entsprechende Taten als solches empfunden werden.

Die Vermutung liegt auf der Hand, dass der *„berühmte Staatsmann"*, der ermordet wird, einer der *Hochgestellten* von Irlmaier ist.

---

* 1 : 1955, Adlmaier, zitiert von A. Gann „Zukunft des Abendlandes?", 1986, Seite 179
2 : 1956, Zeugin Wostall (78/57) 1998
3 : 1950, Zeuge Wehner, zitiert von A.Gann „Zukunft des Abendlandes?", 1986, Seite 186
4 : 1959, aus „Blick in die Zukunft", Adlmaier, 3. Auflage, 1961, Seite 105/106

Schon seit langer Zeit spekulieren Prophezeiungs-Fans, wer das denn sein könnte. Mein nutzloser Beitrag dazu: Da es gegenwärtig keinen *berühmten* Staatsmann auf dem Balkan gibt, könnte es ein westlicher Politiker sein. Vielleicht aus den USA?

Der *große Mann*, der sich da in Europa erhebt, dürfte Führer einer großen europäischen Nation sein. Deutscher ist er nicht, denn von dort kommt ja der *Stiernacken*. Bleiben England, Frankreich und Russland. *Erheben* interpretiere ich als Demonstration der Macht über andere. Die Europäische Union jedoch wurde u. a. geschaffen, um genau das zu verhindern! Der *große Mann* dürfte also aus Russland kommen, und das passt zweifellos zu Wladimir Putin, der dank hoher Öl- und Gaspreise die Muskeln spielen lassen kann.

Der berühmte Staatsmann, der ermordet wird, kann also kein Deutscher und kein Russe sein. *Berühmt* bedeutet meinem Empfinden nach auch, dass er schon ein paar Jahre im Amt ist, so dass er genug Zeit hatte, sich durch Taten und Äußerungen den Leuten einzuprägen. Damit fielen wohl auch die Nachfolger von Tony Blair und Jacques Chirac weg. Tony Blair soll noch im Laufe des Jahres 2007 sein Amt an seinen Finanzminister Gordon Brown übergeben, und in Frankreich stehen im Frühjahr 2007 Präsidentschaftswahlen an. So kommen wir wieder in die Nähe der USA.

Zum deutschen *Stiernacken* und der *Konferenz zwischen 4 Türmen* sage ich nichts. Das wird man sehen, wenn es so weit ist ...

Bei Buchela, der bekannten niederrheinischen Seherin, liest man in „*Ich aber sage euch*" auf Seite 276 die folgende an Deutschland gerichtete Warnung:

„*Monat für Monat und* **Jahr für Jahr** *werden sich die Knechte im Antlitz der kommenden Sonne gegen die nicht erkorenen Herren erheben und [ihr] Recht fordern. Ihr Blut wird das Land und das Pflaster färben. Aufsässig und nicht demütig werden sie jedes einzelne Mal wieder unter das Joch gezwungen.*
Es sind Arme, die euch dauern werden. Gebt ihnen Essen und den liebenden Arm, und der Friede der erwiesenen Freundschaft wird die Wunden lindern. Aber greift nie zu Axt und Schwert, um ihre Widersacher anzunehmen. Ein solches Tun ist Verderben für euch. Es werden Zeiten kommen, in denen sie euch im Namen des Herrn und der Menschlichkeit anflehen, um ihrer Rettung willen Blut zu vergießen. Lasst es! Viele werden durch eure Tatenlosigkeit leiden, aber alle gerettet werden. Das Böse zerstört sich vom Inneren her selbst."

(40/276)

Der Text passt gut zu dem, was vor einigen Jahren auf dem Balkan geschah. *Antlitz der kommenden Sonne* – kann man als „im Osten" und Hinweis auf den Balkan interpretieren. Angesichts der Gräuel auf dem Balkan wurde immer wieder ein massives Eingreifen des Westens gefordert. Aber erst 1999 im Kosovo entschloss sich der Westen dazu.

Man mag jetzt einwenden, der westliche Griff zu *Axt und Schwert* habe im Kosovo keinesfalls ins *Verderben* geführt. Warten wir es ab. Reduziert man den Text nämlich auf seine Kernelemente, so ist der Balkan schlichtweg eine Falle für Westeuropa. Wenn Buchela schreibt, es sei besser, wenn *viele leiden*, damit *alle gerettet werden*, so bedeutet dies im Umkehrschluss, dass die Gefahr besteht, dass **alle umkommen!** Möglich also, dass Buchela davor warnen will, dass Europa auf dem Balkan in eine Falle tappt, die einen „dritten Weltkrieg" auslöst. Ihre Warnung vor einer militärischen Eskalation jedenfalls ist offensichtlich!

Kosovo – der „Fahrplan in die Unabhängigkeit"

Eigentlich wollte man den Status des Kosovo schon 2006 klären, zog es aber vor, bis nach den Wahlen in Serbien im Frühjahr 2007 zu warten, um die Unabhängigkeit des Kosovo nicht zum Hauptthema des serbischen Wahlkampfes zu machen. Die Wahlen am 21. Januar 2007 brachten bis zum Abschluss der Arbeiten an diesem Buch bezüglich des Kosovo kein eindeutiges Resultat. Die große Mehrheit der politischen Klasse Serbiens ist gegen eine vollkommene Unabhängigkeit des Kosovo, aber es scheint gewissen Verhandlungsspielraum bezüglich einer beschränkten Unabhängigkeit zu geben.

Die USA und die EU – haben folgende erklärte Verhandlungspositionen:

1. kein Status des Kosovo wie vor 1999
2. keine Abspaltung serbischer Gebiete aus dem Kosovo
3. kein Anschluss des Kosovo an Albanien

Dass das Kosovo nicht wieder Teil Serbiens werden kann (Status vor 1999), mag einleuchten. Aber schon beim zweiten Punkt wird es vertrackt.

Es ist bekannt, dass die serbische Minderheit im Kosovo bedroht wird und um ihre Sicherheit fürchtet. Ein Großteil ihrer Gebiete liegt am Rande des Kosovo, so dass eine Abspaltung rein praktisch möglich wäre. Das aber will der Westen nicht, da er befürchtet, dass sich daraufhin auch die bosnischen Serben von Bosnien abspalten und die Spannungen auf dem Balkan wieder zunehmen.
Nicht weniger problematisch ist Punkt 3, nämlich die Verweigerung einer vollkommenen Unabhängigkeit des Kosovo seitens des Westens. Wäre das Kosovo ein wirklich souveräner Staat, so könnten es sich mit Albanien vereinigen. Genau davor aber hat der Westen Angst, da er befürchtet, dass dann auch die albanische Minderheit in Mazedonien Teil dieses neuen Groß-Albaniens sein will. Das Ergebnis wären ebenfalls erneute Spannungen auf dem Balkan.

Gegenwärtig scheint sich abzuzeichnen, dass das Kosovo zwar endgültig aus den Fängen Serbiens befreit wird, jedoch, statt eine wirkliche Unabhängigkeit zu erlangen, als eine Art dauerhaftes Protektorat des Westens endet. Damit – man glaubt es kaum – eröffnet sich eine neue Front, nämlich zwischen den Kosovo-Albanern *und dem Westen*. Welche Folgen das haben könnte, verdeutlicht das folgende Beispiel: Am 17. und 18. März 2004 kam es im Kosovo nach einer längeren Ruhephase zu scheinbar urplötzlichen gewalttätigen Unruhen in deren Verlauf 19 Menschen getötet wurden. Rund 6 Monate danach veranstaltete das Zentrum für Internationale Friedenseinsätze (ZIF) am 24. und 25. September 2004 in Berlin ein Rückkehrertreffen für das zivile Personal aus Friedenseinsätzen, insbesondere auch aus dem Kosovo. Bei diesem Treffen wurde über die Ursachen der März-Unruhen im Kosovo referiert und diskutiert. In einem entsprechenden Bericht im Internet liest man:

... kam es im Kosovo zu schweren Unruhen, an denen sich nach KFOR-Schätzung zwischen 30 - 50 000 Menschen beteiligten. 19 Menschen wurden getötet, 900 verletzt, mehr als 4000 Serben wurden vertrieben. Ein großer Teil der serbischen Kulturgüter im Kosovo wurde beschädigt oder zerstört. ...

Die Diskussionsteilnehmer berichteten <u>übereinstimmend</u> von einer sich schon im Vorfeld stetig verschlechternden Grundstimmung und zunehmender Aggressivität unter der albanischen Bevölkerung des Kosovo in Folge der ungeklärten Statusfrage und der schlechten wirtschaftlichen Lage. Dennoch sei die internationale Gemeinschaft vom Ausbruch der Unruhen und insbesondere von ihrer schnellen und breiten Eskalation überrascht worden.

Als ein wesentlicher Grund wurde das interne Reporting-System aller internationalen Akteure genannt. Es verleitet zum „Schönreden", da Mitarbeiter schnell lernen, dass Warnungen und Kritik einerseits wenig verändern, andererseits aber die eigenen Karrierechancen vermindern. Infolgedessen wiegte sich die internationale Gemeinschaft kollektiv in einem trügerischen Gefühl von Fortschritt und Sicherheit, während sich viele Mitarbeiter vor Ort durchaus bewusst waren, auf einem Pulverfass zu sitzen.

... na, wenn das nicht ganz gehörig stinkt ...

In dem Bericht hieß es weiter, dass die Mehrheit der albanischen Demonstranten Jugendliche waren, deren Gewaltbereitschaft bekannt war, und deren allgemeine Frustration aus ihrer wirtschaftlichen und sozialen Perspektivlosigkeit resultiert. Die offizielle Arbeitslosenrate liegt bei 60 % – es gibt aber auch eine große Schattenwirtschaft. Nach dem Sieg der NATO über die Serben dachten die Kosovaren, ihre Wirtschaftslage werde sich bald ändern. Aber diese Hoffnungen wurden seither bitter enttäuscht. Auf dem Treffen war man sich einig, dass ...

"... eine wirkliche Aussöhnung zwischen albanischen und serbischen Kosovaren noch in weiter Ferne liegt. ... Die Serben wurden zum Ziel der Gewalt nicht nur auf Grund der andauernden Feindschaft zwischen den beiden Bevölkerungsgruppen, sondern auch weil sie konkret als Hindernis auf dem Weg zur staatlichen Unabhängigkeit des Kosovo gesehen werden."

In einem TV-Bericht über die März-Unruhen, den ich im Jahre 2006 sah, hieß es, der eigentliche Adressat der Unruhen sei der Westen gewesen, den die Kosovo-Albaner so unter Druck setzen wollten, damit sie endlich ihre Autonomie bekommen. Man prügelte auf Serben ein, meinte aber die USA und die EU. Würde sich derlei wiederholen und im Rahmen entsprechender Ausschreitungen eine noch größere Zahl von Kosovo-Serben ermordet werden und sich der Westen als unfähig erweisen, die Serben zu schützen, würde sich für Serbien ganz zwangsläufig die Frage stellen, ob man den Volksgenossen im Kosovo militärisch zu Hilfe eilt.

Nachtrag aus der Financial Times Deutschland vom 18. Januar 2007, S. 12:

EU erwartet Konflikt mit Russland über Kosovo

Europa bereitet sich in den Verhandlungen um die Zukunft des Kosovo auf einen **Frontalzusammenstoß mit Serbien und Russland** *vor. „Es ist nicht zu erwarten, dass irgendetwas bei diesen Verhandlungen rauskommt, wo Belgrad zustimmt", sagte der Chef des Stabilitätspaktes für Südosteuropa, Erhard Busek, der FTD. Damit droht ein* **scharfer Konflikt mit Russland**, *das angekündigt hat, keine Entscheidung gegen den Willen Serbiens im Uno-Sicherheitsrat mitzutragen. Brüsseler Diplomaten warnten gestern, die Position Russlands habe sich in den vergangenen Monaten verhärtet. „Wir sind frustriert, das war nicht abzusehen", sagte einer der Diplomaten. ... Putin habe das Thema zur Chefsache gemacht, nachdem sich das Außenministerium zuvor deutlich kooperativer verhalten habe.*

Ein neuer Nahostkrieg

Bevor wir uns einen möglichen zukünftigen Nahostkrieg aus der Sicht der Prophezeiungen nähern, werfen wir zunächst einen Blick auf die reale Lage im Nahen Osten.

Nach dem 11. September 2001 riefen die USA einen „weltweiten Krieg gegen den Terror" aus. Neben der Zerschlagung terroristischer Organisationen war das wichtigste Ziel ein Regimewechsel bzw. eine „Demokratisierung" in all denjenigen Staaten, die aus Sicht der USA als Unterstützer der Terroristen galten – insbesondere Afghanistan, Irak, Iran und Syrien. Der 2003er Angriff auf den Irak wurde damit begründet, dass der Irak Massenvernichtungswaffen habe und den internationalen Terror unterstütze. Beides erwies sich als unwahr und als Lüge.

Die Hoffnung in Washington und London war, dass sobald Saddam Hussein gestürzt sei und sich ein demokratisches System im Irak etabliert habe, bald auch in Syrien und dem Iran Demokratien nach westlichem Muster entstehen.

Im Jahre 2006 hat sich jedoch gezeigt, dass die Politik der USA komplett gescheitert ist. Im Irak herrscht Bürgerkrieg. Der Ende 2006 aus dem Amt geschiedene UN-Generalsekretär Kofi Annan sagte öffentlich, dass es den Irakern unter Saddam Hussein besser ging als heute. Ein vernichtenderes Urteil ist wohl kaum denkbar.

Damit nicht genug. Inzwischen mehren sich Befürchtungen, dass falls der Bürgerkrieg im Irak noch länger anhält, der Irak zerfällt und seine Nachbarstaaten in den Konflikt eingreifen. Entsprechende Warnungen gibt es bereits aus der Türkei, die einen kurdischen Staat im Nordirak verhindern will, und Saudi-Arabien, welches eine Vormachtstellung des Irans befürchtet.

Zeitgleich hat sich die Situation in Palästina und dem Libanon derartig destabilisiert, dass der jordanische König Abdullah Ende 2006 neben dem Irak auch noch in Palästina und dem Libanon einen Bürgerkrieg befürchtete.

Über alledem schwebt drohend das iranische Atomprogramm. Der Westen wirft dem Iran vor, er sei dabei, Atomwaffen zu entwickeln. Der Iran bestreitet dies, tut aber so gut wie nichts, um westliche Befürchtungen zu zerstreuen. Im Gegenteil: Irans Präsident Ahmadinedschad scheut sich nicht, immer wieder das Existenzrecht Israels in Frage zu stellen. Die Zeit schreitet voran und irgendwann könnte der Zeitpunkt kommen, wenn Israel – aus Furcht vor einem zweiten Holocaust, und koste es, was es wolle – den Iran angreift, um dessen Atomanlagen zu zerstören. Anfang Januar 2007 gingen Berichte durch die Medien, wonach Israel plane, den Iran mit Atomwaffen anzugreifen.

Und man sollte es wohl als ein Zeichen der Zeit verstehen, dass sich die meisten Medien bereits einen Tag (!) nach der entsprechenden Meldung schon nicht mehr für das Thema interessierten. Denn solche Drohungen von Atommächten gab es in der letzten Zeit öfters: von Israel, den USA und im Januar 2006 sogar auch von Frankreich. Der amerikanische Starreporter Seymour Hersh behauptete schon im Jahre 2005, dass es die USA in Erwägung zögen, Atombomben gegen tief verbunkerte Atomanlagen im Iran einzusetzen.

Ich weiß nicht, wie es Ihnen dabei geht, aber ich werde bei so etwas nachdenklich. Tatsache ist, dass man sich inzwischen an die Drohung mit Atomwaffen gewöhnt hat. Das hätte den unbestreitbaren Vorteil, dass *wenn* jemand irgendwann Atomwaffen einsetzen würde, der Schock nicht allzu groß wäre. Sicher – es wäre immer noch ein Schock. Aber vermutlich würde man nach dem ersten Schrecken bald zu der Diskussion übergehen, ob die Atombomben eher klein genug oder zu groß waren. Meinen Sie nicht?

Der ehemalige deutsche Außenminister Joschka Fischer schrieb in der Süddeutschen Zeitung vom 30. November 2006 zur Lage im Nahen Osten:

Hinter diesem absehbaren Ende der amerikanischen Stabilisierungs-Mission lauert der Bürgerkrieg im Irak, der zugleich zu einem indirekten iranisch-arabischen Krieg um die Vorherrschaft im Irak, am Golf, im Libanon, in den palästinensischen Gebieten und darüber hinaus zu werden droht. Mehr noch, es besteht die Gefahr, dass das im Irak geschaffene Machtvakuum den israelisch-palästinensischen Konflikt, Irak und Afghanistan zu einer regionalen Großkrise verknüpfen wird.
Alle beteiligten Mächte und Akteure kalkulieren angesichts des kommenden amerikanischen Abzugs ihre Lage und Interessen neu. Und dies gilt für alle drei Krisenherde. Iran, Syrien, Saudi-Arabien, Ägypten, Jordanien, Pakistan, aber auch die Türkei und vor allem Israel werden dabei die regionalen Hauptakteure sein. ... Es geht bereits heute nicht mehr nur um den Irak, sondern vielmehr um die Zukunft der gesamten Region. Und man wird sogar froh sein dürfen, wenn sich das abzeichnende Chaos auf den Irak begrenzen lassen wird.

Es hat wohl selten zuvor eine Zeit gegeben, zu der der Nahe Osten so sehr einem Pulverfass glich wie Anfang 2007. Dabei ist bereits jetzt absehbar, dass sich die Lage im Irak eher verschlimmern wird. Das Gleiche gilt für den Konflikt um das iranische Atomprogramm.

Die WELT vom 12. Dezember 2006 schrieb auf Seite 3:

Noch nie, darin sind sich die Bundeskanzlerin und ihr israelischer Amtskollege einig, war Israel so bedroht wie heute. ... Auf ihn [Ehud Olmert, israelischer Ministerpräsident, Anm. B.] könnte die schwerste Entscheidung zukommen, die je ein israelischer Premier nach Staatsgründer Ben Gurion zu treffen hatte: Ob man das apokalyptische Regime der Mullahs gewähren lässt, wenn die Amerikaner nichts unternehmen, oder die iranischen Nuklearanlagen zu bombardieren und dabei einen Rachefeldzug gegen Israel in Kauf zu nehmen.

Hier kurz ein paar Einschätzungen hinsichtlich der entscheidenden Frage, ab wann der Iran über Atomwaffen verfügen könnte:

Nach einem Bericht des britischen *Internationalen Instituts für Strategische Studien* könnte es **2010*** so weit sein – nach Angaben des militärischen Geheimdienstes in Israel nicht vor **2008***. Mohammed al-Baradei, Direktor der Internationalen Atomenergiebehörde IAEA, schloss Anfang 2006 nicht aus, dass der Iran eventuell ein weiteres geheimes Atomwaffenprogramm hat:

„Wenn sie das Atommaterial haben und wenn sie ein paralleles Waffenprogramm unterhalten, dann sind sie wirklich nicht weit – ein paar Monate – von einer Waffe entfernt."

... Glauben Sie im Ernst, der Iran ließe sich von Israel und oder den USA angreifen, ohne dass es ihm in den Fingern juckt, nun dem Westen *seine* Macht zu demonstrieren? Rund 80 % der gesamten nahöstlichen Erdölexporte müssen durch das Nadelöhr der Straße von Hormus! Diese ist an ihrer schmalsten Stelle etwa 50 Kilometer breit und stößt im Norden auf ihrer gesamten Länge von rund 300 Kilometern an iranisches Staatsgebiet.

Die Vermutung, dass der Iran den Tankerverkehr „behindern" könnte, drängt sich geradezu auf. Als im Jahre 1984 während des Irak-Iran-Krieges im Persischen Golf einige Tanker mit Raketen beschossen wurden, verzehnfachten sich die Versicherungsprämien der Tanker von 0,75 % auf 7,5 %. Es wurden aber kein einziger Tanker versenkt, noch wurde die Straße von Hormus dicht gemacht. Aus strategischer Sicht betrachtet, könnte der Iran wohl gar nicht anders, als die westliche Solidarität mit Israel zu testen, indem er versucht, den Ölpreis in schmerzhafte Regionen zu treiben – sei es durch Gerüchte oder Drohungen, sei es mittels eher symbolischen Attacken, oder sei es – wenn alles andere nicht „hilft" – mit massiven Angriffen auf die Tanker.

Szenenwechsel. Was passiert gleichzeitig in Moskau? Richtig: Putin verdrückt ein paar Krokodilstränen, freut sich über den steigenden Ölpreis und die nächste außenpolitische Katastrophe für die USA.

---

* WELT, 8. September 2005, Seite5; WELT, 12. Januar 2006, Seite 3; WELT, 17. Januar 2006, Seite 6

Fragt sich also – wie es im Nahen Osten weitergeht?

Auch wenn die Gefahr groß ist, dass die folgenden Zeilen bald überholt sind, lassen Sie mich dennoch ein paar Gedanken zur augenblicklichen Situation Anfang Februar 2007 zusammentragen: Für die weitere Entwicklung in der Region ausschlaggebend ist natürlich das Verhalten der USA. *Herfried Münkler*, Politikwissenschaftler an der Berliner Humboldt-Universität schrieb in der WELT vom 11. Dezember 2006:

Der amerikanische Erfolg im Irak wird wesentlich davon abhängen, ob die politischen Gegenleistungen, die man Syrien und dem Iran für deren Einbindung in die Pazifizierung des Irak machen will, groß genug sind, um beide zur Kooperation zu veranlassen. Das – und nicht der Truppenabzug – ist die eigentliche Achillesferse der neuen amerikanischen Irak-Strategie.

Genau das – eine Kooperation mit dem Iran und Syrien – schlug auch die *Baker Kommission* in den USA vor, die gewissermaßen offiziell eingesetzt wurde, weil jeder sah, dass Bush & Co mit ihrem Latein im Irak am Ende waren. Doch was macht die Regierung Bush? Sie macht das, was keiner will – weder das amerikanische Volk noch die Kommandeure vor Ort im Irak noch die überwiegende Mehrheit der amerikanischen Volksvertreter –, sie verstärken die Truppen im Irak und gehen auf Konfrontation. Die Resonanz der Medien auf diese „neue" Strategie war absolut vernichtend, auch und insbesondere von Amerikafreunden. Das Ausmaß des allgemeinen Unverständnisses über diese Entscheidung war vergleichbar mit der Verwunderung über das Kondomverbot der katholischen Kirche angesichts des mit AIDS verseuchten Afrikas.

Wie erklärt man sich das? Nun – da gibt es zwei Möglichkeiten: Entweder weiß die US-Regierung, dass eine Kooperation mit dem Iran und Syrien auch beim besten Willen nicht möglich ist, oder aber – *man will es nicht!*
Was mich bei alledem beunruhigt, ist die Tatsache, dass man offenbar noch nicht einmal *versuchen* will mit Iran und Syrien zu verhandeln, bzw. – und da wird es richtig gruselig – noch nicht einmal *so tun will, als wollte man es!*
Selbst wenn die US-Regierung es nicht wollte, so könnte sie doch wenigstens zum Schein Verhandlungen beginnen, um der Welt nach einiger Zeit erklären zu können: *Seht her, wir haben es versucht. Aber es geht nicht!*

Machen wir es kurz: Das Verhalten der US-Regierung wäre dann plausibel, wenn sie für die nahe Zukunft fest mit einer Eskalation rechnet, beispielsweise, wenn sie weiß, dass ein Angriff auf den Iran bevorsteht.

Prophezeiungen zu einem neuen Nahostkrieg

Natürlich könnte man darüber streiten, wann der „dritte Weltkrieg" wirklich beginnen und welche Ereignisse und Entscheidungen ihn unabwendbar machen würden.

Aus der Sicht des mitteleuropäischen Durchschnittsbürgers jedenfalls dürfte dieser Krieg in jenem Moment beginnen, wo er erkennt, dass der Frieden in Europa in seiner Substanz bedroht ist und die hiesigen Regierungen nicht mehr die Macht haben, über Krieg und Frieden zu entscheiden. Man könnte sagen, der „dritte Weltkrieg" beginnt dann, wenn die Leute den Glauben an den Frieden verlieren und Furcht in ihre Herzen einzieht.

Eine solche Furcht könnte ausgelöst werden durch einen kleinen Krieg, der in unmittelbarer Nähe Europas ausbricht, bei dem es machtlos zusehen muss, und der droht, sich zu einem Flächenbrand auszuweiten. Im Jahre 2006 gab es dazu gewissermaßen eine Kostprobe mit nahezu allen erforderlichen Beimischungen: Israel griff am 12. Juli 2006 den Südlibanon an, um die dortige schiitische Hisbollah-Miliz entscheidend zu schwächen. Ein paar Tage vergingen und die Befürchtung machte sich breit, der Krieg könne außer Kontrolle geraten, indem es zusätzlich zu einem Krieg zwischen Syrien und Israel kommt. Der Krieg endete nach 33 Tagen mit rund 1200 toten Libanesen und 160 toten Israelis.

Syrien

Was seinerzeit jedoch völlig aus den Medien herausgehalten wurde, war die Frage, wie sich Russland verhalten würde, wenn es zu einem Krieg zwischen Syrien und Israel kommt? Die Waffen der syrischen Armee stammen praktisch zu 100 % aus russischer Produktion. Syrien und Russland sind alte Verbündete noch aus Zeiten des Kalten Krieges. Russland verfügt in der syrischen Hafenstadt Tartus, wenige Kilometer von der syrisch-libanesischen Grenze entfernt, über einen Marinestützpunkt, den es seit etwa 2006 wieder intensiver nutzt. Sollte sich ein syrisch-israelischer Krieg auch nur etwas länger hinziehen, so wäre Syrien gezwungen, Moskau um Nachschub für seine Armee zu bitten: Wer mit russischen Kanonen schießt, braucht auch russische Granaten. Und allerspätestens dann, wenn frische russische Waffenlieferungen das Zünglein an der Waage des Kampfes wären und es darum ginge, ob Israel Syrien schnell genug besiegen kann, wird Israel nichts anderes übrig bleiben, als – vermutlich mit Hilfe der USA – russische Waffenlieferungen an Syrien zu unterbinden, indem es eine Seeblockade gegen Syrien verhängt!

Was dann?

Alles was es dann noch zu einer wirklich großen Eskalation bräuchte, wäre in Moskau und / oder Washington die Überzeugung, dass man den Gegner besiegen könnte und sich die eigenen Verluste im Rahmen halten. Sei es, dass man auf die atomare Abschreckung vertraut und glaubt einen amerikanisch-russischen Krieg unterhalb der atomaren Schwelle halten zu können. Sei es, dass man über neue Wunderwaffen verfügt, die die gegnerische Atomstreitmacht neutralisieren können, sei es schlichtweg, dass sich im falschen Moment ein paar Wahnsinnige an den Schalthebeln der Macht durchsetzen.

Der Autor Adalbert Schönhammer veröffentlichte 1978 in seinem Buch „PSI und der dritte Weltkrieg" folgende Voraussage Alois Irlmaiers*:

1 *Alles ruft Frieden, Schalom!*
2 *Da wird's passieren. – Ein neuer Nahostkrieg flammt plötzlich auf,*
3 *große Flottenverbände stehen sich im Mittelmeer feindlich gegenüber.*
4 *Die Lage ist gespannt. Aber*
5 *der eigentliche zündende Funke wird im Balkan ins Pulverfass geworfen.*

(23/63-**1978**, aber auch 30/142, **September 1990**)

Wenn wir davon ausgehen, dass dieser Text authentisch ist, korrekt überliefert wurde und praktisch jedes Wort seinen Sinn hat *und* an der richtigen Stelle steht, so ergibt sich folgendes Bild (lesen Sie obige Zeilen ruhig mehrmals):

Zeile 1 und 2: Die ganze Welt sieht zu, wie sich im Nahen Osten ein neuer Krieg zusammenbraut. Es gibt intensive Friedensverhandlungen, eine weltweite Friedensbewegung, sogar mit einem starken Ableger in Israel selbst. Die Friedensbewegung in Israel selbst deutet darauf hin, dass Israel eher der Aggressor ist als das Opfer. Israelis werden wohl kaum für Frieden demonstrieren, wenn sie sich massiv von außen bedroht fühlen und Krieg als einzige Möglichkeit sehen. Mag sein, dass es weltweit eine ähnlich starke Friedensbewegung gäbe wie im Vorfeld des 2003er Irak-Krieges, als beispielsweise in Rom 3 Millionen Menschen demonstrierten und in London, Madrid und Barcelona je 2 Millionen Menschen. ... Diese zukünftige weltweite Friedensbewegung wäre aus zwei Gründen beachtenswert: Es wäre nämlich denkbar, dass es in Zukunft mehr als nur noch einen Nahostkrieg geben wird, doch der Krieg, der uns an dieser Stelle interessiert, müsste sozusagen angekündigt werden durch eine ihm unmittelbar vorausgehende weltweite Friedensbewegung!

---

* Da dieses Zitat von besonderer Bedeutung ist, folgende Anmerkung:
  Adalbert Schönhammer gibt in seinem 1978er Buch als Quelle dieser Irlmaier zugeschriebenen Aussage einen katholischen Priester an, der ungenannt bleiben möchte. Meines Wissens taucht dieses Zitat erstmals bei Schönhammer auf. Ich hatte etwa Mitte der 90er Jahre mit Herrn Schönhammer kurz wegen einer anderen Sache telefoniert und er wirkte auf mich ehrlich und korrekt. Inzwischen ist Herr Schönhammer verstorben.

Andererseits entstehen Friedensbewegungen nicht über Nacht, so dass man von einer mehrwöchigen, wenn nicht sogar einer mehrmonatigen Phase im Vorfeld ausgehen könnte, in der sich dieser Krieg für jeden sichtbar zusammenbraut.

Geht man weiter von der aktuellen Situation aus, so wäre das Wahrscheinlichste entweder ein Krieg zwischen Israel und Syrien, oder ein Krieg bzw. ein Angriff der USA und / oder Israels auf den Iran.

Zeile 3: Die großen Flottenverbände, die sich im *Mittelmeer* gegenüberstehen, machen jedoch klar, dass es sich hier um Syrien handeln müsste. Da die arabischen Staaten über keine nennenswerten – und schon gar keine großen Flottenverbände verfügen – ist klar, dass es sich um eine amerikanische (bzw. westliche) und eine *russische Flotte* handeln muss. Beunruhigenderweise befindet sich bereits eine westliche Flotte vor der Küste des Libanons unweit der syrischen Küste – mit deutscher Beteiligung. Und diese Flotte schippert da nicht zufällig herum, sondern ist dort praktisch festgenagelt, zum Schutze Israels. Fehlen nur noch die Russen. Treffen die dort irgendwann ein, dürfte es obiger Quelle nach auch bald auf dem Balkan krachen.

Zehn Jahre nach obigem Irlmaier zugeschriebenen Text veröffentlichte Wolfgang Johannes Bekh den bereits erwähnten Text von einem unbekannten Verfasser zum selben Szenario. Die Stellen, die sich mit Irlmaier decken, sind fett gedruckt.

1   *Engel weiset mit der Hand*
2   *Auf ein Wasser, Küstenland.*
3   *Sieh der **Flotten feindlich Heer***
4   *Sieh das unheilvolle Meer.*
5   *Sieh **die Kampfestruppen dort***
6   ***Wo des Gottes Kindheit Hort***
7   *Sieh, wie rachezürnt sie sind*
8   ***Schalomgruß** verweht im Wind.*

9   *Hier beginnt der große Krieg*
10 *Niemand trägt davon den Sieg*
11 ***Russland nimmt Stadt Belgrad ein***
12 *Frankreich, Rom zieht mit hinein*
13 ***Blitzschnell schlägt der Roten Heer***
14 ***Deutsches Land, vor Schreck ohn' Wehr***
15 *Panik lähmt der Freunde Macht*
16 *Es umfängt sie Todesnacht.*

(8/264-1988)

Der zunächst naheliegenden Vermutung, hier habe sich jemand bei Irlmaier bedient, kann ich widersprechen, da der Text einige Details aufweist, die man von Irlmaier nicht kennt. Da sich die Zeilen 2 bis 14 praktisch ausnahmslos mit zentralen Eckpunkten europäischer Prophezeiungen befassen, liegt dem Text entweder eine echte seherische Begabung zugrunde, oder aber der Verfasser hat die europäischen Prophezeiungen eingehend und mit gutem Gespür für das Wesentliche studiert.

An dieser Stelle muss ich einen kurzen Kommentar zu der – man kann es wirklich so sagen – *Schwachsinnigkeit* des „Abschreiberargumentes" loswerden:

Dieses Argument offenbart eine Geisteshaltung, die sich mehr für die Kopie als für das Original interessiert. Nehmen wir an, es gäbe einen Seher, der die Zukunft klar gesehen hat, und andere würden von ihm abschreiben? Wo läge dann das Problem? Wo? Lediglich eine Methodik, die den Wert bestimmter Voraussagen ausschließlich abhängig macht von der Häufigkeit, mit der sie in unterschiedlichen Prophezeiungen auftaucht, hätte ein Problem – *jedoch nur, wenn sie die unterschiedliche Glaubwürdigkeit der Quellen nicht berücksichtigt!* Und das kann man mir kaum vorwerfen.

Auch bei dieser Quelle treffen wir also auf die *feindlichen Flotten*. Zwar wird das Mittelmeer nicht konkret erwähnt, doch russische und amerikanische Flotten, die sich im Persischen Golf gegenüberstehen – die andere Variante mit dem Iran –, käme aus russischer Sicht wohl nicht in Frage. Der Persische Golf ist praktisch zugepflastert mit amerikanischen Militärbasen. Dort würde Russland in eine Falle geraten und den Kürzeren ziehen.

Russland nimmt Stadt Belgrad ein – **Frankreich, Rom zieht mit hinein** – das Fettgedruckte könnte sich – wie schon erwähnt – auf die französischen und italienischen KFOR-Truppen im Kosovo beziehen, deren Sektor im Norden des Kosovos liegt, also an der Grenze zu Serbien und Montenegro, wo ein Großteil der serbischen Minderheit im Kosovo lebt.

In den 70er und 80er Jahren des 20. Jahrhunderts machte in den USA (Bundesstaat New York) eine von der Jungfrau Maria inspirierte Seherin namens *Veronica Lueken* alias *Veronika von der Bayside* von sich Reden. Veronica Lueken sagte am 30. Mai 1981:

„Syrien hat den Schlüssel zur Lösung des Weltfriedens oder zum Dritten Weltkrieg." *

Wer im Zusammenhang mit dem 2006er Angriff Israels auf den Südlibanon die Berichterstattung intensiver mitverfolgt hat, erinnert sich vielleicht noch an manche Stellungnahmen, die obigem Satz sehr nahe kamen. So fragte der SPIEGEL (2006/31) den syrischen Außenminister Muallim:

SPIEGEL: *„Kann es im Nahen Osten einen Frieden geben ohne Syrien?"* – Muallim: *„Das sehe ich nicht."*

Ebenfalls im SPIEGEL (2006/39) wird Syriens Präsident Baschar al-Assad zitiert: *„Ohne Syrien gibt es den Frieden im Nahen Osten nicht."*

Die ZEIT vom 27. Juli 2006 schrieb: *„**Syrien ist jetzt die Schlüsselfigur** auf dem Brett, weshalb sich alle Geheimdienstdiplomatie ... auf den jungen Diktator Baschar konzentrieren wird."*

---

* 16/121-**1991**, und www.tldm.org/News4/Lebanon.htm (August 2006)

Die WELT vom 5. August 2006 schrieb: *„Einem versehentlich offen gebliebenen Mikrofon auf dem G-8-Gipfel in St. Petersburg [15.-17. Juli 2006, Anm. B.] verdankt die Welt die Kenntnis über einige Einsichten des amerikanischen Präsidenten. Zu dem Bemerkenswertesten gehört die Äußerung von George W. Bush, man möge Syrien dazu bringen, die Hisbollah zu stoppen, und alles sei erledigt."*

Im ARD-Morgenmagazin am 3. August 2006 meinte ein Kommentator sogar wortwörtlich: *„Syrien hält den Schlüssel zum Frieden im Nahen Osten."*

Zur Erinnerung: Israel sah sich im Sommer 2006 gezwungen, die Hisbollah-Miliz im Südlibanon anzugreifen, da deren neue Raketen-Typen weite Teile des israelischen Territoriums – bis nach Tel Aviv, also über 100 km von der israelisch-libanesischen Grenze entfernt – bedrohten. Diese Raketen sollen aus Syrien stammen, oder aber aus dem Iran stammend über Syrien geliefert worden sein, wobei jene mit größerer Reichweite aus dem Iran stammen sollen. In der WELT vom 3. August 2006 sagte der frühere israelische Verteidigungsminister Mosche Arens: *„Es geht nur darum, ob die Hisbollah diese Raketen abschießen kann. Alles andere ... ist kein Problem."*

Das sehe ich auch so. Das Kernproblem ist zunächst recht banal. Israel kann ohne Probleme mit allen möglichen Terrororganisationen leben, solange diese über keine Waffen verfügen, die für Israel bedrohlich werden könnten. Da entsprechende Waffen (derzeit nicht nur Boden-Boden-Kurzstrecken-Raketen, sondern auch moderne Anti-Panzer-, Anti-Schiffs- und womöglich auch Flugabwehr-Raketen) nicht im Libanon produziert, sondern importiert werden, müssten die libanesischen Grenzen für diese Waffen dichtgemacht werden. Genau das wird gegenwärtig probiert, allerdings erfolglos, da die libanesisch-syrische Landgrenze nach wie vor praktisch völlig unbewacht ist – bzw. sich die libanesische Armee weigert, diese Aufgabe zu übernehmen. Die Hisbollah bekommt also nach wie vor Waffen aus Syrien. In den deutschen TV-Nachrichten hieß es Ende 2006, sowohl Israelis als auch Araber erwarteten für den Sommer 2007 einen weiteren Krieg im Südlibanon!

Gelänge es Israel und seinen Verbündeten nicht, das Problem auf der Ebene des Libanons zu lösen, so wird man zwangsläufig damit beginnen, den Druck auf Syrien zu erhöhen. Es fragt sich bei alledem wieder, wie lange Russland dem tatenlos zusehen würde?

Da eine eventuelle spätere Wirtschaftsblockade gegen Syrien als potentielle Kriegs-Vorstufe gewertet würde, wären russische Waffenlieferungen an Syrien sofort ein Thema. ...

Jedenfalls findet sich in den Prophezeiungen schon einmal ein recht deutlicher Hinweis auf Syrien.

Darüber hinaus finden sich in den Quellen bezüglich eines potentiell zukünftigen Nahostkrieges noch andere Hinweise und Schwerpunkte. Sehr interessant sind z. B. alte islamische Quellen aus dem Hadith – entstanden zwischen dem 7. und 9. Jahrhundert:

Die großen Vorzeichen der Qiyamah (der Jüngste Tag): *

*Ein Krieg zwischen Christen und Muslimen,
die Hälfte der Christen hilft aber zu den Muslimen.
Die feindlichen Christen erobern Konstantinopel,
das aber zurückgewonnen wird.
Die Christen verbünden sich untereinander wieder
und erobern Syrien und Teile Arabiens. ...*

Im weiteren Text werden Ereignisse beschrieben, die vermutlich noch sehr viel weiter in die Zukunft reichen. Oben werden also nicht die allerletzten Ereignisse vor dem „jüngsten Tag" beschrieben.

Die „Hälfte der Christen", die zunächst den Muslimen hilft – das dürfte Russland sein. Wer sonst? Das ist ein sehr interessanter Aspekt. Denn der Frontenwechsel einer christlichen Macht – erst auf Seiten der Araber, dann auf Seiten der Christen – findet sich indirekt auch in den europäischen Prophezeiungen! Im Rahmen des „dritten Weltkrieges" – vermutlich erst einige Zeit nach der Dreitägigen Finsternis – sollen europäische Truppen in den Nahen Osten vordringen, um dort für Ordnung zu sorgen. Möglich, dass dann einige russische Truppen auf der Seite des Westens im Nahen Osten eingreifen.

Manche ältere christliche Quellen sehen allerdings in dem christlichen Vorstoß im Nahen Osten einen vollkommen und endgültigen Sieg des Christentums über den Islam – woran ich nicht so recht glaube.

Wenn die (verbündeten) Christen Syrien und Teile Arabiens (also wenigstens Teile Jordaniens und des Iraks) erobern, so deutet das darauf hin, dass christliche Truppen eine Art Pufferzone zwischen Israel und den Arabern errichten. Und dies wiederum würde nur Sinn machen, wenn Israel militärisch zu schwach ist! Hier hätten wir also einen indirekten Hinweis darauf, dass Israel sich nach der Dreitägigen Finsternis militärisch in der Defensive befindet. Ob auch schon vorher, wäre eine andere Frage. In jedem Falle deutet die Schwäche Israels darauf hin, dass Russland zuvor in die Kämpfe eingegriffen, und Israel infolgedessen einen Großteil, wenn nicht gar seine gesamte militärische Überlegenheit eingebüßt hat.

---

* aus „Der Morgenstern" (Nr. 9 - 1420/1999, Seite 20), der Zeitung einer moslemischen Bruderschaft in Deutschland. Der Text wird aber auch von anderen islamischen Quellen zitiert.

Syrien alleine könnte das nicht schaffen. Mit anderen Worten: Israel hätte einen Großteil seiner Kampfflugzeuge, Hubschrauber, Panzer und Kriegsschiffe verloren und kämpft nun etwa auf demselben Niveau wie seine feindlichen Nachbarn. Allerdings mit einer Bevölkerung die der arabischen zahlenmäßig weit unterlegen ist.

Jerusalem

Der folgende Text stammt von Don Bosco (1815-1888), einem der bedeutendsten katholischen Geistlichen Italiens des 19. Jahrhunderts. Don Bosco kam aus ärmlichen Verhältnissen und wurde 1841 zum Priester geweiht. Später gründete er den Orden der *Salesianer*, der sich hauptsächlich der Jugendbetreuung widmete. Als er starb, war der Orden auf 250 Niederlassungen angewachsen und betreute 130.000 männliche Jugendliche. Don Bosco wurde von der katholischen Kirche heiliggesprochen und hatte seit dem neunten Lebensjahr Visionen; oft endzeitlichen Charakters. Er hielt seine Visionen schriftlich fest, jedoch wurde nur ein Teil davon veröffentlicht.

Don Bosco (1888-II-Italien): *„Eine große Umgestaltung wird unter allen Nationen erfolgen und die Welt wird in Durcheinander gebracht werden wie ein Brei. ... Wir werden etliche Wechselfälle sehen, noch voll Schmerz, bevor die Dinge nach ihrer Bestimmung freundlicher sich gestalten. ...*
Die Orte des heiligen **Palästina** *werden wieder erobert, und auf der Spitze der* **Kuppel** *wird das lateinische Kreuz aufgerichtet werden. Dann wird Friede sein, wie er noch nie gesehen wurde ..."* *

Man begehe nicht den Fehler und verwechsle diese Stelle mit dem Einzug der Engländer in Palästina gegen Ende des Ersten Weltkrieges. Schließlich brach rund 20 Jahre danach schon der nächste Weltkrieg aus. Von „nie gesehenem Frieden" konnte damals keine Rede sein: Von 1917 bis 1921 tobte in Russland der Bürgerkrieg, 1931 griff Japan China an, 1936 brach der spanische Bürgerkrieg aus und im selben Jahr fiel Italien in Äthiopien ein. Nichts da – nie gesehener Frieden!

Wenn man im selben Satz auf *Palästina* und eine *Kuppel* stößt, so handelt es sich bei der Kuppel vermutlich um die goldene Kuppel des Felsendoms bzw. der al-Aksa-Moschee auf dem Tempelberg in Jerusalem.

Hier findet sich also eine indirekte Übereinstimmung mit anderen Quellen – der große Krieg endet dort, wo er auch ausbrach bzw. wo eine zentrale Ursache für ihn lag – in Palästina.

* aus Bruno Grabinski, „Flammende Zeichen der Zeit", zitiert aus „Unita cath." vom 30. April 1916

Die zentrale Rolle des israelisch-palästinensischen Konfliktes wird in den westlichen Medien zwar gelegentlich etwas verwischt, doch gibt es immer wieder Statements, die alle Unklarheiten beseitigen. Als im Dezember 2006 in den USA die *Baker-Kommission* – quasi ein „Rat der Weisen zur Vermeidung eines totalen Desasters im Irak" – ihren Irak-Bericht vorlegte, schrieb die WELT am 11. Dezember 2006:

Der Begriff „Krieg gegen den Terrorismus", als dessen „Zentralfront" Präsident George W. Bush den Irak bisher definiert hat, taucht auf den 160 Seiten kein einziges Mal auf. Die Probleme des Irak, legen die Autoren nahe, ähneln eher denen Bosniens. Religions- und Volksgruppen bekämpfen sich, erhalten Geld und Waffen, weil der Iran, Syrien und Saudi-Arabien am Tigris aus unklarer Zukunftsangst einen Stellvertreterkrieg führen. Um den Nachbarn die Angst zu nehmen, sind mehr Diplomaten statt mehr Soldaten nötig.
<u>*Am nötigsten ist eine Wende in Palästina. Würde dort ein Modus Vivendi gefunden, entfiele für etliche Staaten ein psychologischer Grund den Aufstand zu finanzieren.*</u>

Kaum war der Bericht veröffentlicht, hagelte es aus Israel Proteste – der Irak habe nichts zu tun mit dem israelisch-palästinensischen Konflikt. Die WELT weiter:

„Der Weg dahin [Frieden in der Region durch Einbindung der Europäer und Araber, Anm. B.], soll über einen Durchbruch in Palästina erfolgen."

Zurück zu Don Bosco: Das christliche Kreuz auf der Kuppel der al-Aksa-Moschee wäre das Symbol der Dominanz der Christen über die Muslime *als auch über die Juden,* da auch die Juden den Tempelberg beanspruchen.
Wer weiß? Vielleicht wäre eine christliche Vorherrschaft in Palästina die einzige realistische Alternative zu einem Großisrael, das vom Sinai bis an den Euphrat reicht – oder der Vernichtung des jüdischen Staates infolge eines nahöstlichen Flächenbrandes?

Amsterdamer Botschaft (1946-II-®): *„... erblickte ich einen Streifen einer Landkarte vor mir und hörte: ‚Judäa'. Und sehe dann ‚Jerusalem' geschrieben stehen. Dann erkenne ich plötzlich zwei Linien mit einem Pfeil an den Enden, und es steht bei dem einen ‚Russland' und bei dem anderen ‚Amerika' ..."*

(67/29)

„Ich erblicke dann die Frau [Jungfrau Maria, Anm. B.], sie sagt: ‚Es wird Unheil kommen von Norden bis zum Süden, vom Süden bis zum Westen und vom Westen bis zum Osten.' Ich sehe jetzt eine runde Kuppel.

*Es scheint mir, dass es **eine Kuppel in Jerusalem** ist. Ich höre jetzt: ‚Und in der Nähe von Jerusalem werden schwere Kämpfe stattfinden.'* (67/40 – **1947**)

Hier wieder dieselben Motive, Palästina, Jerusalem und – in diesem Falle eindeutig – die Kuppel der al-Aksa-Moschee.

Noch einmal zurückblickend zu Don Bosco: Man mag das christliche Kreuz auf der al-Aksa-Moschee für christliche Propaganda oder überholtes religiöses Wunschdenken halten. Eine zumindest vorübergehende Vorherrschaft der Christen in Israel, Palästina und dem Umland wäre den europäischen Prophezeiungen nach aber durchaus plausibel:

Denn – wie bereits erwähnt – wäre infolge der Dreitägigen Finsternis die Infrastruktur der USA, die diese zur Ausübung ihrer globalen Macht bräuchten, wohl weitgehend zerschlagen. Das Rückgrat ihrer Flotte, die Flugzeugträger, wäre wohl weitestgehend versunken, ebenso wie ein Großteil ihrer Versorgungsschiffe. Das Netz der weltweiten Stützpunkte – allesamt von den USA aus nur auf dem See- oder Luftwege zu erreichen und zu versorgen, bräche zusammen, wenn nicht gar das amerikanische Militär zurück in die Heimat beordert würde, weil man genug Probleme vor der eigenen Haustüre hat.

Stimmen die Prophezeiungen zur Dreitägigen Finsternis nur halbwegs, so wären die USA nach der Dreitägigen Finsternis wieder dort, wo sie im 19. Jahrhundert waren. Und das hätte für Israel katastrophale Folgen. Es verlöre die direkte militärische Unterstützung der USA und es gäbe von dort auch keinen Nachschub an Waffen und Munition mehr. Zwar mag sein, dass auch Europa kurzfristig in manchen Bereichen um 100 Jahre oder mehr zurückkatapultiert würde, jedoch bräuchte es, um in den Nahen Osten zu gelangen, nicht wie die USA erst einmal 5000 km Nordatlantik zu überwinden.

Glaubt man den europäischen Prophezeiungen und bräche ein „dritter Weltkrieg" tatsächlich im Nahen Osten aus, so könnte Israel sich nach der Dreitägigen Finsternis – also nur ca. 5 Monate nach Ausbruch der Kampfhandlungen im Nahen Osten – einem noch zusätzlich gesteigerten Hass in den islamischen Nachbarvölkern gegenübersehen. Dann ist es nur noch eine Frage der Zeit, bis israelische Munitions-, Treibstoff- und Lebensmittelvorräte zur Neige gehen und man Europa zwangsläufig um Hilfe bitten muss.

Wie auch immer, der Schlüssel für die zukünftige Entwicklung des Nahen Ostens läge in der Abwesenheit der USA, und diese wäre meiner Einschätzung nach eine zwangsläufige Konsequenz der Dreitägigen Finsternis.

Am 4. August 2006 brachte die WELT anlässlich des Krieges im Südlibanon ein Interview, das *Global Viewpoint* mit Zbigniew Brzezinski geführt hatte. Brzezinski sagte darin:

„... Die Lehren aus dem Irak sprechen für sich selbst. Wenn man weiterhin neokonservativen Strategien folgt, werden die USA schließlich aus der Region vertrieben werden, und das wäre auch der Anfang vom Ende Israels. ... Auf lange Sicht wäre Israel in großer Gefahr."

Das Öl

Wenn sich im Nahen Osten ein Konflikt oder Krieg zusammenbraut, hat das Auswirkungen auf den Ölpreis. Da inzwischen die weltweite Ölförderung infolge der starken Nachfrage aus Asien bereits an ihre Kapazitätsgrenze stößt, würde selbst schon eine geringe Drosselung der Förderung den Ölpreis in astronomische Höhen treiben.

Nostradamus (1555-II-Frankreich) – Centurie V, Vers 16

Übersetzung und Interpretation Bernhard Bouvier *

Auf dem Höchstpreis ist die sabäische Träne nicht mehr,
Das Fleisch von Menschen im Sterben zu Asche gemacht.
Auf der Insel Pharos durch Kreuzer Panik,
Dann, wenn in Rhodos erscheint hartes Gespenst.

Die Übersetzung und Interpretation Bouviers deckt sich in den Grundzügen mit der anderer Autoren – hier Konrad Klee (1982) und Kurt Allgeier (1988). Alle drei gehen von demselben Urtext aus. Die *„sabäische Träne"* oder der *„sabäische Tropfen"* wird bei allen drei als Erdöl gedeutet, da *sabäisch* von *Saba* abgeleitet ist – einer Stadt des Altertums im heutigen Jemen – und da diese Region damals bekannt war für ihre Erdölvorkommen. Das Öl sickerte dort bis an die Erdoberfläche durch und war somit leicht zugänglich.

Alle drei Autoren interpretieren aus Centurie V, Vers 16 eine gefährliche militärische Krise mit Flotten im Mittelmeer zu einem Zeitpunkt, da der Erdölpreis seine Höchstmarke überschritten hat und wieder fällt. Eine solche Situation könnte dann eintreten, wenn der Westen sich dazu entscheidet, militärisch einen Faktor zu beseitigen, der die Erdölversorgung bedroht oder gar behindert. Die Börsen würden davon ausgehen, dass die Ölversorgung bald wieder sicher ist – und der Ölpreis beginnt wieder zu fallen.

---

* *A son hault pris plus la lerme sabee,*
   D'humaine chair par mort en cendre mettre,
   A l'Isle Pharos par Croisars perturbee,
   Alors qu'a Rhodes paroistra dur espectre.

Geht es in dem Vierzeiler aber um das Mittelmeer, dürfte es sich nicht um ein tatsächliches Ölembargo handeln, sondern nur um die Furcht, dass ein Embargo im Falle eines geplanten Krieges von manchen nahöstlichen Staaten verhängt wird. Diese Furcht könnte schnell wieder verpuffen, wenn sich die arabisch-islamische Welt wie so oft als zu zerstritten erweist.

Bouvier und Klee interpretieren *„hartes Gespenst"* (dur spectre) als *U-Boot* und als einen Hinweis auf Russland. *Hartes Gespenst* als *U-Boot* zu interpretieren ist durchaus plausibel, da *Gespenst* für *Unsichtbarkeit* steht. Und das ist ja gerade der Witz bei U-Booten. Machen ihre Kapitäne keine Fehler, sind sie praktisch nicht zu orten – also für ihre Gegner unsichtbar.

Die Insel *Pharos* steht für Ägypten, da sich auf dieser Insel im Altertum eines der sieben Weltwunder, nämlich der Leuchtturm von Alexandria befand.

Der Autor Konrad Klee widmet sich diesem Vers in seinem Buch *„Nostradamus, Prophet der Zeiten und Momente"* auf ganzen 9 ½ Seiten. Allgeier und Bouvier begnügen sich mit je einer halben Seite.

Wenn auch unter gewissem Vorbehalt, so ist folgende – bereits erwähnte Voraussage in dem Zusammenhang nicht uninteressant:

Sibylle Michalda (1868-II-Böhmen): *„Das 7. Zeichen [von 12] wird sein, wenn die Menschen viele Obst- und Weingärten und Wiesen und verschiedene wüste Orte umackern und Felder aus ihnen machen werden und das Brod dabei dennoch theurer wird."* (8/38)

Das erscheint auf den ersten Blick unlogisch: Die landwirtschaftliche Anbaufläche wird drastisch ausgeweitet, aber das Brot wird dennoch teurer ...
Folgende Erklärung hätte einen gewissen Reiz: Infolge drastisch gestiegener Ölpreise kommt es zu einem Boom bei den Bio-Kraftstoffen. Im Jahre 2005 wurden in Deutschland bereits auf 1,4 Mio. Hektar bzw. 11 % der landwirtschaftlichen Anbaufläche Treibstoffpflanzen angebaut. Hauptsächlich Raps, aber auch Weizen und Roggen! Nach aktuellen Schätzungen könnten es im Jahre 2010 2,5 Mio. Hektar sein und 2050 sogar 4,4 Mio. Hektar.

Natürlich könnten auch Missernten eine Ursache sein: In der FAZ vom 13. Oktober 2006 liest man unter der Überschrift:

Weltvorrat an Getreide sinkt dramatisch:

... Schon seit Jahren weisen Experten beharrlich auf eine sich anbahnende Knappheit an diesem wichtigsten Nahrungsgetreide [Weizen] hin. ... bei Weizen kommt hinzu, dass Reis schon seit geraumer Zeit knapp ist. ... wird immer mehr Weizen benötigt, um die Versorgungslage am Reismarkt noch einigermaßen im Lot zu halten. ... Produktionsdefizite [bei Futtergetreide, insb. bei Mais] drücken die Vorräte auf einen Stand, der vielerorts als kritisch bezeichnet wird. Als

besonderer Einfluss kommt hier hinzu, dass Mais vor allem in Amerika in stark wachsendem Umfang zur Herstellung von Ethanol ... für Fahrzeuge verwendet wird. ... Knappheit an Futtergetreide bewirkt gewöhnlich, dass der Bedarf an Weizen zu Futterzwecken zunimmt. In manchen Regionen der Welt, darunter in der EU, ist diese Zweckentfremdung ... zur Regel geworden.

Es gibt beim Getreideanbau also ein strukturelles Problem und es wäre nicht unwahrscheinlich, dass es sich bei einer Weltwirtschaftskrise verschärft.

Glaubt man der Sibylle Michalda, so müsste es schon einige Zeit vor der Aussaat einen Getreidemangel geben, und es müsste der Eindruck vorherrschen, dass er lange andauern wird. Theoretisch könnte die Aussaat die letztmögliche vor Ausbruch des Krieges sein, oder aber es vergeht zwischen dem Eintritt der Ölkrise und dem Kriegsausbruch deutlich mehr als ein Jahr.

Letztlich würde ich diese Aussage der Sibylle Michalda aber nicht überbewerten. Das ist zugegebenermaßen schon ziemlich spekulativ. Ich habe sie aber dennoch erwähnt, weil es ein Beispiel dafür ist, dass mehr und mehr auch die seltsamsten Vorhersagen irgendwie anfangen Sinn zu ergeben: Übersteigt der Ölpreis ein gewisses Niveau, werden Bauern in bestimmten Gebieten ganz zwangsläufig damit anfangen, Treibstoffpflanzen anzubauen! Oder aber es gibt eine Getreideknappheit, oder gar beides – gleichzeitig.

Frau aus dem Füssener Raum (1998-III-Deutschland): Diese mir persönlich bekannte Seherin erzählte mir einmal, sie habe noch zu Friedenszeiten leere Regale in den Geschäften und gleichzeitig leere Straßen – also Straßen ohne PKW-Verkehr gesehen. Das würde auf eine länger anhaltende Ölverknappung hindeuten mit dramatischen Folgen für die gesamte Weltwirtschaft.

Hier zwei weitere Quellen, denen nach alles im Nahen Osten begänne:

Flüchtlingsfrau aus Böhmen (ca. 1940-II-®): *„Im Nahen Osten wird es beginnen."* (8/45-1988)

Don Bosco (1874-II-Italien, Turin): *„Vom Süden kommt der Krieg, von Norden der Frieden."* (7/393)

Von Turin (Norditalien) aus betrachtet wäre Jugoslawien eindeutig der Osten und nicht der Süden. Somit deutet auch Don Bosco darauf hin, dass der Krieg im Nahen Osten ausbricht. Die Südspitze des italienischen Stiefels ist es sicherlich nicht. „Norden" deutet auf Deutschland / Österreich.

Die Eskalation im Nahen Osten

Als es im Jahre 2006 nach 33 Tagen Krieg in Nordisrael und dem Libanon zu einer Waffenruhe kam, machte sich Erleichterung breit. Die von vielen befürchtete Gefahr einer Eskalation durch eine Kriegsteilnahme Syriens war gebannt. Der deutsche Außenminister Steinmeier sagte am 17. August 2006: *„Ich bin froh, das es zu keiner Ausweitung zu einem Flächenbrand gekommen ist."*

Meiner Ansicht nach wäre die Kriegsteilnahme Syriens zwar eine bedrohliche Ausweitung gewesen, jedoch noch kein *Flächenbrand*. Unter einem Flächenbrand verstehe ich vielmehr eine solch große Anzahl einzelner Brandherde, dass die Gesamtsituation völlig außer Kontrolle gerät. Demnach wäre nicht die Kriegsteilnahme Syriens das eigentliche Problem, sondern jene weiteren Staaten, die infolge der syrischen Kriegsteilnahme in den Konflikt folgen würden!

Am 19. August 2006 zitierte die WELT aus der Washington Post eine Äußerung von Richard Holbrooke, dem ehemaligen UN-Botschafter der USA unter Bill Clinton, der seinerzeit maßgeblich an der Befriedung des Balkankonfliktes beteiligt war (Dayton-Abkommen von 1995):

*Vor einer „Kettenreaktion von **Kairo** bis Mumbai*"* und *„der größten Bedrohung des globalen Gleichgewichts seit der Kuba-Krise von 1962"* warnte *Richard Holbrooke.*

Glaubt man den Prophezeiungen, dann wäre mit genau einer solchen Eskalation zu rechnen. Erstaunlicherweise wird in den entsprechenden Prophezeiungstexten auch *Kairo*, bzw. Ägypten auffallend häufig erwähnt (siehe unten). Dabei gibt es aus Kairo bisher eigentlich kaum beunruhigende Nachrichten.
Größten Bedrohung des globalen Gleichgewichts seit der Kuba-Krise lässt einen unweigerlich an Russland denken. Sollte im Nahen Osten tatsächlich ein Flächenbrand drohen, so wird Russland nicht tatenlos zusehen. In Anbetracht seiner freundschaftlichen Beziehungen zu Syrien und dem Iran, seine militärische Unterstützung in Form von Waffenlieferungen an diese Staaten, seines sich immer weiter verschlechternden Verhältnisses zu den USA und einer möglicherweise geschwächten politisch-militärischen Lage der USA, wäre es nicht unwahrscheinlich, dass Russland im Nahen Osten offen und aggressiv als politischer Konkurrent der USA auftritt. *Diese* Möglichkeit einer Eskalation durch die Verwicklung Russlands in den Konflikt wird bisher in den Medien noch nicht thematisiert. Fragt sich, wie lange noch.

Der SPIEGEL vom 4. Dezember 2006 schreibt auf Seite 126 anlässlich der Mordserie an russischen Oppositionellen und Journalisten:

* Mumbai = Bombay / Indien

"Partner Putin, Verbündeter Russland [im „Anti-Terror-Krieg", Anm. B.] – verzahnt durch Verträge mit dem Westen, Europas wichtigster Energielieferant mit einer wachsenden Wirtschaft, ein Staat, in den Grundzügen mit unseren westlichen Vorstellungen von einer freien und offenen Gesellschaft vereinbar: Heute stellt sich die Frage, ob das nichts als eine Illusion war ... Russland ist nicht nur Energie-Supermacht ... sondern inzwischen auch wieder ein politisches Schwergewicht. Wenn überhaupt eine Macht Irans Aufstieg zur Atommacht verhindern, Syrien zur Vernunft bringen und den Nahen Osten mit in friedliche Gewässer überführen kann, dann Russland ... Das schwächelnde Amerika braucht Russland jetzt mehr, als es je wollte."

Edward Korkowski (1989-III-®): *„Es brach dort ein Krieg aus, mit Explosionen in **Israel** und weiter im **arabischen Osten**. Aber dieses Kriegsgeschehen breitete sich auch nach **Ägypten, Syrien** und auf der anderen Seite nach dem **Iran** bis nach **Pakistan** aus. Flugzeuggeschwader überflogen das ganze Gebiet, und plötzlich waren die Atompilze sichtbar, verteilt über das Kriegsgebiet von Nordafrika und den Nahen und Mittleren Osten. ... denn es ist ihre letzte Chance, die Großmächte in Ost und West in gewollte Kämpfe zu verwickeln."*

(33/127)

Das sieht auf den ersten Blick nach ein bisschen zu viel aus – Israel, Ägypten, Syrien, Irak (arabischer Osten), Iran, Pakistan. Doch in Ägypten und Pakistan – beide (noch) offizielle Verbündete der USA – könnten die diktatorischen Regime ab einem bestimmten Punkt von anti-amerikanischen und anti-zionistischen Militärs weggeputscht werden. Eine durchaus bekannte Gefahr.

Da Pakistan über Atomwaffen verfügt, müssten die USA bei akuter Umsturzgefahr in Pakistan militärisch eingreifen, bevor die Atomwaffen in falsche Hände geraten. Folglich wäre schon zu einem sehr frühen Stadium einer militärischen Eskalation im Nahen- und Mittleren Osten mit einer Verwicklung Pakistans zu rechnen.
Die pakistanische Regierung – es wird immer vertrackter – hat bereits angekündigt, im Falle eines Angriffes der USA auf den Iran, nicht auf Seiten der USA zu stehen! Der pakistanische Außenminister Kasuri sagte am 28. April 2006 in der WELT: *„Wir lehnen eine militärische Option gegen den Iran ab. Ein Angriff auf dieses Land ist undenkbar ..."* Ein solches Abrücken Pakistans von den USA hätte zudem auch Auswirkungen auf den „Anti-Terror-Krieg" in Afghanistan. Die kürzlich von den USA verkündete Zusammenarbeit mit Indien – dem Erzfeind Pakistans – im atomaren Bereich ist zudem ein deutlicher Hinweis darauf, dass die USA Pakistan sowieso irgendwann fallen lassen werden. Pakistans Außenminister Kasuri dazu: *„Daraus ergibt sich ein strategisches Ungleichgewicht, das den Frieden gefährdet."*

Nebenbei gesagt ist dies eines der seltenen Beispiele in dem die höhere Strategie der USA klar zutage tritt: Die atomare Kooperation mit Indien – also eine strategische Partnerschaft – zielt auf die Eindämmung Chinas ab. Indien mit über einer Milliarde Einwohner wäre – bei entsprechender wirtschaftlicher Entwicklung – ein ideales Bollwerk gegen China. Das ist den USA so wichtig, dass sie ihren „wichtigsten Verbündeten" im „Anti-Terrorkampf" in Afghanistan – Pakistan – aufs Spiel setzen. ... Und natürlich – auch das spezielle Problem mit Pakistan wird weitestgehend aus den Medien herausgehalten, damit die Bevölkerung nicht merkt, was sich da eigentlich zusammenbraut.

Lueken (1975-III-®-USA): *„... das wie eine Landkarte aussieht. Ich kann darauf **Jerusalem** sehen, **Ägypten**, **Arabien** und Französisch-**Marokko**. Eine sehr dichte Finsternis scheint sich über diese Länder auszubreiten, und Maria sagt: ‚Der Beginn des Dritten Weltkriegs mein Kind' ... "* (8/234)

Die „dichte Finsternis" interpretiere ich als eine Art kollektiver Verzweiflung oder Depression, nicht als physikalische Dunkelheit.
Das liest sich ähnlich wie oben. Mit Sicherheit dürfte für die USA und Israel die Lage äußerst kritisch werden, wenn die empörten arabischen Massen pro-amerikanische Regime hinwegfegen. Auch hier wieder *Ägypten*. Sollte es in Ägypten einen Aufstand anti-israelischer Kräfte geben, wären die USA wohl gezwungen, den strategisch wichtigen Suez-Kanal zu besetzen und zu sichern. Ägypten taucht auch in der nächsten Quelle auf:

Amsterdamer Botschaft (1947-II-®): *„Ich sehe plötzlich deutlich **Kairo**, und es steigt dabei ein seltsames Gefühl in mir auf. Dann sehe ich allerlei östliche Stämme: **Perser**, **Araber** usw. Dann sagt die Frau wieder: ‚Die Welt wird gleichsam vor mir in Teile zerrissen werden.' ... und sehe Amerika und Europa nebeneinander liegen. Dann sehe ich geschrieben stehen: ‚**Wirtschaftskrieg, Boykott, Währungskrisen**, Katastrophen.'"* (67/40–41)

„*Wirtschaftskrieg, Boykott, Währungskrisen*" müsste sich auf die Zeit unmittelbar vor Ausbruch eines militärischen Krieges beziehen. Zwar wird nicht gesagt, wessen Wirtschaft boykottiert wird und wessen Währung betroffen sein soll, doch hierzu lassen sich unabhängig von etwaigen unvorhersehbaren Details ein paar allgemeingültige Aussagen treffen:

Der Wirtschaftskrieg würde zweifellos zwischen jenen Staaten oder Staatenblöcken stattfinden, die im nächsten Schritt auch einen heißen Krieg führen.
Lesen wir dann von *Persern* und *Arabern*, so wäre wohl ein IQ von 4,8 erforderlich, um nicht auf das Erdöl zu kommen.

Ein Ölboykott liegt auf der Hand. Das würde den Ölpreis in ungeahnte Höhen treiben. Und wenn schon der Ölfluss in Richtung der USA gedrosselt wird, warum sollten jene, die das tun oder befürworten, noch ihr Öl in der Währung ihres Feindes handeln – dem US-Dollar? Ein Ölboykott könnte also theoretisch auf den Dollar durchschlagen und eine Währungskrise auslösen.

Fassen wir die Quellen zum Nahen Osten in einer Tabelle zusammen:

Ausgesuchte Quellen zum Aspekt „dritter Weltkrieg" beginnt im Nahen Osten							
Nr.	Quelle*	Zeit	Q.	Friedens-ge-rede vor Ausbruch des Krieges	„dritte Welt-krieg" bzw. sehr großer Krieg beginnt im Nahen Osten	Russland greift den Westen an	Literatur**
1	Don Bosco	1874	II	–	„von Süden Krieg"	–	7/393
2	Flüchtlingsfrau a. Böhmen	1940	II	indirekt	JA	JA	8/45
3	Amsterdamer Botschaft	1947	II	–	JA	JA	67/40
4	Bruder Adam	1949	III	–	„im Südosten"	JA	8/218
5	Alois Irlmaier	1959	I	JA	JA	JA	30/142
6	Seher a. d. Waldviertel ***	1959	II	–	indiekt	JA	12/263
7	Lueken	1975	III	JA	JA	JA	8/230
8	Erna Stieglitz	1975	III	–	JA	JA	12/235
9	unbekannter Verfasser	1988	II	JA	JA	JA	8/264
10	Korkowski	1989	III	–	JA	JA	33/127

* fehlende Einträge können auf Lücken in Recherche beruhen
** teilweise mehrere Literaturhinweise nötig
*** diese Quelle beschreibt einen atomaren Terroranschlag auf New York City noch in Friedenszeiten

Ich muss es immer wiederholen: Betrachten Sie diese Dinge nicht als Beweis dafür, dass sich die Ereignisse in dieser Form erfüllen werden oder müssen. Worum es geht, ist, dass uns die europäischen Prophezeiungen in sehr klarer Form auf ganz bestimmte *mögliche* Szenarien hinweisen. Diese Dinge sind nicht irgendwelche beliebigen Funde, die von mir oder anderen Autoren aufgepeppt werden, um uns interessant zu machen, sondern es handelt sich um feststehende Grundmuster der europäischen Prophezeiungen.

Hier noch ein paar weitere Quellen:

Bruder Adam (1949-III-®-Würzburg): *„Der Krieg wird im Südosten ausbrechen, aber es ist nur eine List!"* (8/218)

Hier kann man rätseln: Meint er den Balkan oder den Nahen Osten? Beides liegt südöstlich von Würzburg bzw. Deutschland.

Erna Stieglitz (1975-III-®): „*Im Sommer, wahrscheinlich im Monat Juli, wenn die Erdölregion bereits in ziemlich festen sowjetischen Händen ist, erfolgt der Angriff der Sowjetunion auf die Süd- und Nordflanke, auf die Türkei, auf Griechenland, auf Jugoslawien und auf Skandinavien. Ende Juli stoßen die sowjetischen Angriffskeile blitzartig gegen Westeuropa vor.*" (12/235)

Bei dieser Quelle herrscht bei den Experten einige Konfusion. W. J. Bekh teilt in seinem Buch mit, er habe diese Aussagen nur über mehrere Mittelsmänner empfangen. Etwa 1994 lernte ich auf einem Treffen von Prophezeiungs-Forschern und –Autoren jemanden kennen, der meinte, besseren Zugang zu dieser Quelle bekommen zu können, und der eine Buchveröffentlichung plante. Aus mir nicht bekannten Gründen verlief sich das aber im Sande. Die Annahme einiger Kenner, diese Quelle sei reine Erfindung, teile ich keinesfalls.

Seher vom Waldviertel (1959-II-®): >„*Der „totale Krieg", mit amerikanischer Beteiligung, finde erst in Saudi-Arabien statt [seiner Ansicht nach erst nach dem Überfall der Russen auf Deutschland, Anm. B.], wo die Amerikaner in das Ölgebiet einfielen, jedoch zögen sie den kürzeren. Der Russe siege.*" <
(12/263 - **1980**)

Das ist aus heutiger Sicht etwas unplausibel. Die Amerikaner sind bereits im Irak. Fände der russische Angriff tatsächlich überraschend statt, so müssten Russen und Amerikaner im Raum Syrien-Irak aufeinandertreffen. Womöglich ist dem grundsätzlich glaubwürdigen Waldviertler hier etwas durcheinander geraten – z. B. Elemente aus dem 1991er Irak-Krieg. Schließlich stammen die Visionen aus der Zeit um 1959. Bekh schreibt an einer Stelle, dass der Waldviertler Verwechslungen bei der zeitlichen Abfolge mancher Dinge nicht ausschließen will.

Friedensbemühungen im Vorfeld

Zu Beginn dieses Kapitels hatten wir schon zwei Quellen, denen nach es unmittelbar vor Ausbruch des Krieges im Nahen Osten zu lautstarken Friedensbemühungen kommen müsste. Genau dieser Aspekt wird noch von einer ganzen Reihe anderer Quellen aufgegriffen. Den Prophezeiungen nach wäre diese Friedensbewegung ein so wichtiges Vorzeichen, dass man sagen kann:

<u>Echte Gefahr droht erst dann, wenn es eine große Friedensbewegung gibt!</u>

Garcilaso de la Vega (1982-III-®): „*Der Dritte Weltkrieg bricht aus, wenn das Gerede vom Frieden seinen Höhepunkt erreicht hat.*" (16/111)

Eilert (1833-III-☼, bei Dortmund, 2. Fassung): „*Aus Osten wird dieser Krieg losbrechen. Vor [dem] Osten habe ich bange.*"

Dieser Krieg wird sehr schnell ausbrechen. Abends wird man sagen: ‚Friede, Friede', und es ist kein Friede, und morgens stehen die Feinde schon vor der Türe; ..." (7/307)

Offenbar geht es bei den Friedensbemühungen nicht nur um den Nahen Osten, sondern um ein viel größeres Paket. Putin oder sein Nachfolger sitzt wohl mit am Tisch ...

Curique (1872-III-®): *„Ein schrecklicher Krieg wird folgen. Der Feind wird wie eine Flut aus dem Osten kommen. Am Abend werden sie noch, ‚Friede, Friede!' rufen, doch am nächsten Morgen werden sie vor unserer Türe stehen."* (8/91)

Veronika Lueken (1972-III-®-USA): *„Eure Welt schreit: Friede, Friede, wo kein Friede ist. Ihr tut euch mit Teufeln zusammen; das Wort eines Atheisten ist nicht bindend, die Versprechen eines Atheisten sind nicht wahr. Ihr fallt auf den Plan herein wie Schafe zur Abschlachtung."* (8/230)

Es gibt Leute, die reagieren auf die Kenntnisnahme negativer Prophezeiungen mit einem instinktiven Schutzreflex. Manche Bibelkenner bevorzugen dabei die Vermutung, etwas sei gar keine echte Prophezeiung, sondern nur aus der Bibel geklaut. Was also finden wir in der Bibel dazu?

Bibel / Thessalonicher, 5.: *„Wenn sie sagen werden: ‚Es ist Friede, es hat keine Gefahr' – dann wird sie das Verderben schnell überfallen wie die Wehen eine schwangere Frau und sie werden nicht entfliehen. ..."*

Abgeschrieben oder nicht? ... und wir raten, raten, raten. ... Doch wo wir schon einmal bei der Bibel sind: Als nahöstliche Quelle, mitten aus dem Zentrum des Geschehens, können wir von ihr mit Recht erwarten, dass sie uns Details zum Beginn des „dritten Weltkrieges" verrät.

Bibel / Hesekiel (ca. 590 vor Chr.): *„Du führst mit dir **Perser**, Kuschiter [etwa aus dem **Sudan**, Anm. B.] und **Libyer** ... dazu Gomer [aus der **Osttürkei**, vielleicht Kurden?, Anm. B.] und sein ganzes Heer, die vom Hause Togarma [ev. Armenier, Anm. B.], die im Norden wohnen, mit ihrem ganzen Heer; ja du führst viele Völker mit dir. ... **Wenn mein Volk Israel sicher wohnen wird**, dann wirst du aufbrechen. Und wirst kommen aus deinem Ort, **vom äußersten Norden**, du und viele Völker mit dir, alle zu Ross, ein großer Heerhaufen und eine gewaltige Macht, du wirst heraufziehen gegen mein Volk Israel wie eine Wolke, die das Land bedeckt. ..."* (38;5-16)

*Siehe, ich will dich herumlenken und herbeilocken aus dem **äußersten Norden** und auf die Berge Israels bringen und will dir den Bogen aus deiner linken Hand schlagen und die Pfeile aus deiner rechten Hand. Auf den Bergen Israels sollst du fallen, du mit deinem ganzen Heer und mit den Völkern, die bei dir sind. ... Und die Bürger in den Städten Israels werden herausgehen und Feuer anzünden und die Waffen verbrennen ... Und sie werden sieben Jahre lang Feuer damit machen; sie brauchen kein Holz auf dem Felde zu holen oder im Walde zu schlagen ... Und das Haus Israel wird sie [die Angreifer] sieben Monate begraben, damit das Land gereinigt werde."* (39;2-12)

Also gut. Wohnen die Israelis gerade sicher? Das finde ich nicht. Sie etwa? Hier noch einmal obiges Zitat von Zbigniew Brzezinski:

„...Wenn man weiterhin neokonservativen Strategien folgt, werden die USA schließlich aus der Region vertrieben werden, und das wäre auch der Anfang vom Ende Israels. ... Auf lange Sicht wäre Israel in großer Gefahr."

... Die Perser müssten zunächst einmal die GIs im Irak besiegen. Das will ich auch nicht glauben. Denn im traditionellen „symmetrischen" Kampf Armee gegen Armee könnten die USA ihre technologische Überlegenheit voll ausspielen. Wie Sie sehen, glaube ich nicht, dass die USA freiwillig aus dem Irak abziehen werden.

Und die Sudanesen? Hm! „Äußerster Norden" passt natürlich hervorragend zu Russland. ... wenn da nicht die Sudanesen wären – und die Osttürken.

Im Ernst: Der Text lässt sich wohl nicht wortwörtlich nehmen und so auf unsere Gegenwart übertragen. Möglicherweise bezieht er sich auf ein Szenario in späterer Zukunft, zum Beispiel einen vierten Weltkrieg im Zusammenhang mit den Antichristen, eine Zeit, auf die sich auch genug außerbiblische Quellen beziehen. Zwar gibt es noch an anderen Stellen der Bibel Hinweise auf eine große Macht aus dem Norden (Gog & Magog), die Israel angreift. Doch alles, was man da findet, lässt sich nur mit erheblichem Interpretationsaufwand in Richtung Gegenwart hinbiegen. Was konkrete Gefahren der nahen Zukunft mit klarem geografischen Bezug anbelangt, ist die Bibel meiner Einschätzung nach weitestgehend unbrauchbar. Entsprechende Lücken – man sollte fair bleiben – werden aber von den christlichen Sehern des 2. Jahrtausends durchaus befriedigend gefüllt.

Notiz vom 4. November 2006:

Am Samstag, den 4. November 2006 kam es in Tel Aviv zu einer Demonstration mit 100.000 Teilnehmern (Quelle FAZ), die der Ermordung des israelischen Ministerpräsidenten Rabin gedachten. Dieser wurde am 4. November 1995 ermordet. Der 2006er Libanonkrieg lag da schon einige Zeit zurück und gleichzeitig lief nur eine beschränkte israelische Offensive im Gaza-Streifen, die von unseren Medien kaum wahrgenommen wurde.

Nichts Besonderes, könnte man meinen. Diese Demonstranten mit 100.000 Menschen ohne akuten Anlass in einer Stadt mit rund 370.000 Einwohnern zeigt, dass die israelische Friedensbewegung über eine ziemlich vitale Basis verfügt! Sollte sich also irgendwann über längere Zeit hin eine bedeutende israelische Militäraktion ankündigen, so wäre den Prophezeiungen nach durchaus mit einer starken Friedensbewegung auch innerhalb Israels zu rechnen.

Das bedeutet andersherum: Gibt es wieder einmal Krieg im Nahen Osten, jedoch zeitgleich *keine* nennenswerte Friedensbewegung in Israel und der Welt, handelt es sich noch nicht um denjenigen Nahostkrieg, mit dem der „dritte Weltkrieg" beginnen soll.

New York, New York!

New York City gilt als die Hauptstadt der Welt. Geld regiert die Welt – da ist es nur logisch, dass auch der wichtigste Handelsplatz der Welt – die *New York Stock Exchange* – in dieser Stadt ist. Ebenso befindet sich in New York die – wenn man so will – provisorische Weltregierung, die Vereinten Nationen.

Gäbe es eine globale Krise apokalyptischen Ausmaßes, so läge es nur allzu nahe, dass New York davon in besonderer Weise betroffen wäre. In der „Chronik des Weltuntergangs" wird man mit Sicherheit auch ein Kapitel über New York City finden. Alles andere wäre enttäuschend, sowohl für uns als sensationslüsterne Außenstehende als auch – so viel Ehrlichkeit muss sein – für die Bewohner dieser Stadt selbst.

Big City

Big Apple

Big City Dream

Big City Nightmare!

Hollywoods Filmindustrie hat an diesem Kapitel bereits ein wenig herumprobiert. In aufwendigen Kinoproduktionen, die weltweit ein Publikum finden, hat die Stadt aller Städte eine geradezu magische Anziehungskraft auf alle Arten von Monstren und Katastrophen: Feindselige Außerirdische, apokalyptische Verbrecherbanden, Widersacher des Highlanders, Flutwellen, Klimakatastrophen, King Kong und Godzilla – alle zieht es in die Stadt am Hudson River.

Fast scheint es so, als trüge die amerikanische Seele tief in sich die Sehnsucht, New York City möge vor einem tiefen Sturz in die Vergessenheit durch ein monströses Finale bewahrt werden. Fast scheint es so, als sei Osama Bin Laden und der 11. September nur die Teilerfüllung eines im amerikanischen Herzen heranreifenden dunklen Wunsches.

New York City ist somit dermaßen symbolbeladen, dass wir sehr vorsichtig sein sollten mit Prophezeiungen über seine Zukunft. Die Verlockung, dieser Stadt einfach etwas anzudichten, ist groß. Beginnen wir deshalb mit einer prophetischen Quelle, die aus einer Zeit stammt, als die alte Welt noch nicht die leiseste Ahnung davon hatte, dass jenseits des Atlantiks weit im Westen noch ein riesiger Kontinent liegt: Amerika.

Am Ende der Bibel, in der Offenbarung des Johannes findet sich die Beschreibung des Unterganges einer Stadt, die so etwas wie die Hauptstadt der Welt zu sein scheint ...

Die Bibel – Offenbarung 18; 8 – 18

Der Untergang Babylons

...
1. *Darum werden ihre Plagen an einem Tag kommen, Tod, Leid und Hunger, und mit Feuer wird sie verbrannt werden ...*
2. *Und es werden sie beweinen und beklagen* **die Könige auf Erden***, die mit ihr gehurt und geprasst haben,*
3. *wenn sie sehen werden den Rauch von ihrem Brand, in dem sie verbrennt. Sie werden* ***fernab stehen aus Furcht*** *vor ihrer Qual*
4. *und sprechen: „Weh, weh, du* **große Stadt Babylon, du starke Stadt***, in einer Stunde ist dein Gericht gekommen.".*
5. *Und* **die Kaufleute auf Erden** *werden weinen und Leid tragen um sie, weil ihre Ware niemand mehr kaufen wird: ...*
6. *Und alle Schiffsherren und alle Steuerleute und die Seefahrer und die auf dem Meer arbeiten, standen fernab und schrien, als sie den Rauch von ihrem Brand sahen ...*

Natürlich kann dieser Text auf vielerlei Arten interpretiert werden. Statt ihn aber mittels akademischer Interpretationen in Regionen harmloser Vieldeutigkeit zu verbannen, gestatten wir uns die erfrischende Plumpheit und nehmen wir ihn – *wortwörtlich*:

Wir haben es hier mit einer Großstadt zu tun, die eine internationale Ausstrahlung hat – eine Weltstadt – *große, starke Stadt Babylon*. Sie ist bekannt und beliebt bei den *Königen der Welt*. Gleichzeitig ist diese Metropole ein sehr bedeutendes – wenn nicht sogar *das* Weltzentrum des Handels – sie wird beweint von den *Kaufleuten auf Erden*. Damit reduziert sich die Anzahl der weltweit in Frage kommenden Städte auf einen schon sehr begrenzten Kreis.

Die Seeleute, die vom Meer aus den Brand beobachten können, deuten darauf hin, dass Babylon entweder direkt am Meer liegt, oder aber in dessen Nähe. Man könnte jetzt darüber streiten, ob die Seeleute die Stadt selbst brennen sehen oder nur den Rauch am Himmel über der Stadt. Ersteres würde zu New York passen, im zweiten Fall könnte auch London gemeint sein.

In jedem Fall reduziert der Aspekt der Seenähe die Auswahl auf nur noch ganz wenige Weltmetropolen. Paris, Moskau, Berlin z. B. fallen aus dem Raster. Verknüpft man dies zusätzlich mit der naheliegenden Annahme, dass es sich um eine Metropole der jüdisch-christlichen Welt handelt, so landen wir praktisch zwangsläufig bei New York. Ich glaube nämlich nicht, dass sich die Bibel hier mit Shanghai, Hongkong oder Tokio befasst. Oder was meinen Sie?

Auf New York bzw. den Standort der weltweit bedeutendsten Börse deutet auch der Umstand, dass die Kaufleute der Welt ihre Waren plötzlich nicht mehr verkaufen können, obwohl sich sicherlich ein Großteil der Waren als auch deren Käufer *nicht* in der Stadt selbst befinden! Das heißt: Die eigentliche Zerstörung findet aus Sicht der Kaufleute nicht auf einer rein materiellen Ebene statt! Babylon wird nicht nur rein physisch vernichtet, sondern auch als zentraler Knotenpunkt eines weit über die Stadt hinaus reichenden Systems!

Weiter: Die Tatsache, dass bis zu diesem Tage der Welthandel offenbar noch reibungslos funktioniert, deutet darauf hin, dass bis zu diesem Zeitpunkt (noch) kein Krieg herrscht, der Babylon direkt bedroht, noch die Handelswege, die zu ihr hinführen.

Die Zerstörung in nur einer Stunde deutet auf eine atomare Zerstörung, einen Impakt oder ein sehr schweres Erdbeben. *„Sie werden fernab stehen aus Furcht vor ihrer Qual"* lässt natürlich eher an eine Atombombe denken. Das klingt so, als hätte man Angst vor dem radioaktiven Fallout, der infolge einer Atomexplosion im weiteren Umfeld als Ascheregen niederginge.

Ein letztes Detail: Heißt es, die *Könige auf Erden* hätten in Babylon *gehurt*, so mag dies zunächst klingen wie die Kritik, die ein strenggläubiger Christ jedem entgegenschleudert, der sich nicht genug den Geboten seines Gottes beugt.
Man kann es aber auch anders sehen: Von Adolf Hitler heißt es, er habe seiner langjährigen Geliebten Eva Braun bis kurz vor seinem Selbstmord die Ehe mit der Begründung verweigert, er sei *„mit Deutschland verheiratet"*. Wenn man so will, gilt dies auch für Könige. Sie sind an erster Stelle Landesväter und erst danach die Ehemänner von Königinnen. Ein König der hurt, betrügt demnach nicht seine Ehefrau, sondern *sein Volk*. Gegen eine sexuelle Auslegung des Hurens spräche zudem auch die simple Tatsache, dass die Könige ihre Gelüste zuhause sicherlich einfacher und diskreter ausleben könnten.

Was fällt Ihnen ein im Zusammenhang mit New York, Europa, dem Nahen Osten und einem Betrug am eigenen Volk? Mir fallen dazu die Demonstrationen gegen den 2003er Angriff der „Koalition der Willigen" auf den Irak ein:

2003er Anti-Irak-Kriegs-Demonstrationen		
Stadt / Land	Teilnehmeranzahl	Truppen im Irak?
London / Großbritannien	2.000.000	JA
Rom / Italien	3.000.000	JA
Barcelona / Spanien	2.000.000	JA
Madrid / Spanien	2.000.000	JA
Quelle: tz-München, 17. Februar 2003, Seite 13		

Nimmt man obigen Text aus der Offenbarung also wörtlich, so wäre insgesamt das schlüssigste Bild Folgendes: Noch zu Friedenszeiten wird New York City von einem Staat oder einer Terrororganisation atomar angegriffen.

Krieg oder Terroranschlag?

Ein atomarer Angriff seitens – beispielsweise – Russlands wäre jedoch in dieser Form extrem unwahrscheinlich. Denn Russland müsste im Falle eines atomaren Angriffes auf die USA als Allererstes versuchen, die amerikanischen Raketensilos zu vernichten, um einem atomaren Gegenschlag zu minimieren. Das hieße aber: Russland müsste gleichzeitig eine *ganze Reihe* von Zielen angreifen! Dutzende, wenn nicht sogar Hunderte! Die Vernichtung selbst einer ganzen Stadt wäre im Vergleich zu einem thermonuklearen Schlagabtausch, der neben den Raketensilos wenigstens auch die Flugplätze der strategischen Bomberstaffeln, Flugabwehrknotenpunkte und Hauptquartiere umfassen würde, – mit Verlaub – eine Kleinigkeit! Die klagenden Kaufleute hätten sicherlich schnell andere Sorgen. Statt zu jammern und zu klagen, würden sie versuchen, möglichst schnell einen sicheren Hafen zu erreichen.

Die Bibel beschreibt nach meiner Einschätzung ein Einzelereignis (noch) ohne übergeordneten kriegerischen Zusammenhang. Kurzum: Statt eines Angriffes einer feindlichen Atommacht wäre ein atomarer Terroranschlag naheliegender. Tatsache ist, dass die Möglichkeit eines atomaren Anschlages auf New York City in den letzten Jahren in den US-Medien und auch in Europa mehrfach thematisiert wurde. Dieses theoretische Szenario ist also keineswegs ein Horrorszenario, das sich irgendwelche Apokalyptiker hinter vorgehaltener Hand zuflüstern, sondern es ist *der Öffentlichkeit bekannt!*

Szenenwechsel: Im Jahre 1980 wurden von dem bayerischen Autor Wolfgang Johannes Bekh in seinem Buch *„Das dritte Weltgeschehen"* die Visionen eines niederösterreichischen Bauern *(„Seher aus dem Waldviertel")* abgedruckt, der diese Visionen den Angaben nach um 1959 herum hatte. Der Kontakt des Bauern zum Autor Bekh entstand 1976. In einer dieser Visionen sah der Bauer eine Art terroristischen Atom-Anschlag auf New York City. Zwar beobachtete oder beschrieb er dabei nicht den so typischen Rauchpilz oder einen Lichtblitz, doch die Art und das Ausmaß der beschriebenen Zerstörung lässt eigentlich keinen anderen Schluss zu als den Einsatz einer Atomwaffe.

Bekh zitiert aus einem Brief des Bauern vom 3.5.1976:

„Ich wusste zwar nichts Genaues von einem Bürgerkrieg in Italien und Frankreich, dafür aber von einer erdrückenden Bedrohung aus diesen Ländern gegen den deutschen Sprachraum. Auch Amerika ist auf Dauer nicht zuverlässig.

Erscheinungen, die ich nicht selbst erleben werde, sah ich bisher eher verschwommen.

Bei der Zerstörung New Yorks sah ich hingegen Einzelheiten, die man mit dem Auge niemals wahrnehmen könnte. Es war auch die Lauffolge um ein Vielfaches langsamer. Ich sah diese Stadt in allen Einzelheiten. Da fiel ein dunkler Gegenstand auf einer sich stets krümmenden Bahn von oben herab.
Gebannt starrte ich diesen Körper an, bis er zerbarst. Zuerst waren es Fetzen, dann lösten sich auch diese auf. In diesem Moment begriff ich noch immer nicht, was geschehen war.
Der erste Sprengkörper explodierte einige Häuser weit hinter einem größeren, mit der Breitseite am Meer stehenden Haus, die anderen, vom Meer aus gesehen, südlich dahinter. Die Häuser fielen nicht um oder in sich zusammen, sondern sie wurden meist als ganze, sich nur wenig neigend, vom Explosionsherd weggeschoben. Sie zerrieben sich dabei förmlich von unten her. Von vorne hatte es den Anschein, als würden sie näherkommend in den Erdboden versinken. Als ich wie üblich vom Hof aus gerade eine Kleinigkeit essen gehen wollte, kam erstmals diese Meldung im Radio. Das könnte, wie ich es für möglich hielt, zur Mittagszeit sein (Ortszeit). Wenn man aber bedenkt, dass es im Frühsommer sehr zeitig hell wird, könnte das auch in den Morgenstunden sein. Bei uns konnte ich da noch keinerlei Kriegseinwirkungen erkennen. Folglich muss dieses Ereignis viel früher eintreten als bisher angenommen. Den Reden nach zu schließen, müsste es ein Bravourstück eher psychopathischer Gegner sein."

(12/250)

Kurze Anmerkung: Da er die Zerstörung in New York offenbar bei Tageslicht sah, dürfte es sich um die Mittagszeit in Österreich handeln. Infolge der Zeitverschiebung von 6 Stunden wäre es dann in New York Morgen.

„Nicht minder plastisch beschrieb er mir die Zerstörung New Yorks: Er ergriff den Wachsmodel einer Marzipanform, die auf meinem Ulmer Schrank stand, und demonstrierte, als sei dieser hochformatige Körper ein Wolkenkratzer, wie die Gebäude Manhattans gleichsam von unten her zerrieben und immer kleiner werden, bis sie in sich zusammenfallen, und das Gebiet, auf dem sich die berühmte Skyline erhob, wieder ebene Erde sei.
*Er sah aber nicht nur den Untergang New Yorks, er sah sich mit anderen Dorfbewohnern zusammenstehen und das Ereignis kommentieren. Dass dies der Racheakt von Terroristen sei, hörte er sagen. **Sicher, was die Amerikaner gemacht hätten, sei nicht schön gewesen. Dass man aber deswegen gleich eine ganze Stadt zerstöre, das gehe entschieden zu weit!** So redeten die Leute.*
Ein begrenzter Konflikt auf dem Balkan und die Zerstörung New Yorks, das sei der Anfang der kriegerischen Auseinandersetzungen, ohne nennenswerte Auswirkungen noch auf Mitteleuropa." (12/257)

Wie gesagt, dieser Text wurde 1980 erstmals veröffentlicht. Danach wurden diese Visionen noch in einigen anderen Büchern veröffentlicht*.

Zwischendurch möchte ich anmerken, dass ich Gelegenheit hatte, diesen Bauern persönlich kennen zu lernen. Der Mann ist in keiner Weise übergeschnappt oder profilneurotisch.

Kurz nach dem 11. September 2001 recherchierte eine Journalistin des deutschen *Focus-Magazins* in die Richtung 11. September & Prophezeiungen und machte mit mir mit ein kurzes Telefon-Interview. Die Sache verlief aber im Sande. Ebenfalls kurz nach dem 11. September bat im Internet eine große Zeitung aus den USA – ich glaube, es war die Washington Post – seine Leser um Zuschriften zum 11. September. Ich e-mailte denen die Texte vom Waldviertler – aber bekam keine Rückmeldung.

Bekh berichtete weiter vom Besuch des Waldviertlers bei ihm in Ulm:

„Er sah mehrere örtlich begrenzte Einzelkriege und kriegerische Einzelhandlungen, zum Beispiel in Jugoslawien und Bulgarien oder die schon erwähnte Zerstörung von New York. Er sah einen Bürgerkrieg in Italien und der Bundesrepublik, östlich vom Rhein. Auf dem Höhepunkt der italienischen Wirren marschiere der Russe durch Kärnten nach Italien.
Der Amerikaner mische sich wider Erwarten, nicht [in Europa] ein. Der „totale Krieg", mit amerikanischer Beteiligung, finde erst in Saudi-Arabien statt, wo die Amerikaner in das Ölgebiet einfallen; jedoch zögen sie den kürzeren. Der Russe siege ..." (12/263)

Interessant ist auch, wie dieser Bauer die Rolle der USA sah:

"Auch Amerika ist auf Dauer nicht zuverlässig" (12/250)

„Es ist kein Verlass auf die Amerikaner ..." (12/264)

„Ich sah die Russen wieder hier einziehen [Waldviertel / Österreich, Anm. B.]. ... Ich sagte mir damals: Was machen die Russen wieder da, was haben sie hier verloren? Wir [Österreicher, Anm. B.] haben doch den Staatsvertrag! Wo bleiben die Amerikaner? Niemand schert sich, niemand kümmert sich darum ..."
(12/249)
„Der Amerikaner mische sich wider Erwarten, nicht [in Europa] ein." (12/263)

---

* 1984 – Hagl, „Die Apokalypse als Hoffnung"
   1984 – Schnyder, „Wie überlebt man den Dritten Weltkrieg?"
   1992 – Renner, „Weltenbrand"
   1994 – Gottfried von Werdenfels, „Vision 2004"
   1997 – Berndt, „Prophezeiungen zur Zukunft Europas".

Obwohl der Kalte Krieg nun schon über 15 Jahre vorüber ist, haben die USA immer noch rund 100.000* Mann in Europa, davon 73.000 in Deutschland. Befänden sich diese GIs zum Zeitpunkt des russischen Angriffes noch im Lande, möchte ich sehen, wie sich die Amerikaner heraushalten wollen. Glaubt man dem Seher aus dem Waldviertel, so müsste dies bedeuten, dass es noch vor dem Angriff Russlands zu einem drastischen Abbau der US-Truppen in Deutschland kommt. Und – dieser müsste durchgeführt werden, noch bevor in Deutschland ernsthafte Zweifel am Friedenswillen Russlands aufkommen.

Hat der Seher den 11. September gesehen?

Kurz nach dem 11. September herrschte ziemliche Verwirrung bei einigen Leuten, die diese Visionen kannten. Einige dachten, der Waldviertler habe den 11. September vorausgesehen. Ein Tiroler Pfarrer namens *Josef Stocker*, der auch zum Thema Prophezeiung publiziert, e-mailte mir:

„Auf einen Anruf [am 17. 9. 2001] bei ihm [dem „Waldvierteler"] antwortete er: Der jetzige Terrorakt ist der prophezeite noch nicht gewesen, die totale Zerstörung von NY als Terrorakt komme erst noch mit zwei kleinen Sprengsätzen. Er sieht kommend auch ganz schwere Kämpfe in Ägypten!"

Wie oben erkennbar wird, ist die Vision von der Zerstörung New York Citys beim Waldviertler eingebettet in eine ganze Reihe anderer Visionen, die sich mit dem Angriff Russlands befassen. Deshalb war es für gewisse Leute so wichtig, am 11. September 2001 zu wissen, was der Waldviertler genau beschrieb. Denn schlimmstenfalls hätte dies in Anlehnung an die Prophezeiungen bedeutet, dass rund 11 Monate später auch Krieg in Mitteleuropa herrscht.

Sah auch Irlmaier einen Atomangriff auf New York City?

Irlmaier sah auch einen Einbruch von gelben Menschen über Alaska nach Kanada und die USA. Doch werden die Massen zurückgeschlagen. Dagegen behauptete Irlmaier, eine große Stadt werde durch Raketen-Geschosse vernichtet werden. Ob damit New York gemeint sei, diese Frage wollte er nicht beantworten und blieb sehr zurückhaltend. („Blick in die Zukunft", C. Adlmaier, 1961, Seite 112)

Da drängt sich zunächst die Frage auf: Warum hat Irlmaier nicht einfach *Nein* gesagt? ... Da es von Irlmaier eine ganze Fülle konkreter Vorhersagen gibt, kann man versuchen, die in Frage kommenden Städte anhand seiner sonstigen Voraussagen einzugrenzen:

---

* Da gibt es derzeit ziemlich widersprüchliche Angaben. Die obige (100.000 Mann in Europa) stammt aus dem Focus vom 15. Januar 2007. Das TIME Magazine vom 15. Januar 2007 gibt für Europa 55.000 Soldaten an und beruft sich auf Daten vom US-Verteidigungsministerium.

London würde Irlmaier nach im Meer versinken. Das sagt er zwar nicht ausdrücklich, ergibt sich aber aus seinen Aussagen zu Großbritannien, welches zu großen Teilen versinken soll. Entsprechende Vorhersagen gibt es auch von anderen Quellen. Großbritannien wird in den Quellen sogar häufiger als Holland (!) erwähnt, wenn es um Überflutungen geht!

Zu Paris sagt Irlmaier: *„Die Stadt mit dem eisernen Turm geht im Feuer unter, aber nicht durch den Krieg. Die eigenen Leute zünden [sie] an, Revolution wird sein."* (41/182)

Blieben aus meiner Sicht als Favoriten Moskau und New York City.

Wenn man zu viele Feinde hat

Nun ein paar Überlegungen zu einem terroristischen Anschlag auf New York City. Hier stellt sich zunächst die Frage, woher die Bombe bzw. die Bomben stammen könnten? Die Herstellung von Atombomben ist derartig aufwendig, dass sie nur von Staaten bewältigt werden kann.

Es ist eine wenig beachtete Tatsache, dass in dem Chaos, das ausbrach, als die UdSSR zerfiel, auch ein paar sowjetische Atombomben verschwanden.

Der bekannte russische *General Alexander Lebed*, dem es gelang, im ersten Tschetschenienkrieg eine Friedensregelung zu erzielen, und der später bei einem Hubschrauberabsturz ums Leben kam, gab 1997 zu, dass der Roten Armee im Chaos des Zerfalls der UdSSR etwa 100* taktische Nuklearwaffen des Typs RA-115 abhanden gekommen sind. Diese „Kofferbomben" können von einer einzelnen Person transportiert werden und haben etwa ein Zehntel der Sprengkraft der Hiroshima-Bombe.

Kleine tragbare Atombomben wurden während des Kalten Krieges auch von den USA entwickelt. Solche „Tornister-Bomben" konnte ein einzelner Soldat auf dem Rücken tragen.

Stellen wir nun ein paar Überlegungen zu dem wahrscheinlichen Schicksal „verschwundener" Atombomben an:

Im März 1996 wurde in Hamburg der Multimillionär Jan Philipp Reemtsma entführt. Die Entführer erpressten 30 Millionen DM und ließen Reemtsma wieder frei. Nehmen wir einmal an, jemand hätte eine kleine Atombombe und würde diese zu erpresserischen Zwecken einsetzen. Wie viel ließe sich damit erpressen? 50 Millionen Euro? 100, 200, eine Milliarde? Nehmen wir einmal an, man könne mit einer kleinen Atombombe 100 Millionen Euro erpressen. Welchen „Marktwert" hätte dann eine kleine Atombombe mit etwa 10 % der Sprengkraft der Hiroshima-Bombe?

---

* Quelle: www.schweizerzeit.ch, 4. Dezember 1998 – und DeGard *„Wer plant den 3. Weltkrieg"*

Das läge sicherlich über 10 Millionen Euro. ... Was meinen Sie nun, wie lange es dauern würde, bis diese Atombomben in die Hände der russischen Mafia gelangen würden? Wäre es nicht naheliegend, dass die Bomben auf Grund ihres Wertes – quasi wie im „Herr der Ringe" – nach ihrem Meister rufen? Glauben Sie wirklich, diese Bomben verstauben irgendwo in einer Besenkammer, weil sie dort irgendjemand schlichtweg vergessen hat?
Und angenommen, eine dieser Bomben würde tatsächlich eines Tages in New York City explodieren – wer war es dann? Die Russen? Arabische Terroristen? Der Iran? Irakische Sunniten, die sich für Saddam Hussein rächen wollten? Nordkorea? Oder war es vielleicht eine japanische Geheimgesellschaft, die den Moment der Rache für Hiroshima und Nagasaki für gekommen hielt?

Rütteln am Tor der Hölle

Was würden die Bürger Amerikas wohl machen, wenn sie von einem Atompilz über New York City erführen? Würden sie so wie beim 11. September 2001 stundenlang vor dem Fernseher sitzen und es sich wieder und wieder ansehen?

„Oh, my God! Oh, my God! Ohhhhh, my God!"

Würde es nicht so sein, dass bald aus ihrem Inneren die Worte

„New York – New York"

hochsteigen, gefolgt von tiefsitzender Übelkeit und der Zeile

„If they can make it there, they can make it everywhere!"

Warum schreibe ich dies?

Und warum schreibe ich es in dieser Form?

Ich schreibe dies in dieser Form, weil ich verdeutlichen will, wie tief der Stoß in die amerikanische Seele reichen würde! Es zeigt, wie verwundbar sie sind. Und gerade diese besondere Verwundbarkeit der USA könnte für ein paar verdammte Seelen von geradezu unwiderstehlicher Verlockung sein.
Mag sein, dass die Versuchung im Moment noch nicht groß genug ist. Aber das könnte sich ändern. Mit dem nächsten Krieg, den die USA vom Zaune brechen, oder dem übernächsten.

Was würden die USA dann tun? Wen wollten sie dann angreifen, beschießen, bombardieren? Und wie wollten sie der Welt beweisen, dass gerade dieser es tat – und nicht jener? Und wer würde ihnen glauben?

Für gewisse Zeit – mögen es nur wenige Stunden oder Tage sein – aber für gewisse Zeit würden die USA – bereits die Hitze des Fegefeuers im Gesicht und den Schwefeldampf in der Lungen spürend – wahnsinnig vor Wut an den Toren der Hölle rütteln und den gellenden Schrei ausstoßen:

„*Aufmachen!*"

Und danach? Welcher Sieg, welcher Triumph könnte diesen Schmerz lindern?

Ein solcher Anschlag würde das amerikanische Herz brechen.

Es wäre ein Volltreffer im Haupttempel von *God's Own Country*.

Und gerade die Zerstörung des Haupttempels ist ein aus grauer Vorzeit bestens bekannter Akt, um den Gott des besiegten Feindes in all seiner Machtlosigkeit offenbar werden zu lassen.

Deshalb vernichteten die Römer Karthago bis auf die letzte Mauer und deshalb fällten die christlichen Eroberer Nordeuropas die heiligen Eichen der heidnischen Germanen.

Für Amerikafreunde sind dies natürlich unerträgliche Zeilen. Manche werden zutiefst empört sein. Womöglich wäre ich das selbst.

Aber was steckt hinter dieser Empörung?

Es ist der *Glaube* an die USA!

Dies ist das wahre Rückgrat der USA.

Und deshalb ist New York City so sehr gefährdet.

Angriff zur Getreideernte

Der russische Angriff wäre im Hochsommer, Ende Juli – Anfang August zur Getreideernte zu erwarten. Den Quellen nach kann man diesen Zeitpunkt als so verlässlich betrachten, dass ein Ausbruch des „dritten Weltkrieges" in Mitteleuropa davor oder danach als vollkommen ausgeschlossen erscheint! Kurz: Der „dritte Weltkrieg" könnte keinesfalls zu irgendeinem beliebigen Zeitpunkt des Jahres ausbrechen!
Ende Juli – Anfang August, das ist für das Kriegsjahr die entscheidende zentrale Achse für die Ereignisabfolge, die gerade auch im Hinblick auf einige Vorzeichen und etwaige Vorbereitung von elementarer Bedeutung ist!

Alois Irlmaier (1949-I-®): *„Es gibt wieder einen großen Krieg, wenn das Getreide reif ist."* (41/184 – zitiert aus Münchener Merkur vom 18.10.1949)

Johansson (1907-II-®-Norwegen): *„Der Krieg brach während des Sommers aus. ... Auch in den nördlichen Teilen Schwedens war es Sommer."* (13/14,17)

In Nordschweden zieht der Frühling (!) erst *nach dem 9. Juni** ein!

Mühlhiasl (1825-II-®-Bayerischer Wald): *„Auf den waldlosen Gauböden bei Straubing kann man sich in den Weizenmandeln, den aufgestellten Kornstiegen, verstecken."* (5/46)

* Diercke Weltatlas, 1996, jährliches Mittel

Testament des fliehenden Papstes (1701-II-☼-Wismar): *„Der Krieg wird entbrennen, wenn die Ähren sich voll neigen."* (7/298)

Bei dieser Quelle scheinen sich Elemente des Ersten, Zweiten und „dritten Weltkrieges" zu vermischen, es überwiegen aber Charakteristiken des „dritten Weltkrieges", als da wären: Die Abwesenheit des Papstes zu Beginn der Katastrophe, der siegreiche Herrscher ist ein gläubiger Christ, dem Krieg folgt eine grundlegende moralische Erneuerung und die Wiedererrichtung einer *„göttlichen Ordnung in Kirche, Staat und Familie"*.

Quelle aus Beykirchs „Prophetenstimmen" (1622): *„Der Monat **Mai** wird sich im Ernst zum Krieg rüsten; aber es ist noch nicht die Zeit dafür. Der Monat **Juni** wird auch zum Kriege einladen; aber dann ist es auch noch nicht Zeit. Der Monat **Juli** wird ernst und grausam handeln, dass viele von Weib und Kind Abschied nehmen müssen. Im **August** wird man an allen Enden der Welt von Krieg hören. **September** und **Oktober** werden ein großes Blutvergießen mit sich bringen. Im **November** wird man Wunderdinge sehen."* (5/77 - **1849**)

Auch wenn dieser Text etwas nebulös ist, so entspricht er doch ziemlich genau der Ereignisabfolge der sonstigen Prophezeiungen: Im Frühjahr gibt es eine ernste politische Krise – vermutlich im Nahen Osten –, die kurzfristig noch eingedämmt werden kann. Juli – August bricht dann der Krieg aus, und die *Wunderdinge* im November dürften sich auf die Dreitägige Finsternis beziehen, die zu diesem Zeitpunkt zu erwarten wäre. Es ist anzunehmen, dass mit *„man wird Wunderdinge sehen"* eine große Anzahl von Menschen gemeint ist, die ein Ereignis am Himmel beobachtet – das Auftauchen des Himmelskörpers.

Insgesamt habe ich 10 Quellen in der Literatur gefunden, denen nach der Angriff des Ostens bzw. Russlands auf Westeuropa Ende Juli / Anfang August eines bestimmten Jahres stattfinden müsste. Hinzu kommen drei Quellen aus meinem Privatarchiv, von denen zwei auf den Sommer allgemein deuten und eine konkret auf Ende Juli (29. Juli). Drei weitere Quellen aus der Literatur deuten zumindest auf die wärmere Jahreszeit (Frühling / Sommer). Diesem sich auf Ende Juli / Anfang August hin konzentrierenden Quellenpool kann ich so weit nur eine einzige Quelle gegenüberstellen, die sich klar auf den Mai bezieht. Eine weitere Quelle lässt sich nicht genauer bestimmen.

Besonders interessant sind zwei ältere Quellen, deren Beobachtung hinsichtlich des Zeitpunktes sehr genau ist:

Eilert (1833-III-®-Westfalen): *„Aus Osten wird dieser Krieg losbrechen. ... Dieser Krieg wird sehr schnell ausbrechen. Abends wird man sagen: Friede, Friede, und es ist kein Friede, und morgens stehen die Feinde schon vor der Türe; doch geht's schnell vorüber ... In dem Jahre, wo der Krieg losbricht, wird* ein so schönes Frühjahr sein, dass im April die Kühe schon im vollen Grase gehen. Das Korn wird man noch einscheuern können, aber _nicht mehr den Hafer._" (7/307 – 2. Fassung)

Landinger (1957-II-®-Böhmen): „_Es wurde Korn und Weizen eingefahren, der Hafer lag an vielen Stellen bereit. Da kam der Krieg._" (75/61)

Die Haferernte erfolgt im jährlichen Mittel etwa eine Woche auf die Weizenernte. Gesetzt den Fall, dass das frühe und schöne Frühjahr auch eine frühere Kornreife bewirkt, könnte sich der Zeitpunkt der Getreidereife weiter Richtung Mitte Juli verschieben.

Entscheidend wäre ausdrücklich die _Getreidereife_ und _nicht_ die Monatswende Juli / August. Denn es ist zu vermuten, dass auch diejenigen Quellen, die nur Monatsangaben machten, dieses vom Wetter und dem Pflanzenwuchs abgeleitet haben. Achten Sie im Zweifelsfall also auf die Vegetation und _nicht_ auf den Kalender!

Hier das Ganze im Überblick:

#	Quelle	Zeit	Q	Formulierung / Sinn	Land / Gebiet	März	April	Mai	Juni	Juli	August	Literatur
1	Nostradamus	1566	II	ab / nach dem Frühling	Frankreich							1/377
2	Q. v.Beykirch	1622	III	Juli / August	Deutschl.?							5/77
3	Mainz.Proph.	1670	III	zur Zeit der Kornblüte	Mainz							5/75
4	Test.d.f.Papst.	1701	III	wenn sich Ähren voll neigen	Wismar							7/298
5	Mühlhiasl	1825	II	zur Weizenernte	Bayr.Wald							5/46
6	Eilert	1833	III	nach Korn–, vor Haferernte	Westfalen							7/307
7	Curique	1872	III	nach Weizen, vor Haferernte	Frankrei.?							8/91
8	Johansson	1907	II	Ende Juli od. Anfang August	Norwegen							13/14
9	Onit	1948	IV	ab Juni	Tirol (?)							14/186
10	Brandt	1950	III	an trübem, feuchtem Tag	Bad.Württ.							16/129
11	Kath.a.d.Ötztal	1951	II	Spätsommer / Korn reif	Tirol							8/88
12	Irlmaier	1949	I	wenn das Getreide reif ist	Bayern							41/184
13	Landinger	1957	II	nach Weizen-, vor Haferernte	Böhmen							75/61
14	S.a.Waldviert.	1959	II	frühsommerl. Wetter davor	Österr.							12/246
15	Stieglitz	1975	III	Ende Juli	Bayern							12/235
16	Karin Nagel	1992	IV	August	NRW							29/153

Quellen aus meinem Privatarchiv

#	Quelle	Zeit	Q	Formulierung / Sinn	Land / Gebiet	März	April	Mai	Juni	Juli	August	Literatur
1	Bauer.v.Fichtlg.	1970	?	Gras in Graben 35 cm	Fichtelgeb.							PAB
2	Kanad.Leser	1998	?	zweifache Vision **29.7.**	Kanada							PAB
3	Mäd.a.Nürnbrg	1999	?	läuft _barfuß_ in Giftstaub	Nürnberg							PAB

PAB = Privatarchiv Berndt

Ausgesuchte Vorzeichen

Hadith / Hadhrat Abu Musa Ash'art (~800, Arabien): „ *...wenn eine Tagesreise in wenigen Stunden zurückgelegt werden kann, wenn kinderlose Frauen geschätzt werden.*" (76/20)

Hadith / Hadhrat Abdullah Ibn Mas'ood (~800, Arabien): „ *...wenn Musik und Musikinstrumente in jedem Haus vorhanden sind, wenn die Menschen sich der Homosexualität hingeben, wenn es viele uneheliche Kinder gibt...*" (76/20)

Joseph Naar (1763, Böhmen): „*Wo heute sieben Pfarrer sind, da wird nur mehr einer sein.*" (8/44)

Infolge mangelnden Priesternachwuchses in einigen Gegenden Süddeutschlands ist man dazu übergegangen, Priester aus z. B. Indien zu holen!

David Wilkerson (1973, USA): „*Drastischer USA-Truppenrückzug von Europa wird die Verwirrung noch vergrößern.*" (36/34)

Nostradamus (1566, Frankreich, Centurie IV/22):

Das große Heer, das heimgeschickt wird,
Wird der Herrscher kurz darauf wieder brauchen.
Die lang versprochene Treue wird gebrochen,
Nackt wird er sich sehen in erbärmlicher Unordnung. (1/198)

Bouvier und Allgeier sehen hierin den US-Truppenabzug vor dem Krieg.

Gegenwärtig – Anfang Februar 2007 – deutet alles darauf hin, dass die Regierung Bush ihre Kriegspolitik ausweiten will, obwohl das amerikanische Volk, die Opposition, ja sogar Teile der Regierungspartei dagegen sind.

Da der US-Präsident nicht direkt an einer Ausweitung der Kampfhandlungen gehindert werden kann, sondern nur durch die Verweigerung der nötigen finanziellen Mittel behindert werden kann, wäre vorstellbar, dass er aus Geldmangel Truppen von Europa in den Nahen Osten verlagert. Schon vor einiger Zeit gab es Stimmen aus den USA, die einen Abzug von bis zu 40.000 Mann aus Europa forderten!

Wissenschaftliche Hintergründe

Relativ viele Leute haben schon einmal in ihrem Bekanntenkreis davon gehört, dass jemand ein Ereignis – ein Unglück oder einen Todesfall – vorausgesehen hat. Es gibt eine ganze Fülle solcher Berichte aus dem Ersten und Zweiten Weltkrieg. Dies betrifft nicht nur Menschen, sondern sogar auch Tiere. Während des Zweiten Weltkrieges gab es beispielsweise in Freiburg im Breisgau eine Gans, die immer einige Zeit vor den Bombardements zu schnattern anfing und so die Menschen warnte. Dies tat sie so zuverlässig, dass man ihr später im Freiburger Stadtpark ein kleines Denkmal setzte!

Kritik und notorischer Zweifel an seherischen Fähigkeiten läuft also auch schon deshalb ins Leere, da sich entsprechende Fähigkeiten nicht auf Einzelpersonen beschränken, sondern sehr viel weiter verbreitet sind. Sie sind gewissermaßen rudimentärer Teil der Volksseele. Wobei man natürlich einräumen muss, dass diese Fähigkeiten dann in der überwiegenden Zahl der Fälle sehr viel sporadischer und unzuverlässiger sind als bei Menschen, die man als echte Seher bezeichnen kann.

Dennoch kann man mit Sicherheit davon ausgehen, dass es im unmittelbaren Vorfeld eines „dritten Weltkrieges" zu einer deutlichen Zunahme entsprechender Vorausahnungen im Volk kommt. Dies müsste etwa 3 Monate zuvor beginnen. Sehen Sie sich dazu die Ergebnisse einer Untersuchung an, die 1966/1967 in Großbritannien erstellt wurde:

Das Unglück von Aberfan

1966, Wales, Großbritannien. Der Monat Oktober war extrem verregnet. Eine Kohlenabraumhalde am Rand des Dorfes Aberfan war völlig durchnässt. Am 21. Oktober 1966 rutsche sie von einem Berghang ab und erfasste Teile des Dorfes Aberfan, darunter eine Schule. Es gab 144 Todesopfer, davon 128 Schulkinder. Ganz Großbritannien war schockiert. Eine nationale Tragödie! Die Queen besuchte den Ort. Eine Woche später veranlasste der englische Psychiater *J. C. Baker* einen Aufruf in einer britischen Zeitung, in dem er die Leser bat, etwaige diesbezügliche Vorausahnungen, Träume etc. mitzuteilen. Später schlossen sich diesem Aufruf noch andere Zeitungen an.

Es kamen 76 Antworten. Nach einer ersten Durchsicht blieben noch 35 verwertbare Fälle übrig. Bei 19 dieser 35 Fälle gab es Zeugen oder Aufzeichnungen in Tagebüchern oder Traumnotizbüchern. 25 der 35 Fälle waren Träume.

Bei 34 der 35 Fälle ließ sich feststellen, wie lange vor dem Unglück die Ahnungen oder Träume eintraten. Es ergab sich folgendes Bild:

>   11 Fälle ein Tag oder weniger vorher
>   11 Fälle mehr als ein Tag bis eine Woche
>   7 Fälle   mehr als eine Woche bis ein Monat
>   5 Fälle   mehr als ein Monat

Die früheste Vorausschau trat 10 Monate vor dem Unglück ein.

Die Zahl von 35 Fällen muss natürlich in Bezug gesetzt werden zu der Anzahl derjenigen, die von diesem Aufruf erfuhren. Hierüber liegen mir keine Zahlen vor. Man kann aber eine Hochrechnungen wagen:

Nehmen wir an, dass 100.000 Briten von diesem Aufruf erfuhren. Was wäre nun gewesen, wenn es mehrere Millionen gewesen wären? Sicherlich wären es sehr viel mehr Vorauswahrnehmungen gewesen. Vielleicht 1000 Fälle in ganz Großbritannien? Vermutlich wären auch Fälle darunter gewesen, die das Unglück ein oder mehrere Jahre zuvor vorausgesehen haben.

Hier sehen Sie obige Werte veranschaulicht in einer Tabelle:

Vorausahnungen im Falle des Aberfan-Unglückes vom 21. Oktober 1966			
innerhalb der Intervalle (1 bis 3) sind die Fälle willkürlich verteilt (keine genauen Daten in vorhandener Quelle) *			
1	2	3	4
2. Monat	Tag 8 bis Ende 1.Monat	Tag 2 bis Tag 7	letzter Tag
	4. Woche | 3. Woche | 2. Woche	1. Woche	

* alles aus A. Gann, „Zukunft des Abendlandes?"

Überträgt man diese Überlegungen auf eine globale Katastrophe wie die Dreitägige Finsternis, also ein Ereignis, das mehrere Milliarden Menschen erleben würden, so wird vorstellbar, dass es weltweit eine Fülle entsprechender Vorausschauungen geben *muss* – Tausende! Bei einer Basis von 6 Milliarden Menschen müsste es zudem eine große Zahl von Vorausschauungen geben, die Jahrzehnte und noch weiter zurückliegen.

Eine Häufung von Vorauswahrnehmungen im Vorfeld großer Unglücke kann man schon fast als normal bezeichnen: Entsprechende Beobachtungen wurden beim Untergang der Titanic gemacht (1523 Tote).
1992 hatte ich beispielsweise kurzzeitig Kontakt zu einem Mitarbeiter eines niederländischen Fernsehsenders. Dieser erzählte mir, dass seine Freundin den Absturz einer israelischen Transportmaschine im Traum vorausgesehen hat. Dieses Flugzeug ist 1992 mitten in einen Wohnblock eines Amsterdamer Vororts abgestürzt, wobei 43 Menschen ums Leben kamen.

Das Problem ist also nicht ein Mangel an seherischen Fähigkeiten, sondern dass der Wert dieser Fähigkeit erstens nicht erkannt wird und zweitens keine effektive Methodik existiert, um brauchbare Ergebnisse zu produzieren.
Je größer aber entsprechende Katastrophen werden, umso unverständlicher wird eine Untätigkeit in dieser Richtung.

Werfen wir nun einen Blick auf die konkreten Inhalte der Vorausschauungen im Falle Aberfan. Hier noch einmal kurz die wichtigsten Aspekte des Unglückes:

- starke Regenfälle (Ursache / allgemein)
- walisisches Bergarbeiterdorf (Ort)
- Kohlenabraumhalde rutscht ab (Ursache / konkret)
- Schule wird verschüttet (Folge)
- über 100 Kinder sterben (Folge und Hauptaspekt)

Sieht man sich genau an, zu welchem Zeitpunkt vor dem Unglück die einzelnen Teilaspekte vorausgesehen wurden, so ergibt sich folgendes Bild:

14 Tage vor dem Unglück hätte man bei entsprechender Erfassung aller Vorauswahrnehmungen erkennen können, dass einer Schule an einem schwarzen Hang ein Unglück durch Schlamm oder eine Lawine droht. Man hätte überprüfen können, wo in Großbritannien eine Schule am Hang liegt. Vom Schlamm hätte man auf besonders starke Regenfälle schließen können. Das Schwarz des Schlammes deutet auf schwarze Erde und somit – über die Kohle – auf eine Bergbauregion – ein erster Hinweis auf Wales. Vermutlich hätte man die ganze Sache schon auf zwei bis drei Orte eingrenzen können.

Alles, was dann noch nötig gewesen wäre, wären Untersuchungen des Wassergehaltes der Abraumhalden gewesen.
7 Tage davor wäre praktisch sicher gewesen, dass es ein Bergarbeitergebiet ist.
1,5 Tage davor hätte man sogar den Namen des Ortes Aberfan gehabt. (so zumindest die Quelle).

Auf der folgenden Tabelle können Sie sehen, welche Elemente wann in betreffenden Träumen oder Visionen auftraten:

Restzeit in Tagen	Ortshinweise	Kinder	Tote	Schlamm-/Lawine	Anzahl der Toten	Traum- Vision / Inhalt
60						Schule an Hang, Lawine und **sterbende Kinder**
42						Verwüstung, **Kinder** und Frauen trauernd in Halle (!)
35						Bäume und Klötze poltern Hügel herab gegen Häuser, Hilferufe
14						Schule, **weinende Kinder**, kriechende schwarze Substanz
14						Menschenmengen an einem Hang, überall Schlamm
14						**Kinder** in Gebäude an Fuß v. schwarz. Berg. 100te Leichenwagen
7						**100 Kinder** werden von schwarzem Schlamm verschlungen
7						**weinende Kinder** in Bergwerksdorf von Kohlelawine begraben
4						**Buben** bis zum Hals im Boden vergraben, gerettet
2						Name **ABERFAN**, öde Häuserreihen (noch 36 Stunden)
1						Schule, **Kinder** in walisischer Nationaltracht gehen in den Himmel
1						Berg mit fließender Oberfläche, **gerettetes, weinendes Kind**

■ = Detail wird erwähnt
▨ = indirekter Hinweis auf entsprechendes Detail

Quelle: "Journal of the Society for Psychical Research", 44 (1967 b), S.169-181.
"Zukunft des Abendlandes?", Alexander Gann, 1986, S. 77

Ein nicht von der Hand zu weisendes Argument gegen eine systematische Erfassung von Vorauswahrnehmungen lautet natürlich: Man könnte zwar theoretisch solche Vorauswahrnehmungen erfassen, doch dann gibt es jede Menge Leute, die einem irgendwelche Erfindungen zusenden, und man findet sich nicht mehr zurecht. Doch das ist jedoch nur ein Scheinargument: Wenn man nur will, könnte man diese Leute mit Bußgeldern oder sonstigem belegen.

Besondere Quellen

Alois Irlmaier (Bayern, 1894-1959)

Wer kurz nach Ende des Zweiten Weltkrieges von Alois Irlmaier einen seherischen Rat haben wollte, der hatte ein Problem: Er musste vor seinem Haus Schlange stehen. Der *Südost-Kurier* vom 11. Juni 1947 schrieb im Rahmen seiner Berichterstattung zu einem Prozess, bei dem Alois Irlmaier als „Gaukler" angeklagt wurde:

Anlässlich einer polizeilichen Kontrolle gegen **acht Uhr vormittags wurden vor seinem Hause etwa 70 Personen** *wartend angetroffen, von denen die ersten schon seit fünf Uhr morgens dort standen. Eine weitere Verstärkung brachte der Zug aus München. Schon vom Bahnhof an ging es im Laufschritt zum Haus des Hellsehers, der sich dieses Ansturmes*

Alois Irlmaier

kaum erwehren konnte. Doch kam es jeweils nur am Wochenende zu solchen Auftritten, da der Hellseher an den anderen Tagen seinem Beruf nachging.

Das sollten wir einmal hochrechnen: Wenn es schon morgens um acht Uhr 70 Personen waren, rechnen wir einmal mit 140 für den ganzen Tag. Das macht 280 pro Wochenende. Sagen wir, im Sommer (hier Juni) waren es besonders viele und zum Winter hin, wenn es kalt und ungemütlich wurde, ging die Zahl auf null zurück. Dann können wir im Schnitt mit 140 Personen an einem Wochenende rechnen – multipliziert mit 52 Wochen im Jahr kommen wir auf über 7000 Personen – pro Jahr. Nach Angaben des Autors W. J. Bekh in seinem Buch „*Alois Irlmaier*", hielt dieser Ansturm bis über das Jahr 1950 hin an. Auch wenn man annehmen kann, dass die Anzahl der Ratsuchenden mit größerem Abstand zum Zweiten Weltkrieg deutlich sank, weil die Anzahl ungeklärter Schicksale von Angehörigen abnahm, kann man letztendlich wohl eine Zahl von über 20.000 Personen annehmen. Wie kam es dazu?

Alois Irlmaier stammt aus Südostbayern. Schon in seiner Jugend stellte er seine übernatürliche Begabung fest, Wasseradern mit den Händen aufspüren zu können. Als Soldat im Ersten Weltkrieg an der Ostfront wurde er verschüttet und erst nach 4 Tagen – ohne Nahrung und vor allem ohne Wasser – wieder befreit. Dabei erlitt er einen schweren Nervenschock. Im Jahre 1928 hatte er in Österreich bei der Betrachtung eines Marienbildes seine erste Vision. Ab dann konnte er *sehen*. Während des Zweiten Weltkrieges sah Irlmaier mehrfach Kriegsereignisse voraus (z. B. Bombenangriffe in seiner Heimat) und die Menschen nahmen seine Fähigkeiten in Anspruch, um etwas über das Schicksal der Söhne, Ehemänner und Väter zu erfahren. Da Irlmaier oft richtig lag, sprach sich das herum – und setzte sich nach dem Krieg fort. Von Beruf war Irlmaier Brunnenbauer. Dr. C. Adlmaier berichtete 1961 in „*Blick in die Zukunft*" dass „Hunderte von Amerikanern" ihn besuchten – u. a. die Schwester des bekannten US-General Clays, und ein Amerikaner – so Adlmaier – soll extra mit dem Flugzeug gekommen sein, um einen Rat wegen einer Ölquelle zu bekommen.

Die große Anzahl der Ratsuchenden hatte natürlich auch zur Folge, dass Irlmaier Feinde auf den Plan rief. So wurde Irlmaier angeklagt, weil man ihm unlautere Absichten unterstellte. Der Prozess von 1947 endete wie folgt:

Das Gericht kam zu einem Freispruch unter Überbürdung der Kosten des Verfahrens auf die Staatskasse. Seine Urteilsbegründung schließt mit den Worten: „Die Vernehmung der Zeugen ... (hier folgen die Namen der Zeugen) ... hat so verblüffende, mit den bisher bekannten Naturkräften kaum noch zu erklärenden Zeugnisse für die Sehergabe des Angeklagten erbracht, dass dieser nicht als Gaukler bezeichnet werden kann." (aus dem Südost Kurier vom 11. Juni 1947)

Wolfgang Johannes Bekh zitiert in seinem Buch „Alois Irlmaier" einen Prozesszeugen namens Walter Freinbichler:

„Der Amtsrichter von Laufen lächelte, als ihm der wegen ‚Gaukelei' angezeigte Alois Irlmaier vorgeführt wurde, und fragte ihn spöttisch: „Sie wollen also ein Hellseher sein? Können Sie das beweisen?" Irlmaier, dazu bereit, erwiderte: „Ihre Frau sitzt daheim beim Kaffee. Ein fremder Herr sitzt ihr gegenüber und trinkt auch Kaffee. Ihre Frau hat ein schönes rotes Kleid an." Der Richter schickte sofort einen Gerichtsdiener in seine Wohnung, um die Zuverlässigkeit dieser Angabe zu überprüfen. Alles verhielt sich so, wie Irlmaier es gesehen hatte. Bei dem beschriebenen Mann handelte es sich um einen ehemaligen Kriegsgefangenen, der nach langer Zeit heimgekehrt war und den Richter, seinen alten Bekannten, besuchen wollte." (30/109)

Dennoch empfand Irlmaier seine Sehergabe gegen Ende seines Lebens nur noch als Last. Er wurde zu sehr von Ratsuchenden bedrängt. Seine Begabung hat er wohlgemerkt niemals benutzt, um sich irgendwie zu bereichern.

Wie schon die große Anzahl der Ratsuchenden vermuten lässt, war Alois Irlmaier ein waschechter Seher. Er hatte nicht hin und wieder Visionen, sondern er konnte sehen, sobald er sich darauf konzentrierte, und vermutlich auch oft, ohne es zu wollen.

Neben der Vorausschau von Einzelschicksalen sah er natürlich auch die Entwicklung der Gesellschaft insgesamt voraus. Diese große Zukunftsvision Irlmaiers wurde frühzeitig und einigermaßen sorgfältig dokumentiert. Dies ging hauptsächlich zurück auf den Traunsteiner Zeitungsherausgeber Dr. Conrad Adlmaier, der Irlmaier schon 1943 kennen lernte und den Kontakt bis zu dessen Tode 1959 hielt.

Vergleicht man Irlmaiers große Vorausschau mit den anderen Visionen und Prophezeiungen zur Zukunft Europas, so entdeckt man darin praktisch nicht ein einziges Element, das aus dem Rahmen fällt! Dabei ist Irlmaier in vielen Fällen sehr detailliert und klar, was die zeitliche Abfolge der einzelnen Ereignisse anbelangt.

Somit stellt Irlmaier so etwas wie einen verlässlichen Roten Faden durch die Vielzahl europäischer Quellen dar. Was konkrete potentiell zukünftige Ereignisse für Deutschland und angrenzende Gebiete anbelangt, ist er eine enorm wichtige und unersetzbare Quelle. Ja, er ist diesbezüglich die beste Quelle, die es jemals im deutschen Sprachraum gab – und die gut genug dokumentiert wurde. Letzteres ist natürlich ganz entscheidend.

Der einzige Mangel Irlmaiers – wenn man es überhaupt so nennen darf – ist die relative Begrenztheit seines zeitlichen Horizonts. Seine Visionen reichen nämlich nur einige Jahre über das Ende des „dritten Weltkrieges" hinaus. Wie viele andere Seher vermittelt er das Bild einer sehr positiven Zeit nach den Katastrophen. Auch damit deckt er sich mit der Mehrzahl der Seher und Visionäre, doch es gibt eben auch ein paar Quellen, die zeitlich noch weiter in die Zukunft reichen und sahen, dass auch diese Epoche wieder endet – und zwar nicht erst in 1000 Jahren.

Wohlgemerkt ist dies nicht als Kritik an Irlmaier gemeint. Es ist einfach ein grundlegender Aspekt eines Sehers: Wie weit kann oder konnte er in die Zukunft sehen? Bzw. wie weit reichen die überlieferten Visionen in die Zukunft. Denkbar ist auch, dass Irlmaier sah, was danach kommt, es aber nicht mitteilen wollte.

Wer sich noch mehr für Alois Irlmaier interessiert, dem empfehle ich das Buch *„Alois Irlmaier"* von Wolfgang Johannes Bekh, erschienen 1990 im Ludwig-Verlag. Davon wurden innerhalb von 3 Jahren rund 25.000 Stück verkauft!

Anton Johansson (Norwegen, 1858-1929)

Anton Johansson kann als der bedeutendste Seher Skandinaviens bezeichnet werden. In der Nacht vom 13. auf den 14. November 1907 hatte dieser norwegische Bauer und Fischer eine Reihe von Visionen, in denen er den Verlauf des Ersten Weltkrieges voraussah. Die Visionen wurden begleitet von einer Gestalt, die Johansson als Jesus Christus beschreibt und die ihm auftrug, den deutschen Kaiser Wilhelm davor zu warnen, sich in einen Weltkrieg hineinziehen zu lassen.

Zum Zeitpunkt dieser Schau vom Ersten Weltkrieg war Johansson 49 Jahre alt. Aus Furcht missverstanden zu werden – oder Schlimmerem – behielt er die Visionen zunächst für sich. Als er im Laufe des Jahres 1913 den Eindruck gewann, die realen Ereignisse entwickelten sich in Richtung seiner Visionen, machte er sich daran, seine Visionen bekannt zu machen.

Im Dezember 1913 fuhr Johansson nach Stockholm, wo er einem gewissen Oberst Melander von seinen Visionen berichtete. Das geschah am 16. Dezember 1913. Einen Tag nach dem Gespräch – so Johanssons Angaben – gab Melander die Mitteilung an die schwedische Regierung weiter. Rund drei Monate später, am 4. März 1914, erschien im *Svenska Dagbladet* ein Artikel (siehe unten) über die Gesichte Johanssons. Hierdurch wurden Johanssons Visionen vom Ersten Weltkrieg erstmalig öffentlich bekannt. Ein paar Monate später erwiesen sie sich in zahlreichen wichtigen Punkten als zutreffend.

Rund 5 Monate nach Erscheinen des Artikels erklärte Deutschland am

1. August 1914 Russland den Krieg, am
4. August 1914 folgte Englands Kriegserklärung an Deutschland und am
11. August 1914 brachte das Svenska Dagbladet einen Einspalter mit der Überschrift *„Der Kriegsprophet hat richtig vorausgesagt"*.

Bei seinem Bemühen, vor dem Ausbruch des Ersten Weltkrieges zu warnen, wandte sich Johansson an eine ganze Reihe von Regierungsstellen und einflussreiche Persönlichkeiten, so unter anderem an den norwegischen Verteidigungsminister Kilhaug, den er auch bat, ihm bei einer Reise zu Kaiser Wilhelm behilflich zu sein, um den Krieg zu verhindern, der solche Ausmaße annehmen würde, wie sie die Welt noch nicht gesehen habe. Zweimal war Johansson beim schwedischen Prinzen Bernadotte. Dieser verwies ihn an den deutschen Botschafter in Schweden, wurde aber nur zu dessen Stellvertreter vorgelassen, der Johansson jedoch abwies.

Johansson gelang es letztlich nicht, die nötige Unterstützung zu erhalten, um noch vor Ausbruch des Ersten Weltkrieges nach Berlin zu reisen. Und ob schriftliche Mitteilungen, die er anderen zur Weiterleitung an Kaiser Wilhelm übergab, diesen erreichten, ist nicht bekannt.

Gegen Ende des Krieges wollte Johansson verhindern, dass in dem kommenden Friedensschluss schon der Keim zum nächsten Krieg liegt. Er versuchte erneut Kontakt zu norwegischen und schwedischen Dienststellen aufzunehmen sowie zu zahlreichen Botschaften – der amerikanischen, deutschen, und dänischen. Hin und wieder gelang es sogar, zu den gewünschten Gesprächspartnern vorgelassen zu werden.

In Buchform erschienen seine Visionen erstmalig im Mai 1918 – also noch vor Ende des Ersten Weltkrieges. Innerhalb des ersten halben Jahres verkauften sich in Schweden 110.000 Exemplare – ein bis dahin einmaliger Erfolg auf dem schwedischen Buchmarkt. Dabei muss man bedenken, dass Schweden damals weniger Einwohner zählte als heute (um 1900 rund 5 Mio. – heute rund 9 Mio.). Demnach fand sich bald in *jedem zehnten schwedischen Haushalt* ein entsprechendes Exemplar! Es folgten Übersetzungen in andere Sprachen. Johanssons Visionen hinterließen bei vielen Menschen der damaligen Zeit nachhaltigen Eindruck. In einer späteren Ausgabe obigen Buches zitiert der Verleger A. Gustafsson einige bekannte Persönlichkeiten, die sich zu Johansson äußerten. So sah der schwedische Erzbischof Nathan Söderblom Johansson: *„... von tiefer Frömmigkeit durchdrungen und im Besitz klarer und lebhafter Intelligenz ..."* – oder die Gräfin Eliza von Moltke, die Witwe des legendären preußisch-deutschen Generalstabschefs Graf von Moltke (1800-1891): *„Ich habe die feste Überzeugung von seiner Ehrlichkeit, Frömmigkeit und Lauterkeit gewonnen. Ebenso bin ich von der Wahrheit seiner Aussagen und Gesichte überzeugt ..."*

Interessantes Detail am Rande: Der Neffe von obigem Grafen Helmuth Karl Bernhard von Moltke – Helmuth Johannes Ludwig von Moltke – im Gegensatz zu seinem Onkel eher ein militärischer Versager – soll unter dem Einfluss des Esoterikers Rudolf Steiner gestanden haben, welcher ihm prophezeit haben soll, der Erste Weltkrieg werde für Deutschland schlecht ausgehen ...

Erst im Februar 1919 gelang es Johansson, nach Berlin zu reisen, wo er schon neues Unheil emporwuchern sehen konnte. Sein Verleger schrieb: *„Die Opfer der Niederlage und der Verzweiflung wurden für ihn zu einem bedrückenden Anblick."* Diese Reise wurde auch fotografisch dokumentiert.

Johanssons Visionen beschränkten sich aber nicht auf den Ersten Weltkrieg, sondern reichten deutlich darüber hinaus in die Zukunft. So sah er den Spanischen Bürgerkrieg (1936-1939) und Englands Verlust seiner Kolonie Indien (wurde 1947 unabhängig). Er sah auch einzelne Bilder aus dem Zweiten Weltkrieg, so zum Beispiel, dass zu einem bestimmten Zeitpunkt *„große Teile von Belgien, dem nördlichen Frankreich, der Ukraine"* zu Deutschland gehörten. Auch sah er, dass „*große Scharen von Juden*" „*in ihr Land und nach Jerusalem zurückkehren*" werden.

Seine Visionen deutlich nach dem Ersten Weltkrieg werden aber zunehmend ungeordnet und teilweise auch konfus. Johansson selbst spricht an keiner Stelle von einem Zweiten oder gar Dritten Weltkrieg. Dennoch beschreibt er sehr detailliert einen russischen Angriff auf Skandinavien, den u. a. auch ein anderer skandinavischer Seher (*Birger Claesson*) voraussah. Johanssons Verleger, gibt die Aussage eines Militärs wieder, der Johanssons Angriffsszenario aus Sicht russischer Militärs als absolut plausibel beschreibt. Was bei dieser Vision des russischen Angriffes auf Skandinavien allerdings völlig aus dem Rahmen fällt, ist Johanssons Aussage, dass *Frankreich* Russland bei dem Angriff unterstützt. Man fragt sich dabei unwillkürlich, was England und Deutschland zum selben Zeitpunkt treiben ...?

Den obersten zeitlichen Horizont setzte Johansson bei 1953. Für diesen Zeitpunkt sah er den Angriff Russlands auf Skandinavien. Russland solle zu diesem Zeitpunkt „Republik" sein – folglich hätte es sich zuvor irgendwie des Zaren entledigt haben müssen. A. Gustafsson schreibt: „*Gleichzeitig sah er ... dass Russland an verschiedenen Fronten während und nach dem dritten Weltkrieg zurückgeschlagen werde, wenn es auch an gewissen Fronten, wie in Skandinavien, vorangehen würde.*" Die Formulierung „dritter Weltkrieg" stammt wohlgemerkt nicht von Johansson, sondern von Gustafsson.

Die Frage, die sich bei Johansson aus heutiger Sicht stellt, lautet: Sollte man Johanssons erstaunliche Verlässlichkeit im Falle des Ersten Weltkrieges und einiger Jahre danach, zum Anlass nehmen, in dem sich danach entfaltenden Chaos eine Ordnung zu suchen? Zur Beantwortung dieser Frage muss man wissen, dass Johansson zwar öfters Visionen oder Gesichte hatte, seine Schau weltpolitischer Ereignisse sich aber hauptsächlich auf die Visionen in der Nacht vom 13. auf den 14. November 1907 konzentrierte. Diese Visionen waren äußerst umfangreich und wurden erst 10 Jahre später (!) zu Papier gebracht. Liest man in Gustafssons Buch die lange Liste der geschauten Ereignisse und Details – eine Auflistung Gustafssons umfasst ganze 204 Punkte –, so versteht man leicht, dass einige Dinge im Nachhinein durcheinandergeraten sein müssen – wenn Johansson nicht schon während der Visionen an manchen Stellen den Faden verlor. Hinzu kommt, dass Johansson zumindest zeitweise bestimmte Dinge verschwieg, wie er an einer Stelle des Buches zugibt.

„*Im Sommer 1916 fühlte ich mich wegen des Separatfriedens zwischen Deutschland und Russland so sicher, dass ich einen norwegischen Leutnant ... davon unterrichtete, dass der Separatfrieden kommen würde.*

Vorher hatte ich darüber nicht geschrieben, weil ich sah, dass England und die Westlichen so lange wie möglich versuchten, Russland im Krieg zu halten. ... Zu Beginn des Krieges wagte ich auch nicht dessen Dauer zu sagen, da ich befürchtete, dass die Kriegsführenden sofalls zeitig versucht hätten, einen harten Druck auf Norwegen auszuüben, um seine Fahrzeuge, Häfen und Lebensmittel etc. in ihren Besitz zu bringen."

Letztendlich kann man nicht mit hundertprozentiger Sicherheit sagen, Johansson habe einen dritten Weltkrieg „gesehen", aber er hat einige Dinge gesehen und sehr genau beschrieben, die nur im Kontext mit einem dritten Weltkrieg Sinn ergeben. Doch wie bereits erwähnt – er ist nicht der Einzige, der einen zukünftigen Angriff auf Schweden vorhersah. Im Jahre 1950 veröffentlichte ein gewisser *Birger Claesson*, Pfarrer aus Oerebro (Schweden), die Niederschrift einer detaillierten Vision von einem Angriff auf die Ostküste Schwedens. Dabei stößt man auf ein sehr interessantes Detail: (aus *„Gericht über Schweden"* von Birger Claesson):

„Dann bekam ich einen Angriff von See her zu sehen, in dem Härnösand angegriffen wurde ... zwischen Örnsköldsvik und Härnösand sah ich massenweise Soldaten, die aus Flugzeugen abgeworfen wurden und in großen Massen mit ihren Sonnenschirmen [gemeint: Fallschirme] herunterfielen, zu Hunderten, ja es sah fast so aus, als seien es Tausende. Und sie landeten an einer Stelle zwischen Örnsköldsvik und Härnösand und ich hörte die Stimme rufen: – ‚Dieser Platz heißt <u>Veda</u>.' "

Hier wird der Einsatz von Luftlandetruppen in einer frühen Angriffsphase beschrieben. Ein klassisches Einsatzziel für Luftlandetruppen sind strategisch wichtige Brücken. Im Gegensatz zu anderen strategisch wichtigen Zielen, die man versucht, möglichst schnell zu zerstören, geht es bei Brücken darum, diese einzunehmen und zu halten, bis größere Truppenverbände nachrücken können. Das Problem ist nur, dass Veda im Jahre 1950 nichts weiter war als ein verlassenes Fischerdorf! Ein in Schweden lebender Deutscher, den ich im Rahmen meiner Recherchen kennen lernte, schrieb mir:

„Veda war 1950/51 ein unbedeutendes kleines Fischernest ohne strategische Bedeutung. Anfang bis Mitte der 90er wurde dort eine neue Straßenbrücke über den Angermanälven [ein ca. 20 km langer schmaler Einschnitt der Küste, Flussmündung, Anm. B.] gebaut, und diese Brücke ist heute die wichtigste Straßenverbindung zwischen der Mitte und dem Norden des Landes."

Diese Brücke wurde 1997 eingeweiht!

Zum Abschluss der Artikel aus dem Svenska Dagbladet vom 4. März 1914:

Svenska Dagbladet, 4. März 1914

Oberst Melanders Prophet

Oberst Melander hat einen Propheten gefunden. Er heißt Anton Johansson, ist in der Provinz Västerbotten geboren, aber seit 1867 im nördlichsten Norwegen in der Nähe von Nordkyn wohnhaft und dort als Fischer und Landwirt tätig. Er hat die lange Reise hierher eigens unternommen, um Herrn Melander seine Prophezeiung zu unterbreiten. Er hat eine Stimme vernommen, die sich an ihn wandte, und Oberst Melander berichtet darüber folgendes: Vor ein paar Jahren habe die Stimme vom Krieg in Tripolis [1] und auf der Balkanhalbinsel [2] gesprochen, jetzt habe sie aber verkündet, dass es auch zu einem Krieg zwischen Deutschland und Österreich auf der einen sowie Russland, Frankreich und England auf der andern Seite kommen werde. Auch Belgien werde einbezogen werden. Ob Italien beteiligt sein werde, habe er nicht vernehmen können.

„Nun, wie wird es denn mit Schweden?" fragte ich. „Schweden und Norwegen müssen auf der Hut sein, damit sie nicht hineingezogen werden. Wir müssen zum Herrn beten, dass er uns bewahre. Für Schweden wird es schwerer sein, dem zu entgehen, als für Norwegen. Deutschland wird Elsass-Lothringen verlieren. – Aber du sollst noch mehr erfahren: England wird in Indien Krieg [3] führen müssen, und auch in Spanien wird es zum Krieg kommen. Wie es mit dem letzteren wird, habe ich nicht gehört. Es betrifft uns nicht. – Seuchen werden unter den Menschen wüten, Schwindsucht wird herrschen. [Ende des Ersten Weltkrieges brach eine Grippeepidemie aus, an der mehr Menschen starben als durch den Krieg selbst! Anm. B.] – Die Stimme teilte mir aber auch mit, dass es zum Krieg zwischen Schweden und Norwegen auf der einen sowie Russland und Frankreich auf der anderen Seite kommen werde. Wir werden von keiner Seite Hilfe bekommen, denn alle werden ihre eigenen Sorgen haben.

(13/114)

Die weitere, hier nicht wiedergegebene Hälfte des Artikels befasst sich detailliert mit dem Angriff Russlands auf Schweden und Norwegen. Siehe *„Prophezeiungen – alte Nachricht in neuer Zeit"*.
Den Angaben Johanssons nach ist klar, dass der Angriff auf Skandinavien erst deutlich nach dem Ersten Weltkrieg stattfindet. Johansson meint, es sei 1953. Sein Verleger „korrigiert" dieses Datum in seinem 1953er Buch auf *„1958 oder 1963"*.

1: 1911 – türkische Provinz Tripolis (in Libyen) von Italien in türkisch-italienischem Krieg besetzt
2: 1912-1913 – Balkankriege, Zurückdrängung der Türkei aus Europa
3: 1947 – Indien wurde unabhängig

Was hat Johansson da gesehen? Eine kriegerische Episode, die sich zwischenzeitlich nicht erfüllt hat und auch niemals mehr kommen wird? Oder ist es die Schlacht um Skandinavien im Rahmen eines dritten Weltkrieges mit etwas verquerer Sichtweise?

Ich selbst habe den Eindruck, dass Johansson einen Ausschnitt des Dritten Weltkrieges sah, ihm aber einiges gehörig durcheinander geriet: Der Erste und der Zweite Weltkrieg waren Kriege um die Vorherrschaft in Europa. Deshalb gab es in beiden Kriegen – abgesehen von neutralen Staaten – nur zwei Parteien bzw. Blöcke, und jede europäische Großmacht (England, Frankreich, Deutschland und Russland) war darin verwickelt. Dieses Grundmuster setzte sich im Kalten Krieg fort.

Das Merkwürdigste an obiger Vision ist, dass Frankreich auf Seiten Russlands von der Luft aus Norwegen und Schweden angreifen soll. Zum einen müsste Frankreich dazu eigentlich britischen Luftraum durchkreuzen, zum anderen fragt sich, wieso England und Deutschland diesem Krieg tatenlos zusehen sollten?

Johansson sagte – wohl mit Blick auf eben Deutschland und England –: *„Wir werden von keiner Seite Hilfe bekommen, denn alle werden ihre eigenen Sorgen haben."* Was in aller Welt sollen das für Sorgen sein? Deutschland wird inzwischen am Hindukusch, am Horn von Afrika und wer weiß wo sonst noch verteidigt, und da haben wir „andere Sorgen", wenn „Frankreich" und Russland Skandinavien angreifen?

Die Feldpostbriefe (1914)

Am 1. August 1914 brach der Erste Weltkrieg aus. Ein oberbayrischer Schreinermeister namens Andreas Rill musste als deutscher Soldat an die Westfront. Wenige Tage nach Kriegsausbruch wurde dort ein französischer Zivilist festgenommen und von deutschen Militärs verhört. Bei den Verhören machte der Franzose eine Fülle detaillierter Voraussagen zum Ersten und Zweiten Weltkrieg – und zum „dritten Weltkrieg". Der Soldat Andreas Rill bekam davon einiges mit und berichtete seiner Familie darüber in zwei Briefen.

Diese beiden Briefe sind einzigartige paraprognostische Dokumente und wurden von unterschiedlichen Personen untersucht, so auch von dem bekannten Parapsychologen Professor Hans Bender aus Freiburg.

Links neben dem Text der nachfolgenden Briefe habe ich jeweils vermerkt, welche Vorhersagen sich wie erfüllt haben: Vg = Vergangenheit + Zähler + JA, NEIN oder ? = eine Frage der Auslegung. Die Vorhersagen, die sich womöglich noch auf unsere Zukunft beziehen, habe ich mit Zk = Zukunft + Zähler gekennzeichnet. Siehe hierzu die entsprechenden Anmerkungen am Ende des Kapitels.

1. Brief*

Geschrieben den 24. August 1914

Meine Lieben!

... Wir sind heute in Ruh, und da will ich euch von dem Komplizen schreiben, den ich im letzten Brief erwähnt habe. Ein sonderbarer Heiliger, denn es ist nicht zu glauben, was der alles gesagt hat. Wenn wir wüssten, was alles bevorsteht, würden wir heute noch die Gewehre wegwerfen, und wir dürfen ja nicht glauben, daß wir von der Welt was wüßten.

Vg1	JA	Der Krieg, sagt er, ist für Deutschland verloren, er wird ins fünfte Jahr gehen,
Vg2	JA	dann kommt **Revolution**,
Vg3	JA	aber kommt nicht recht zum Ausbruch, der eine geht, der andere kommt,
Vg4	JA	und reich werden wir, **alles wird Millionär** und soviel Geld gibts, daß mans beim Fenster nauswirft und niemand klaubts auf. Lächerlich!
Vg5	JA	Der Krieg geht unter der Fuchtel weiter und es geht den Leuten nicht schlecht, aber sie sind nicht zufrieden.
Vg6	?	In dieser Zeit, sagt er, wird der Antichrist geboren im äußersten Rußland,
Zk1		von einer Jüdin, er tritt aber erst in den fünfziger Jahren auf. [1950+?, oder wenn er älter als 49 ist?, Anm. B.] Dann, sagte er, an dem Tage, wo der Markustag auf Ostern fällt. Wann das sein soll, weiß ich nicht. [Markustag = 25. April, Anm.B.]
Vg7	JA	Vor dem kommt **ein Mann aus der niederen Stufe**,
Vg8	JA	und der macht alles gleich in Deutschland,

* Quelle: A. Gann, „Zukunft des Abendlandes?"

Vg9	JA	und die Leute haben nichts mehr zu reden, und zwar mit einer Strenge, daß es uns das Wasser bei allen Fugen raustreibt.
Vg10	?	Denn der nimmt den Leuten mehr, als er gibt,
Vg11	JA	und straft die Leute entsetzlich, denn um diese Zeit verliert das Recht sein Recht
Vg12	JA	und es gibt viele Maulhelden und Betrüger.
Vg13	?	Die Leute werden wieder ärmer, ohne daß sie es merken.
Vg14	JA	Jeden Tag gibts neue Gesetze, und viele werden dadurch manches erleben oder gar sterben.
Vg15	JA	**Die Zeit beginnt zirka 32**
Vg16	NEIN	und dauert neun Jahre, [bis 1945 waren's 13 Jahre, Anm. B.]
Vg17	JA	**alles geht auf eines Mannes Diktat** - sagt er -
Vg18	JA	dann kommt die Zeit 38, werden überfallen [??, Objekt fehlt, Anm. B.] und zum Krieg gearbeitet.
Vg19	JA	Der Krieg selbst endet schlecht für den Mann und seinen Anhang.
Vg20	?	Das Volk steht auf mit den Soldaten.
Vg21	JA	Denn es kommt die ganze Lumperei auf und es geht wild zu in den Städten.
Vg22	JA	Er sagt, man soll in dieser Zeit kein Amt oder sonst dergleichen annehmen, alles kommt an den Galgen oder wird unter der Haustüre aufgehängt, wenn nicht am Fensterblöcke hingenagelt, denn die Wut unter den Leuten sei entsetzlich, denn da kommen Sachen auf, unmenschlich.
Vg23	?	Die Leute werden sehr arm, und die Kleiderpracht hat ihr Höchstes erreicht und die Leute sind froh, wenn sie sich noch in Sandsäcke kleiden können.
Vg24	NEIN	Vom Krieg selbst sagt er, daß keiner was bekommt vom anderen, und wenn sich die Schweiz an Deutschland anschließt, dann dauerts nicht mehr lang, und der Krieg ist aus.
Vg25	JA	**Deutschland werde zerrissen,**
Vg26	JA	und ein neuer Mann tritt zutage, der das neue Deutschland leitet und aufrichtet.
Vg27	?	Wer dann das fleißigste Volk besitzt, erhält die Weltherrschaft.
Vg28	?	England wird dann der ärmste Staat in Europa,
Vg29	JA (?)	denn Deutschland ist das fleißigste Volk der Welt. [sagt ein Franzose!, Anm. B.]
Zk2		Am Schluß kommt noch Rußland und fällt über Deutschland her,
Zk3		wird aber zurückgeschlagen, weil die Natur eingreift,
Zk4		und da wird in Süddeutschland ein Platz sein, wo das Ereignis sein sollte, wo die Leute von der ganzen Welt hinreisen, um zu schauen.
Zk5		Dann sagte er noch, daß der regierende Papst dabei sei beim Friedensschluß,
Zk6		er muß aber zuvor aus Italien fliehen, da er als Verräter hingestellt wird.
Zk7		Er kommt nach Köln, wo er nur einen Trümmerhaufen findet, alles kaputt.
Zk8		Und im Jahre 43 kommt erst der Aufstieg. Dann kommen gute Zeiten.
Vg30	JA	Auch von Italien sagt er, daß es gegen uns geht und
Vg31	JA	in einem Jahr den Krieg erklärt,
Vg32	JA	und beim zweiten Krieg mit uns geht.
Vg33	JA	Italien wird furchtbar zugerichtet und viele deutsche Soldaten finden dort ihr Grab.

Wir sagten, der hats doch nicht ganz recht, oder er spinnt. Ihr werdet darüber lachen, denn das ist doch nicht zu glauben. Der Mann sprach mehrere Sprachen, wir haben ihn ausgelacht, aber der Leutnant sprach mit ihm die ganze Nacht, und was der noch alles gesagt hat, könnt ihr euch nicht denken. ..."

2. Brief

30. August 1914

Liebe Anna, liebe Kinder!

... Man sagt, der Krieg ist bis Weihnachten zuende. ... Den Brief vom prophetischen Franzosen werdet ihr auch schon haben. Da werde ich nicht fertig, was der alles gesagt hat. Denke immer an ihn. Es scheint aber fast unglaublich, und ich will euch noch einiges mitteilen. Denn ob das wirklich kommen soll, ist wie ein Hirngespinst.

Da hat er immer wieder betont von dunklen Männern, die dieses Unheil bringen sollten, und die sind in der ganzen Welt verteilt, an der Zahl sieben. Und die Zahl sieben hat eine große Bedeutung, und der Stuhl 12, den dieser Mann zur Zeit bekleidet ist voll Schrecken und Morden. Er spricht und mahnt die Völker zur Rückkehr, aber alles umsonst. Die Menschen werden immer weiter ins Unglück getrieben und schlechter, und

Vg34	JA	alles will nur Ware und Besitz haben.
Vg35	JA	Steht an der **Jahreszahl vier und fünf,**
Vg36	JA	dann wird **Deutschland von allen Seiten zusammengedrückt**, und das zweite Geschehen ist zuende.
Vg37	JA	Und **der Mann verschwindet**,
Vg38	JA	und das Volk steht da und wird vollständig ausgeraubt und
Vg39	JA	vernichtet bis ins Unendliche [... denkt man an Dresden u. and. Städte ... Anm. B.]
Vg40	JA	aber die Feinde stehen auch nicht gut miteinander ...
Vg41	?	die Dunklen werden es leiten und bestrebt sein, die Völker mit großen Versprechungen zu beruhigen, und die Sieger kommen in das gleiche Ziel wie die Besiegten.
Vg42	?	In Deutschland kommen dann Regierungen, aber können ihr Ziel nicht ausführen, da ihr Vorhaben immer wieder vereitelt wird.
Vg43	JA	**Der Mann und das Zeichen verschwinden**, und es weiß niemand wohin,
Vg44	JA	aber der Fluch im Innern bleibt bestehen,
Vg45	JA	und die Leute sinken immer tiefer in der Moral und werden schlechter.
Vg46	?	Die Not wird viel größer und fordert viele Opfer.
Vg47	?	Die Leute bedienen sich sogar mit allen möglichen Ausflüchten und Religionen, um die Schuld an dem teuflischen Verbrechen abzuwälzen. Aber es ist den Leuten alles gleich,
Vg48	JA	denn der gute Mensch kann fast nicht mehr bestehen, während dieser Zeit und wird verdrängt und verachtet.
Zk9		Dann erheben sich die Leute selbst gegeneinander, denn der Haß und der Neid wachsen wie das Gras, und die Leute kommen noch immer weiter in den Abgrund.
Vg49	JA	Die Besatzungen lösen sich voneinander und ziehen ab
Vg50	?	mit der Beute des Geraubten,
Vg51	?	was ihnen auch sehr viel Unheil bringt,
Zk10		und das Unheil des dritten Weltgeschehen bricht herein. **Rußland überfällt den Süden Deutschlands,**
Zk11		**aber kurze Zeit,**
Zk12		und den verfluchten Menschen wird gezeigt, daß ein Gott besteht, der diesem Geschehen ein Ende macht. Um diese Zeit soll es furchtbar zugehen, und es soll den Leuten nichts mehr helfen, denn sie sind zu weit gekommen und können nicht mehr zurück, da sie die Ermahnungen nicht gehört haben.

Zk13	Dann werden die Leute, die noch da sind, ruhig, und Angst und Schrecken wird unter ihnen weilen. Denn jetzt haben sie dann Zeit, nachzudenken und gute Lehren zu ziehen, was sie zuvor nicht gewollt haben.
Zk14	Am Schluß dieser Teufelszeit werden dann die geglaubten Sieger an die Besiegten kommen um Rat und Hilfe, denn auch ihr Los ist schrecklich, denn es liegt alles am Boden wie ein Ungeheuer.
Zk15	Er sagte, das soll im Jahre 1949 sein.
Zk16	47 und 48 sollen die Jahre dieser milden Einkehr sein. Wer weiß, ob wir bis dort noch leben, und es ist ja nicht zu glauben, und ich schreib es nur damit ihr seht, was der alles gesagt hat, **und von den Kindern erlebt die Zeit doch eines.**
Zk17	Beim dritten Geschehen soll Rußland in Deutschland einfallen und
Zk18	zwar im Süden bis Chiemgau,
Zk19	die Berge sollen von da Feuer speien, und
Zk20	der Russe soll alles zurücklassen an Kriegsgerät.
Zk21	Bis zur Donau und Inn wird alles dem Erdboden gleichgemacht und vernichtet.
Zk22	Die Flüsse sind alle so seicht, daß man keine Brücke mehr braucht zum Hinübergehen.
Zk23	Von der Isar an wird den Leuten kein Leid mehr geschehen, es wird nur Not und Elend hausen.
Zk24	Die schlechten Menschen werden zugrunde gehen als wie wenns im Winter schneit, und
Zk25	auch die Religion wird ausgeputzt und gereinigt.
Zk26	Aber die Kirche hält den Siegestriumph, sagt er.
Zk27	In Rußland werden alle Machthaber vernichtet. Die Leichen werden dort nicht begraben und bleiben liegen. Hunger und Vernichtung ist in diesem Land zur Strafe für ihre Verbrechen. –
Zk28	Da muß man doch lachen über diese Reden, und wir lachten. Aber er sagte, **von uns erlebts nur einer**, und er wird an mich denken. Nun, was soll das werden? Er ist fast nicht glaubhaft.
Zk29	Im Jahre 48 geht die Strafe Gottes zu Ende, und die Menschen werden sein wie Lämmer und zufrieden wie noch nie. Und von Siegesträumen hört es auf, und
Zk30	es ist wie ausgestorben in den Ländern. Ich glaub, bis dahin leb ich nicht mehr. Macht euch aber keine Gedanken darüber! ..."

Selbst wenn Sie nur einen flüchtigen Blick in die mittlere Spalte (JA / NEIN) werfen, so können Sie sehen, dass der überwiegende Teil der Voraussagen für jene Zeit, die für uns inzwischen Vergangenheit ist, zutraf bzw. eingetroffen ist.

36 .... Ja   = 70,6 %
 2 .. NEIN   = 3,9 %
13 .... ?   = 25,5 %
51 ....   = 100,0 %

Wenn Sie sich die mit ? gekennzeichneten Fälle ansehen, so sehen Sie, dass diese Dinge in den meisten Fällen unmöglich als „völlig aus der Luft gegriffen" angesehen werden können – das sind also Zweifelsfälle.

Untersuchungen anderer Forscher

Auf Grund der Einzigartigkeit der Feldpostbriefe wurden umfangreiche Untersuchungen angestellt.
Pater Frumentius aus Oberbayern (Erzabtei St. Ottilien) gelangte 1941 in den Besitz des Originals des ersten Feldpostbriefes – über einen gewissen Herrn Dr. Arnold. Dieser wiederum erhielt den Brief von der Familie Rill. Jahre später fand sich auch das Original des zweiten Feldpostbriefes im Nachlass von obigem Herrn Dr. Arnold.
Professor Hans Bender, langjähriger Inhaber des Lehrstuhls für Parapsychologie in Freiburg / Breisgau, befragte u. a. den Sohn von Andreas Rill und die Witwe von Herrn Dr. Arnold. Es wurden Schriftenvergleiche mit anderen handschriftlichen Texten von Andreas Rill angestellt. (Alexander Gann spricht hier von „kriminologischen Untersuchungen") Es ergaben sich keinerlei Anhaltspunkt dafür, dass die Feldpostbriefe *nicht* von Andreas Rill stammen.
1952 (bei Bekh – bei Gann heißt es 1953) wurden die Briefe erstmalig in den Missionsblättern des Pater Frumentius und 1955 in der „Neuen Wissenschaft" in der Schweiz veröffentlicht.
Pater Frumentius ließ beide Briefe 1945 fotografieren. Zusätzlich hatte er sie *„das darf ich sagen, einigermaßen sorgfältig"* – (O-Ton Frumentius) – nur mit orthographischen Korrekturen abgeschrieben.
In dem hier bei mir abgedruckten Text sind die Rechtschreibfehler größtenteils behoben. 1976 und danach hat Professor Bender zusammen mit seinem Mitarbeiter, Dipl.-Psychologe Eberhard Bauer, versucht, den Visionär oder zumindest Spuren vom ihm im Elsass zu finden, allerdings ohne brauchbare Ergebnisse. Anhand von Militärdokumenten und anderen Recherchen kam man aber zu dem Ergebnis, dass Rill den prophetischen Franzosen zwischen dem 14. und 18. August 1914 in einem Kloster in der Nähe von Colmar im Elsass getroffen haben kann.
1980 veröffentlichte Prof. Bender in der „Zeitschrift für Parapsychologie und Grenzgebiete der Psychologie" auf Seite 1 bis 22 einen entsprechenden Bericht („Der prophetische Franzose").

Soweit mir bekannt, zweifelt niemand in der Fachwelt die Echtheit der Briefe an, bzw. das darauf verzeichnete Datum. Selbst Prophezeiungskritiker tun es nicht, zweifeln aber – wen wunderts' – ihren paraprognostischen Wert für unsere Zukunft an.

Weitere Anmerkungen

Es ist also gerade das Kernmerkmal der Feldpostbriefe, dass sie nachweislich eine Fülle eingetroffener Vorhersagen beinhalten. Und wohlgemerkt sind diese eingetroffenen Vorhersagen nicht versteckt in einem Berg nicht eingetroffener Vorhersagen – ganz im Gegenteil.

Sehen wir uns nun Teile der Briefe an, die sich auf unsere Zukunft beziehen könnten. Dazu zunächst ein Blick auf den Zeitrahmen anhand der genannten Zahlen bzw. Jahreszahlen und Zeitangaben:

1918 : Krieg geht ins fünfte Jahr (1914/15/16/17/18)
1932 : Mann aus niederer Stufe kommt (Hitler)
1938 : es wird „zum Krieg gearbeitet" (Hitler annektiert das Sudetenland in Tschechoslowakei)
1943 : Der (Wieder-)Aufstieg, gute Zeit (von Rill verdreht! Müsste nach 45 sein.)
1945 : Deutschland von allen Seiten zusammengedrückt (Ende IIWK).
       Das fleißigste Volk [Deutschland (?)] erarbeitet sich die „Weltherrschaft".
1947 : milde Einkehr
1948 : milde Einkehr / Strafe Gottes geht zuende
1949 : Sieger bitten Besiegte um Hilfe

Bis 1945 stimmen die Angaben (vom Aufstieg 1943 abgesehen), danach nicht mehr. Lässt man die Jahreszahlen einmal beiseite und bildet gemäß der Briefe eine Ereignisabfolge für die Zeit nach 1945, dann ergibt sich bis 1949 – also für einen Zeitraum von nur max. 5 Jahren – folgendes Bild:

* In Deutschland taucht ein neuer Mann auf, der Deutschland wieder aufrichtet und leitet.
* Es kommen in Deutschland Regierung-*en* (Mehrzahl), die ihr Ziel (die Wiedervereinigung?) nicht ausführen können, weil es immer wieder vereitelt wird.
* Die Deutschen sind das fleißigste Volk und bekommen die „Weltherrschaft". England wird nebenbei zum ärmsten Staat Europas.
* Die Besatzer ziehen mit der Beute des Geraubten ab.

... dann ist 1947/1948/1949, die „milde Einkehr" – Gottes Strafe geht zuende.

Können Sie mir verraten, wie ein zerrissenes (!) Land, dessen Bewohner in Lumpen herumrennen, innerhalb so kurzer Zeit – und sei es auch nur die ökonomische – Weltherrschaft erlangt? Mit anderen Worten: Der Briefschreiber Andreas Rill hat irgendetwas erheblich durcheinandergebracht. Dass er auch sonst nicht gerade mit äußerster Konzentration (wohl kriegsbedingt) schrieb (und zuhörte?), kann man an den vielen Rechtschreibfehlern im Original sehen. Oben fehlt z. B. in einem Satz das Objekt.

Es dürften folglich Übertragungsfehler vorliegen. Für uns interessant ist natürlich der Abzug der „Besatzungen": **1994** zogen die letzten russischen Truppen aus Ostdeutschland ab. Im Kalten Krieg waren dort mehrere 100.000 Rotarmisten stationiert. Man kann also sagen, dass der „prophetische Franzose" schon einmal bis Anfang der neunziger Jahre richtig lag. In jedem Falle deutet der Truppenabzug auf das Ende des Kalten Krieges und dieses indirekt auf den Zusammenbruch des Ostblocks. Mancher mag hierin vielleicht die Truppenabzüge unmittelbar nach Kriegsende sehen, doch im Falle von Ostdeutschland wäre das sicher falsch, denn die Niederschlagung des Aufstandes am 17. Juni 1953 wurde von russischen Panzern „erledigt". Da war Ostdeutschland für jeden sichtbar besetzt!

Danach – nach dem Abzug der Besatzer – würde ein immer schneller fortschreitender moralischer Verfall und eine immer mehr zunehmende „Vermaterialisierung" der Gesellschaft in eine Art Bürgerkrieg münden.

Dies wäre nach meiner Auffassung nur denkbar, wenn im Zusammenhang mit einer Wirtschaftskrise der Staat nicht mehr handlungsfähig ist. Offenbar kurz danach kommt dann der Überfall Russlands – was logisch wäre, da Europa dann destabilisiert wäre.

Was die – bzw. unsere Zukunft (Anfang 2007) anbelangt, so enthalten die Briefe wenig Elemente, die nicht auch von anderen Quellen / Prophezeiungen vorausgesagt werden, bzw. die Briefe erwähnen auffallend oft Elemente, die in einer Vielzahl anderer Quellen auftauchen. (Zk2, Zk3, -4, -5, -6, -7, -9, -10, -11, -12, -14, -17, -18, -20, -21, -22, -23, -24, -25, -26, -27, -30)

22 von 30 = 73,3 % decken sich mit anderen Quellen.

Interessant ist insbesondere folgende Formulierung:

„Die schlechten Menschen werden zugrunde gehen, als wie wenns im Winter schneit."

Was soll das? Ist das eine „altbayerische" Form von „sterben wie die Fliegen?" Vermutlich nicht. Kennen Sie etwas, was im Winter in Massen stirbt, insbesondere, wenn es schneit? Ich nicht! Für mich klingt dieser Satz so, als ob der Schreiber etwas durcheinanderbekommen hat: Nämlich den fallenden Staub der Dreitägigen Finsternis, infolge dessen das Massensterben einsetzt. Interessanterweise sah Irlmaier gegen Kriegsende auf den Bäumen so etwas „wie Schnee", war sich aber nicht sicher. Warum? Vermutlich stimmte die Farbe nicht (z. B. Grau statt Weiß)!

Das „Ereignis" bzw. das Eingreifen Gottes kann eigentlich nur ein kleinerer Impakt in Süddeutschland sein. Wenn es später Katastrophentouristen gibt, muss es schon etwa zu gucken geben. Einfach nur zerstörte Landschaften gab es schon im Ersten und Zweiten Weltkrieg. Neu und sensationell wäre in der Tat ein Impaktkrater.

Noch ein paar Anmerkungen:

Vg43 : Hitlers Leiche wurde nie gefunden.
Vg44 : Kollektivschuld der deutschen wegen Judenverfolgung?
Vg45 : na ja –
Vg48 : siehe Ulrich Wickerts Buch „Der Ehrliche ist immer der Dumme"
Vg49 : Truppenabzug nach 1989, in Ostdeutschland beendet 1994
Zk14 : Wenn die Sieger (Westen) die Besiegten (Russland) um Hilfe bittet, geht es sicherlich um Existenzielles, vermutlich Lebensmittel.
Zk19 : Vulkan oder Raketenbasen?
Zk24 : indirekter Hinweis auf Dreitägige Finsternis
Zk28 : Nur einer aus der Familie? Das muss ein späterer Zeitpunkt sein als Ende der 40er Jahre!
Rechnen wir ein bisschen:
Es ist 1914, wenige Wochen nach Kriegsbeginn. Da man zu diesem Zeitpunkt noch keine „Rentner" ins Feld schickte – das Geburtsdatum von Rill hab ich grad nicht parat (Schlamperei!) , er starb 1958 –, gehen wir davon aus, dass er ca. 30 Jahre alt war und seine Kinder so um die 10 Jahre. Der „letzte Überlebende" müsste um die Jahrtausendwende um die 90 sein.
Wie gesagt: Rill selbst starb erst *1958!* Ein weiteres Indiz dafür, dass sich nicht der „prophetische Franzose" geirrt hat, sondern Rill.
Zk30 : indirekter Hinweis auf Dreitägige Finsternis

Der Krieg in Westeuropa

Das eigentliche Ziel des russischen Angriffes wäre eine komplette Eroberung Europas, so dass der Hauptgegner Russlands – die USA – in späterer Zeit keine Möglichkeit mehr hätte, Europa zurückzuerobern. *Komplett* würde bedeuten: Mitteleuropa, Skandinavien, der Balkan, Italien, die Iberische Halbinsel, Frankreich und natürlich auch Großbritannien mit Irland.

Der Angriff auf Deutschland wäre nur die erste wichtige Etappe. Ist Deutschland erst einmal erobert, so befindet sich Russland in einer ähnlichen Situation wie Deutschland im Zweiten Weltkrieg: Zur Sicherung der Nordflanke müsste ein Angriff auf Skandinavien erfolgen – dieser Angriff wird auch mehrfach vorhergesagt. Eine Eroberung Skandinaviens und Deutschlands würde die Ostsee zu einem russischen Binnenmeer machen und den Zugang zum Atlantik erleichtern. Zudem würde so die Ausgangsposition für den nachfolgenden Angriff auf England verbessert. Englands Position wäre gegenüber dem Zweiten Weltkrieg deutlich geschwächt, da der Nachschub aus den USA über den Atlantik heutzutage sehr viel verwundbarer wäre. Durch Raketen bzw. weitreichende Fernlenkwaffen sind Schiffe heute viel leichter zu versenken als im Zweiten Weltkrieg. Großbritannien verfügt zwar über Atomwaffen, müsste aber einen atomaren Gegenschlag Russlands fürchten. Sein atomares Potential ist also ein sehr zweischneidiges Schwert.

Da Italien im Gegensatz zum Zweiten Weltkrieg nicht Verbündeter des Aggressors wäre, müsste Russland auch Italien angreifen. Auch das wird mehrfach vorhergesagt.

Den Prophezeiungen nach soll der Angriff Russlands jedoch auf halbem Wege stecken bleiben. Weiter als bis zum Rhein soll es die Rote Armee im Westen nicht schaffen, so dass in Frankreich kaum Bodenkämpfe stattfinden und die Iberische Halbinsel vom Krieg verschont bleibt. Italien soll vom Norden her aus Richtung Serbien nur etwa bis zur Hälfte – bis kurz vor Rom – erobert werden. Norwegen und Schweden sollen vom Norden und einigen Stellen an der Küste her erobert werden, jedoch nicht vollständig.

Der Krieg in Deutschland

Nachfolgend befassen wir uns mit den wichtigsten geographischen Aspekten des Krieges in Deutschland. Wenn Sie zu einzelnen dieser Aspekte noch mehr Informationen wünschen, kann ich Ihnen mein Buch *„Prophezeiungen, alte Nachricht in neuer Zeit"* empfehlen, das auch umfangreiches Kartenmaterial enthält. Siehe auch *www.prophezeiungen-zur-zukunft-europas.de*

Voraussagen zur Dauer des Krieges

Immer wieder stößt man in den Quellen auf Angaben zur Dauer des „dritten Weltkrieges": Er soll sehr kurz sein! In 18 Quellen meines Datenpools findet man im Hinblick auf die Anzahl der Monate verwendbare Angaben. Diese schwanken zwischen weniger als einem und bis 9 Monaten. Ein eindeutiger Schwerpunkt findet sich bei 3 ½ Monaten bzw. bei rund

3 Monaten.

Eine weitere Gruppe von 11 Quellen erlaubt zwar keine genaue Monatsangabe, jedoch heißt es dort, der Krieg dauere – *nicht lang, sei kurz, bald beendet* – oder aber er werde – *abgekürzt**.

Nr.	Quelle	Q	Zeit	Dauer	**	\multicolumn{8}{c	}{Monate}	Liter.
						1	2	3	4	5	6	7	8	
1	Jüng.v.Prag	II	1365	max. *9 Monate*	3									8/24
2	Nostradamus	II	1566	max. *7 Monate*	®									1/377
3	B.v.M.Laach	II	1600	ganz *kurz*	3	<<								41/244
4	B.d.Matienth.	III	1749	*6 Monate*	☼									41/246
5	Nectou	III	1760	*kurze* Dauer	☼	<<<								7/304
6	Knopp	III	1794	nicht lange	☼	<<<								7/305
7	N.v.Belley	III	1816	*3 Monate*	☼									7/352
8	Mühlhiasl	II	1825	„ein Brot lang"	®									5/46
9	Schw.v.Lyelb.	III	1826	*kurz*	??	<< <								88/235
10	Geiß.Käther	IV	1831	„ein Brot lang"	??									22/187
11	Eilert	III	1833	wenige Tage	☼	<< << << << <<								7/307
12	Clausi	III	1849	*kurze* Dauer	?	<< <								7/368
13	Q.v.Beykirch	III	1622	*3 – 5 Monate*	??									5/77
14	Schw.v.Lyon	III	1850	max. *6 Monate*	Pr									88/235
15	Eug.Pegghi	III	1855	extrem *kurz*	??	<< <								88/264
16	J.du.Bourg	III	1862	abge- *kürzt**	?	<< <								7/379
17	Curique	III	1872	nicht lange	☼	<< <								8/91
18	Don Bosco	II	1874	ca. *4 Monate*	®									8/150
19	Feldpostbriefe	I	1914	28 od. 58 Tage	®									12/100
20	Irlmaier	I	1959	max. *3 Monate*	®									12/143
21	S.a.d.Waldv.	II	1959	wenige Tage	®	<< << << << <<								12/263
22	Böhm.Seher	III	1940	*6 Monate*	®									8/46
23	Frau a.Valdres	III	1968	*kurz*	®									PaB
24	Ron White	III	1970	nicht lange	®	<< <								8/162
25	Stieglitz	III	1975	*2 – 3 Monate*	®									12/235
26	Babaji	III	1981	an 1 Tag! (?)	??									27/28
27	Paulussen	III	1983	7 Tage (?)	®									44/114
28	Biernacki	IV	1984	*3 ½ Monate*	®									8/281
29	Bauer	IV	1986	bald beendet	®	<< <								80/140

* Auch dieses Motiv findet man in der Bibel. Z. B. bei Markus 13;22
** Angreifertypen: ® = Russland (Krieg, der mit Dreitägiger Finsternis endet)
3 = 3. großer Krieg   Pr = Preußen
☼ = aus dem Osten   © = Muslime   PAB = Privatarchiv Berndt

Die Zeitspannen in der Tabelle, die deutlich über 3 Monaten liegen, resultieren meist aus den ungenauen Angaben der Quellen. Hierbei handelt es sich also um die maximal denkbare Dauer, bezogen auf die ungenauen Angaben. Vermutlich sind in diesen Fällen ebenfalls ein paar Monate abzuziehen, so dass man auch hier wieder in die Nähe von 3 Monaten kommt.

Der Vollständigkeit halber seien noch 7 andere Quellen erwähnt, die im Gegensatz dazu einen *mehrjährigen Krieg* voraussagen! Diese lassen sich zudem nicht eindeutig einem „vierten Weltkrieg" zuordnen:

Nr	Quelle	Q	Zeit	Dauer in Jahren	**	1-2	3-4	5-6	7-8	9-10	11-12	13-14	15-16	Liter.
1	Erythräische S.	III	-2000	min.4	☼									5/217
2	H.v.Bingen	II	1179	7	☼									10/76
3	Lichtenberger	III	1488	8	©									22/34
4	Hilarion	III	1700	3	©									7/283
5	Mönch v.Werl	III	1701	„lang"	☼	>>>	>>	>						15b/79
6	T.d.f.Papstes	III	1701	4,5	☼									7/297
7	Käthe Niessen	III	1972	27*	®									89/41

Zunächst einmal sind das natürlich deutlich weniger Quellen als oben (7 zu 29 bzw. 19,4 % zu 80,6 %). Wenn man dann in die Spalte „Zeit" sieht, so sieht man, dass die unteren 7 Quellen im Schnitt erheblich älter sind als die oberen 29. Theoretisch wäre bei der zweiten Gruppe die Möglichkeit einer Verwechslung mit dem Ersten oder dem Zweiten Weltkrieg deutlich größer. Weiter fällt auf, dass sich bei den letzten Quellen (außer Käthe Niessen) Russland nirgends eindeutig als Aggressor erkennen lässt – im Gegensatz zu oben, wo Russland eindeutig den Schwerpunkt bildet. Höchstens drei der unteren Quellen könnte man meiner Ansicht nach überhaupt als Gegengewicht zu der ersten Gruppe von Quellen akzeptieren.

Es ergibt sich somit ein Verhältnis von 29 zu 3 bzw. 90,6 % zu 9,4 % für einen extrem kurzen Krieg!

Fazit

Kaum etwas zeichnet sich klarer in den europäischen Prophezeiungen ab als die kurze Dauer des „dritten Weltkrieges" in Europa.

---

* Käthe Niessen schreibt in „*Enthüllungen einer Hellseherin*", dass sie ihre Angaben mit Vorbehalt macht, und sie tlw. auf Interpretationen beruhen. Und zwar interpretiert sie Irlmaiers „drei Neuner" als 3 mal 9 Jahre = 27 Jahre.

Betroffene Gebiete in Deutschland

Alois Irlmaier (1950-I-®): *„Massierte Truppenverbände marschieren in Belgrad von Osten her ein und rücken nach Italien vor. Gleich darauf stoßen drei gepanzerte Keile nördlich der Donau blitzartig über Westdeutschland in Richtung Rhein vor – ohne Vorwarnung. Das wird so unvermutet passieren, dass die Bevölkerung in wilder Panik nach Westen flieht."* (8/60)
*„Es geht über Nacht los. Es geht in drei großen Linien westwärts. Der unterste Heerwurm kommt über den Wald [Bayrischer Wald - Anm. B.] daher, zieht dann aber **nordwestlich** der Donau, um in gleicher Richtung wie die zwei anderen Heeressäulen dem Rhein zuzustreben."* (8/58), nachfolgend: (12/141) (41/186)
*„Über die Donau geht der Feind nicht, sondern biegt nach **Nordwesten** ab; ... Der zweite Stoß kommt über Sachsen westwärts gegen das Ruhrgebiet zu, genau wie der dritte Heerwurm, der von Nordosten westwärts geht über Berlin."*
>*„An einem Tag ... würden die Russen bis in das Ruhrgebiet vorstoßen."*<
„Nach Hamburg kommt der Russ in einer halben Stunde. Bis der dritte Mord an einem Hochgestellten geschieht, musst laufen!" [die Zuhörerin war Autofahrerin und hatte vor, nach Hamburg umzuziehen. Anm. B.], *„Nicht auf der Autobahn, die Autobahnen sind alle verstopft. Der Russ kommt: Die Ostmarkstraße - Regensburg - Nürnberg - Stuttgart - Karlsruhe ca. 5 Divisionen. Die Autobahn nach Frankfurt von Sachsen her ca. 15 Divisionen; Berlin - Hannover - Autobahn Hamburg."* (78/57)

Rechnen wir ein wenig: Im Süden 5 Divisionen, in der Mitte 15. Macht zusammen 20. Für den Norden fehlt die Angabe. Runden wir auf 30 Divisionen auf. W. J. Bekh gibt in seinem Buch „*Alois Irlmaier*" die Truppenstärke der Sowjetunion zur Zeit des Kalten Krieges – ohne Verbündete – mit 217 Divisionen an! Obigem Zitat nach würde Russland also nur mit rund 15 % seiner einstigen Stärke angreifen!
Angaben bzw. Schätzungen aus dem Jahre 2001 gingen davon aus, dass Russland derzeit – nach dem Zerfall der Sowjetunion nur noch über 30 bis 40 einsatzfähige Divisionen verfügt!
Kurzum: Dieses Zitat deutet auf die Zeit *nach* dem Zerfall des Warschauer Paktes! Infolge des Truppenabbaus der NATO in Mitteleuropa könnten diesen geschätzten 30 Divisionen vielleicht 2 bis 3 tatsächlich und rechtzeitig einsatzbereite NATO-Divisionen gegenübergestellt werden ...

Stockert (1950-III-®): *„Diese Panzer werden von Osten kommen und mit großer Schnelligkeit gegen Westen fahren ... In drei Zügen ziehen sie nach Westen, an der Nordsee, nach Mitteldeutschland und im Süden entlang der Alpen, soweit ich mich noch erinnern kann. ... Die Panzerzüge ... werden bis zum Rhein kommen."* (12/220)

Mehrfach war hier von Angriffskeilen die Rede ... Im Zweiten Weltkrieg gab es eine Offensive, die sich damit vergleichen lässt: Die Ardennenoffensive der Deutschen in Belgien am 16. Dezember 1944. Die Absicht der deutschen Generäle war es, bis zur Rheinmündung und zur Nordsee vorzustoßen und den Gegner im Norden zu isolieren. Ein Angriff in Keilform hat den Vorteil, dass – sofern der Durchbruch gelingt – der Gegner plötzlich mit offenen Flanken dasteht und sich zurückziehen muss, um sich neu zu gruppieren. Hat der Angegriffene zudem eine Küste im Rücken, ergibt sich bei erfolgreichem Durchstoß eine Teilung des Gegners in kleinere Verbände, die leichter zu besiegen sind.

Hans-Peter Paulussen (Juni 1989-III-®): *„Es wird ein Gesamtdeutschland geben. Man geht praktisch durch das Land, das von Russen besetzt war, durch. Man marschiert durch Erfurt durch und besetzt den Teil Deutschlands, den man jetzt als BRD bezeichnet. ... Die Russen kommen. Es gibt zwei Einmarschpunkte in Deutschland. Oben im hessischen und im Kasseler Raum. Einen weiteren Einmarschpunkt gibt es von der Tschechoslowakei. Die Punkte sind schon fixiert."*
(44/114-115)

Der Einmarschpunkt im Kasseler Raum wurde von der US-Army als „*The Fulda-Gap*" – die Fulda-Lücke – bezeichnet. Die strategische Bedeutung des Gebietes ist bekannt. Als sich die US-Army im Frühjahr 1994 aus dieser Region zurückzog, wurde darüber im Fernsehen berichtet. In dem Bericht tauchte dann auch eine Karte auf, die darstellte, wie die NATO sich den russischen Angriff an diesem Punkt vorstellte. Paulussen weiter:

„Ein Heereszug kommt über Berlin und geht in nordwestlicher Richtung auf das Wasser zu und wird die Häfen mit großen Verlusten unter der Bevölkerung besetzen. Ein zweites Heer kommt über Thüringen und zieht durch dies Eisen- und Kohlegebiet weiter in südliche Richtung [Richtung Frankreich, Anm. B.] ..."
(44/150)

Im Hinblick auf andere Quellen scheint es sehr unwahrscheinlich, dass die Truppen wirklich durch das sehr dicht bebaute Ruhrgebiet ziehen. Wenn, dann wohl eher dicht daran vorbei. In Ausgangs- und Zielpunkt deckt Paulussen sich hier mit anderen. Dazwischen sind die Angaben etwas unklar.

Vor einiger Zeit schrieb mir ein Leser Folgendes: Ein Freund von ihm ist nach der Wende von Jena nach Berlin gezogen und hat dort öfters und „*sehr real*" davon geträumt, dass Jena bombardiert wird. Die Träume waren so intensiv, dass er bei seinem späteren Rückzug nach Jena wieder daran denken musste ... – Jena liegt an der Ost-West-Autobahn Dresden-Frankfurt 30 km östlich von Erfurt. Bei der Interpretation solcher Träume ist natürlich gewisse Vorsicht geboten. Der „seherische" Charakter ist zunächst natürlich spekulativ. Andererseits äußern sich Wahrträume genau <u>so</u>: Sie sind besonders intensiv und kommen öfters.

... Wie sollten sie auch anders sein, wenn es darum ginge, den Menschen zu warnen ...

Westgrenze Rhein

Mönch von Werl (1701-III-☼): *„Auf der einen Seite werden alle Völker des Westens, auf der andern alle des Ostens stehen. ... Lange wird man mit unentschiedenem Glücke kämpfen, bis man endlich in die Gegend des Rheines kommt. Dort wird man kämpfen drei Tage lang, so, dass das Wasser des Rheines rot gefärbt sein wird, bis es bald nachher zur Schlacht am Birkenbäumchen kommt."* (15/79)

Auch das ist nach Ende des Kalten Krieges schwer vorstellbar. Stehen sich ganze Völkerscharen gegenüber, müsste irgendeine Ideologie dahinterstecken. Das ist derzeit nicht zu erkennen.

„Lange wird man mit unentschiedenem Glücke kämpfen ..." – obwohl von langen Kämpfen die Rede ist, ist kaum klar, *wie* lange genau sie dauern würden. Aus der Perspektive des frühen 18. Jahrhunderts betrachtet, wären Kampfhandlungen, die sich kontinuierlich und ohne Unterbrechung über mehrere Wochen hin erstrecken, durchaus als *lang* zu bezeichnen.

Der *Birkenbaum* oder wie hier das *Birkenbäumchen* dient bei mehreren älteren deutschen Quellen als Ortsangabe für eine große Schlacht bzw. eine Entscheidungsschlacht oder Endschlacht. Den Quellen nach wäre dieser Birkenbaum in Westfalen zu suchen. Bei Mühlhiasl aus dem Bayerischen Wald ist vom *Kalten Baum* die Rede. Birken haben im Gegensatz zu anderen Bäumen eine verhältnismäßig glatte Rinde. Diese fühlt sich tatsächlich kühl an.

Auch der Aspekt, dem nach die Schlacht am Birkenbaum in Westfalen erst nach den Kämpfen am Rhein stattfindet, deckt sich mit anderen Quellen. Dies würde bedeuten, dass der Osten in der Angriffsphase Westfalen noch ohne größere Schlachten durchqueren kann!

Kapuziner Pater (1762-III): *„Ein schwerer Krieg wird im Süden entbrennen, sich nach Osten und Norden verbreiten. Wilde Scharen werden Deutschland überschwemmen und bis an den Rhein kommen."* (5/98)

Mit *Süden* könnte der Nahe Osten gemeint sein.

Stockert (1950-III-®): *„Die Panzerzüge der Russen werden bis zum Rhein kommen."* (12/220)

Elena Aiello (1959-II-®, Süditalien): *„Und wenn die Menschen ... nicht zu Gott zurückkehren wollen, wird ein weiterer Krieg kommen von Ost nach West, und Russland wird mit seinen Waffen gegen Amerika kämpfen und Europa überrollen, und vor allem der Rhein wird voll Leichen sein."* (4/180)

Man beachte – sogar eine Seherin aus Süditalien hebt die Kämpfe am Rhein hervor. Allerdings heißt es hier: „ ... *wenn die Menschen nicht zu Gott zurückkehren wollen* ..."

Biernacki (1984-IV-®, Polen): „*Den nächsten Schlag wird die Rote Armee gegen Westdeutschland führen, genau bis zur Grenze nach Frankreich. Am Ende ihres Vorstoßes wird sie drei Viertel westdeutschen Gebietes besetzt haben. Die Rote Armee wird in ihren Angriffen von der tschechoslowakischen Armee unterstützt.*" (8/284)

Gerade Tschechien wäre äußerst unwahrscheinlich, da es derzeit besonders gut in den Westen integriert zu sein scheint.

Testament des fliehenden Papstes (1709-II-☼-Deutschland): „*In Ost und West wird ein großes Ringen sein und viele Menschen vernichten. ... Das Volk des Siebengestirnes wird in das Ringen eingreifen und dem bärtigen Volke in den Rücken fallen und sich von der Mitte abwenden. Der ganze Niederrhein wird erzittern und erbeben; er wird aber nicht untergehen.*" (7/297)

Das *bärtige Volk* ist ein klarer Hinweis auf Russland. Bis 1698 trug jeder russische Mann einen langen Bart. Das war einzigartig in ganz Europa. Doch dann kam Zar Peter der Große nach einer langen Reise aus Westeuropa zurück und ordnete an, die Bärte abzuschneiden. Die Prophezeiung ist auf 1709 datiert und entstammt demnach noch aus der Zeit, als die Russen noch für ihre langen Bärte bekannt waren. Interessant ist auch, dass das *Volk des Siebengestirns* Russland in *den Rücken fällt*. Schon alleine von der Geographie her kann es sich dabei eigentlich nur um China handeln. Es wäre durchaus naheliegend, dass China die Seiten wechselt, sobald sich abzeichnet, dass Russland eine Niederlage ereilt, die seine Rolle als militärische Großmacht für immer beendet. Denn dann könnte China gefahrlos große Teile Sibiriens annektieren.

Landinger (1957-II-®-Böhmen): „*Das Tier wollte mit der Zunge den Rhein lecken, konnte ihn aber nicht erreichen. Dann wollte es Köln umfangen, aber der Erzbischof segnete die Stadt mit einem Doppelkreuz. Da wurde die Zunge des Tieres wie lahm, es brüllte, dass die Erde bebte.*" (75/61)

Das Tier wird im weiteren Text als ein riesiges Monstrum beschrieben – „*nicht Wolf, nicht Bär*" –, dessen rechter Hinterfuß auf Moskau steht. Aus dem Gesamttext ergibt sich, dass es sich um Russland handelt.

Irlmaier (1950-I-®): >„*Er nahm eine Landkarte von Deutschland, sah nicht dabei hin, als er sprach, – ich weiß heute noch, dass ich erschrak – denn er zog mit seinem Finger eine gerade Linie entlang des Rheins. ‚Bis daher kommt er, aber nach Frankreich nicht mehr.'* ..."< (78/57)
„*Rechts vom Rhein ist alles kaputt.*" (41/186)

Buch des Marienthaler Klosters (1749-II-Elsass): *„Es werden nicht nur sterben viele Krieger auf und unter den Wällen, sondern auch viele Kinder und Greise und Frauen überall, wo der Atem des großen Krieges weht. Der Atem wird unrein sein und die Nacht bedeuten, aber auch wieder den Tag nach einer langen Nacht. ..."* (41/246)

Giftgas wurde im Ersten Weltkrieg nur auf dem Schlachtfeld – also nicht gegen Zivilisten eingesetzt; im Zweiten Weltkrieg wurde in Europa überhaupt keines eingesetzt. Der *„unreine Atem"*, der *„die Nacht bedeutet"*, aber auch *„den Tag nach einer langen Nacht"*, lässt einen unweigerlich an die Dreitägige Finsternis denken – und damit an den „dritten Weltkrieg". Eine völlige Verdunklung des Himmels allein durch Giftgas kann man ausschließen.

„Viele Städte und Dörfer links und rechts des strömenden Wassers werden jedoch verschont bleiben, wie sie schon öfters verschonet geblieben sind in schweren Zeiten und Schrecken des Krieges. ..."

Marienthal liegt in der Nähe der elsässischen Stadt Hagenau etwa 20 km westlich des Rheins. Geht man davon aus, dass der Verfasser der Prophezeiung auch aus dieser Region stammt, so müsste das *strömende Wasser* der Rhein sein und die verschonten Gebiete müssten die Vogesen und der Schwarzwald sein, wo es im Dreißigjährigen Krieg (1618-1648) tatsächlich sehr viel geringere Bevölkerungsverluste gab, als dazwischen im Rheingraben. Dort starben ein Drittel bis über zwei Drittel der Bevölkerung*!

„Den Hauptschlag werden Städte und Dörfer und ganze Länder <u>jenseits des fließenden Wassers</u> treffen, und alle Hauptstädte werden dort versinken in Nebel und Trümmern und Asche ... Die Schrecken des großen Krieges werden nicht mehr in Gallia sein, sondern über dem großen Strom ..." (41/246)

Hier wird die Vermutung, es handele sich um den Rhein, zur Gewissheit: Westlich des Rheins liegt Frankreich, das (weitestgehend) verschont wird, östlich davon Deutschland und ganz Osteuropa. *Gallia* muss nicht automatisch mit dem heutigen Staat Frankreich gleichgesetzt werden. Vielmehr könnte Frankreich in der Ausdehnung zur Zeit der Vorhersage gemeint sein. Der Text wurde 1749 erstmalig veröffentlicht – und zwar in spätmittelalterlicher Versform. Im Jahre 1660 z. B. gehörten das Elsass, Lothringen und Burgund noch nicht zu Frankreich.

„Glücklich werden diejenigen sein, welche den großen Wald erreichen, denn hinter ihm ist der Friede, vor ihm aber der Krieg bei Tag und bei Nacht".

---

* nach Arbeiten von G. Franz und E. Keyser

„Es werden Kämpfe sein hüben und drüben und in der Luft und in der Erde und ganze Städte jenseits und diesseits des fließenden Wassers werden ohne Menschen sein, die da fortziehen aus der Zone des Todes." (41/246)

Da von Kampfhandlungen auch westlich des Rheins (*„hüben und drüben"*) die Rede ist – vermutlich Artilleriebeschuss –, dürfte es sich bei dem *großen Wald* um die Vogesen handeln. Krieg bei Nacht deutet hin auf einen modernen Krieg. Weder im Ersten noch im Zweiten Weltkrieg fanden in den Gebieten Kämpfe in der hier beschriebenen Intensität statt.

Irlmaier (1950-I-®): *„Du musst gleich nach dem Mord schnellstens an den Rhein kommen, am linksrheinischen Ufer entlang der Straße nach Basel, nach Lindau über den Bodensee kommen. ... – Das musst Du in 3 Tagen schaffen. Am 4-ten ist es schon zu spät."* (78/57)

„Nach dem Mord" – das bezieht sich auf das dritte und letzte Attentat der Attentatsserie unmittelbar vor Ausbruch des „dritten Weltkrieges" – siehe Seite 201. Irlmaier erteilte diesen Rat einer Frau, die nach Hamburg umziehen wollte.

Ruhrgebiet und Westfalen

Einsiedler Antonius (1820-III-®): *„Stets auf dem Rückzuge retteten sich die Reste der preußischen Armee nach Westfalen. Dort war die letzte (!) Schlacht, ebenfalls zu ihren Ungunsten."* (15/99)

Die hier erwähnten *Preußen* bedürfen der Erklärung: Antonius erwähnt an anderer Stelle, dass Preußen und Russen zusammen kämpfen. Demnach könnten die Preußen ostdeutsche Truppen sein, die sich auf die Seite der Russen schlagen. Der Bezug zum „dritten Weltkrieg" ergibt sich bei dieser Quelle durch die Erwähnung zahlreicher Charakteristiken des „dritten Weltkrieges".

Seher vom Waldviertel (1959-II-®): >*„... breche der letzte Abschnitt der Apokalypse an. Das Ruhrgebiet, in dem noch mehr Menschen am Leben seien als in seiner eigenen Heimat, gleiche einer Ruinenlandschaft. Hier werden die Reste der russischen Armee aufgerieben."*< (12/264)

Erna Stieglitz (1975-III-®): *„Die Verteidigungsräume heißen: Ruhrgebiet und Niederlande, sodann Bayern, die Alpen und die Schweiz sowie das südfranzösische Rhonegebiet."* (12/236)

Hier könnte man vermuten, dass der Osten Frankreichs weit mehr vom Krieg betroffen wäre, als andere Quellen vermuten lassen. Da die Dokumentation dieser Quelle aber kritisch ist, sollte man dieses Detail nicht überbewerten.

Prophezeiung vom Birkenbaum (Fassung von 1701-II-☼): >*„... Prophezeiung über den fürchterlichen Kampf des Südens und Nordens und über eine schreckliche Schlacht an den Grenzen des Herzogtums Westfalen in der Nähe von Bodberg. ... Es wird ein fürchterlicher Krieg kommen. Auf der einen Seite werden alle Völker des Westens, auf der anderen alle des Ostens stehen. ... Mitten in Deutschland werden sie aufeinandertreffen, ... In den Gegenden Niederdeutschlands wird dieser schreckliche Kampf entschieden werden. Daselbst werden die Heere Lager schlagen, wie sie der Erdenkreis noch nicht gesehen hat. Am Birkenwäldchen nahe bei Bodberg wird dieses schreckliche Treffen beginnen."*< (7/286)

Hier findet sich in ein und demselben Text eine Trennung nach Nord-Süd und Ost-West. *Süd* und *West* sind hier gleichzusetzen, ebenso wie *Nord* und *Ost*. *Südwest* kämpft also gegen *Nordost*. Die nicht konsequente Gewichtung der Himmelsrichtungen in früheren Zeiten zeigt sich in den Wörtern *Abendland* und *Morgenland*. Abend und Morgen entsprechen West und Ost. Fast die Hälfte des Morgenlandes aber – Nordafrika – liegt eindeutig südlich von Europa. Die Hälfte des Morgenlandes wäre genau genommen das *Mittagsland*. Nordeuropa entsprechend das *Mitternachtsland*.

Anna Katharina Emmerick (1822-III-☼): *„Es steigt ein Engel auf zwischen Morgen und Mittag* mit einem Schwert, und er hat am Griff des Schwertes wie eine Scheide voll Blut, die er hier und da ausgießt, und er kommt bis hierher, und gießt Blut aus in Münster auf dem Domplatz."* (5/100)

Auch Anna Katharina Emmerick wird von der katholischen Kirche hoch geschätzt: In einer ihrer zahlreichen Visionen „sah" sie das (angebliche) Sterbehaus von Maria, der Mutter Jesu. Das entsprechende Haus liegt in der Türkei in der Nähe des Ortes Selçuk – und wurde am 29. November 2006 von Papst Benedikt XVI. besucht!!!

Pfarrer von Baden (1923-III-®): *„Aus dem Süden wird ein aus Bayern und Österreichern gebildetes Ordnungsheer anrücken, das anfangs klein, immer mehr Zulauf bekommen wird. Im Verein mit den rheinischen und französischen Truppen wird es die Bolschewiken, Russen und Preußen vollständig niederwerfen. Die letzte Schlacht wird zwischen Essen und Münster stattfinden."* (12/208)

Hier wieder ein ähnliches Problem mit den *Preußen*, obwohl der Bezug zu Ostdeutschland durch die *Bolschewiken* schon plausibler wird als oben.

---

* *Morgen und Mittag* = Ost und Süd, also Südost – deutet auf Balkan und / oder Nahost

Südgrenze Donau

Die Vorhersagen zu Süddeutschland unterscheiden sich deutlich von denen zu Nordrhein-Westfalen und der Rheinzone. Derartig massive Zusammenballungen kämpfender Armeen wie oben findet man hier nicht.
Die östlichen Truppen sollen über Süddeutschland nach Westen zum Rhein und zur französisch-schweizerischen Grenze vorstoßen. Große Teile des Gebietes zwischen der Donau und den Alpen – also das nördliche Alpenvorland – sollen aber nicht besetzt und nicht in Kampfhandlungen verwickelt werden. Dafür gibt es eine sehr einfache Erklärung: Das Alpenvorland hat in der ersten Angriffsphase keine große strategische Bedeutung. Der Angreifer braucht seine Truppen, um möglichst schnell den Rhein zu überschreiten. Die für einen späteren Zeitpunkt zweifellos geplante Besetzung des Alpenvorlandes findet nicht mehr statt, da Russland schon vorher zurückgeschlagen wird.

Ein weiteres Element im Süden sind östliche Truppenbewegungen zwischen ihren Herkunftsländern und Italien: Zum einen ein Vorstoß aus der Tschechischen Republik östlich der deutsch-österreichischen Grenze Richtung Italien, und zum anderen auf dem Rückzug zurückflutende östliche Truppen, welche sich durch das obere Inntal, den Chiemgau über Salzburg zurückziehen. Teilweise soll es auch innerhalb der Alpen zu Kämpfen kommen. In der Endphase des Krieges soll aus dem bayerisch-österreichischen Raum ein entscheidender Gegenstoß des Westens erfolgen.

Madam Sylvia (1934-III-®): *„ In ganz Europa wird die Verständigung eintreten ... sobald man allgemein erkennen wird, dass der Deutsche als Siegfried gegen den Drachen mit dem Schwert in der Hand, gegen den Bolschewismus zu Felde ziehen soll."*
>*„ In Österreich sieht sie ein Haupt als Führer der südöstlichen Mächte, die das zukünftige Byzanz verkörpern sollen, sich ebenfalls gegen Russland wenden."*<
(14/179)

Also können Deutschland und Österreich nicht restlos besetzt sein.

Hepidanus von St. Gallen (1081-I-®): *„... Zwischen dem Rhein und der Elbe und dem morgenwärts fließenden Strome Donau wird ein weites Leichenfeld sich ausdehnen, eine Landschaft der Raben und **Geier**. Und wenn dereinst wieder der Landmann seinen Samen ausstreuen wird und dieser emporkeimt, Ähren tragend und Früchte, dann wird jeder Halm in einem Menschenherzen stehen und jede Ähre in eines Menschen Brust ihre Wurzel haben."* (41/90)

Im Ersten Weltkrieg fanden innerhalb Deutschlands keine Kämpfe statt, und im Zweiten Weltkrieg gab es in diesem Gebiet bei weitem nicht so viele Tote.

Natürlich ist die Angabe zu der Anzahl der Opfer nicht wörtlich zu nehmen. Meiner Ansicht nach bezieht sich das zudem auf die Folgen des Impaktes.

Kleine Anmerkung zu den Geiern: Im Jahre 2006 wurden zur Jahresmitte in mehreren Gebieten Deutschlands erstmals größere Gruppen von *Gänsegeiern* gesichtet. Die WELT vom 1. Juli 2006 meldete auf Seite 16 unter der Überschrift *„Große Scharen von Geiern in Deutschland eingeflogen"* folgende Details: *„ ... vom Schwarzwald bis zur Ostseeküste große Scharen von Gänsegeiern ... ‚Das ist ein gewaltiger Einflug', berichtete ... der Biologe Thorsten Krüger von der Vogelschutzwarte Hannover. ... Trupps von bis zu 70 der großen Aasfresser mit bis zu 2,80 Meter Flugspannweite ... Insgesamt wurden 199 Tiere von Mai bis Ende Juni gemeldet.*
Im Artikel hieß es weiter, dass die Geier aus Südeuropa in den Norden gezogen waren, weil sie infolge einer strengeren EU-Richtlinie für die Beseitigung von Tierkadavern in Südeuropa nicht mehr genug Nahrung finden.

Irlmaier (1959-I-®): >*„Alles, was sich nördlich der Donau befände, komme ums Leben und nur, wer ein schnelles Fahrzeug besitze, könne sich noch über den Fluss retten, so unerwartet würde der Krieg hereinbrechen."*<
„Über die Donau geht der Feind nicht, sondern biegt nach Nordwesten ab."*
„Wer südlich und westlich der Donau lebt, braucht keine Angst zu haben."**
„Der unterste Heerwurm kommt über den Wald [Bayerischer Wald, Anm. B.] daher, zieht sich dann aber nordwestlich der Donau, um in gleicher Richtung wie die zwei anderen Heeressäulen dem Rhein zuzustreben. Es geht sehr rasch."
(8/58)
>*„Der erste Stoßkeil ziehe ‚vom blauen Wasser' nordwestlich bis zur Grenze der Schweiz. Südlich des ‚blauen Wassers' [also der Donau, Anm. B.] stießen sie nicht vor, ‚bis Regensburg' steht keine Donaubrücke mehr."*< (41/179)

Hier ergibt sich ein etwas unklares Bild. Zwar sagt Irlmaier, dass man *„südlich und westlich der Donau"* sicher wäre, beim genauen Lesen fällt jedoch auf, dass die Lage westlich von Regensburg unklar wird: Einerseits ziehen die Truppen weiter nach Westen, andererseits heißt es *„nordwestlich bis zur Grenze der Schweiz"*. Vom Bayerischen Wald – bzw. ausgehend von Regensburg – Richtung Schweizer Grenze verliefe die Route aber Richtung *Südwesten*.
Wenn sich *„Wer südlich und westlich der Donau lebt, braucht keine Angst zu haben."* auf die *gesamte Donau* in Deutschland bezieht und nicht nur auf die Donau östlich von Regensburg, dann dürften keine (nennenswerten) Truppenteile westlich von Regensburg Richtung Südwesten vorstoßen.

Wer genauere Informationen zu dieser Region wünscht, dem sei auch an dieser Stelle mein Buch *„Prophezeiungen, alte Nachricht in neuer Zeit"* empfohlen.

* (12/141) ** (22/68)

Kennzeichnungen der Zitate

> **Franz Kugelbeer** (1922- III-®, Österreich): „... *Wie ein Blitz* ..." (15/ 101 **-1952**)
>   A   B C D   E   F   G H   I

A **Name** der Quelle

B **Zeitpunkt** der Vorhersage
Todesdatum der Quelle oder Datum auf Originaltext

C Bewertung der **Glaubwürdigkeit der Quelle**
- I *Sehr gut* – Quellen, bei denen sich nachweislich Voraussagen erfüllt haben und dies frühzeitig dokumentiert wurde.
- II *Gut* - keine Kritikpunkte, abgesehen davon, dass keine erfüllten Voraussagen vorliegen, oder aber die vorliegenden nicht frühzeitig oder sauber genug dokumentiert wurden.
- III *Befriedigend* – Deckung mit Haupttrend ohne ersichtlich Beeinflussung, vermutlich keine schlechte Quelle, aber wenig Anhaltspunkte für Kontrolle. In vielen Fällen die „Einstiegs-Note" = nicht eingehend geprüft.
- IV *Ausreichend* – Es liegen Informationen vor, die Zweifel an Teilen der Vorhersagen wecken, jedoch lässt sich dies nicht auf die Gesamtheit der Vorhersagen übertragen.
- V *Mangelhaft* – Hier liegen gehäuft Anhaltspunkte für eine mangelnde Glaubwürdigkeit vor. Es fehlt gewissermaßen nur noch der klare Beweis eines Betrugs oder eines katastrophalen Irrtums.

D **Kriegskontext**
Die nachfolgenden Symbole geben an, in welchem Kontext das Zitat steht.

- ®   *R* für Russland.
russischer Angriff, Krieg in Kontext mit Dreitägiger Finsternis

- ☼   *Sonne* für Osten
Angriff aus dem Osten, Russland nicht erwähnt, oft aber wahrscheinlich
keine Erwähnung einer Finsternis in Kriegskontext

- **3**   3. großer Krieg (im 20. Jahrhundert)

- ©   *Halbmond* in Kreis für Islam
islamischer Aggressor, „Türken"
in Einzelfällen kann es sich um Interpretationsfehler der Quellen handeln, z. B. bei „Türken vor Köln".

E **Herkunft** der Quelle

F **Zitat**
bei dieser Schreibweise >" „< handelt es sich um indirekte Rede bzw. die Widergabe eines Zeugen

G Kenn-Nummer für **Literatur-Quelle** (Buch, Zeitung)
siehe „Literatur-Codes" nächste beiden Seiten

H Seitenzahl

I **Datum der frühsten Dokumentation**
bezogen auf die von mir verwendete Literatur. Diese Kennung wird nur selten benutzt.

Literatur-Codes

1	:	Allgeier	Prophezeiungen des Nostradamus
4	:	Voldben	Nostradamus und die großen Weissagungen (1992)
5	:	Silver	Prophezeiungen bis zur Schwelle des 3. Jahrtausends
6	:	Lemesurier	Geheimcode Cheops
7	:	Loerzer	Visionen und Prophezeiungen
8	:	Bekh	Am Vorabend der Finsternis
9	:	Kahir	Nahe an 2000 Jahre
10	:	Voldben	Nostradamus und die großen Weissagungen (1981)
12	:	Bekh	Das dritte Weltgeschehen
13	:	Gustavsson	merkwürdige Gesichte
14	:	Varena	Gesammelte Prophezeiungen
15	:	Ellerhorst	Prophezeiungen über das Schicksal Europas (1992)
15b	:	Ellerhorst	Prophezeiungen über das Schicksal Europas (Dt. Bibl. in Frankfurt)
16	:	Schnyder	Wie überlebt man den Dritten Weltkrieg? (1991)
17	:	Dudde	Der Antichrist
19	:	Dudde	Der Eingriff Gottes
20	:	Stocker	Reinigung der Erde (Band I)
21	:	Backmund	Hellseher schauen in die Zukunft
22	:	Hübscher	Die große Weissagung
23	:	Schönhammer	PSI und der Dritte Weltkrieg
24	:	Stocker	Reinigung der Erde (Band II)
27b	:	Wosien	Babadschi, Botschaft vom Himalaja
29	:	Nagel	Rametha
30	:	Bekh	Alois Irlmaier
32	:	Korkowski	Kampf der Dimensionen (Band I)
33	:	Korkowski	Kampf der Dimensionen (Band II)
34	:	Rabanne	Das Ende unserer Zeit
36	:	Wilkerson	Die Visionen
38	:	Snow	Zukunftsvisionen der Menschheit
40	:	Buchela	Ich aber sage euch
41	:	Gann	Zukunft des Abendlandes?
42	:	Bouvier	Nostradamus
44	:	Huainigg	Heiler und Prophet
45	:	Renner	Weltenbrand
46	:	Friede	Das Johanneslicht
47	:	Hagl	Apokalypse als Hoffnung
48	:	Tempelhofges.	Die Edda
49	:	Capri	Die Prophezeiungen von Papst Johannes XXIII.
50	:	Heibel	Das geht uns alle an
53	:	Koteen	Der letzte Walzer der Tyrannen
54	:	Centurio	Die großen Weissagungen des Nostradamus
59	:	Hild. v. Bingen	Wisse die Wege
60	:	Mutter Graf	Offenbarung der göttlichen Liebe
62	:	Stern d. Erleuchtung	Hans J. Andersen Verlag
65	:	Stearn, Jess	Prophezeiungen in Trance
66	:	Metzer	Der Matreier Prophet Egger Gilge
67	:	Künzli	Die Botschaft der Frau aller Völker
68	:	Weber	Garabandal, der Fingerzeig Gottes
71	:	Smith / Braeucker	Mutter Erde wehrt sich
72	:	Niessen	Enthüllungen einer Hellseherin
73	:	Ray Nolan	Die Siebte Offenbarung
75	:	Schönhammer	Dritter Weltkrieg und Zeitenwende
76	:	Der Morgenstern, Nr. 9	
77	:	Kaiser	Die Stimme des Großen Geistes

78 : Bauer, *Heinrich* .... Der 3. Weltkrieg beginnt am ...
79 : Tempelhofges. .... Buch der Sajaha
80 : Bauer, *Erich* .... Die Menschheit in und nach den großen Katastrophen
81 : Mann .... Prophezeiungen zur Jahrtausendwende
82 : Valtorta .... Das Morgenrot einer neuen Zeit
85 : Zönnchen .... Im Zeichen des Fisches
86 : Sun Bear .... Die Erde liegt in unserer Hand
88 : San Miguel .... De Laatste Zegels
89 : Niessen .... Enthüllungen einer Hellseherin
91 : Herrholz .... Das apokalyptische Weltgeschehen
101 : Stern der Endzeit (101 = 1, 102 = 2 etc.)
102 : siehe 101
209 : Uriella .... „Der Heiße Draht" Nr.9
210 : Adlmaier.................. Blick in die Zukunft (1950)
300 : Lichtpunkt E. Sonderheft Juni 1992, Seite 9
PaB : Privatarchiv Berndt

Erläuterung der Europakarte zur Dreitägigen Finsternis, S.93			
Land	Zeit	Quelle	Bereich in Karte
Deutschland	1870	Lied der Linde	Raum Passau
	1890	Henle	Raum Allgäu
	1947	Bertha Dudde	Norddeutschland
	1947	Stockert	München
	1947	Korkowski	Raum Köln
	1949	Heroldsbach	Raum Nürnberg
	1959	Irlmaier	Südostbayern
	1972	Stieglitz	Raum Augsburg
	1982	De la Vega	Raum Bonn
Tschechien	1940	Böhmischer Seher	Westen
Österreich	1864	Lorber	Steiermark
	1922	Kugelbeer	Nahe der Schweiz
	1959	Seher aus dem Waldviertel	Waldviertel
Schweiz	1081	Hepidanus	St.Gallen
	1856	Schweizer Neuoffenbarung	Westen
Polen	1984	Biernacki	Osten
Ungarn	1918	Kossuthány	Mitte
Italien	1837	Taigi	Mittelitalien
	1872	Palma v. Oria	Süditalien
	1955	Elena Aiello	Süditalien
	1968	Pater Poi	Mittelitalien
Frankreich	1566	Nostradamus	Provence
	1749	Marienthaler Klosterbuch	Elsass
	1846	La Salette	an italien. Grenze
	1878	Baourdi	Südfrankreich
	1914	Feldpostbriefe	Elsass
	1941	Jahenny	Bretagne
Norwegen	1968	Frau aus Valdes	Mitte
Schweden	1950	Birger Claesson	Örebro

Kleines Lexikon der Seher, Prophezeiungen u. Medien

... zu einigen der in diesem Buch erwähnten seherischen Quellen

Anmerkungen

Das Zeichen ▲ kennzeichnet Quellen aus dem Umfeld traditioneller Religionen (christliche Kirchen, Islam, Hopis, Marienerscheinungen, Stigmatisierte).
Die Noten zur Glaubwürdigkeit sind Annäherungswerte. Die Note III ist oft die „Einstiegsnote", wird also vergeben, wenn weder Anhaltspunkte für eine besonders gute oder besonders schlechte Glaubwürdigkeit vorliegen. Genaueres zur Benotung siehe Seite 277.

Adam, Bruder (1949)
Dieser Mönch hatte nach eigenen Angaben am 15.8.1949 in der Benediktinerkirche in Würzburg eine Vision vom Angriff Russlands. Inhaltlich deckt er sich mit vielen anderen Quellen.
▲ Note III, keine bisher eingetroffenen Prophezeiungen, keine Widersprüche

Aiello, Elena (1895-1961)
Stigmatisierte Nonne aus Sosenca in Süditalien, die dadurch berühmt wurde, dass sie Benito Mussolini den Verlauf des Zweiten Weltkrieges zutreffend vorhersagte.
▲ Note II,: eingetroffene Prophezeiungen, keine Widersprüche, Details aus Deutschland!

Amsterdamer Botschaft (1946-1959)
Eine einfache, unverheiratete und religiöse Frau aus Amsterdam, die anonym bleiben wollte (zeitweise arbeitete sie als Büroangestellte), hatte eine Reihe von Visionen in denen ihr die Jungfrau Maria erschien. Über einen Zeitraum von 15 Jahren erhielt sie so 56 Botschaften.
▲ Note II

Arabische Quellen, siehe Hadith

Asdente, Rosa Colomba (1781-1847)
Italienische Nonne aus Taggia bei Ventimiglia, die durch die zutreffenden Voraussagen bedeutender Ereignisse auf sich aufmerksam gemacht haben soll.
▲ Note III

Baourdi, Maria (gest. 1878)
Nonne aus Pau (Südfrankreich)
▲ Note: III

Becher, Barbara - Ordensschwester aus Losheim im Saarland
▲ Note: III

Beliante, Franziska Maria (1923)
Frau eines italienischen Aristokraten (auch „Gräfin Beliante").
Note: III

Benediktiner von Maria Laach (16. Jh.)
Diese Prophezeiung soll auf einen Prior zurückgehen, der im 16. Jahrhundert im Benediktinerkloster in Maria Laach lebte. Das Original ist derzeit nicht auffindbar. L. Emrich berichtete von dieser Prophezeiung erstmalig **1938**. Darin werden eindeutig drei große Kriege für das 20. Jahrhundert vorausgesagt. Von Alexander Gann untersucht.
▲ **Note: II**, 1938 veröffentlicht, prophezeite für vor 1950 den zweiten von drei großen „Jahrhundertkriegen". Könnte auch eine **I** bekommen.

Biernacki, Wladislaw (1984)
Dieser polnische Bauer ist eine ziemlich eigenartige Quelle. Einerseits deckt er sich in vielen wesentlichen Punkten mit anderen Quellen, und W. J. Bekh schreibt, dass er das Vertrauen der katholischen Kirche – bis zum Papst hin – genießt. Andererseits machte er Vorhersagen, die dazu geeignet sind, ihn restlos zu diskreditieren. Es sieht ein bisschen so aus, als würde er unverständliche Details seiner Visionen einfach durch ihm selbst bekannte Dinge ersetzen.

Er sagte den Ausbruch des **Dritten Weltkrieges für 1993/1994** voraus. Unmittelbar vor dem Übergreifen der Kämpfe auf Deutschland „sah" er umfangreiche Kämpfe in Polen zwischen westlichen und östlichen Truppen. Dieses widerspricht allen anderen Quellen, welche ein plötzliches Übergreifen der Kämpfe auf Deutschland vorhersagen. Niemand sonst erwähnt diese Kämpfe in Polen. Allerdings bezieht sich auch niemand sonst detailliert auf Polen. Abgesehen davon „übersah" Biernacki auch die deutsche Wiedervereinigung.

Ein Leser schrieb mir 1998: *„... möchte ich Ihnen mitteilen, dass ich Biernacki dreimal innerhalb von vier Wochen getroffen habe. ... meiner Frau prophezeite er damals eine leichte schmerzlose Geburt. Als Töchterchen Nummer zwei im Anmarsch war, konnte es meine Frau vor Schmerzen nicht mehr aushalten. Die Geburt erwies sich als die schwierigste unter den insgesamt fünfen. Zu der Zeit haben mein Schwiegervater und ich das in England erschienene Buch von Biernacki übersetzt. Aus persönlichen Gründen ... wurde es nie aufgelegt. Die Glaubwürdigkeit von B. ist in Frage zu stellen, da er in den persönlichen Vorhersagen, nicht nur bei meiner Frau, sondern durchweg geirrt hat."*
Weiter schrieb der Leser, dass Biernacki von einem Scharlatan (so in etwa der Leser) namens „Little Pebble" – der auch prophezeite – mit Wissen über sonstige Prophezeiungen versorgt wurde, und sich lediglich von daher Deckungen mit anderen Prophezeiungen ergeben.

Nach Angaben von W. J. Bekh überreichte Biernacki im Herbst 1984 ein Exemplar der polnischen Ausgabe seines Buches „Prophetien" keinem Geringeren als Papst Johannes Paul II. Biernacki und der Papst sollen seit den 70er Jahren Kontakt gehabt haben. 1986 wurden Biernackis Prophezeiungen in England veröffentlicht.
▲ **Note: IV**, eigentlich erfüllte er einige Voraussetzungen für eine V, aber Seher machen gerne größere Fehler bei privaten Voraussagen. Weltpolitische Dinge können sie öfters und damit genauer sehen, so dass hier die „Trefferquote" höher sein dürfte. Note V wäre fast Betrug, und ist mir dann doch ein wenig zu hart.

Böhmischer Seher (um 1940)
Auch „Böhmische Flüchtlingsfrau" – eine Quelle aus Wolfgang Johannes Bekhs Buch „Am Vorabend der Finsternis" (1988). Eine alte Frau, die aus Böhmen geflohen ist, berichtet von den Vorhersagen ihres Vaters. Knappe Quelle mit vielen markanten Details.
Note: II

Brand, Erna (geb.1909) - Kauffrau aus Rottenburg / Neckar, Traumvision
Note: III

Buchela (1899-1986)
Buchela war Zigeunerin und verbrachte die Zeit des Dritten Reiches in Deutschland, und zwar in Freiheit! Als sie entgegen der sonstigen Wahlprognosen 1953 voraussagte, dass die CDU mit Konrad Adenauer die Bundestagswahl in Deutschland gewinnen würde, und dies tatsächlich eintrat, war sie auf einen Schlag berühmt. Sie wurde nach Bonn zu einem offiziellen Empfang eingeladen. Im Kanzler-Bungalow weissagte sie nach eigenen Angaben sogar Edward Kennedy die Zukunft. Auch Erich Honecker soll über Mittelsmänner ihren Rat gesucht haben. Die oft undeutlichen Aussagen in ihrem Buch „Ich aber sage euch" sollte man meiner Meinung nach auch vor dem Hintergrund sehen, dass sie einen sehr hohen Bekanntheitsgrad hatte. Je bekannter ein Seher ist, desto mehr besteht die Gefahr, dass seine Voraussagen an Gemüter geraten, die diese nicht verkraften können. Bekannte Seher tragen insofern eine hohe Verantwortung und werden ihr gerecht, indem sie mehrdeutige Formulierungen verwenden.
Note: II

Claesson, Birger (1950)
Pfarrer aus Oerebro in Schweden. Am 12. Dezember 1950 bekam Birger Claesson eine „Offenbarung von Gott". Es war keine Traum-, sondern eine Wachvision, die 4 Stunden dauerte. Er sah schwedische Städte, die bombardiert und ausgelöscht wurden. Im Januar 1951 wurde die Vision in der schwedischen Tageszeitung „Blekinge Läns Tidning" veröffentlicht. Claesson selbst veröffentlichte die Vision in seinem Buch „Gericht über Schweden". Am 16. September 1951 empfing er eine weitere Offenbarung. Diesmal ging es um den nördlichsten Landesteil Schwedens. Darüber schrieb er im Buch „Schwedens Schicksalsstunde".

▲ Note: II

De Bourg, Joséphine (1788-1862)
Geistliche aus Toulouse. Gründete die Kongregation „Schwestern des Göttlichen Heilands und der heiligsten Jungfrau", welche bis zu ihrem Tode auf 40 Niederlassungen anwuchs. 1857 hatte sie eine endzeitliche Vision.
▲ Note: II

De la Vega, Garcilaso (1980-1982)
Diese Quelle wurde von Michael Hesemann aufgestöbert. Ein stigmatisierter Pater aus Argentinien hatte zwischen 1980 und 1982 in Maria Laach mehrere Visionen, in denen er eine Botschaft erhielt. Diese Botschaft wurde von anderen Geistlichen aus Düsseldorf geprüft und in mehreren Geleitbriefen veröffentlicht.
▲ Note: III

Don Bosco (1815-1888)
Don Bosco entstammte ärmlichen Verhältnissen und wurde 1841 zum Priester geweiht. Später gründete er den Orden der *Salesianer*, der sich hauptsächlich der Jugendbetreuung widmete. Als er starb, war der Orden auf 250 Niederlassungen angewachsen und betreute 130.000 männliche Jugendliche! Don Bosco wurde von der Kirche heiliggesprochen und hatte seit dem neunten Lebensjahr Visionen; oft endzeitlichen Charakters. Er hielt seine Visionen schriftlich fest, jedoch wurde nur ein Teil davon veröffentlicht.
▲ Note: II, wegen allgemeiner Kompetenz

Dudde, Bertha (1891-1965)
Bertha Dudde brachte über 9000 medial empfangene „Einzelkundgaben" zu Papier. Ihre Texte sind sehr detailliert und behandeln den ganzen Zeitraum bis zum Goldenen Zeitalter. Bemerkenswert ist, dass diese christliche Quelle schon Mitte der 50er das Thema UFO anschneidet.
Note: III (Mein persönlicher Eindruck: II)

Eilert, Wessel Dietrich (1764-1833)
Schäfer u. Bauer aus der Nähe v. Dortmund, auch der „Alte Jasper" genannt.
Note: III

Einsiedler Antonius (1820)
Wird von Loerzer auf 1871 datiert. Mönch aus der Nähe von Aachen. Auch Antonius von Aachen. Bei dem zukünftigen Krieg, der ihm nach im Elsass ausbrechen soll, könnte es sich um ein Teilszenario des Dritten Weltkrieges handeln.
▲ Note: III

Emmerich Anna Katharina (1774-1824)
(Auch *Emmerick*) Diese stigmatisierte Nonne hatte schon als Kind Visionen. Ihre Visionen wurden vom Dichter Clemens Brentano aufgezeichnet. In einer ihrer zahlreichen Visionen „sah" sie das (angebliche) Sterbehaus von Maria, der Mutter Jesu. Das entsprechende Haus liegt in der Türkei in der Nähe des Ortes Selçuk – und wurde am 29. November 2006 von Papst Benedikt XVI. besucht!
▲ Note: III (Könnte auch eine II sein.)

Extatin, französische (1872)
Das Szenario, das sie für Frankreich vorhersagt, enthält viele Details, welche anderen Quellen nach eindeutig zum Dritten Weltkrieg gehören. Allerdings spricht sie nur von den *Preußen* als Aggressoren gegen Frankreich. Weiter sagt sie, dass die Preußen die Gotteshäuser angreifen! Das deutet darauf hin, dass es sich nicht um die alten Preußen handelt, sondern um Kommunisten (?) aus Ostdeutschland – denn das alte Preußen war ja gerade bekannt für Toleranz in religiösen Dingen.
Note: III

Fatima (1917)
In Fatima, einem kleinen Ort 200 km nördlich von Lissabon hatten 3 Kinder in der Zeit vom 13. Mai bis 13. Oktober 1917 sechs Erscheinungen – jeweils am 13. des Monats. Ihnen erschien die Jungfrau Maria und diese überbrachte ihnen eine Botschaft mit apokalyptischem Charakter. Für den Fall, dass sich die Menschen nicht änderten, wurde gesagt, dass Russland *„seine Irrtümer in der Welt verbreiten, Kriege und Verfolgungen der Kirche hervorrufen"* wird. Ebenso wurde ein großer Krieg nach der Mitte des 20. Jahrhunderts vorhergesagt.
Auch dieser Fall wurde von der katholischen Kirche untersucht und von ihr akzeptiert. Fatima ist heute Wallfahrtsort.
Siehe Kapitel „Was weiß der Papst?"
▲ Note: II

Feldpostbriefe (1914)
1914 schrieb ein deutscher Soldat (Andreas Rill) zwei Briefe an seine Familie, in denen er von den Vorhersagen eines kriegsgefangenen Franzosen berichtete. Dieser sagte Deutschlands Zukunft bis nach dem Dritten Weltkrieg voraus. Der Fall ist gut dokumentiert und ein Großteil der Vorhersagen ist bis jetzt schon eingetroffen. Eine wirklich sehr gute und wichtige Quelle.
Siehe Kapitel „Die Feldpostbriefe"
Note: I

Frau aus dem Füssener Raum (Visionen von ~1980 bis heute)
1998 entstand ein Kontakt zu dieser Frau. Sie wurde mir von unterschiedlichen Personen empfohlen, die wirtschaftlich bzw. beruflich von ihren Fähigkeiten profitierten. Eingetroffene Voraussagen sind so weit nicht zweifelsfrei dokumentiert. Wohl aber sind mir 2 Fälle bekannt, in denen sie Details voraussagte, die sie nicht kennen konnte. Hat sich zeitweise in sehr hohem Maße dafür eingesetzt, Leute

auf mögliche Gefahren hinzuweisen. Sah extrem oft Unruhen und bürgerkriegsähnliche Zustände fast überall in Deutschland.
Note: III

Friede, Johannes (1949)
Ein einfacher Handwerker begann sich im Alter von 40 Jahren für geistige Dimensionen zu öffnen und wurde zum Medium eines Geistes (?) mit Namen Johannes Friede. Dessen Mitteilungen wurden von einem gewissen Hans Jacob in der Schweiz (8623 Wetzikon) in Buchform herausgegeben. („Das Johanneslicht").Hochinteressante Quelle – allerdings nie über den Buchhandel vertrieben.
Note: II, weil er den Jupiter-Impakt voraussagte! (Schoemaker-Levy, 1994)

Galtier, Marianne (1830)
Sagte das Schicksal Frankreichs bis zur Zeit der neuen Monarchien voraus. Deckt sich in vielen Details mit anderen (auch deutschen) Quellen. Bisher nur in Französisch und Holländisch veröffentlicht.
Note: III

Garabandal (1961-1965)
Ebenso wie in Fatima, so erschien in San Sebastián de Garabandal, einem Bergdorf in Nordspanien, mehreren Kindern die Jungfrau Maria. Auch hier erhielten die Kinder - vier etwa elfjährige Mädchen – eine Botschaft apokalyptischen Charakters.
Hierin heißt es, dass es vor einer großen Katastrophe (bzw. Strafe Gottes) eine große weltweite Warnung geben werde, und ein Wunder, das sich in Garabandal ereignen soll. Dieses Wunder soll kurz vor dessen Eintritt von einem der (inzwischen erwachsenen) Kinder offiziell angekündigt werden. Dieser spanischen Botschaft nach gäbe es also zwei unverkennbare Warnzeichen, bevor sich die Ereignisse überstürzen. Siehe „Prophezeiungen, alte Nachricht in neuer Zeit".
▲ **Note: II**

Gilge, Egger (1663-1735)
Seher aus Matrei / Tirol mit einer Fülle lokaler Details, die sich erfüllt haben.
Note: II, wegen bereits eingetroffener Details, für eine I ist mir die mir vorliegende Dokumentation nicht lupenrein genug (siehe Literatur: Melzer, Gottfried)

Hadith (7. bis 9. Jahrhundert)
Sammlung mündlicher Überlieferungen von Worten und Taten des Propheten Mohammed. Die erste Sammlung von Hadithen wurde von Kalifen aus der Dynastie der Umaiyaden angelegt (661 bis 750). Die berühmteste Sammlung stammt vom Al-Buhárí (gest. 870). Von 600.000 (!) zunächst erfassten Hadithen wurden nach genauer Prüfung nur 7400 aufgenommen. Diese Prüfungen waren also außerordentlich kritisch.
▲ **Note: II**

Hepidanus von St. Gallen (1081)
Die Visionen von Hepidanus zählen zu dem Erlesensten, was es überhaupt zu dieser Thematik gibt. Der älteste Druck bzw. die älteste Dokumentation des Druckes dieser Prophezeiung stammt aus dem Jahre 1866. Die Prophezeiung soll im Original mit dem Datum 1081 versehen gewesen sein. Den Forschungen Alexander Ganns nach stammt der Text sehr wahrscheinlich tatsächlich vom Ende des 11. Jahrhunderts. Diese Prophezeiung sagt die deutsche Geschichte von der Kleinstaaterei über die Bismarcksche Reichsgründung, den Zweiten Weltkrieg, den Dritten Weltkrieg, die Dreitägige Finsternis bis hin zum Großen Monarchen voraus. Das Kernthema seiner Visionen ist Germanien bzw. Deutschland.
▲ **Note: I**

Hildegard von Bingen (1098-1179)
Sie gilt als die erste deutsche Mystikerin und als eine der *einflussreichsten Frauen des Mittelalters*. Sie war Äbtissin, Klostergründerin, Ärztin, Naturforscherin, gerngesehener Gast an den damaligen Höfen und hatte brieflichen Kontakt zu den damaligen Päpsten. Schon als Kind hatte sie Visionen. Später soll sie ständig in einem visionären Zustand gelebt haben.
Wird seit einigen Jahren wiederentdeckt: z. B. „Hildegard-Medizin" und anderes.
▲ **Note: II**

Holzhauser, Bartholomäus (1613-1658)
Wirkte als Geistlicher u. a. in Ingolstadt, Bingen und Mainz. Gründete eine „Genossenschaft von Weltpriestern". Soll schon als Kind Visionen gehabt haben, und verfasste einige religiöse Schriften, von denen die „Auslegung der Offenbarung des Johannes" die bedeutendste ist. In der „Ruhmeshalle" in München zu Füßen in der Bavaria steht eine Büste von ihm.
▲ **Note: III**

Irlmaier, Alois (1894-1959)
Siehe Kapitel „Alois Irlmaier."
Note: I

Jahenny, Marie Julie (1850-1941)
Diese Seherin aus dem Dorf Blain in der südlichen Bretagne war 69 Jahre lang stigmatisiert (in Worten: neunundsechzig) und lag die letzten 50 Jahre ihres Lebens im Bett!
▲ **Note: III**

Johansson, Anton (1858-1929)
Siehe Kapitel „Anton Johansson"
Note: II (wegen Unklarheiten, sonst I)

Katharina aus dem Ötztal (1883-1951)
Lebte im hinteren Ötztal in Österreich und hatte das Zweite Gesicht. Es verblüfft ihre Vorhersage, dass es sogar in manchen Alpentälern im äußersten Westen Österreichs zu blutigen, bürgerkriegsähnlichen Zuständen kommen soll.
Note: III

Knopp, Johann Peter (1714-1794) - Seherisch begabter Knecht aus Ehrenberg im Rheinland.
Note: III

Korkowski, Edward (geb. 1931)
Korkowski lebt im Kölner Raum und hat nach eigenen Angaben seit über 40 Jahren Visionen. Eine große Rolle nehmen in seinen Visionen Außerirdische ein, die sich in die Geschehnisse auf der Erde einmischen – und das beileibe nicht immer wohlwollend.
Note: III, mit Tendenz zur II

Kugelbeer, Franz (1922)
Bauer aus Lochau bei Bregenz in Vorarlberg (Österreich) (auch „Seher aus dem Vorarlberg" oder „Vorarlberger Seher"). Seine Visionen aus dem Jahre 1922 teilte er Pater Winfried Ellerhorst O. S. B. mit. Letzterer brachte sie zu Papier. Die Dokumentation ist erfreulich gut.
Note: II

Landinger (1957)
Traumvision; diese Quelle wurde erstmals von Adalbert Schönhammer in seinem 1998er Buch veröffentlicht. Weitere Details waren telefonisch von Schönhammer nicht zu erhalten. Nach meinem Eindruck absolut glaubwürdig.
Note: II, sehr schöner Text, trotz viel Symbolik detailreich u. dicht an Haupttrend

La Salette (1864)
La Salette liegt in den südfranzösischen Alpen. Ebenso wie in Fatima und Garabandal erschien hier mehreren Kindern (2 Mädchen, 11 und 15 Jahre alt) die Jungfrau Maria und überbrachte eine Botschaft, ebenfalls apokalyptischen Charakters. Diese beschreibt recht detailliert die geschichtliche Entwicklung bis hin zum Ende der Antichrist-Zeit. La Salette wurde 5 Jahre lang von der katholischen Kirche untersucht und schließlich offiziell anerkannt. La Salette wurde zu einem Wallfahrtsort.
▲ **Note: II**

Lenormand, Marianne (1772-1843)
Eine zu ihrer Zeit sehr bekannte Wahrsagerin aus Paris. Wuchs im Kloster auf und wahrsagte schon, als sie 20 Jahre alt war.
Note: III, von mir nicht recherchiert, möglicherweise eine II

Lied der Linde (19. Jh.)
Der ursprüngliche Text soll in einer alten Linde auf dem Friedhof in Staffelstein bei Passau gefunden worden sein. Tauchte Mitte des 20. Jh. erstmalig auf und wurde nach einer Untersuchung auf 1850 datiert. Der Hinweis auf das 21. Vatikanische Konzil im Prophezeiungstext deutet demgegenüber auf die Zeit nach 1870. Der Seher aus dem Waldviertel meinte zu dieser Prophezeiung ((12/256) Wiedergabe durch Bekh): *„Am erstaunlichsten fand er in dem Buch über bayrische Hellseher die Aussagen des Liedes der Linde. Von Anfang bis zum Schluss sehe er das kommende Geschehen genauso."* Das kann ich durch meine Untersuchungen nur bestätigen. Eine wirklich gute Quelle.
Note: II

Lorber, Jakob (1800-1864)
Jakob Lorber arbeitete als Musiklehrer in Graz, als ihn im März 1840 plötzlich eine Stimme anwies zu schreiben. Diese Stimme diktierte ihm dann in den daraufffolgenden 24 Jahren bis zu seinem Tode über 10.000 Druckseiten, die in zwei Dutzend Bänden zusammengefasst wurden. Nach Lorbers Ansicht war es die Stimme von Jesus Christus, die ihm diktierte. Ob es nun Jesus Christus oder eine Art Geist war - diese 10.000 Seiten sind mit Sicherheit nicht Lorbers Phantasie entsprungen. Dagegen sprechen schon alleine die zahlreichen Voraussagen, die sich bis jetzt schon erfüllt haben. (z. B. einige technische Erfindungen).
▲ **Note: II**

Lueken Veronica (geb.1923)
„Veronika von der Bayside" – eine zeitgenössische Visionärin aus New York City. Ab 1970 hatte sie über mehrere Jahre zahlreiche Visionen apokalyptischen Charakters. Damit man sie nicht für geistig gestört hält, ließ sie sich von Psychologen untersuchen. Man kann sich die Aussagen auf www.tldm.org ansehen. Ich habe da kurz reingesehen und das deckt sich so weit mit dem, was vor Jahren in gedruckter Form veröffentlicht wurde. Da wurde vermutlich also nichts fürs Internet nachträglich erfunden.
Note: III, eigentlich II

Maas, Anton Simon (1758-1846)
Pfarrer aus Fließ in Tirol. Nach Bekh hatte er das Zweite Gesicht und praktizierte auch Exorzismus. Auf Heimatregion begrenzte Quelle. Eindruck: solide.
▲ **Note: II**

Madam Sylvia (1934) - deutsche Seherin, Name: Bianca Gräfin Beck-Rzikowski
Note: III

Marienthaler Klosterbuch (1749)
Im Elsass, nahe der Stadt Hagenau liegt der Marienwallfahrtsort Marienthal. Dort befand sich zwischen dem 13. und dem Ende des 18. Jahrhunderts ein Kloster. Dieses Kloster soll nach L.Emrich im Jahre 1749 ein Wallfahrtsbuch herausgegeben haben, in dem auch eine Weissagung in „nachmittelalterlicher Versform"

enthalten gewesen sein soll. Nachforschungen von Alexander Gann konnten diese Angaben nicht bestätigen. Dennoch hatte Gann – ebenso wie ich – den Eindruck, dass der Text von einem Menschen mit seherischen Fähigkeiten stammt.
▲ Note: II

Mesmin, Marie (1905)
Analphabetin aus Bordeaux. Wurde 1905 in Lourdes geheilt und hatte seit 1902 Zukunftsvisionen.
Note: III

Michalda, Sibylle (1868) - Druckschrift von 1868, meiner Ansicht nach deutlicher Hinweis auf BSE + Maul-und-Klauen-Seuche (2001)!
Note: II

Mönch von Werl (1701)
Unbekannter Mönch, angeblich schon 1701 als Druck veröffentlicht.
▲ Note: III

Mühlhiasl (geb.1753, ca. 1825 gest.)
Sehr bekannter und urkundlich belegter Seher aus dem Bayrischen Wald mit Namen *Mathias Lang*. Verlor 1801 seine Stelle als Klostermüller in Apoig und führte ab dann ein unstetes Leben ohne festen Wohnsitz. Ort und Datum seines Todes sind unbekannt. Sein großer Bekanntheitsgrad resultiert aus den zahlreichen inzwischen eingetroffenen Vorhersagen.
Man vermutet, dass Mühlhiasl identisch ist mit einem gewissen *Stromberger* – ebenfalls aus der Gegend des Bayrischen Waldes –, da sich die Vorhersagen der beiden sehr ähneln. Zu Mühlhiasl und Stromberger wurden umfangreiche Untersuchungen durchgeführt. So wurde u. a. schon 1923 im „Straubinger Tagblatt" von einem Dekan aus Pinkofen bei Eggmühl über einen 97-jährigen Mann berichtet, der noch mit Mühlhiasl befreundet gewesen sein soll. Die Prophezeiungen des Strombergers wurden 1828 und 1830 handschriftlich festgehalten.
Ich habe in diesem Buch – wie manch andere Autoren auch – die Prophezeiungen des Stromberger dem Mühlhiasl zugeschrieben.
Note: **II**, wegen nicht ganz lupenreiner Dokumentation, sonst I

Naar, Joseph (1690-1763)
Bauer und Fuhrmann aus Robschitz, 15 km südwestlich von Pilsen. Das von Bekh veröffentlichte Material reicht kaum über den Dritten Weltkrieg hinaus.
Note: **III**, Tendenz zur II

Niessen, Käthe (geb. 1909)
Zeitgenössische Seherin aus Krefeld. Literatur: Käthe Niessen, „Enthüllungen einer Seherin", Ariston Verlag. Mein Datenmaterial ist da noch unvollständig. Qualität: So weit schwer einzuschätzen.
Note: III

Nostradamus (1503-1566)
Französischer Arzt und Leibarzt von König Karl IX., Astrologe und Hellseher. In seiner Heimat bekämpfte er mit selbstentwickelten Medikamenten erfolgreich die Pest und konnte sich später vor Dankesbekundungen kaum retten. Nostradamus ist der bekannteste Seher Europas, vermutlich sogar der ganzen Welt. Da er seine Vorhersagen größtenteils in vielfältiger Weise verschlüsselt hat, wird seit Jahrhunderten – mit mäßigem Erfolg – daran herumgerätselt.
In einigen Fällen hat er in atemberaubender Exaktkeit wichtige Ereignisse vorausgesagt. Oft erkennt man den Sinn seiner Vorhersagen aber erst nach dem Eintritt der Ereignisse.
Immer wieder wurde in letzter Zeit darüber berichtet, jemand habe einen Schlüssel gefunden, um all seine Vorhersagen zu enträtseln. Es erscheinen dann Bücher, die dieses kundtun – und nach ein paar Monaten wieder sang- und klanglos verschwinden. Nach wie vor ist Nostradamus eher eine Quelle für Prophezeiungs-Forscher und ungeeignet für schnellen Konsum.
Ob sein Vers X;72 („1999, siebenter Monat") ein Patzer war muss sich noch zeigen. Da gibt es immer noch einen Interpretationsspielraum.
Note: II, gäbe es nicht den Interpretationsärger, könnte er eine I bekommen.

Odilie, Heilige (gest. um 720)
Auch Ottilie, Ottilia oder Odilia. Diese Prophezeiung wird der Tochter des elsässischen Herzoges Adelrich zugeschrieben. Blind geboren, soll sie bei der Taufe wieder sehend geworden sein. Sie lebte als Nonne und wurde später die Äbtissin des von ihr mitbegründeten Benediktinerinnenklosters Odilienberg. Ihre Grabesstätte wurde zu einem Wallfahrtsort und sie wird als Patronin des Elsass verehrt. Besonders bemerkenswert an dieser Prophezeiung ist die Vorwegnahme des Zweiten Weltkrieges.
„Einst wird Germanien die kriegerischste Nation genannt werden. Der Entfeßler des großen Krieges wird von den Ufern der Donau kommen [Hitler wurde in Braunau nahe der Donau geboren und lebte mehrere Jahre in Linz und Wien - beides Städte an der Donau. Anm. B.] ... Der Eroberer wird Siege auf der Erde, dem Meere und in den Lüften erringen ... Woher ihm die Kraft sei, diktieren zu können, werden alle erstaunt fragen, aber wenn der Kampf in der Stadt der Städte beginnt, möchten viele der Seinigen ihn steinigen." (14/ 74)
Die Stadt der Städte ist natürlich Rom. Kurz nachdem die Alliierten Rom eingenommen hatten, erfolgte die Landung in der Normandie.
Bruno Grabinski schreibt in seinem Buch „Flammende Zeichen der Zeit", dass die Prophezeiung schon **1916** in Paris (hl. Odilia) abgedruckt wurde!!!
▲ **Note: II**, bei weiteren Recherchen könnte daraus eine I werden.

Onit (1948)
Diese Quelle stammt aus dem Buch von Marcus Varena. „Onit" ist vermutlich ein Anagramm von *Tino* oder *Toni*. Varenas Angaben nach war Onit ein jüdischen Schwarzmagier und Kabbalist, der schließlich im Irrenhaus landete. Seinen

detaillierteren Ortsangaben nach scheint er aus der Innsbrucker Gegend zu stammen. Die Vorhersagen / Visionen stammen spätestens aus dem Jahre 1948. Onit reizt dazu, unterschlagen zu werden. Zu offensichtlich sind mehrere Übertreibungen. Im Vergleich zu anderen Quellen zeigt sich jedoch, dass seine Vorhersagen nur im Hinblick auf die Ausmaße der Ereignisse abweichen, nicht aber, was die Ereignisse an sich anbelangt. Und seine detaillierteren Ortsangaben zu Westösterreich decken sich mit mehreren anderen Quellen. Die meisten dieser (wenn nicht alle) hat er vermutlich nicht gekannt. Interessant auch seine Vorhersage, dass Indien nach den Katastrophen der Stammhalter der Welt wird. Diese Vorhersage findet sich sonst nicht in Europa, wohl aber deckt sie sich mit den Vorhersagen von Sai Baba, Aurobindo und zumindest 3 weiterer Quellen!
Note: IV

Orval, Prophezeiung von ... (1857)
Soll von einem Einsiedler aus dem Kloster Orval in Nordfrankreich verfasst worden sein. Nach Sven Loerzer stammt die jüngste Veröffentlichung aus dem Jahre 1857. Ursprünglich verfasst wurde sie möglicherweise in der ersten Hälfte des 16. Jahrhunderts.
▲ **Note: III**

Papst Johannes XXIII. (1881-1963)
Diese Prophezeiungen sollen aus der Zeit stammen, als er noch kein Papst war. Die vorliegenden Prophezeiungen sind größtenteils verschlüsselt. Den Angaben des Autors Capri nach ist zu vermuten, dass von Kirchenkreisen noch einiges Material von Papst Johannnes XXIII. zurückgehalten wird. Der Autor Carpi schreibt, dass ihm das Material gezielt zugespielt wurde.
▲ **Note: III**; II, wenn die Herkunftszeit stimmt und die Quelle echt ist. Das Buch kam 1992 heraus. Darin wird der Niedergang des Kommunismus für 77 Jahre nach der Oktoberrevolution vorausgesagt: 1917 + 77 = 1994.

Papst Pius X. (1909)
... nickte bei einer Audienz kurz ein, wachte wieder auf und verblüffte die Anwesenden mit folgenden Worten: *„Soeben sah ich einen meiner Nachfolger über die Leichen seiner Brüder fliehen. Sagt es vor meinem Tode niemanden!"* (14/195)
▲ **Note: III**, II, wenn besser dokumentiert

Pater Pio (1887-1968)
Sehr angesehener stigmatisierter Kapuzinerpater aus Rotondo in Italien. Ihm werden auch Wunderheilungen zugeschrieben. Wurde 2002 von Papst Johannes Paul II. seliggesprochen und nur drei Jahre später sogar heiliggesprochen. Der Bayerische Rundfunk scheute sich nicht, Ende der 90er Jahre zu melden, er habe die Gabe der Bilokation gehabt (gleichzeitiges Erscheinen an zwei Orten). Ausgeprägte paranormale Begabung. Hier leider viel zu wenig gewürdigt.
▲ **Note: I**

Paulussen, Hans-Peter (1988)
Heiler aus Münster(Westfalen). Trance-Medium, angeblich für Nostradamus. Nach meinem Eindruck eine integre Quelle – nur schwer zu beurteilen, ob es auch wirklich Nostradamus ist, für den er als Medium fungiert. Doch selbst wenn nicht, so sagt dies relativ wenig über die Zuverlässigkeit der konkreten Vorhersagen aus.
Note: III

Pfarrer von Baden (1923)
(Baden nahe der Deutsch-Schweizer-Grenze) Hatte 1923 bei der Heiligen Messe eine Vision.
▲ **Note: III**

Prophezeiung vom Birkenbaum (1701 und 1849)
Von dieser Prophezeiung gibt es zwei Versionen: Einen lateinischen Text aus dem Jahre 1701 und eine Aufzeichnung mündlicher Überlieferung aus dem Jahre 1849. Eine der bekanntesten deutschen Prophezeiungen.
Note: II

Prophezeiung vom Kloster Maria Laach, siehe *Benediktiner von Maria Laach*

Prophezeiung von Maria Laach, siehe Benediktiner von Maria Laach

Rabanne, Paco (1941)
Seit über 30 Jahren bekannter Modeschöpfer. Wurde 1934 in Spanien geboren und flüchtete im spanischen Bürgerkrieg mit seiner Mutter nach Frankreich. Hatte 1941 eine Vision mit Elementen aus einem Dritten Weltkrieg, den er aber eher als allgemeinen Bürgerkrieg empfand, statt als großen Ost-West-Konflikt. Anmerkung: *In Frankreich wäre den Prophezeiungen nach ja auch gar kein großer Krieg (hauptsächlich nur Bürgerkrieg)!*
Sagte 1999 öffentlich voraus, dass im Sommer 1999 wahrscheinlich die Raumstation MIR auf Paris stürzen werde, und erwartete zeitgleich einiges Ungemach. Verdienstvoller Beitrag zum Thema: *Wir alle lachen über Prophezeiungen.*
Note: III, Note IV wird verweigert, weil er es ernst meinte und es wagte, sich in seiner besonderen Position lächerlich zu machen. Mutig!

Seher aus dem Waldviertel (1959)
Der Seher aus dem Waldviertel (in Österreich an der Tschechischen Grenze) hatte um 1959 etwa im Alter von 21 Jahren mehrere Visionen. 1976 kam ein Kontakt zu Wolfgang Johannes Bekh zustande, und Bekh veröffentlichte die Aussagen des Sehers 1980 in „Das dritte Weltgeschehen". 1984 nahm der Forscher Alexander Gann Kontakt zum Seher auf, und es kam zu einer Reihe von Treffen, in denen die Visionen des Sehers detailliert protokolliert wurden. Eine der wenigen Quellen, die noch zu Lebzeiten dokumentiert wurden. Im Frühjahr 2001 hatte ich Gelegenheit, den Seher (nach meiner Definition eigentlich *Visionär*) persönlich kennen zu lernen: Ein ausgesprochen feiner und nach meinem Eindruck sehr

ehrlicher Mensch. Ende der 90er kam das Buch „Vision 2004" heraus, welches eine Zweitvermarktung seiner Äußerung darstellt. Die Zahl 2004 im Titel stammt nicht vom Seher, der überdies unglücklich über die teilweise reißerische Vermarktung seiner Aussagen ist. Seine eigentlichen Aussagen hingegen sind in dem Buch im Wesentlichen richtig wiedergegeben.
Note: II

Snow, Dr. Chet B. (um 1984)
Mittels einer hypnotischen Trance („*Progression*") führten Dr. Snow und andere Psychologen nach eigenen Angaben in den Achtzigern mehr als 2500 Versuchspersonen in die Zukunft, bzw. in einen Bewusstseinsbereich, den sie als Zukunft interpretierten. Die Aussagen der Versuchspersonen zu den Jahren um die Jahrtausendwende weisen Parallelen zu älteren Prophezeiungen auf.
Note: III

Spielbähn (1689-1783)
Geige spielender Klosterbote der Benediktinerabtei Siegburg mit Namen Bernhard Rembold. Erstmalig 1846 in gedruckter Form herausgegeben (bzw. 1850 „Buch der Wahr- und Weissagungen"). Der Text wurde 1950 von Dr. Theodor A. Henseler untersucht. Seiner Ansicht nach handelt es sich hierbei um eine Fälschung bzw. Kopie älterer Prophezeiungen. (Wo belegt er das?), Bruno Grabinski knöpft sich jede Zeile einzeln vor und kommt (ca. 1955) zu dem Ergebnis, dass es eine „*zweifellos bemerkenswerte Prophezeiung*" ist. Ich tendiere zu Grabinskis Ansicht. Man kann das aber noch genauer prüfen. Diese Unstimmigkeiten in der Bewertung hängen sicherlich auch damit zusammen, dass es hier (noch) keine standardisierten objektiven Beurteilungskriterien gibt.
Note: III

Stieglitz, Erna (1894-1975)
Auch „Mutter Stieglitz" genannt. Gründete in ihrem Haus in Augsburg nach dem Krieg eine Volksküche und ein soziales Hilfswerk. War Mitglied des 3. Ordens des hl. Franziskus. Die Kirche leitete Untersuchungen für einen Seligsprechungsprozess ein. Da die kath. Kirche im Besitz der Niederschrift der Visionen von Erna Stieglitz ist (sein soll), diese aber nicht zugänglich macht (machen soll), musste Bekh auf „*mündliche Aussagen ... die auf Umwegen über mehrere (!) Mittelspersonen, welche namentlich auf keinen Fall genannt werden dürfen...*" zurückgreifen, welche „*dem Verfasser (Bekh) in Andeutungen und begreiflicherweise nicht im originalen Wortlaut bekannt geworden sind.*" (12/234)
Einerseits ist davon auszugehen, dass das Material unvollständig vorliegt und andererseits besteht bei mehreren Mittelspersonen die große Gefahr, dass Dinge verfälscht wurden. Der Umfang der eingesetzten Atomwaffen z. B. wäre eine solche Nuance. Wenn die katholische Kirche hier blockiert, dann spricht das natürlich indirekt für die Qualität dieser Quelle. Aus meiner Sicht: Ein lohnendes Objekt für weitere Forschungen.

Die Quelle ist in Kennerkreisen umstritten, wobei im Kern die Frage nach W. J. Bekhs Gewissenhaftigkeit steht. Jedoch wird hier spekuliert statt weitergeforscht.
▲ **Note: III**

Stockert, Joseph (1897-1975)
Hatte nach eigenen Angaben Ostern 1947 eine Vision. Alexander Gann kam nach der Untersuchung dieser Quelle zu dem Ergebnis, dass sie sehr wahrscheinlich auf Scharlatanerie beruht. Die Gründe, die er dafür angibt, halte ich letztlich nicht für überzeugend.
Wenn Stockert ein Scharlatan war, dann hat er sich die Dinge zumindest mit gewissem Geschick zusammengesucht. Denn es gibt eigentlich keinen Punkt, in dem er vom Trend abweicht. Motto: Selbst wenn Fälschung – stimmt dennoch!
Interessant sind seine Äußerungen zum Unteren Inn, die sich mit anderen später veröffentlichten bzw. weniger bekannten Quellen decken: Stieglitz, 1975, Feldpostbriefe, 1952/3 erstmals veröffentlicht.
Ca. im Jahre 2001 bekam ich vom Tiroler Pfarrer und langjährigen Prophezeiungsforscher *Josef Stocker* (mit F statt PH und ohne T, siehe Bibliographie), geboren 1940 (Autoren-Pseudonym auch Anton Angerer), folgende Info per E-Mail:
„*Ich war mehrmals bei ihm (Joseph Stockert) in München und habe einen sehr seriösen Eindruck von ihm gewonnen - und er hat originelle Ausdrücke in seiner Botschaft ... Also, Bewertung III oder IV einverstanden, aber mit Scharlatanerie gar nicht, da hatte ich zu viel Einsicht ...*"
Note: III (sozusagen Bewertung nach Berndt und Stocker, nicht aber noch Gann)

Taigi, Anna Maria (1769-1837)
Auf Grund ihres vorbildlichen Lebenswandels 1920 seliggesprochene Familienmutter aus Rom.
▲ **Note: III**

Testament des Fliehenden Papstes (1701, 1709 oder 1761)
Auch „Wismarer Prophezeiung". Wurde in der 2. Hälfte des 18. Jahrhunderts in einer baufälligen Mauer des Wismarer „Klosters zum Heiligen Geist" entdeckt. Das Originalpergament befindet sich noch heute im Wismarer Rathaus. (Recherche der Münchener *TZ* vom 10. Mai 2001) Eine interessante, wenn auch etwas konfuse Quelle.
▲ **Note: II**

Vallées, Marie des (1590-1656)
Stigmatisierte Französin mit schwer verständlichen Endzeitvisionen.
▲ **Note: III**

Valtorta, Maria (1897-1961)
Italienerin aus der Toskana, die die letzten 27 Jahre ihres Lebens ans Krankenbett gefesselt verbrachte. Hauptsächlich in den Jahren 1943 bis 1951 hatte sie zahlreiche Visionen, die sie in rund 15.000 Manuskriptseiten festhielt.
Neben Hildegard von Bingen und Bertha Dudde eine weitere Quelle mit detailliertem und umfangreichem Material zur Antichrist-Zeit.
Note: III

Vianney von Ars (1786-1859)
Hellseherischer und heiliggesprochener Pfarrer aus Ars (Südfrankreich). Einer der bedeutendsten christlichen Heiligen Frankreichs!
▲ **Note: III**, nicht eingehender geprüft

Weis, Sibylla (19. Jh.) – Egerland, vermutlich abgewandeltes Volksgut.
Note: III

White, Ron (1976) – Evangelist, hatte 1976 eine Vision.
▲ **Note: III**

Wilkerson, David (1973) – Amerikanischer Pastor mit endzeitlichen Visionen.
▲ **Note: II+**

Zönnchen, Wolfgang (1986)
Ein 1946 geborener, erfolgreicher deutscher Unternehmer vernahm plötzlich auf dem Höhepunkt seiner Karriere eine Stimme, die ihm diktierte. Er verkaufte seine Firmenanteile und widmete sich ganz der Unterstützung geistig strebender Menschen. Hin und wieder präsent in Fernsehen, Radio oder Printmedien. Mein Eindruck : Sauber!
Note: III

Thema Vorsorge

Weiterführende Informationen

Homepage des Autors: www.prophezeiungen-zur-zukunft-europas.de

Allgemeine Informationen zur materiellen Vorsorge

„1x1 der Vorsorge", von Hans-Ullrich Müller,
Dieses Buch behandelt in sehr umfassender und detaillierter Form sämtliche Aspekte einer praktischen Vorsorge. Umfangreiches Adressen-Material, 1998
Zu beziehen über „Michaels Vertrieb", Ammergaustr. 80, 86971 Peiting, Deutschland, Tel.: ++49 (0) 8861/59018; Fax: ++49 (0) 8861-67091, 192 Seiten

„Lexikon des Überlebens", von Karl L. von Lichtenfels
Auch dieses Buch behandelt in sehr umfassender und detaillierter Form sämtliche Aspekte einer praktischen Vorsorge. Umfangreiches Adressen-Material.
2000, Herbig-Verlag, München

Lebensmittelvorräte / Langzeitnahrung

Michaels Vertrieb, siehe oben „1x1 der Vorsorge"

Innova
A-6314 Niederau 176, A-Tirol / Austria, Tel. ++43 (0) 5339 - 2510, Fax ++43 - 5339 - 2720
E-Mail: **info@innova-zivilschutz.com** - Internet: www.innova-zivilschutz.com

Sankt Hildegard-Posch Gesellschaft mbH
Am Weinberg 23, A-4480 St. Georgen im Attergau,
Tel: ++43 (0) 7667/81310, Fax: ++43 (0) 7667/813150 – www.hildegardvonbingen.at
z. B. 17 Kg Dinkelkorn in Dose

Mikropur-Tabletten (für Wasseraufbereitungen)

H. Räer GmbH, Ausrüstungen
Altes Dorf 18-20, 31137 Hildesheim, Tel.: ++49 (0) 51 21 - 74876 - 60
Wasseraufbereitung, Gasmasken, Gasmaskenfilter, Wasserkanister, Kocher und anderen Army-Schnickschnack. Versand! Ob Gasmasken für Dreitägige Finsternis brauchbar sind, weiß ich nicht.

Army-Shop

US+BW Shop - Weiden
Nachtsichtgeräte, Geigerzähler, Atemmasken, Notstromaggregate, mobile Trinkwasserfilter, Tabletten und Pulver, um Wasser haltbar bzw. genießbar zu machen. Kompetente Beratung!
Thomas Nachtmann, Dr.-Müller-Straße 5, 92637 Weiden
E-Mail: tnachtmann@aol.com - Tel.: 0961/2455

Bibliographie

Adlmaier, Dr. Conrad	Blick in die Zukunft	1950
	Chiemgau-Druck, Traunstein	
Adlmaier, Dr. Conrad	Blick in die Zukunft	1955
	Chiemgau-Druck, Traunstein	
Adlmaier, Dr. Conrad	Blick in die Zukunft	1961
	Chiemgau-Druck, Traunstein	
Allgeier, Kurt	Die Prophezeiungen des Nostradamus	1990
	Heyne - München	
Andersen, Hans J.	Polsprung und Sintflut	1992
	H. J. Andersen – Gevelsberg	
Andersen, Hans J.	Polsprung	1998
	G. Reichel Verlag	
Andersen. Hans J.	Stern der Endzeit (Heft 1 – 25)	1988-1994
	H. J. Andersen - Gevelsberg	
Arguelles, José	Der Maya-Faktor	1990
	Goldmann (engl. Original von 1987)	
Arkin / Fieldhouse	Nuklear Battlefields	1980
	Athenäum	
Backmund, Norbert	Hellseher schauen in die Zukunft	1972
	Morsak - Grafenau	
Bauer, Erich	Die Menschheit in und nach den großen Katastrophen	1986
	Erich Bauer - Puchheim	
Bauer, Heinrich	Der Dritte Weltkrieg bricht aus am 22. August 1998	1998
	74003 Heilbronn, Postfach 1303	
Bekh, Wolfgang Joh.	Am Vorabend der Finsternis	1988
	Ludwig - Pfaffenhofen	
Bekh, Wolfgang Joh.	Das dritte Weltgeschehen	1985
	(Das Buch besteht aus zwei Teilen, die vorher separat 1976 und 1980 veröffentlicht wurden.) Knaur	
Bekh, Wolfgang Joh.	Alois Irlmaier	1990
	Ludwig - Pfaffenhofen	
Bekh, Wolfgang Joh.	Bayrische Hellseher	1976
	Ludwig - Pfaffenhofen	
Berndt, Stephan	Zukunftsvisionen der Europäer	1993
	Die Blaue Eule – Essen	
Berndt, Stephan	Prophezeiungen zur Zukunft Europas	1997/98/99
	G. Reichel, Weilersbach	
Berndt, Stephan	Prophezeiungen, alte Nachricht in neuer Zeit	2001
	G. Reichel Verlag	
Bhutta, Dr. A. R.	Prophezeiungen über die Endzeit	1986
	Verlag Der Islam - Frankfurt	
Bonsen, F. Zur	Die Schlacht am Birkenbaum	1940
	Industriedruck - Essen	
Bouvier, Bernhard	Nostradamus	1996
	Ewert-Verlag	
Brentano, Clemens	Visionen und Leben (A. K. Emmerick)	1974
	Wewel – München / Freiburg	
Buchela	Ich aber sage euch	1983
	Droemer Knaur - München	
Carpi, Pier	Die Prophezeiungen von Papst Johannes XXIII.	1982
	TWP-Druck+Verlag - Muggensturm	

Centurio, N. Alexander	Die großen Weissagungen des Nostradamus	1988
	Goldmann	
DeGard, Leo H.	Wer plant den 3. Weltkrieg?	2002
	Kopp Verlag	
Der Morgenstern	Nr. 9 - 1420/1999	1999
	Spohr Verlag	
Dudde, Bertha	So wird es kommen!	1979
	Der Antichrist	1972
	Der Eingriff Gottes	1974
	beziehbar über: Wolfgang Kühner	
	Breite Str. 66, D-6711 Heuchelheim	
Eggenstein, Kurt	Der unbekannte Prophet Jakob Lorber	1990
	Lorber - Bietigheim	
Ellerhorst, Winfried	Prophezeiungen über das Schicksal Europas	1992
	Antigone – Allendorf / Eder	
	Anmerkung: Das etwas ältere Exemplar (1952) aus	
	der Deutschen Bibliothek in Frankfurt ist etwas	
	umfangreicher (z. B. bei Biernacki)	
Friede, Johannes	Das Johanneslicht	1948
	Hans Jacob, CH-8623 Wetzikon	
Friedl, Paul	Prophezeiungen aus dem bayrisch-böhmischen Raum	1974
	Rosenheimer	
Gann, Alexander	Die Zukunft des Abendlandes?	1986
	IFAP-Institut, Postf.140, A-5024 Salzburg	
	oder über den Andersen-Verlag in Gevelsberg	
Grabinski, Bruno	Flammende Zeichen der Zeit	1972
	Siegfried Hacker - Gröbenzell	
	Max Schacke -Wiesbaden	1955
Gustafsson, A.	Merkwürdige Gesichte!	1954
	Sverigefondens Förlag - Stockholm	
Hagl, Siegfried	Apokalypse als Hoffnung	1984
	Knaur - München	
Heibel, Hermann	Das geht uns alle an	1988
	A. Ruhland, Rudolf Diesel-Str.5, Altöttingen	
Heilbrunn, Otto	Konventionelle Kriegsführung im nuklearen Zeitalter	1967
	Mittler - Frankfurt	
Helsing, Jan van	Buch 3 - Der Dritte Weltkrieg	1996
	Ewertverlag	
Hesse, Paul Otto	Der Jüngste Tag	1967
	Turm – Bietigheim / Württemberg	
Hildegard v. Bingen	Gesichte über das Ende der Zeiten	1953
	Credo - Wiesbaden	
Hildegard v. Bingen	Wisse die Wege	1954
	Müller - Salzburg	
Huainigg, Franz-Joseph	Heiler und Prophet	1992
	Die Silberschnur - Neuwied	
Hübscher, Arthur	Die große Weissagung	1952
	Heimeran - München	
Kahir, M.	Nahe an 2000 Jahre	1986
	Turm – Bietigheim /Württemberg	
Kaiser, Rudolf	Die Stimme des Großen Geistes	1989
	Kösel - München	
Konzionator, Prof. A.	Der kommende große Monarch	1931
	R. van Acken - Lingen(Ems)	
Korkowski, Edward	Kampf der Dimensionen / Band I	1990
	H. J. Andersen - Gevelsdberg	

Korkowski, Edward	Kampf der Dimensionen / Band II	1991
	H. J. Andersen – Gevelsdberg	
Koteen, J. P.	Der Letzte Walzer der Tyrannen	1990
	In der Tat	
Koteen, J. P.	Ramtha Intensiv	1991
	In der Tat	
Lama, F. R. von	Prophezeiungen ü. d. Zukunft des Abendlandes	1953
	Credo - Wiesbaden	
Lemesurier, Peter	Geheimcode Cheops	1988
	Bauer – Freiburg / Breisgau	
Lips, Ferdinand	Die Gold-Verschwörung	2003
	Kopp-Verlag	
Loerzer, Sven	Visionen und Prophezeiungen	1989
	Pattloch - Augsburg	
Mann, A.T.	Prophezeiungen zur Jahrtausendwende	1993
	Scherz – Bern / München / Wien	
May, J.	Das Greenpeace-Handbuch des Atomzeitalters	1989
	Droemer / Knaur – München	
Melzer, Gottfried	Der Matreier Prophet Egger Gilge	2000
	Theresia - Lauerz	
Nagel, Karin	Rametha	1992
	Die Blaue Eule	
Niessen, Käthe	Enthüllungen einer Hellseherin	1974
	Ramòn F. Keller-Verlag	
Nolan, Ray	Die Siebte Offenbarung	1998
	Langen Müller	
Perle, Richard	An End To Evil	2003
	Co-Author David Frum	
Rabanne, Paco	Das Ende unserer Zeit	1996
	Knaur	
Renner, Rolf	Weltenbrand	1992
	Historia - Elchingen	
Retlaw, E. G.	Proph. ü. d. Ausbruch u. Verlauf d.3.Weltkrieges	1961
	Arviga - Murnau	
Robinson, L. W.	Edgar Cayces Bericht von Ursprung und ...	1989
	Goldmann	
Rufe aus Bayside	Band I Die Marienbotschaft	1980
	Band II Die Visionen, Selbstverlag „Der neue Tag", Salzburg	
San Miguel	De Laatste Zegels	1992
	Romero Edit. P. B. 49 B-2660 Hoboken-1	
Sárközi, Alice	Political prophecies in Mongolia in the 17-20th	1992
	centuries, Harrassowitz - Wiesbaden	
Schmeing, Karl	Geschichte des Zweiten Gesichts	1948
	Dorn - Bremen	
Schmeing, Karl	Seher und Seherglaube	1954
	Themis – Darmstadt	
Schmidt, Helmut	Die Mächte der Zukunft	2004
	Siedler - München	
Schnyder, Henri	Wie überlebt man den 3. Weltkrieg?	1984
	Hesemann - München	
Schönhammer, Adalbert	Dritter Weltkrieg und Zeitenwende	1998
	Haag & Herrchen	
Schönhammer, Adalbert	PSI und der dritte Weltkrieg	1978
	Rohm – Bietigheim	
Scholl-Latour, Peter	Russland im Zangengriff	2006
	Propyläen, Berlin	

Silver, Jules	Prophezeiungen bis zur Schwelle d. 3. Jahrtausends	1987
	Ariston - Genf	
Smith, Tom H./Braeucker,S.	Mutter Erde wehrt sich	1997
	Govinda	
Snow, Chet. B.	Zukunftsvisionen der Menschheit	1990
	Ariston – Genf	
Snyman, Adrian	Worte eines Propheten – Der Seher van Rensburg	2006
	Argo-Verlag	
Stearn, Jess	Der schlafende Prophet	1982
	Ariston - Genf	
Stocker, Josef	Reinigung der Erde / Band I	1992
	Mediatrix - St. Andrä-Wördern	
Stocker, Josef	Reinigung der Erde / Band II	1992
	Mediatrix - St. Andrä-Wördern	
Tempelhof Gesellschaft	Das Buch der Sajaha	1991
	Die Edda (Volospa)	1991
	THG, Lehr- und Archiv-Komturat, Homburg	
Tenhaeff, W. H. C.	Das Zweite Gesicht	1995
	Ullstein	
Time Magazine Intern.	July 4, 1994 No.1	1994
Tollmann, Alexander	Und die Sintflut gab es doch	1993
	Knaur - München	
UN	Die UN-Studie: Kernwaffen	1982
	C. H. Beck – München	
Varena, Marcus	Gesammelte Prophezeiungen	1959
	Bauer – Freiburg / Breisgau	
Voldben, A.	Nostradamus - Die großen Weissagungen	1981
	Langen Müller – München / Wien	
Voldben, A.	Nostradamus und die großen Weissagungen	1992
	Langen Müller – München / Wien	
Weber, Albrecht	Garabandal, der Fingerzeig Gottes	1993
	Weto - Meersburg	
White, John	Pole Shift	1980
	A. R. E. Press, Virginia Beach, Virginia, USA	
Widler, Walter	Buch der Weissagungen	1961
	Hacker - Gröbenzell	
Wilkerson, David	Die Visionen	1974
	Leuchter – Erzhausen	
Zönnchen, Wolfgang	Im Zeichen des Fisches	1990
	AIG I. Hilbinger – Arnoldshain / Taunus	
Gr Altlas z. Weltgesch.	Orbis München	1990

Bildnachweis, Grafiken und Tabellen

Fotos

Seite 126: Ansicht der Seiten 14 und 15 des Foto-Anhangs aus „Merkwürdige Gesichte" von Anton Johansson, Copyright 1953 Sveringefondens Förlag, Stockholm, je ein Bild von Anton Johansson und Kaiser Wilhelm.
Foto der Ansicht Privatfoto des Autors.
Seite 147: Titelbild „Achtung Weltuntergang", DER SPIEGEL, #45, 6. November 2006
Seite 241: Getreideähren, Privatfoto des Autors
Seite 249: Bild von Alois Irlmaier, entnommen aus „Blick in die Zukunft", 2. erweiterte Auflage, Seite 42, Copyright 1955 by Dr. C. Adlmaier, Bild digital bearbeitet vom Autor

Grafiken

Seite 93: Dreitägige Finsternis / Herkunftsorte der Quellen

Tabellen

Seite 36: Die zeitliche Streuung der von mir erfassten Quellen
Seite 42: Voraussagen zum urplötzlichen Angriff Russlands
Seite 92: Dreitägige Finsternis / Luftverpestung und Impaktindikatoren
Seite 104: Dreitägige Finsternis / Teilaspekte der ...
Seite 106: Dreitägige Finsternis / Monat der ...
Seite 118: Dreitägige Finsternis / die zeitliche und Streuung der Quellen
Seite 142: Thematisierung der 2012 in Publikationen
Seite 145: Die wichtigsten Vorzeichen
Seite 173: Entwicklung der Arbeitslosigkeit in Deutschland 1929-1932
Seite 177: Voraussagen zu Ländern mit bürgerkriegsähnlichen Unruhen
Seite 178: Wirtschaftsdaten westeuropäischer Staaten
Seite 194: Quellen zur Flucht des Papstes
Seite 226: Quellen zu „dritter Weltkrieg" beginnt im Nahen Osten
Seite 233: die größten Anti-Irak-Kriegs-Demonstrationen 2003
Seite 243: Quellen zum Monat des Kriegsausbruches in Mitteleuropa
Seite 246: Voraussagen im Falle des Aberfan-Unglücks / Zeitpunkte
Seite 248: Voraussagen im Falle des Aberfan-Unglücks / Inhalte der Visionen
Seite 266: Voraussagen zur Dauer des Krieges / kurz
Seite 267: Voraussagen zur Dauer des Krieges / lang

Stephan Berndt
Neustart
Prophezeiungen und Visionen von Europa und Deutschland nach Krieg und Finsternis

327 Seiten
ISBN 978-3-946959-13-7 € 18,95

Stephan Berndt
Alois Irlmaier
Ein Mann sagt, was er sieht
Irlmaier war einer der besten Hellseher, die jemals auf deutschem Boden geboren wurden. Hier finden Sie eine umfassende Darstellung seiner Prophezeiungen mit Landkarten für Deutschland, Österreich und der Schweiz.
304 S. viele Grafiken, Broschur
ISBN 978-3-941435-01-8 € 18,50

Stephan Berndt
Refugium
Sichere Gebiete nach Alois Irlmaier und anderen Sehern

232 Seiten, viele Landkarten, Broschur
ISBN 978-3-946433-30-9 € 19,00

Stephan Berndt
Wenn Beteigeuze explodiert
Die letzten Vorzeichen für das, was keiner glaubt
Das Buch beschreibt die letzten großen Vorzeichen für den großen Wandel. Damit wagt sich der Autor tief hinein in den vor uns liegenden dunklen Tunnel. Aber das macht er, damit der Leser das Licht am Ende des Tunnels besser erkennt.

236 Seiten, ISBN 978-3-946959-81-6 € 19,90